高等院校电子商务专业系列规划教材

电子商务经济学

屈莉莉 ◎ 编著

电子工业出版社
Publishing House of Electronics Industry
北京·BEIJING

未经许可，不得以任何方式复制或抄袭本书之部分或全部内容。
版权所有，侵权必究。

图书在版编目（CIP）数据

电子商务经济学 / 屈莉莉编著. —北京：电子工业出版社，2015.6
ISBN 978-7-121-24808-5

Ⅰ.①电… Ⅱ.①屈… Ⅲ.①电子商务－经济学－高等学校－教材 Ⅳ.①F713.36

中国版本图书馆 CIP 数据核字(2014)第 271072 号

策划编辑：姜淑晶
责任编辑：刘露明
印　　刷：北京虎彩文化传播有限公司
装　　订：北京虎彩文化传播有限公司
出版发行：电子工业出版社
　　　　　北京市海淀区万寿路 173 信箱　邮编 100036
开　　本：787×980　1/16　印张：17.25　字数：408 千字
版　　次：2015 年 6 月第 1 版
印　　次：2024 年 7 月第 12 次印刷
定　　价：45.00 元

凡所购买电子工业出版社图书有缺损问题，请向购买书店调换。若书店售缺，请与本社发行部联系，联系及邮购电话：(010) 88254888。
质量投诉请发邮件至 zlts@phei.com.cn，盗版侵权举报请发邮件至 dbqq@phei.com.cn。
服务热线：(010) 88258888。

前言

电子商务经济学是以电子商务的经济现象作为研究对象的经济学。伴随着互联网和电子商务的迅速发展，电子商务经济学逐渐成为一门新兴的经济学分支学科。基于电子商务市场（或称在线市场）中出现的众多新问题与新事物，本书整合了电子商务经济学、网络经济学、信息经济学等课程的核心知识，基于传统经济学的理论，对电子商务经济学进行修正和拓展，体现了网络经济的新兴规律及特征。

本书作者具有电子商务、电子商务经济学、信息经济学、商务智能等相关课程丰富的教学和科研经验；主持在研国家社科基金项目（13CJL059），参与完成国家自然科学基金、国家科技支撑计划等科研课题20余项。

本书体例新颖，每章按学习目标、知识内容、关键术语、基本训练等版块进行编排，知识内容版块又进一步细分为章节知识点、小案例和延伸阅读。这种结构安排有利于读者更好地理解基本理论并进行实践应用。全书包括8章：电子商务经济学基础知识、数字产品、电子商务企业、电子商务市场、电子商务消费者、互联网金融、电子商务融资、电子商务与宏观政策。

全书由屈莉莉编著，刘志颖、马宁、朱宏丽、王凯、马国智、万晓庆参与了部分章节的写作，高鹏宇、李恺绘制了书中部分图表并进行了部分校对工作。

在写作过程中，作者查阅了国内外大量文献资料，谨向书中提到的学者表示感谢。由于时间仓促和作者能力有限，书中难免存在一些不当之处，敬请广大读者批评指正。同时，本书中某些内容所参考的文献可能没有列出，在此向所涉及的作者深表歉意。

屈莉莉
大连海事大学

目录

第1章 电子商务经济学基础知识 ... 1
- 1.1 相关的基础知识 ... 1
- 1.2 电子商务新经济理论 ... 16
- 1.3 案例：手机产品市场的风云变幻 ... 26
- 本章小结 ... 28
- 关键术语 ... 28
- 基本训练 ... 28

第2章 数字产品 ... 30
- 2.1 数字产品的定义与分类 ... 30
- 2.2 数字产品的特征 ... 36
- 2.3 数字产品的需求与供给 ... 40
- 2.4 数字产品的垄断分析 ... 44
- 2.5 案例：互联网产品使用率分析 ... 50
- 本章小结 ... 53
- 关键术语 ... 53
- 基本训练 ... 53

第3章 电子商务企业 ... 55
- 3.1 电子商务企业概述 ... 55
- 3.2 电子商务企业的组织结构与行为 ... 67

  3.3 电子商务企业的商业模式 76
  3.4 案例：阿里巴巴 VS 京东自营 88
  本章小结 91
  关键术语 91
  基本训练 92

第 4 章 电子商务市场 94
  4.1 电子商务市场的价格与价值 94
  4.2 电子商务市场的信息不对称 111
  4.3 电子商务市场竞争与垄断 127
  4.4 案例：移动支付之战 159
  本章小结 160
  关键术语 160
  基本训练 160

第 5 章 电子商务消费者 163
  5.1 电子商务消费者需求 163
  5.2 电子商务消费者购买行为 170
  5.3 电子商务消费者购买决策 183
  5.4 案例：新消法对消费者网购的权益保障 188
  本章小结 190
  关键术语 190
  基本训练 191

第 6 章 互联网金融 193
  6.1 互联网金融 193
  6.2 网络支付 202
  6.3 电子货币 206
  6.4 案例：余额宝生存之路 212
  本章小结 216
  关键术语 216
  基本训练 216

第 7 章 电子商务融资 218
  7.1 电子商务融资方式 218

7.2 电子商务平台建设和经营者的融资 221
7.3 使用电子商务平台的企业融资 223
7.4 使用电子商务平台的个人融资 225
7.5 案例：电子商务企业融资 229
本章小结 231
关键术语 231
基本训练 231

第8章 电子商务与宏观政策 233

8.1 电子商务经济与经济增长 233
8.2 电子商务发展与政府行为 240
8.3 电子商务发展与税收政策 247
8.4 电子商务中的法律问题 255
8.5 案例：电子商务与大数据 264
本章小结 265
关键术语 265
基本训练 265

参考文献 267

第 1 章
电子商务经济学基础知识

学习目标
- ◆ 重点掌握电子商务、电子商务经济学基本特征、电子商务经济学代表性定律。
- ◆ 掌握经济学的基本假设与基本理论。
- ◆ 了解关于电子商务、电子商务经济学的多种定义和理解。

▶▶ 1.1 相关的基础知识

1.1.1 电子商务相关知识

每次技术革命都会带来一次人类生活方式、工作方式及思维方式的巨大改变。19 世纪蒸汽机带来了工业革命,引起了整个社会经济结构的深刻变革。在工业革命时代,人类的物质财富获得了极大丰富,造就了众多工业时代的英雄,改变了世界格局。历史进入 21 世纪,全球经济发展进入信息经济时代,随着信息技术的飞速发展,互联网的日益普及,一种新的商务方式——电子商务迅速崛起。电子商务利用互联网技术,将企业、顾客、供应商及其他商业和贸易所需环节连接到信息技术系统上来,利用专用的内联网(Intranet)、共享的外联网(Extranet)及公共的互联网(Internet),将企业的商业活动纳入网中,从而使传统的流通领域和营销方式受到前所未有的冲击。

1. 电子商务的起源

目前,在互联网的众多应用中,电子商务是被看好的一项主要应用。电子商务的最初形式电子数据交换（Electronic Data Interchange，EDI）起源于20世纪60年代。20世纪80年代末，发达国家的电子数据交换已形成规模，向商业数据的无纸化处理迈出了一步。其后，一些专门的数据交换系统逐渐形成并投入运行。在增值网络服务推出以后，此类专用信息交换系统得到了更大发展。自从1991年美国允许利用互联网从事商务活动以来，到1993年WWW出现，商业网站的数目很快就超过了其他类型网站。1995年，网上的商务信息量首次超过科学教育信息量，这意味着商务活动逐步成为互联网上的主导活动。随着网络技术的发展，特别是互联网在全球日益普及，电子商务正在迅速发展起来。

2. 对电子商务的不同定义

随着电子信息技术的发展，特别是互联网的普及，全球商务活动日益受到新兴电子信息技术的影响，电子商务开始成为商业界的一个热门话题。各国政府、学者、企业界人士根据自己所处的地位和对电子商务参与的角度和程度的不同，给出了许多不同的定义。

国际商会于1997年11月，在巴黎举行了世界电子商务会议（The World Business Agenda for Electronic Commerce）。会上专家和代表对电子商务的概念进行了权威阐述，"电子商务是指实现整个贸易过程中各阶段的贸易活动的电子化。"从涵盖范围方面可以定义为：交易各方以电子交易方式而不是通过当面交换或直接面谈方式进行的任何形式的商业交易；从技术方面可以定义为：电子商务是一种多技术的集合体，包括交换数据（如电子数据交换、电子邮件）、获得数据（共享数据库、电子公告牌）以及自动捕获数据（条形码）等。电子商务涵盖的业务包括：信息交换、售前售后服务（提供产品和服务的细节、产品使用技术指南、回答顾客意见）、销售、电子支付（使用电子资金转账、信用卡、电子支票、电子现金）、运输（包括商品的发送管理和运输跟踪，以及可以电子化传送的产品的实际发送）、组建虚拟企业（组建一个物理上不存在的企业，集中一批独立的中小公司的权限，提供比任何单独公司多得多的产品和服务）、公司和贸易伙伴可以共同拥有和运营共享的商业方法等。

英特尔公司（Intel）对电子商务的定义：电子商务是基于网络连接的不同电脑间建立的商业运作体系，是利用Internet/Intranet网络来使商务运作电子化。电子贸易是电子商务的一部分，是企业与企业之间，或企业与消费者之间，使用互联网所进行的商业交易，提出了"电子商务=电子化市场+电子化交易+电子化服务"的理念。IBM公司认为电子商务是一个不断发展的概念，1996年提出了Electronic Commerce（E-Commerce）的概念，1997年又提出了Electronic Business（E-Business）的概念，即E-business=IT+Web+Business。中国在引进这些概念的时候都翻译成"电子商务"，很多人对这两者的概念产生了混淆。事实上这两个概念及内容是有区别的，可以分为广义电子商务（E-Business）和狭义电子商务（E-Commerce）进行理解。E-Business是指以整个市场为基础的电子商务，一切与数字化处理有关的商务活动都属于该范畴，因此它不仅仅只是通过网络进行的商品或劳务买卖活动，还涉及传统市场的方方面面；而E-Commerce仅仅指在互联网上在线销售式的电子商务。

3. 对电子商务概念的理解

不同组织、不同国家对电子商务的定义不尽相同，但最基本的定义仍是统一的，即电子商务是指采用电子形式开展商务活动。虽然范畴有大有小，有几点则是共同的：第一，"电子"不仅指互联网，其他各种电子工具均包括在内，如 EDI、电子证券交易及电子资金转账等；第二，"商务"主要指的是产品及服务的销售、贸易和交易活动；第三，是交易双方（或多方）主体之间的以信息为依托的活动。

所以，电子商务是指将一个企业的物流、信息流、资金流及业务过程管理用信息技术全面装备起来并实现网络化。电子商务涉及电子数据处理、网络数据传输、数据交换和资金汇兑等技术。在企业的电子商务系统内部有导购、订货、付款、交易与安全等有机地联系在一起的各个子系统。在交易进行过程中经历商品浏览和订货、销售处理和发货、资金支付和售后服务等环节。电子商务业务的开展由消费者、厂商、运输、报关、保险、商检和银行等不同参与者通过计算机网络组成一个复杂的网络结构，相互作用，相互依赖，协同处理，形成一个相互密切联系的连接全社会的信息处理大环境。在这个环境下，简化了商贸业务的手续，加快了业务开展的速度，最重要的是规范了整个商贸业务的发生、发展和结算过程，从根本上保证了电子商务的正常运作。

4. 电子商务的特征

1）普遍性。电子商务作为一种新型的交易方式，将生产企业、流通企业，以及消费者和政府带入了一个网络经济、数字化生存的新天地。

2）方便性。在电子商务环境中，人们不再受地域的限制，客户能以非常简捷的方式完成过去较为繁杂的商业活动，如通过网络银行能够全天候存取账户资金、查询信息等，同时使企业对客户的服务质量得以大大提高。

3）整体性。电子商务能够规范事务处理的工作流程，将人工操作和电子信息处理集成为一个不可分割的整体，这样不仅能提高人力和物力的利用率，也可以提高系统运行的严密性。

4）安全性。在电子商务中，安全性是一个至关重要的核心问题，它要求网络能提供一种端到端的安全解决方案，如加密机制、签名机制、安全管理、存取控制、防火墙、防病毒保护等，这与传统的商务活动有着很大的不同。

5）协调性。商业活动本身是一种协调过程，它需要客户与公司内部、生产商、批发商、零售商间的协调。在电子商务环境中，它更要求银行、配送中心、通信部门、技术服务等多个部门的通力协作，电子商务的全过程往往是一气呵成的。

6）集成性。电子商务以计算机网络为主线，对商务活动的各种功能进行高度的集成，同时也对参加商务活动的各方商务主体进行高度的集成。高度的集成性进一步提高了电子商务的效率。

7）互动性。通过互联网，商家与顾客之间的关系不再是由商家到顾客的单向运动，而是双向的互动。它既超越面对面的接触，得到更准确的信息，又可以运用网络的即时性源源不断地交换信息。而对于企业自身来讲，互联网的互动性还表现为将公司职员由内部网络联结起来，以及企业与供应商相互沟通的特性。

5. 电子商务的功能

电子商务可提供网上交易和管理等全过程的服务，因此它具有广告宣传、咨询洽谈、网上订购、网上支付、电子账户、服务传递、意见征询、交易管理等各项功能，如图 1.1 所示。

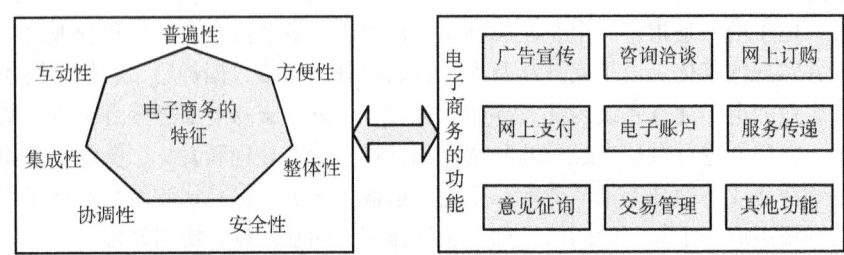

图 1.1　电子商务功能与特征需要完美融合

1）广告宣传。电子商务可凭借企业的 Web 服务器和客户的浏览，在 Internet 上播发各类商业信息。客户可借助网上检索工具迅速地找到所需商品信息，而商家可利用网页和电子邮件在全球范围内做广告宣传。与以往的各类广告相比，网络广告成本低廉，而给顾客的信息量却更为丰富。

2）咨询洽谈。电子商务可借助电子邮件、新闻组和实时的讨论组来了解市场和商品信息，洽谈交易事务，如有进一步的需求，还可用网上的白板会议（Whiteboard Conference）来交流即时的图形信息。网上的咨询洽谈能超越人们面对面洽谈的限制，提供多种方便的异地交谈形式。

3）网上订购。电子商务可借助 Web 实现网上订购。网上订购通常都是在产品介绍的页面上提供十分友好的订购提示信息和订购交互格式框。当客户填完订单后，通常系统会回复确认信息单来保证订购信息的收悉。订购信息也可采用加密的方式使客户和商家的商业信息不会泄露。

4）网上支付。电子商务要成为一个完整的过程，网上支付是重要的环节。客户和商家之间可采用信用卡账号进行支付。在网上直接采用电子支付手段将节省交易中很多开销。网上支付将需要更为可靠的信息传输安全性控制以防止欺骗、窃听、冒用等非法行为。

5）电子账户。网上支付必须要有电子金融来支持，即银行或信用卡公司及保险公司等金融单位要为金融服务提供网上操作的服务。而电子账户管理是其基本的组成部分，信用卡号或银行账号都是电子账户的形式。而其可信度需要配以必要技术措施来保证，如数字证书、数字签名、加密等手段的应用提供了电子账户操作的安全性。

6）服务传递。对于已付了款的客户应将其订购的货物尽快地传递到他们手中。而当货物分散存储时，需要进行物流组织与调配。

7）意见征询。电子商务能十分方便地采用网页上的"选择"、"填空"等格式文件来收集用户对销售服务的反馈意见，这样使企业的市场运营能形成一个封闭的回路，客户的反馈意见不仅能提高售后服务的水平，更使企业获得改进产品、发现市场的商业机会。

8）交易管理。整个交易的管理将涉及人、财、物多个方面，以及企业和企业、企业和客户及企业内部等各方面的协调和管理。因此，交易管理是涉及商务活动全过程的管理。电子商务的发展将会提供一个良好的交易管理的网络环境及多种多样的应用服务系统。

1.1.2 经济学相关知识

经济学是研究价值的生产、流通、分配、消费规律的理论。经济学核心思想是物质稀缺性和有效利用资源，可分为两大主要分支——微观经济学和宏观经济学。微观经济学研究的是个体或个体与其他个体间的决策问题，这些问题包括经济物品的消费、生产过程中稀缺资源的投入、资源的分配、分配机制上的选择等。宏观经济学则以地区、国家层面作为研究对象，常见的分析包括：收入与生产、货币、物价、就业、国际贸易等问题。

1.1.2.1 经济学基本假设

1. 理性人假设

理性人假设（Hypothesis of Rational Man）是指作为经济决策的主体都是充满理智的，既不会感情用事，也不会盲从，而是精于判断和计算，其行为是理性的。在经济活动中，主体所追求的唯一目标是自身经济利益的最大化，即每个从事经济活动的人所采取的经济行为都是力图以自己的最小经济代价去获得自己的最大经济利益。例如，消费者追求的是满足程度最大化，生产者追求的是利润最大化。但实际上由于受到市场信息不对称效应的影响，完全"合乎理性的人"不可能存在，只能作为一个理论上的抽象概念。

2. 资源稀缺性假设

资源有限性与人们需要无限性的矛盾是人类社会最基本的矛盾。资源的稀缺性（Resource Scarcity）是现代微观经济学的基本命题。资源的稀缺性一般指相对稀缺，即相对于人们现实的或潜在的需要而言是稀缺的。这就要求社会经济活动的目的是以最少的资源消耗取得最大的经济效果。因此，资源的稀缺性及由此决定的人们要以最少消耗取得最大经济效果的愿望，是经济学作为一门独立的科学产生和发展的原因。

根据配置主体的不同资源的配置主要分为两种类型：① 市场配置，即以市场为基础的资源配置方式。鼓励市场形成价格和自由交易，强调效率和优胜劣汰的竞争机制。② 政府配置，即政府发挥宏观调配的作用对资源进行配置，所采取的手段往往是管制、许可证、配额、指标、投标等。

市场配置方式是古典经济学、新古典经济学及公共选择学派等所推崇的资源配置方式，强调效率优先的原则；而关于政府配置，在理论界最有影响的系统性理论是凯恩斯针对1923年经济危机提出的，主要强调政府干预的合理性和必要性，逐渐为越来越多的国家与政府所采用，成为其加强宏观调控有力的理论依据。

3. 市场出清假设

在出清的市场上（Market Clearing），商品价格具有充分的灵活性，没有定量配给、资源闲置，也没有超额供给或超额需求，可以根据供求情况迅速进行调整。一旦产品市场出现超额供给，价格就会下降，直至商品价格降到使买者愿意购买为止，每个市场都处于或趋向于供求相等的一般均衡状态。

4. 完全理性假设

主流经济学一直将完全理性（Complete/Perfect Rationality）作为其体系的重要前提假设。行为人的完全理性包括以下隐含内容：

1）不存在不确定性，即使存在不确定性，也可以预知不确定性的概率分布。也就是说，对于具有完全理性的行为人来说，一切信息都是确定的。

2）行为人具有可以确定的效用函数（消费者的效用函数和厂商的利润函数可以统称为效用函数），同时行为人具有同质性和一致性的偏好体系。

3）选择结果具有描述不变性、程序不变性和前后关系独立性。描述不变性要求行为人选择的先后顺序不应依赖于所描述或显示的选项，也就是说如果行为人经过再三思考，将两种描述视为同一问题的同义表达，那么它们必定导致相同的选择，即这种思考不存在差异之处。程序不变性要求不同方式的等价学说揭露相同的偏好次序。前后关系独立性指一项选择与其他替代方案互为独立的原则，它要求在给定 Z 而不提供有关 X 或 Y 新信息的情况下，X 与 Y 的优先权顺序不应该依赖于 Z 是否有效。

4）行为人具备完备的计算和推理能力，可以像计算机一样在数秒内从事无穷尽的计算步骤，同时也不存在感性因素对选择的干扰。

5）选择意味着在各种方案或选择集中进行比较和挑选，因此完全理性的行为人可以设计出所有的备选方案，以及各项方案所产生的全部后果。

6）一个确定的报酬函数，即行为人可以确定地赋予每项行动结果一个具体的量化价值或效用。

7）确定性的结果，也就是行为人实现效用最大化或最优目标（消费者效用最大化和企业利润最大化）。

在上述条件下，可以认为主流经济学是关于理性选择的经济学。

5. 完全信息假设

所谓完全信息（Complete Information）是指市场参与者拥有的对于某种经济环境状态的全部知识。新古典一般均衡理论认为经济主体在既定约束条件下按照收益最大化原则进行选择，即使在不确定的环境中，市场中每个变量的概率分布对经济主体来说都是已知的，即消费者在每个时点上都了解市场各种商品的全部可能价格及自己的偏好、存货，并且能够在个人的环境状态（偏好和资本）和市场价格基础上计算出超额需求。同样，厂商知道生产要素、价格与投入产出之间各种形式的可能组合配置。这样，他们在任何时点都能了解市场各种商品的供求状态，于是，市场出现均衡价格。显然，一般均衡体系是以环境状态中存在完全信息及经济主体具有完全信息需求为条件建立起来的。但是，完全信息需求是经济主体在经济活动中所表现出来的一种心理和理想的信息需求，本质上是难以实现的。

1.1.2.2 经济学基本理论

1. 生产行为

（1）等产量线

等产量线（Iso-quant Curve）是在技术水平不变的条件下生产同一产量的两种生产要素投入量所有不同组合的轨迹，如图 1.2 所示，反映的是两种投入和一种产出之间的关系。两种投入的不同组合，带来的产量是无差异的。等产量线向右下方倾斜，斜率为负，凸向原点，斜率递减，任何两条等产量线不能相交。

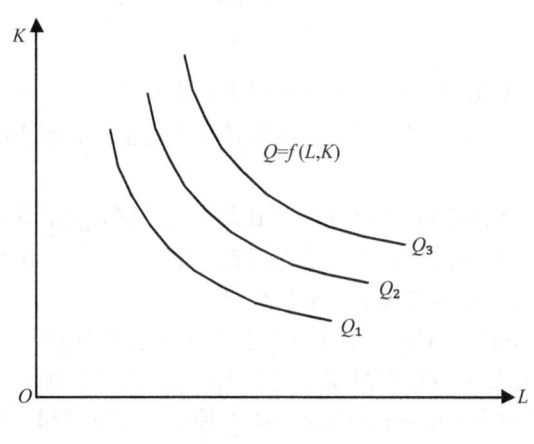

图 1.2　等产量线

（2）产量

平均产量（Average Product，AP）是总产量或总产出除以一种投入品的数量所得的值，即每单位投入生产的产出。

边际产量（Marginal Product，MP）也称边际产品，是指增加一单位生产要素所增加的产量。

总产量、平均产量、边际产量及其关系如图 1.3 所示：① 在其他生产要素不变的情况下，随着一种生产要素的增加，总产量曲线、平均产量曲线和边际产量曲线都是先上升而后下降，这反映了边际产量递减规律。② 边际产量曲线与平均产量曲线相交于平均产量曲线的最高点 A。在相交前，平均产量是递增的，边际产量大于平均产量（MP>AP）；在相交后，平均产量是递减的，边际产量小于平均产量（MP<AP）；在相交时，平均产量达到最大，边际产量等于平

均产量（MP=AP）。③当边际产量为零时，总产量达到最大，以后，当边际产量为负数时，总产量就会绝对减少。

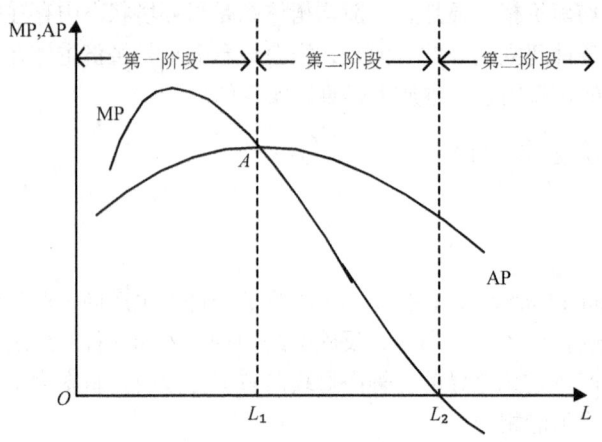

图1.3 产量变化的三个阶段

（3）成本

1）总成本。总成本（Total Cost，TC）是指企业生产某种产品或提供某种劳务而发生的总耗费，即在一定时期内（财务、经济评价中按年计算）为生产和销售所有产品而花费的全部费用。

总固定成本（Total Fixed Cost，TFC）是指在某个生产时期内，对不变投入的总花费。由于在生产中不变投入是一个不变的量，所以总固定成本是一个常数，即在短期内固定成本与产出数量的变化没有关系，固定成本曲线是一条水平线。

总变动成本（Total Variable Cost，TVC）是指在某个生产时期内对可变投入的总花费。

总成本TC是总固定成本TFC和总变动成本TVC之和，即TC= TFC+ TVC。

2）平均成本。平均成本（Average Cost，AC）是指一定范围和一定时期内成本耗费的平均水平，等于总成本除以产出的单位数。平均成本等于平均固定成本（Average Fixed Cost，AFC）与平均可变成本（Average Variable Cost，AVC）之和，即AC= AFC+ AVC。

3）沉淀成本。沉淀成本即沉没成本（Sunk Cost）是指由于过去的决策已经发生了的，而不能由现在或将来的任何决策改变的成本，是已经付出且不可收回的成本。沉没成本常用来和可变成本做比较，可变成本可以被改变，而沉没成本则不能被改变。

4）边际成本。边际成本（Marginal Cost，MC）指的是每一单位新增生产的产品（或者购买的产品）带来的总成本的增量。边际成本MC等于总成本TC的变化量ΔTC除以对应的产量上的变化量ΔQ，即$MC=\Delta TC/\Delta Q$。

5）短期平均成本与短期边际成本的关系。短期平均成本（SAC）曲线是一条先下降而后上升的"U"形曲线，表明随着产量增加先下降而后上升的变动规律。

短期边际成本（SMC）曲线也是一条先下降而后上升的"U"形曲线。开始时，边际成本随产量的增加而减少，当产量增加到一定程度时，就随产量的增加而增加。

由上述两者的特点可以说明短期平均成本与短期边际成本的关系：短期平均成本曲线与短期边际成本曲线相交于短期平均成本曲线的最低点（这一点称为收支相抵点）。在这一点上，短期边际成本等于平均成本。在这一点之左，短期边际成本小于平均成本。在这一点之右，短期边际成本大于平均成本。短期平均成本与短期边际成本的关系如图1.4所示。

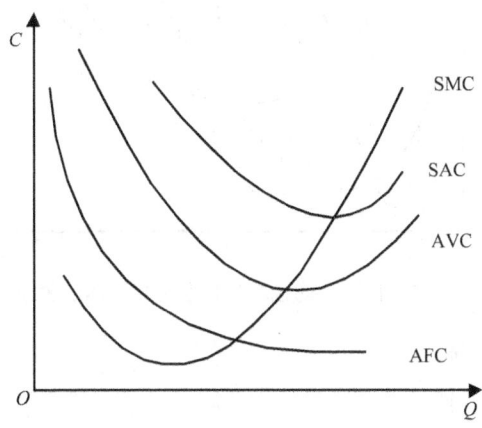

图1.4 短期平均成本与短期边际成本的关系

6）长期平均成本与长期边际成本的关系。长期边际成本（LMC）曲线呈先下降后上升的"U"形线，遵循规模收益递减规律。LMC在上升阶段，与长期平均成本（LAC）相交于LAC的最低点。

短期边际成本与长期边际成本的关系：只有在长期平均成本曲线 LAC 最低点处，LAC=SAC=LMC=SMC，并同时有长期总成本曲线 LTC 与短期总成本曲线 STC 相切，长期平均成本曲线 LAC 与短期平均成本曲线 SAC 相切。至于在其他各点处，长期边际成本与短期边际成本分别遵循各自的规律，沿着各自的轨迹先下降后上升，二者之间没有内在的联系。长期平均成本与长期边际成本的关系如图1.5所示。

7）等成本线。等成本线（Isocost Curve）是在既定的成本和既定的要素价格条件下生产者可以购买的两种要素的各种不同的最大数量组合的轨迹如图1.6所示。若生产要素的组合为 K 和 L，分别代表资本量和劳动量，则有：$C=P_K K+P_L L$，其中，P_K 和 P_L 分别为 K 和 L 的单位价格。

（4）收益

1）总收益。总收益（Total Revenue，TR）指厂商销售一定数量的产品或劳务所获得的全部收入，它等于产品的销售价格与销售数量的乘积，记为 $TR=P\times Q$。

2）平均收益。平均收益（Average Revenue，AR）是指厂商销售单位产品所获得的收入，即总收益与销售量之比，$AR=TR/Q$。

3）边际收益。边际收益（Marginal Revenue，MR）是指增加一单位产品的销售所增加的收益，即最后一单位产品的售出所取得的收益。它可以是正值或负值。边际收益=总收益的变化量/销售量的变化量，即 $MR=\Delta TR/\Delta Q$。

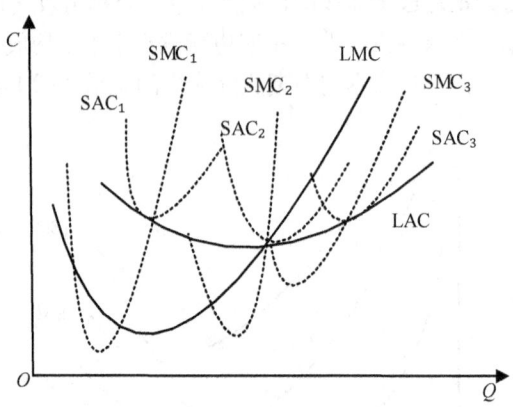

图1.5　长期平均成本与长期边际成本的关系

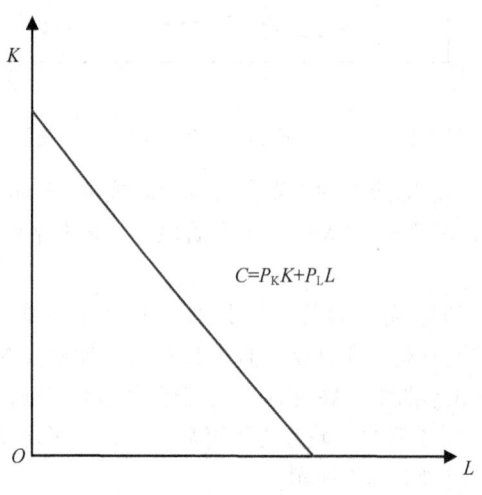

图1.6　等成本线

以上3种收益的关系如图1.7所示。边际收益递减律是指在技术水平不变的情况下，当把一种可变的生产要素投入到一种或几种不变的生产要素中时，最初这种生产要素的增加会使产量增加，但当它超过一定限度时，增加的产量将要递减，最终还会使产量绝对减少。

（5）利润最大化

厂商利润最大化（Profit Maximization）原则就是产量的边际收益等于边际成本的原则，即MR=MC。如果最后增加一单位产量的边际收益大于边际成本，就意味着增加产量可以增加总利润,于是厂商会继续增加产量,以实现最大利润目标。如果最后增加一单位产量的边际收益小于边际成本,意味着增加产量不仅不能增加利润,反而会发生亏损,这时厂商为了实现最大利润目标,会减少产量。只有在边际收益等于边际成本时,厂商的总利润才能达到极大值。

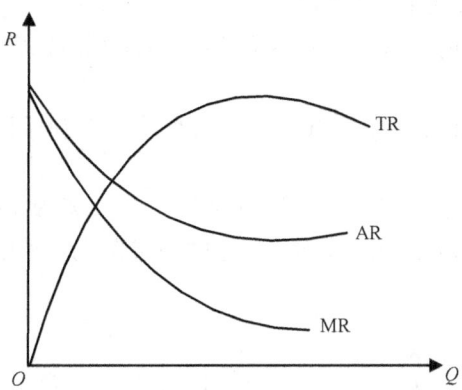

图1.7　总收益、平均收益与边际收益的关系

（6）生产者剩余

生产者剩余（Producer Surplus）等于厂商生产一种产品的总利润加上补偿给要素所有者超出或低于他们所要求的最小收益的数量,是生产者的所得大于其边际成本的部分。生产者剩余是属于生产者所有的,是生产者的权益,生产者应该享有对它的要求权。从几何的角度看,它等于价格曲线之下、供给曲线之上的区域,如图1.8所示的阴影区域。

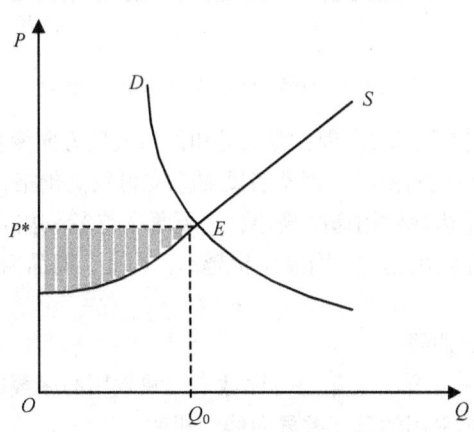

图1.8　生产者剩余

2. 消费者行为

(1) 基数效用与边际效用

1) 基数效用是指按 1, 2, 3 等基数来衡量效用的大小, 是按绝对数衡量效用的方法。这种基数效用分析方法称为边际效用分析方法。

2) 总效用 (Total Utility, TU) 是指消费者在一定时期内, 消费一种或几种商品所获得的效用总和。

3) 边际效用 (Marginal Utility, MU) 是指消费者在一定时间内增加单位商品所引起的总效用的增加量。

4) 总效用与边际效用的关系是: 当边际效用为正数时, 总效用是增加的; 当边际效用为零时, 总效用达到最大; 当边际效用为负数时, 总效用减少。总效用与边际效用的关系如图 1.9 所示。

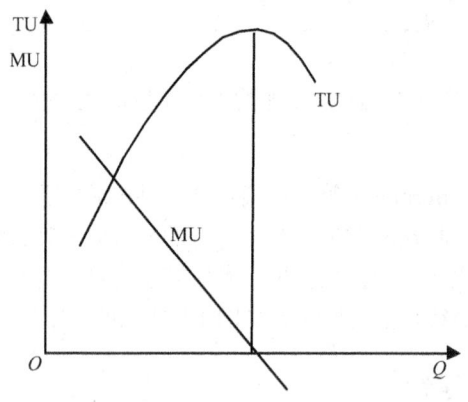

图 1.9 总效用与边际效用的关系

5) 边际效用递减规律决定需求定理: 需求量和价格成反方向变化。因为消费者购买商品是为了取得效用, 对边际效用大的商品, 消费者就愿意支付较高价格, 即消费者购买商品支付价格以边际效用为标准。根据边际效用递减规律, 购买商品越多, 边际效用越小, 商品价格越低; 反之, 购买商品越少, 边际效用越大, 商品价格越高。因此, 商品需求量与价格成反方向变化, 这就是需求定理。

(2) 序数效用与无差异曲线

1) 序数效用是指按第一、第二、第三等序数来反映效用的序数或等级, 是一种按偏好程度排列顺序的方法。序数效用采用的是无差异曲线分析法。

2) 无差异曲线 (Indifference Curve) 是用来表示两种商品或两组商品不同数量的组合对消费者所提供的效用是相同的, 因为同一条无差异曲线上的每一个点所代表的商品组合所提供的总效用是相等的, 所以无差异曲线也叫作等效用线, 如图 1.10 所示。

第 1 章　电子商务经济学基础知识

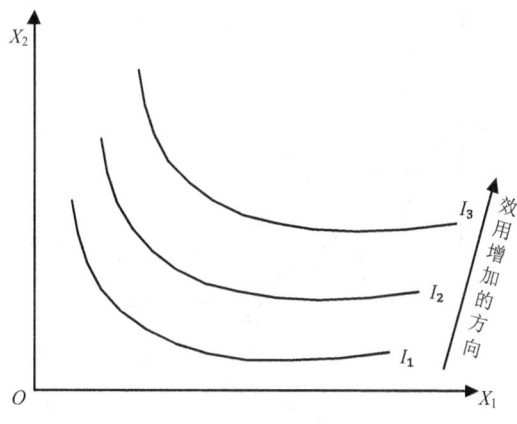

图 1.10　无差异曲线

无差异曲线的主要特征包括：

- 无差异曲线是一条向右下方倾斜的线，斜率为负。表明为实现同样的满足程度，增加一种商品的消费，必须减少另一种商品的消费。
- 在每种商品都不被限定为多了比少了好的前提下，无差异曲线图中位置越高或距离原点越远的无差异曲线所代表的消费者的满足程度越高。由于通常假定效用函数是连续的，所以在同一个坐标平面上的任何两条无差异曲线之间，可以有无数条无差异曲线。同一条曲线代表相同的效用，不同的曲线代表不同的效用。换句话说，较高无差异曲线上所有商品组合的效用高于较低的无差异曲线上所有商品组合的效用。
- 任何两条无差异曲线不能相交。这是因为如果两条无差异曲线相交，就会产生矛盾。只要消费者的偏好是可传递的，无差异曲线就不可能相交。
- 无差异曲线通常是凸向原点的，这就是说，无差异曲线斜率的绝对值是递减的。这是由边际替代率递减规律所决定的。消费者的无差异曲线类似于生产者的等产量曲线。
- 不同消费者的无差异曲线图，反映他们不同的偏好。如果消费者 A 的无差异曲线相对于消费者 B 的无差异曲线比较陡峭，这意味着若同样减少一单位商品 X_1，要保持原来的满足程度不变，消费者 A 需要增加的商品 X_2 的数量要大于消费者 B。从这一点来看，相对于商品 X_1 而言商品 X_2 对于消费者 A 不如对于消费者 B 重要，或者说，在 X_1 与 X_2 两种商品之间，消费者 A 比消费者 B 更偏爱商品 X_1，消费者 B 比消费者 A 更偏爱商品 X_2。

（3）效用最大化原则

消费者效用最大化（Maximization of Utility）原则表示消费者选择最优的商品组合，消费者对若干消费品的选择，在达到每一种消费品的单位货币支付所得的边际效用相等时，实现最大总效用，即称为效用最大化原则。当无差异曲线与预算线相切时效用为最大，如图 1.11 的 C 点所示。

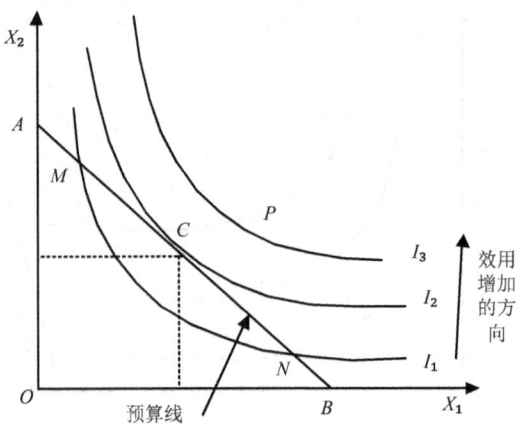

图 1.11 效用最大化原则

（4）消费者剩余

消费者剩余（Consumer Surplus）又称为消费者的净收益，是指消费者在购买一定数量的某种商品时愿意支付的最高总价格和实际支付的总价格之间的差额。消费者剩余衡量了买者自己感觉到所获得的额外利益。

消费者总剩余可以用需求曲线下方、价格线上方和价格轴围成的三角形的面积表示，如图1.12 所示。由消费者剩余可知：① 如果价格上升，则消费者剩余下降；如果价格下降，则消费者剩余上升；② 如果需求曲线是平的，则消费者剩余为 0。

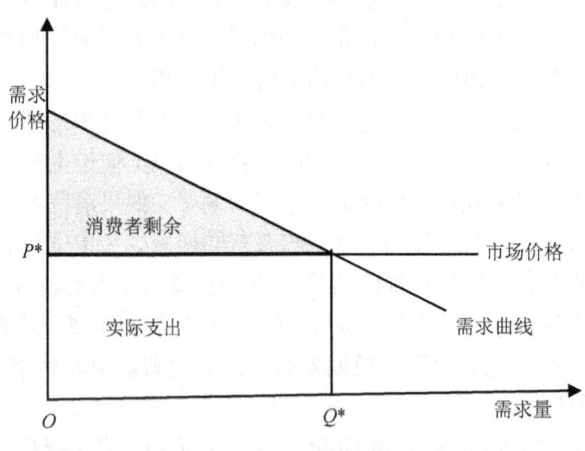

图 1.12 消费者剩余

（5）总剩余

总剩余是消费者剩余和生产者剩余之和,如图1.13所示的阴影部分。

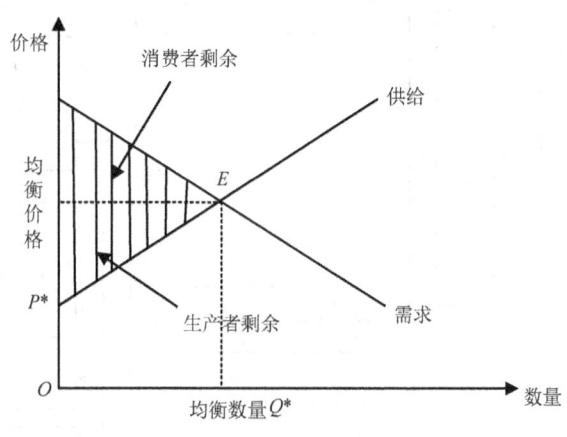

图 1.13　总剩余

1.1.3　电子商务经济学相关知识

电子商务经济学是以电子商务的经济现象作为研究对象的经济学。伴随着互联网和电子商务的迅速发展,电子商务经济学将电子商务市场或在线市场作为研究对象,形成了一门新兴经济学分支学科。

电子商务经济学始于技术层面的研究,逐步拓展到数字产品和商业流程的研究,再上升到厂商和市场层面的研究,最后形成将电子商务作为一个整体生产要素来考虑的宏观经济研究。

在研究方法上,电子商务经济学依然使用传统的微观经济学和宏观经济学方法,但由于众多新问题和新现象的存在与出现,电子商务经济学理论存在其独特之处。在研究范围上,随着电子商务实践活动的展开和深入而发生变化,这种变化将会继续持续下去。

遵循西方经济学的分类,将电子商务经济学的研究领域大体分为两类,如图1.14所示。

一是微观层面的电子商务经济学。主要包括:数字产品、电子商务企业、电子商务市场、电子商务消费者等内容。对应本书的第2~5章的内容。

二是宏观层面的电子商务经济学。主要包括:互联网金融、网络支付、电子商务融资、电子商务对经济发展的贡献、国家发展电子商务的宏观政策、电子商务的知识产权保护、电子商务税收法规等问题。对应本书的第6~8章的内容。

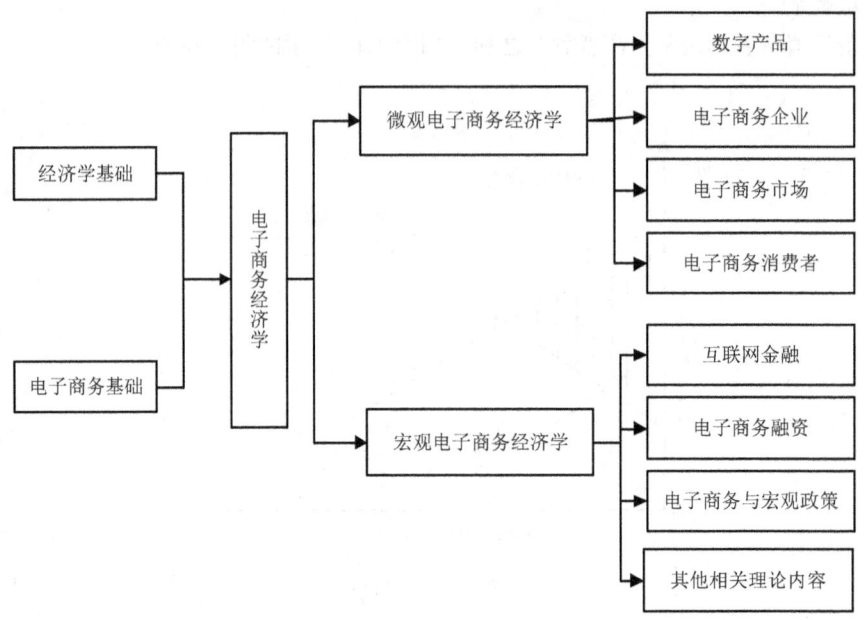

图 1.14 电子商务经济学研究范畴

1.2 电子商务新经济理论

1.2.1 电子商务经济学基本特征

电子商务的新发展推动了电子商务经济学理论研究的不断深入,通过表 1.1 对比电子商务经济学与传统经济学的部分区别。

表1.1 电子商务经济学与传统经济学的部分区别

序 号	电子商务经济学	传统经济学
1	不完全信息	完全信息
2	不完全信息的均衡模型	完全信息均衡模型
3	信息不对称	信息对称
4	网络外部性	完全理性假设
5	边际成本接近为零	边际成本变动但不为零
6	边际效用递增	边际效用递减
7	需求方规模经济	供给方规模经济
8	信息资源不稀缺,注意力经济	资源稀缺性假设

1.2.1.1 不完全信息

不完全信息（Incomplete Information）是指市场参与者不拥有某种经济环境状态的全部知识。新凯恩斯学派认为：不完全信息经济比完全信息经济更加具有现实性，市场均衡理论必须在不完全信息条件下予以修正。由于不完全信息条件下市场价格机制可能失灵，市场参与者之间供求关系也就有可能不通过价格体系达到均衡状态。这样，只有通过实物形式的市场条件才能使市场达到均衡。因此，一般均衡所要求的市场参与者之间信息无差别条件就被差别信息普遍存在于市场参与者之中的条件所取代，随之而来的，假设完全信息均衡模型被信息经济学中各种不完全信息的均衡模型所取代。

1.2.1.2 信息不对称

信息不对称（Asymmetric Information）指的是某些参与人拥有但另一些参与人不拥有的信息。信息不对称理论是由三位美国经济学家——约瑟夫·斯蒂格利茨、乔治·阿克尔洛夫和迈克尔·斯彭斯提出的，针对信息不对称性问题建立了委托-代理理论。研究事前非对称信息的模型称为逆向选择模型（Adverse Selection）；研究事后非对称信息的模型称为道德风险模型（Moral Hazard）。并进行了相关经济机制的设计，如信息传递、信号甄别、激励机制等。

1.2.1.3 网络外部性

网络外部性（Network Externality）又称网络效应（Network Effect），定义为：随着使用同一产品或服务的用户数量变化，每个用户从消费此产品或服务中所获得的效用的变化。

网络外部性的价值包括：① 自有价值。在没有别的消费者使用的情况下，产品本身所具有的那部分价值。② 协同价值。当新的用户加入网络时，老用户从中获得的价值。

根据作用性质分类，网络外部性可以分为直接网络外部性和间接网络外部性两类。

1）直接网络外部性是指消费者直接和网络单元相连，可以直接增加其他消费者的使用效用。

2）间接网络外部性是指随着一种产品使用者数量的增加，市场出现更多品种的互补产品可供选择，而且价格更低，从而消费者更乐于购买该产品，间接提高了该产品的价值。

依据作用效果分类，网络外部性可以分为正外部性和负外部性两类。

3）正外部性，行为人实施的行为对他人或公共的环境利益有溢出效应，但其他经济人不必为此向带来福利的人支付任何费用，无偿地享受福利。

4）负外部性，行为人实施的行为对他人或公共的环境利益有减损的效应。

电子商务市场和网络经济中直接、间接网络外部性，正、负网络外部性共存。下面的延伸阅读通过移动通信市场举例说明。

延伸阅读

移动通信市场的网络效应

1. 移动通信市场的直接与间接网络效应

移动通信市场是典型的网络外部性效应市场,并且涉及多个不同层次的网络经济。

第一,所有的移动通信用户构成一个经济网络。该网络成员间的相互通信基本不受地点的限制,即能够"在移动中通信",而这种"在移动中通信"的效用随移动通信用户总人数的增加而增加,表现为一种直接网络效应。同时移动通信用户的增加使得基于移动通信技术平台的增值服务增加,从而吸引更多消费者使用移动通信,表现为一种间接网络效应。

第二,某个移动通信运营商经营的网络中所有用户构成一个经济网络。网络内部成员间的通信更便宜,通信质量也更有保障。这些好处随使用同一网络的成员人数增加而增加,表现为一种直接网络效应。同时,用户的增多使该运营商有动力增设营业网点,并针对细分的用户群开发个性化服务,从而吸引更多用户选择加入该运营商的网络,表现为一种间接网络效应。

第三,使用同一种移动通信技术标准的用户构成一个经济网络。遵循同一标准的内部成员之间通话效果良好,并随使用同一技术标准的用户人数增加而增加,表现为一种直接网络效应。同时,使用同一种技术标准的用户越多,与该技术标准匹配的手机供应量越大,竞争和生产的规模经济同时使该类手机价格趋于合理,表现为一种间接网络效应。

2. 移动通信市场的正向与负向网络外部性

以"短信拜年"为例。在前几年每到春节期间,亲朋好友、合作伙伴之间以手机短信的形式互相拜年问好成为一种流行。据统计数据显示,在2009年,全国春节期间的短信180亿条,2010年超过230亿条,到2012年春节期间则达到320亿条以上。短信拜年在一定程度上表现了短信行业的影响力和正向外部效应。

同时也应注意到,短信拜年已经沦为"工业化产品",很多人除夕几乎用了整晚时间来收发海量祝福短信,收到无数相同或相近的祝福,再"批量"转发出去,尤其是在零点前后,短信发送量达到最高峰,出现了网络拥堵现象;另外由于短信广告的泛滥,各类短信代扣费等,也成为电信部门重点严查的对象。这些都可以看作短信群发所产生的负向外部效应。

1.2.1.4 边际理论分析

1. 边际成本接近零

"边际非稀缺产品"一旦用一个起始固定成本生产出来后,就可以无穷复制而不需要追加任何成本,即边际成本趋于零。众多数字产品、信息产品、软件、互联网服务等,均有边际成本接近或等于零的特征。

2. 边际效用递增

传统经济学公认的是边际效用递减,而信息社会的情况恰好相反,消费者对某种商品使用越多,增加该商品消费量的欲望就越强,出现了边际收益递增(Increasing Marginal Revenue)规律,也称边际效用递增(Increasing Marginal Utility)、边际报酬递增、边际贡献递增。

(1)边际效用递增产生的原因

由于网络经济有着与传统经济大相径庭的发展规律。具体说来,主要原因有如下几点。

1)锁定。顾客锁定(Lock in)是网络经济的一个重要规律,因为信息是在一个由多种硬件和软件组成的系统中存储、控制和流通的,而使用特定的系统需要经过专门的训练。例如,从苹果转移到英特尔计算机不但要牵涉新硬件,还要牵涉新软件。不仅如此,为了能使用软件和硬件而建立的知识也需要更新。因此,更新计算机系统的转移成本可能会达到天文数字。微软公司的用户一旦使用了该公司的某种产品,就会产生越来越大的依赖性。这是由于软件用户已被锁定在某一个文字处理系统或排版系统上。他们不愿学习使用新系统,于是不断购买原系统的新版本。

2)增值。现代信息技术的普及使网络经济成了以信息为主导的经济。互联网与传统媒体共同组成庞大的信息网络,为交换和市场活动提供了广阔的信息平台。在这种经济中,对信息与知识的获取、创造、传递、运用和管理成为社会的中心工作。这意味着,知识存量的多少将决定一个社会经济效率的高低;交易成本的大小将决定一个企业或一个国家是否具有竞争力;知识含量的高低将决定一种产品或技术有没有生命力,将决定一个企业经营模式的成功或失败。

随着掌握的知识量的增加,人们对信息的理解程度逐步加深,信息所起的作用越来越大。对于知识含量较高的产品,无论是虚拟产品还是智能产品,都会出现边际效用递增的现象。不仅由于消费这些产品需要较多时间进行学习,有着较高的转移成本,从而被锁定。还因为知识本身是系统的、可以增值的。一个人拥有的信息越多,每增加一条信息对这个人的效用就越大。文化水平较低的人,增加一条信息时,增加的效用较小,因为他从中可以发掘出来的内涵较少。一个知识渊博的人,增加一条信息时,知道如何充分发挥这条信息的使用价值,增加的效用就较大。这种信息独有的性质,将会直接影响未来社会的财富分配。

3)网络。边际效用递增现象还因网络的作用而增强。产品或服务有其自身的价值,称为孤立价值。这是指没有其他用户或用户的消费相互之间没有多大关联时,产品或服务对某个用户的价值。这种情况下,产品或服务的价值是孤立的,无须或只需低配套要求。但与此同时,产品和服务还有着网络价值(Network Value),这是指存在其他用户,且用户的消费相互关联时,产品或服务对某个用户的价值。这种情况下的产品通常是一种系统产品,需要其他用户的配合才能体现或增强其价值,这就是所谓的网络效应。不管网络是有形还是无形的,都有着共同的特征,那就是连接到一个网络的价值取决于已经连接到该网络的其他人的数量。从消费者的角度来说，由于网络效应，使用某种产品的数量越多，该产品的效用就越大。因此，单个消费者增加某种产品的使用量时，其边际效用在递增。

（2）边际效用递增规律与边际效用递减规律的区别

边际效用递增规律与边际效用递减规律所适用的产品或服务存在着以下主要区别。

1）质量和性能上的区别。边际效用递减涉及的产品或服务，在质量和性能上没有变化，简单重复性的消费很容易达到饱和状态。这对于大批量生产、技术变化速度比较小的传统经济来说，是一件难以避免的事情。

边际效用递增涉及的产品或服务，在质量和性能上不断改进，在消费数量增加的同时，也不断给人们以新的刺激，从而能不断提高人们的满足程度。这对于小批量生产或定制生产、技术进步非常迅速的网络经济来说，是一件非常容易做到的事情。

2）需要层次上的区别。边际效用递减所涉及的满足，一般是针对人们的生理需要或物质生活需要，如食欲等。这种需要总有一个限度。因此，消费的商品或服务达到一定数量后，它带给人们的满足程度就会下降。

边际效用递增所涉及的满足，是针对人们的社会需要或精神生活需要的，这种需要几乎是无限的。因此，人们的满足程度不会随着商品或服务数量的增加而下降，而是恰恰相反。

3）知识含量上的区别。边际效用递减涉及的多是比较简单的物质产品。如果消费者拥有的食品越多，他对食品的需要就越小，因为已有的食品对增加的食品起着排斥作用。

边际效用递增涉及的多是知识含量较高的产品。如果消费者拥有的知识越多，他对知识、信息的需要就越多。因为接受新知识需要一定的知识作为基础。而拥有一定的知识以后，就会对掌握更多的知识产生更加迫切的需要，形成知识的累积效应。

需要强调的是，在网络经济中，并非所有的产品和服务都服从边际效用递增规律。凡是缺少差别、仅仅满足人们的物质需要或知识含量较少的产品和服务，其消费仍然体现出边际效用递减规律。

1.2.1.5 需求方和供给方规模经济

规模经济分为供给方规模经济与需求方规模经济。

1. 供给方规模经济

传统经济中，供给方或者说厂商的规模经济一直是产业竞争的重要基础，尤其在制造业中，它甚至几乎在整个世纪都扮演着主宰力量的角色，大公司利用在生产规模上的优势大大降低了产品成本，从而获得更为有利的市场定位和更大的盈利空间。

20世纪初期，亨利·福特在福特汽车公司引入流水生产线体制之后，人们开始认识到规模经济对现代工业生产的深远影响。随着生产规模的扩张，单位产品的成本将呈现逐渐下降的趋势，其中经验和技能的积累所产生的学习效应发挥着重要的作用。

2. 需求方规模经济

互联网与网络经济的发展,打破了供给方规模经济一统天下的局面。许多信息产品、数字产品的边际生产成本在很多情形下都处于很低的水平,甚至在一些信息产品中基本上接近为零的水平。在这种情形下,仅仅依赖厂商自身利用规模经济降低产品生产成本是远远不够的,厂商必须利用网络效应建立起庞大的用户群基础,从而利用网络价值的增值来实现"需求方规模经济"(Demand-side Economies of Scale),指产品价值随着购买这种产品及其兼容产品的消费者的数量增加而不断增加。

需求方规模经济不只是商家在为顾客创造价值,顾客自己也在为其他顾客创造价值,这是由顾客消费产品过程的强大外部性所决定的。网络外部性是需求方规模经济的源泉。在网络经济环境中,如果"供给方规模经济"与"需求方规模经济"结合起来,将使网络效应的正反馈作用更为强大。例如,美国汽车工业巨头通用汽车公司宣称他们将从产品提供商转型为服务提供商,以更好地为用户服务。这种转变就要求厂商在充分利用供给方规模经济的同时,必须采取各种策略来拓展用户群体的网络价值,从而建立起需求方规模经济。

1.2.2 电子商务经济学典型定律

1. 马太效应

马太效应(Matthew Effect)指强者愈强、弱者愈弱的现象。其名字来自圣经《新约·马太福音》中的一则寓言:"凡有的,还要加给他叫他多余;没有的,连他所有的也要夺过来。"在经济学中用它反映贫者愈贫,富者愈富,赢家通吃的经济学现象。马太效应揭示了一个不断增长个人和企业资源的需求原理,是影响企业发展和个人成功的一个重要法则。

2. 摩尔定律

摩尔定律是由英特尔公司创始人之一戈登·摩尔(Gordon Moore)提出来的。该定律归纳起来,主要有以下3种版本:① 集成电路芯片上所集成的电路数目,每隔18个月就翻一倍。② 微处理器的性能每隔18个月提高一倍,或价格下降一半。③ 用一美元所能买到的计算机性能,每隔18个月翻两倍。以上3说法中,第②、③两种说法涉及价格因素,以第①种说法最为普遍。3种说法虽然各有千秋,但在一点上是共同的,即"翻倍"的周期都是18个月。摩尔定律所描述的趋势已经持续了超过半个世纪,但仍应该被认为是观测或推测,而不是一个物理或自然规律。

最新的一些研究发现,摩尔定律可能会失效。因为研究和实验室的成本需求十分高昂,而有财力投资在创建和维护芯片工厂的企业很少,而且也越来越接近半导体的物理极限,将会难以再缩小下去。或许摩尔定律的时代将会结束,但目前看不到明显迹象。

3. 梅特卡夫法则

计算机网络先驱3Com公司的创始人罗伯特·梅特卡夫提出梅特卡夫法则(Metcalfe's Law),指网络价值以用户数量平方的速度增长。网络价值等于网络节点数的平方,即$V=n^2$(V表示网络的总价值，n 表示用户数）。梅特卡夫法则常常与摩尔定律相提并论，如果说摩尔定律是信息科学的发展规律，那么梅特卡夫法则就是网络技术发展规律。网络外部性是梅特卡夫法则的本质。

4．达维多定律

曾任职于英特尔公司做高级营销主管和副总裁的威廉·H·达维多（William H.Davidow）提出达维多定律，认为任何企业在本产业中必须不断更新自己的产品。要保持领先，就必须时刻否定并超越自己。一家企业如果要在市场上占据主导地位，就必须第一个开发出新一代产品。如果被动地以第二或者第三家企业将新产品推进市场，那么获得的利益将远不如第一家企业作为冒险者所获得的利益，因为市场的第一代产品能够自动获得 50% 的市场份额，尽管可能当时的产品还不尽完善。

延伸阅读

英特尔公司一直践行达维多定律

英特尔公司的微处理器并不总是性能最好、速度最快的，但是英特尔公司始终是新一代产品的开发者和倡导者。英特尔公司在 1995 年为了避开 IBM 公司的 Power PCRISC 系列产品的挑战，曾经故意缩短了当时极其成功的 486 处理器的技术生命。

1995 年 4 月 26 日，许多新闻媒体都报道了英特尔公司牺牲 486，支撑奔腾 586 的战略。"这一决定反映了英特尔公司的一个长期战略，即运用达维多定律的方法，要比竞争对手抢先一步生产出速度更快、体积更小的微处理器。英特尔公司通过使用这种战略，把许多竞争对手远远抛在了后面。"

达维多定律说明：只有不断创造新产品，及时淘汰老产品，使成功的新产品尽快进入市场，才能形成新的市场和产品标准，从而掌握制定游戏规则的权利。要做到这一点，前提是要在技术上永远领先。企业只能依靠创新所带来的短期优势来获得高额的"创新"利润，而不是试图维持原有的技术或产品优势，才能获得更大的发展。

5．注意力经济

最早正式提出"注意力经济"（Economy of Attention）这一概念的是美国的迈克尔·戈德海伯，他 1997 年在美国发表了一篇题为"注意力购买者"的文章。文章指出：当今社会是一个信息极大丰富甚至泛滥的社会，而互联网的出现，又进一步加快了这一进程，信息非但不是稀缺资源，相反是过剩的。而相对于过剩的信息，只有一种资源是稀缺的，那就是人们的注意力。

第1章 电子商务经济学基础知识

进一步说，注意力经济是指最大限度地吸引用户或消费者的注意力，通过培养潜在的消费群体，以期获得最大的未来商业利益的经济模式。在这种经济状态中，最重要的资源既不是传统意义上的货币资本，也不是信息本身，而是大众的注意力，只有大众对某种产品注意了，才有可能成为消费者，购买这种产品。而要吸引大众的注意力，重要的手段之一，就是视觉上的争夺，也正因此，注意力经济也称为"眼球经济"（Eyeball Economy）。

注意力经济有以下几个特点：不能共享，无法复制，有限的、稀缺的，易从众，可传递，注意力产生的经济价值是间接体现的。

著名的诺贝尔奖获得者赫伯特·西蒙在对当今经济发展趋势进行预测时也指出："随着信息的发展，有价值的不是信息，而是注意力。"这种观点被IT业和管理界形象地描述为"注意力经济"。著名跨领域经济学家，2011年阿玛蒂亚森经济学奖得主陈云博士说："未来30年谁把握了注意力，谁将掌控未来的财富。"

6. 吉尔德定律

被誉为数字时代三大思想家[①]之一的乔治·吉尔德提出了吉尔德定律（Gilder's Law），又称为胜利者浪费定律。该定律提出最为成功的商业运作模式是价格最低的资源将会被尽可能地消耗，以此来保存最昂贵的资源。该定律被描述为：在未来25年，主干网的带宽每6个月增长一倍，其增长速度是摩尔定律预测的CPU增长速度的3倍，并预言将来上网会免费。

7. 数字鸿沟

数字鸿沟（Digital Divide/ Gap/Division）又称为信息鸿沟，最先由美国国家远程通信和信息管理局（NTIA）于1999年在名为《在网络中落伍：定义数字鸿沟》的报告中定义——数字鸿沟指的是一个在那些拥有信息时代工具的人和那些未曾拥有者之间存在的鸿沟，即信息富有者和信息贫困者之间的鸿沟，体现了当代信息技术领域中存在的差距现象。数字鸿沟造成的差别正在成为中国继城乡差别、工农差别、脑体差别这三大差别之后的第四大差别，其本身已不仅仅是一个技术问题，而正在成为一个社会问题。

延伸阅读

我国的数字鸿沟

1. 我国地区间数字鸿沟现象明显

中国互联网信息中心CNNIC在2014年7月发布了《第34次中国互联网络发展状况统计报告》。报告指出：截至2014年6月，我国网民数量为6.32亿人，互联网普及率为46.9%。而

[①] 数字时代三大思想家指的是尼古拉斯·尼葛洛庞帝（人机沟通、人机互动）、马歇尔·麦克卢汉（更符合人性的计算机文化传播）和乔治·吉尔德（网络文化与网络社会）。

我国网民中农村人口占比为28.2%，规模为1.78亿。从地区分布上看，北京市互联网普及率最高，而云南、江西、贵州等中西部省份互联网普及率还不足30%。互联网普及率较低的省区均为中部和西部地区省区。

2. 中国电子商务的发展呈现"东强西弱"

数字鸿沟现象反映的不仅仅是物理层面的接入和使用信息通信技术的差距，更重要的是这些数字化差异背后造成的信息资源层面的差距，这种差距将导致更大的社会、经济发展的不平衡。

电子商务的不平衡发展也意味着中国东西部地区间数字鸿沟的进一步加深。《中国C2C淘宝网络店铺的地理分布》表明，中国电子商务呈现出非常明显的空间集聚发展趋势，淘宝网店数量分布整体上从东部沿海向中西部内陆地区呈梯度降低，呈现"东强西弱"的特点。作为中国制造业基地的东部沿海长三角和珠三角地区正是网络购物经济最发达的地区，网络店铺数量巨大。中、西部地区除四川、新疆的等少数省区的核心城市外，大部分地区的电子商务非常落后。

8. 长尾效应

长尾理论（The Long Tail）是网络时代兴起的一种新理论，由美国学者克里斯·安德森提出。长尾理论认为，由于成本和效率的因素，当商品储存流通展示的场地和渠道足够宽广，商品生产成本急剧下降以至于个人都可以进行生产，并且商品的销售成本急剧降低时，几乎任何以前看似需求极低的产品，只要有卖，都会有人买。这些需求和销量不高的产品所占据的共同市场份额，可以和主流产品的市场份额相比，甚至更大，如图1.15所示。

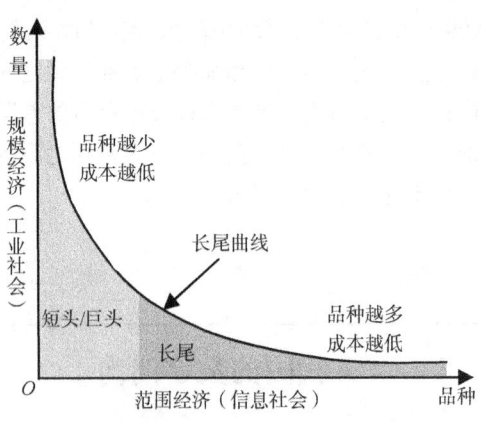

图1.15 长尾理论

在过去的传统大规模生产条件下，总规模很大，但单品需求量较小的需求长尾，也就是90%以上的小批量产品，被生产者砍掉了。最典型的例子，100名以后的影片，仅仅由于影院物理条件造成的成本限制，而被舍弃了。而在当今的互联网时代，长尾效应使其复活了，长尾以其总量上而非单品上的规模巨大、成本极低，而由"不经济的"成为"经济的"。长尾中的商品满足了不同的人在追求个性化时的需求。

延伸阅读

长尾理论的典型应用

1. 盈利方式

一个针对中低端消费人群的汽车商，却能将兰博基尼、斯柯达、奥迪、保时捷、宾利收购！相信你已经知道这个汽车商是谁了，没错就是大众汽车！大众汽车的成功源于它的市场定位为中低端人群，出售一辆利润可能只有几万元，而兰博基尼市场定位为高端人群，卖一辆利润至少几十万元，利润翻了几十倍！可是买大众汽车的人却比买兰博基尼的人多百倍、千倍！大众自然是笑到最后的赢家了……这个案例可以很好地体现长尾效应的威力，也证明了"物以多为贵"的观点：要赚很少的钱，但是要赚很多人的钱。

2. 客户关系管理

过去人们只能关注重要的人或重要的事，如果用正态分布曲线来描绘这些人或事，人们只能关注曲线的"头部"，而将处于曲线"尾部"、需要更多精力和成本才能关注到的大多数人或事忽略。例如，在销售产品时，厂商关注的是少数几个 VIP 客户，无暇顾及在人数上居于大多数的普通消费者。而在网络时代，由于关注的成本大大降低，人们有可能以很低的成本关注正态分布曲线的"尾部"，关注"尾部"产生的总体效益甚至会超过"头部"。

3. 广告营销策略

某著名网站是世界上最大的网络广告商，它没有一个大客户，收入完全来自被其他广告商忽略的中小企业。安德森认为，网络时代是关注"长尾"、发挥"长尾"效益的时代。Google Adsense 让具有一定访问量规模的网站发布商为他们的网站展示与网站内容相关的 Google 广告并将网站流量转化为收入，让数以千万的小型企业和个人能够用低廉的价格做广告，并让众多网站和个人站点能够轻松变身为广告平台，从中获利。

4. 新的商业模式

在互联网时代，亚马逊网上书店和谷歌搜索被视为对长尾理论的最好践行者。一个前亚马逊公司员工精辟地概述了公司的"长尾"本质：现在我们所卖的那些过去根本卖不动的书比我们现在所卖的那些过去可以卖得动的书多得多。一家大型书店通常可摆放 10 万本书，但亚马逊网络书店的图书销售额中，有 1/4 来自排名 10 万以后的书籍。这些"冷门"书籍的销售比例正高速成长，预估未来可占整个书市的一半。这意味着消费者在面对无限的选择时，真正想要的东西和想要取得的渠道都出现了重大的变化。

▶▶ 1.3 案例：手机产品市场的风云变幻

十几年前，手机还是人们喜欢拿在手中炫耀的砖头似的大物件。而如今，手机绝不再是奢侈品，不夸张地说，已成为当今社会人们生活的必需品。在手机的普及率日益增长逐渐成为主流商品的过程中，许多品牌如雨后春笋般涌现出来，手机生产者厂家各出奇招，竞争不可避免。

以苹果公司的例子，从电子商务经济学视角分析手机产品市场的风云变幻，结合电子商务市场的基本法则尝试阐述 iPhone 是如何在这场战争中立于不败之地的。

1.3.1 达维多定律

2007 年 1 月 10 日，在 MacWorld 大会上苹果正式发布了首款智能手机 iPhone。当时的手机市场还是诺基亚的天下，而此前苹果公司从未涉足过通信领域。在当时遇到了不少的质疑与嘲笑："没有键盘的手机能做什么？" 殊不知，整个人类社会已经开始被带入了一个大屏触控时代，一场手机革命由此开始。这正印证了电子商务市场中的达维多定律。

所谓达维多定律指的就是一个企业要想在市场上总是占据主导地位，那么就一定要做到第一个开发出新产品，又第一个淘汰自己的老产品。简而言之就是只有先进入市场才能更容易获得较大份额和较高的利润。

第一代 iPhone 的面世对于当时的手机市场来说完全是一个新产品、新概念。机身采用金属材质，正面仅一个按键，无法更换电池，当时很难把它跟手机联系在一起。但全球发售的当天，大批粉丝彻夜排队购买的景象让众多质疑者傻了眼。这是苹果公司占领手机市场的第一步。乔布斯在介绍 iPhone 的时候说过 "我们重新发明了手机"。没错，正是这种创新，使苹果公司在手机市场上抢占了先机，创造出了这种触屏式新概念的手机产品。而这仅仅是个开始。

很快，在接下来的 2008 年，iPhone 3G 横空出世。第一代 iPhone 在通话功能、蓝牙传输、任务处理等很多地方有欠缺，功能十分受限，因此苹果公司为解决这一系列问题，进而继续进行市场扩张而推出了第二款手机，即 iPhone 3G。新推出的手机增加了网络、GPS 导航、邮件收发等一系列新功能，并且解决了上一款手机存在的各种问题。同年，诺基亚发布了 N97、N85、5 800 等多款人气火爆的手机，尽管他们的销售可观，但仍未抑制住苹果迅猛的势头。国内一线城市玩家已经渐渐厌倦了塞班平台（诺基亚手机曾使用的操纵系统），不管价格多贵货源多难得，拥有一台 iPhone 似乎才是真正的手机玩家。它不仅成为数码爱好者的象征，更是时尚潮流人士的必备。

就像前面说的，这仅仅是个开始。此后的 iPhone 3GS 以其更加轻薄的机身和更强大的配置，显示着苹果正一步步地奠定了 iPhone 在手机市场的地位，直到 iPhone 4 的面市。可以说 iPhone 4 是在无数的期盼与等待中面市的。2010 年苹果发布了号称可以改变一切的 iPhone 4，全新的外观设计、强悍的硬件配置、近乎完美的 iOS4 系统，让这颗苹果变成了金苹果。从此，触屏手机普及的时代正式开启。

iPhone 4 的影响力是不容小觑的，强大的功能与便捷性使之成为当时高端手机的代表。从第一代 iPhone 到 iPhone 4 的普及使苹果公司在手机市场的份额逐渐扩大，直至获得霸主的地位。这一切的一切无不归功于苹果公司始终遵循着不断创新的原则。从开发触屏手机解放键盘，到一步步完善产品缺陷，不断更新换代，始终把握着手机市场的动态。

1.3.2 摩尔定律

苹果公司这种新旧产品的不断更替来占据市场份额的战略不仅体现了达维多定律，同时蕴含着摩尔定律的核心，即技术的更新。

摩尔定律描述了特定时期、特定技术及其相关应用的性能或价格以 18 个月为周期的一种增长或下降的规律。结合苹果公司的策略，就体现在每一代 iPhone 的革新上。尤其以其搭载的独特 iOS 系统上。从 iOS4 到现在的 iOS7，定期的系统更新使 iPhone 始终保持着与时代变化接轨的新鲜度。使用者可以切身感觉到身处科技创新的洪流中，这使得 iPhone 获得了一群忠实的"果粉"为苹果公司的创新成果买单，产生了正向网络溢出效应。

同时，该系统的独特性也会吸引许多其他手机购买者的好奇心理。苹果公司又借由消费者的这一心理进一步扩张市场。在研发过程中，他们降低了成本，进而降低了售价，使 iPhone 普及到普通工薪阶层能接受的价格，由一开始花高价也很难买到的高端机转变为普通大众也能拥有的产品。

成千上万的应用程序、不断更新完善的技术、不算昂贵的价格，苹果公司为更广大的消费者打开了新世界的大门。而相对地，消费者为苹果公司开拓了更广阔的市场。

1.3.3 马太效应、赢者通吃

如果苹果公司仅依靠上述两条策略，是无法保持其猛进的势头的。2011 年苹果之父乔布斯的逝世给 iPhone 间接地带来了不小的打击。同年，三星 Galaxy 系列、诺基亚 Lumia 系列，还有 HTC 等手机品牌势头迅猛，这都给苹果公司带来了不小的压力。但尽管阻力重重，苹果公司依旧没有败下阵来，靠的就是"赢者通吃"。2007—2011 年的这 5 年中，苹果公司积累了可观的受众群体，因此在 2012 年 iPhone 4S 面市的时候，即使从外观上看起来改变不大，许多外界评论也不是很积极，却依旧没能减少苹果公司坚挺霸占着手机市场的巨大份额。同年年末，iPhone 5 的上市也印证了这个规律。当然，iPhone 5 在性能与技术上的改善也是不容忽视的成功因素之一。

2013 年 9 月，iPhone5C、5S 相继问世，而现如今到了 2014 年 9 月，iPhone 6 已经上市，给众多果粉（美国苹果公司电子产品的爱好者）带来了更多新的惊喜。苹果公司在这场战争中之所以能稳中取胜，归功于它不断地技术革新，新旧更替的策略。当然，这一切也只是就目前为止的情况来看。电子商务市场时时变换，想要在手机市场中屹立不倒，还要结合许多其他因素，不断更新发展战略目标，以长远的眼光，出奇制胜。

▶▶ 本章小结

电子商务经济学是以电子商务的经济现象作为研究对象的经济学。因此与电子商务经济学最为密切相关的两大学科知识即为电子商务和经济学。本章首先对电子商务和经济学的知识进行了梳理与总结,为学习电子商务经济学奠定基础。

同时,在掌握经济学若干基本假设和基本理论的前提下,分析电子商务环境下出现的新经济理论的基本特征与典型定律,以及两者之间的联系与区别,确立电子商务经济学的知识体系与主要研究内容。

▶▶ 关键术语

电子商务　经济学　电子商务经济学　经济学假设　经济学基本理论　生产行为
消费者行为　电子商务经济学基本特征　电子商务经济学典型定律

▶▶ 基本训练

1. 填空题

（1）电子商务的特征包括_____、_____、_____、_____等。
（2）电子商务可以分为_____、_____、_____、_____等。
（3）资源配置分为_____、_____两种配置类型。
（4）_____是指市场参与者不拥有某种经济环境状态的全部知识。
（5）网络外部性的价值包括：_____、_____、_____、_____。

2. 选择题

（1）Intel 公司提出"电子商务=电子化市场+电子化交易+（　　）"的理念。
　　A. 电子化设备　　B. 互联网　　C. 电子化企业　　D. 电子化服务
（2）厂商利润最大化是指产量的边际收益（　　）边际成本的情况。
　　A. 大于　　　　B. 等于　　　C. 小于　　　　D. 两者无联系
（3）以下（　　）不是边际效用递增产生的原因。
　　A. 锁定　　　　B. 增值　　　C. 批量生产　　D. 网络效应
（4）达维多定律认为：第一个开发出新一代产品的企业在后代产品研发中,将自动获得（　　）%的市场份额。
　　A. 50　　　　　B. 40　　　　C. 30　　　　　D. 20

第1章 电子商务经济学基础知识

（5）行为人的完全理性不包括的内容有（　　）。
    A. 效用函数可确定　　　　　B. 不同选择结果互为独立
    C. 存在不确定性　　　　　　D. 具备完备的推理能力

3．判断题
（1）序数效用采用的是边际效用分析方法。（　　）
（2）梅特卡夫法则认为网络价值以网络节点数平方倍增长。（　　）
（3）注意力产生的经济价值可以直接体现价值。（　　）
（4）等产量线向右上方倾斜。（　　）
（5）存在边际成本为零的产品。（　　）

4．简答题
（1）如何理解什么是电子商务与其基本特征？
（2）网络经济的外部性有哪些表现？
（3）请进行电子商务市场的边际分析。

5．论述题
请论述电子商务市场产生边际效用递增的原因。

第 2 章 数字产品

学习目标
- ◆ 重点掌握数字产品的概念、数字产品的供需特点、数字产品的垄断。
- ◆ 掌握数字产品的分类、数字产品的特征、数字产品的垄断原因。
- ◆ 了解数字产品与信息产品及数字化产品的区别与联系、数字产品的垄断特点及垄断效应。

▶▶ 2.1 数字产品的定义与分类

2.1.1 数字产品的定义

在明确数字产品的定义之前，必须正确理解数字产品与信息产品、数字化产品的区别与联系。本小节首先对信息产品与数字化产品做出界定，其次对数字产品的概念进行介绍。

2.1.1.1 信息与信息产品

1. 信息

"信息"一词的释义众说不一，归纳来看，大致有以下几种：

1）从产生信息的客观对象来定义。例如，很多人认为，"信息是客观世界各种事物变化和特征的反映"，"信息是事物运动的状态和方式"，"信息是事物的内容、形式及其发展变化的反映"。这类定义说明客观世界是"形"，而信息就是反映它的"影"。

2）从接收信息的认识主体来定义。例如，香农（C. E. Shannon）在 1948 年编写的《通信的数学理论》中指出，"信息是能够用来消除不确定性的东西"。与此相类似，也有人说，"信息就是收信者事先所不知道的报道"，"信息是人们对外界事物的某种了解和认识，它能减少人们决策时的不确定性"，等等。这类定义说明，认识主体由于得到信息而增进对客观对象的了解。

3）从传输中信息所依附的载体来定义。例如，人们常把信息看作信号、数据、资料、消息、新闻等的总称。这种定义说明，信息作为内容，有它的外在表现形式。

4）从信息的发送、传输、接收中客体和主体之间的相互作用来定义。例如，维纳在《人有人的用处》一书中认为"信息这个名称的内容就是我们对外界进行调节并使我们的调节为外界所了解时而与外界交换来的东西"，艾斯比在《控制论导论》一书中则指出"信息就是变异度"，从而被后人引申为"信息就是差异"。这类定义说明，信息作为作用与反作用的过程存在于事物及其反映特性的相互联系中。

本书认为，信息就是传递中的知识差。本质上，任何可以被数字化的事物都是信息，但信息不一定是被数字化的事物。

2．信息产品

信息技术的发展促使大量的信息产品产生，从本质上说，任何可以被数字化的事物都可以成为信息产品，如计算机软件、书报杂志、数据库资料、电影、音乐、股票指数和网页内容等。但是这一定义显然太过宽泛，并没有突出信息产品的特征。

在信息产品里，信息是最核心的资源和生产要素。因此在信息经济的背景下，本书对信息产品的定义如下：信息产品是以信息为核心资源和生产要素的，依靠一定载体而存在的，利用其使用价值满足人类认识活动和实践需要的一种产品。

信息产品同一般商品一样具有价值，可以满足人们某种需要。但信息产品又不同于一般的商品，具有其他商品不具备的一些特性，具体表现在以下几个方面：

1）非物质性和信息性。一般商品都是具体、有形的实物形态。而信息产品是信息人员对科技成果或知识进行脑力劳动加工而成的产品，以知识形态出现，其本身是无形的，是以一定的符号系统固化在一定的物质载体上的。因此信息产品具有非物质性和信息性。

2）消费无损耗性。一般物质商品其使用价值的实现是以其商品的物质消耗为基础的。而信息产品由于具有非物质性，人们使用信息产品只是利用信息本身，不因信息产品的使用而使信息本身受到损耗，可以说信息产品的使用是一个无形的过程，不存在有形的损耗。

3）共享性。一般商品的交换是商品生产者让渡使用价值。使用权和所有权是一致的，并发生同时转移。而在进行信息产品交换时，原来的信息持有者不因出售了该产品而丧失其使用价值，因为他仍掌握信息产品的信息内容。某种信息产品一旦投放市场，就能在不同的时空点上满足多次反复的消费需要，其使用价值具有共享性。

4）效用时间有限性。随着科学技术的飞速发展，信息老化和更新速度不断加快，信息产品的效用时间在不断缩短。其中，尤以经贸信息的效用时间为最短。

2.1.1.2 数字化与数字化产品

1. 数字化

"数字化"是将许多复杂多变的信息转变为可以度量的数字、数据，再以这些数字、数据建立起适当的数字化模型，把它们转变为一系列二进制代码，输入计算机内部，进行统一处理。将非数字形态信息转换为数字形态信息的过程，是数字化过程。非数字化的信息转化为数字形态的信息，可以说被数字化了。

数字化既可以表示一种生产，也可以表示一种生产结果。数字化作为生产过程，表示将产品转化为数字状态或数字性质；作为生产结果，表示已被数字化的产品。产品经过数字化后，可能是转化为数字状态（产品以数字的形式存在），也可能是具有数字性质。

2. 数字化产品

由于许多产品包含有数字化格式，因此便有了数字化产品的称谓。数字化产品包含的范围非常广泛，凡是经过数字化的产品都是数字化产品，但不同产品的数字化程度不同。同时，在数字化产品的含义中，主要强调的是产品是否包含有数字化格式，而不管它是否具有信息属性。例如，以数字格式分布和使用的数据库、软件、音频制品、电子邮件是数字化产品；基于数字技术的数码相机、数字电视机、数码摄像机等电子产品也可以称为数字化产品，因为上述产品都经历过数字化过程，它们之间的差别在于数字化的程度不同。

2.1.1.3 数字产品

经过以上的分析与论述，现对数字产品的概念进行介绍。数字产品是将产品的信息属性及产品的数字化特点相结合的概念，它是指被数字化的信息产品。

首先，数字产品不等同于信息产品。数字产品强调其数字化的存在形式以及因此而导致的一些特性；而信息产品则侧重于讨论产品的信息内容。例如，被数字化的报纸既可以称为数字产品，也可以称为信息产品。但是，纸张形式的报纸只能称为信息产品，而不能称为数字产品。

其次，数字产品也不等同于数字化产品。数字化产品主要强调的是产品是否包含数字化格式，而不管它是否有信息属性；而数字产品的定义除了强调产品被数字化以外，还强调它是否具有信息属性。例如，数据库、软件、音频制品既是数字化产品，也是数字产品；而数码相机、数字电视机等是数字化产品但不是数字产品。

用图2.1描述信息、信息产品、数字化产品与数字产品四者之间的关系。由图2.1可知，凡是数字产品一定是信息产品和数字化产品，也就是说，数字化产品与信息产品的交集构成了数字产品。与此对应的是，信息产品和数字化产品不一定都是数字产品。

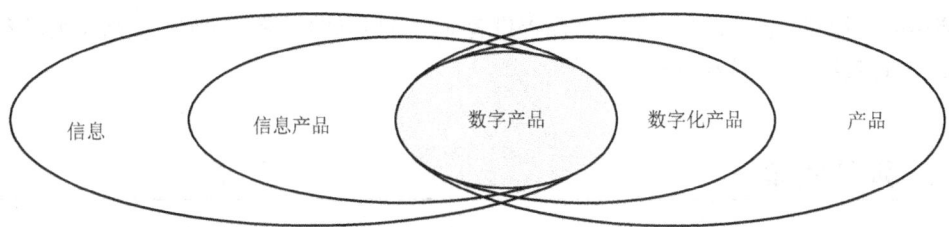

图 2.1　信息、信息产品、数字化产品与数字产品之间的关系

延伸阅读

即时通信已成为使用率第一的数字产品

即时通信（Instant Message，IM）是最具代表性的数字产品，能够即时发送和接收互联网消息。1996 年 11 月推出了全世界第一个即时通信软件 ICQ，意为"I Seek You（我在找你）"。1998 年当 ICQ 注册用户数达到 1 200 万个时，被当时的 AOL 看中，以 2.87 亿美元高价收购。IM 近几年发展迅速，不再是单一的聊天工具，而发展成集交流、资讯、娱乐、搜索、电子商务、办公协作和企业客户服务等为一体的综合化信息平台，形成了基于即时通信的产业链形态及商业运营模式。

IM 已成为我国互联网用户使用率第一的数字产品，在移动即时通信工具方面，依据 2014 年 6 月活跃用户的数据统计，排名靠前的依次为：微信、QQ、ChatON、陌陌、旺信、LINE·连我、YY、飞信、环聊、易信、来往等。

2.1.2　数字产品的分类

根据不同的标准或从不同的角度出发，可以对数字产品进行不同的分类。本书主要以数字产品的形式与内容作为划分依据，将其分为内容性数字产品、交换工具、数字过程和服务 3 种类型。

1. 内容性数字产品

内容性数字产品指表达一定内容的数字产品，是数字产品极为重要的组成部分。主要的内容性数字产品包括：被数字化的书籍、报纸、杂志和期刊等资料信息；被数字化的照片、卡片、日历、地图等图形产品；被数字化的音乐唱片和语音产品等音频产品；被数字化的电影和电视节目等视频产品；被数字化的产品说明、用户手册和营销培训广告等产品信息。

内容性数字产品在网络传播中涉及较多的版权保护问题。由于内容性数字产品可以被轻易地复制，因而对版权所有者的利益构成了威胁。网络市场促使大量内容性数字产品的聚集，为消费者带来了福利,但同时也对数字产品提供者提出了更高的要求,即如何在高盗版概率的市场上形成可持续发展的盈利模式。

延伸阅读

我国网络版权保护的现状

现阶段,我国网络版权保护已经初步形成了以《民法通则》、《刑法》、《著作权法》为基本法,最高人民法院相关司法解释、行政法规和部门规章规定为补充的法律制度。同时,国家成立版权局,各地政府成立版权保护机构,负责组织协调起草新闻出版、著作权管理的法律法规草案,拟订版权业的方针政策,制定著作权管理的规章并组织实施。

《中华人民共和国著作权法》和《中华人民共和国刑法》对于侵犯版权的犯罪行为做出了明确规定,主要包括:① 未经著作权人许可,复制、发行、表演、放映、广播、汇编或通过信息网络向公众传播其作品;② 出版他人享有专有出版权的图书;③ 未经表演者许可,复制、发行录有其表演的录音录像制品,或者通过信息网络向公众传播其表演;④ 未经录音录像制作者许可,复制、发行、通过信息网络向公众传播其制作的录音录像制品;⑤ 未经许可,播放或者复制广播、电视;⑥ 未经著作权人或者与著作权有关的权利人许可,故意避开或者破坏权利人为其作品、录音录像制品等采取的保护著作权或者与著作权有关的权利的技术措施;⑦ 未经著作权人或者与著作权有关的权利人许可,故意删除或者改变作品、录音录像制品等的权利管理电子信息;⑧ 制作、出售假冒他人署名的作品等。对于上述侵权行为,应当受到刑事惩罚,犯罪案件由公安机关经济侦查部门负责办理。

2. 交换工具

交换工具指代表某种契约的数字产品,如数字门票、数字化预订等身份识别工具。我们通常采用纸质货币作为交换工具,但是在网络环境下,货币和传统的金融工具都可以被数字化成数字产品。大多数的金融信息都已经被数字化存储在计算机硬盘中,或者以数字格式在互联网中传播。随着个人电脑和网络银行终端的普及,数字化交换工具在现代商业社会中的作用越来越突出。

从数字化银行卡等金融交换工具到数字化高速公路缴费卡等运输交换工具,从政府公共管理事务活动的交换工具到社区活动交换工具,数字化交换工具提高了社会运行效率,降低了社会交易成本。例如,航空公司采取电子客票方式取代传统的纸张售票来提高管理效率和降低交易成本,可以使用手机显示条形码充当门票。

 小案例

高速 ETC 引发银行卡争夺战

高速公路收费站 ETC（Electronic Toll Collection）通道是指车辆在通过收费站时，通过车载设备实现车辆识别、信息写入（在高速公路收费站入口）并自动从预先绑定的 IC 卡或银行账户上扣除相应资金（在高速公路收费站出口），是国际上正在努力开发并推广普及的一种用于道路、大桥和隧道的电子收费系统。

各大银行相继推出银行卡与 ETC 的连接收费业务，各银行将分别建立与高速公路管理部门对接的充值及结算系统。采用与用户指定的银行信用卡或借记卡绑定的方式完成高速公路通行费的划拨和扣缴。"就像快的打车与嘀嘀打车一样，谁先进入市场，谁就获得客户。"银行人士表示，车主是银行潜在的客户，银行可以通过办理 ETC 业务快速获得客户，而这部分客户将给银行带来不少的资金流。为争夺客户，各银行推出了各自的优惠业务与增值服务，同时，对于办理 ETC 业务要求的存款设置了不同的门槛要求。

3. 数字过程和服务

任何可以被数字化的交互行为都是一个数字过程。具体包括电子政务、电子商务（如网络购物、网上支付、网络拍卖）、网络游戏交互式服务、远程教育和远程医疗交互式服务等。

数字过程本身必须由软件来驱动，这是数字过程与内容性产品的第一个显著区别。例如，当你与朋友进行在线游戏时，必须首先启动游戏软件。

数字过程与内容性产品的第二个区别在于数字过程是交互式的。数字过程往往不能依靠软件来单独完成。软件的作用在于完成一些自动的程序，激发数字过程的发生，完成数字过程需要人的参与。继续以在线游戏为例，游戏软件只是为用户提供了一个进行游戏的平台，真正游戏的主体是游戏的参与者，软件不过是启动数字过程的工具。但由于内容性产品的交互性不断增强，数字过程与内容性产品很容易被混淆。目前，数字产品的厂商正在强化内容性产品的交互功能，并将之作为个性化服务的一个新的发展方向。

 小案例

中国首个家居图片互动分享平台上线

2014 年 4 月，国内最大的房产家居网络平台搜房网宣布旗下移动端又一新产品"搜房家 APP"正式上线 IOS7 版。

据介绍，"搜房家 APP"颠覆了目前市场上家装类 APP 仅关注精美图片或者简单介绍装修产品的单一做法，用全新的互联网思维引导网友自发产生内容。每个网友在浏览海量家居美图的同时，可以随手选择出最喜欢的美图，一键生成自己的灵感专辑。通过这些不断产生的灵感火花，网友可以非常便捷地与朋友、专业的设计师进行互动，获得围观和建议。同时对于设计师上传的装修实景图，网友也可以直接就某个风格、某种产品直接与设计师进行互动。这与中国家装用户更多倾向 DIY 风格设计的需求一拍即合。

据艾瑞咨询（http://www.iresearch.cn/）最新数据表明，搜房网是目前国内房地产家居 APP 中最大的平台，旗下包括 14 个 APP 以及日均独立访问人次超过 120 万次的搜房网手机版（m.soufun.com）。在这一基础之上，每年还有源源不断的上游买房业主加入进来，他们具有非常强烈、精准的装修需求，渴望这一为自己提供了购房便利的网站，能持续提供有关家居装修的服务。

2.2 数字产品的特征

2.2.1 数字产品的物理特征

数字产品的物理特征可以概括为不易破坏性、可改变性、可复制性和速度优势 4 方面。

1. 不易破坏性

数字产品的存在依托于一定的物理载体，这种物理载体可能会损坏，但是数字产品本身是不易被破坏的。数字产品产生后，无论被反复使用多少次，其质量也不会下降。例如，存储在硬盘里的音频文件可以被多次反复使用。因此，数字产品本身没有耐用品与非耐用品之分。

但是，数字产品的不易破坏性限制了消费者的重复购买行为，这对于数字产品厂商来说是极其不利的。例如，用户购买了一套软件后，通常不会在一段时间内再进行购买，因为无论使用时间有多长，使用频率有多高，消费者完全可以忽略数字产品质量的下降程度。针对这种情况，数字产品厂商通常采用频繁升级的方式，即通过不断提高数字产品的性能、扩充产品信息量等方式促进产品的升级换代，以吸引更多的新顾客，并使购买了旧版本的老顾客再购买新版本的数字产品。数字产品的不易破坏性是促进厂商持续创新的主要原因之一。

此外，"许可使用"或"出租数字产品"是数字产品厂商维护市场的另一种方法。由于消费者要为出租的数字产品进行定期交费，因此，卖方市场将长期存在，使得数字产品厂商可以取得持续的利润，促进长期发展。

2. 可改变性

数字产品的内容是可改变的。该特征允许厂商对产品进行定制化和个性化。例如，人力资源管理系统的供应商可以根据用户要求在基础软件的基本功能上，通过增加部分特殊功能来适应不同用户的业务需要。同样，数字产品提供商可以通过升级软件对现有用户的低版本软件进行升级，利用数字产品的可改变性来克服其不易破坏性所带来的问题。

此外，数字产品用户购买数字产品后，可以对其内容进行修改、组合，从而改变产品的最初面貌。然而，数字产品厂商不愿意用户能够轻易地修改产品的内容，采取一系列的加密技术、合同约束或者其他措施来控制用户级的修改。由于用户的技能在不断进步，厂商希望完全控制用户级的修改是比较困难的。

3. 可复制性

数字产品的可复制性特别指的是数字产品复制的边际成本几乎为零的特征。数字产品的这个特点在给产品生产商带来丰厚利润的同时，也造成了严重的盗版问题。

2013年5月，我国国家知识产权局委托超元实验室和互联网实验室共同发布了《2012年中国软件盗版率调查报告》。报告显示，我国信息安全类软件盗版率为36%，办公软件盗版率为53%，操作系统盗版率为23%。这种高水平的软件盗版率与数字产品可复制性的特点息息相关，应引起足够的重视。

4. 速度优势

速度优势这一特征是虚拟的数字产品所特有的。数字产品通过网络可以在极短的时间内在不同地区与不同消费者之间进行交换和共享，具有非数字产品无法比拟的速度优势。人们通过网络能够在极短的时间内，把数字产品传送至世界任何地方，如发送电子邮件或即时通信等方式。而传统产品只能借助各种交通运输工具进行传送，但再快的交通工具也无法与数字产品传播速度相比拟。

2.2.2 数字产品的经济特征

数字产品的经济特征主要包括以下几方面。

1. 非排他性

数字产品的基本经济特性是它在使用时的非排他性。人们常说：你有一个苹果，我有一个苹果，两人互相交换后，每个人依然只有一个苹果。然而，你有一种思想，我有一种思想，相互交换后，每人就拥有两种思想。数字产品的交易正如思想的交流那样，不会因交易和消费而丧失。数字产品的这种不因交易或消费而丧失所有权的特征，称为数字产品的非排他性。需要注意的是，数字产品的不易破坏性与可复制性的物理特征加强了数字产品的非排他性。

2. 个人偏好依赖性

数字产品的个人偏好依赖性的经济特征与数字产品可改变性的物理特征紧密相连，也促进了数字产品的定制化与个性化。从传统意义上说，数字产品不是"可消费"产品，被消费的是数字产品所代表的思想和用处。任何产品的需求都随消费者的个人口味差异而变化，而对数字产品的需求则更显突出。

数字产品的这一特征使得数字产品的销售更依赖消费者信息，根据偏好来对消费者进行分类。同时，有必要根据消费者类型进行产品定制和差别定价，对于差别化的数字产品，应依据消费者的边际支付意愿而不是边际成本来制定产品价格。

3．时效性

数字产品的时效性是指数字产品的使用价值会随着时间的变化而变化，即时间越短的数字产品使用价值越高，反之越低。需要注意的是，时效性对于不同对象的作用是不同的，例如，金融投资者对市场信息的时效性要求极高。此外，时效性也成为影响数字产品定价的一个重要因素。例如，一些证券公司对于股票指数信息服务的收费随着时间的推迟而大幅降低。

4．网络外部性

当一种产品对用户的价值随着采用相同产品或可兼容产品的用户增多而增大时，就出现了网络外部性。也就是说，由于用户数量的增加，在网络外部性的作用下，原有的用户免费得到了产品中所蕴含的新增价值而无须为这部分价值提供相应的补偿。一般认为：当市场规模达到一定临界值时，需求方的规模经济和供给方的规模经济会产生良性互动，从而会引发数字产品市场中的正反馈效应，并使市场竞争呈现一种"赢者通吃"的态势。这种现象最主要是由外部性引起的，因此外部性被认为数字产品市场的本质特征。

一般具有网络特征的经济体，其价值都随着网络用户数的增加而增大，规模越大，网络价值相对也就越大。同时，网络用户所能得到的价值由两个不同的部分组成：一个部分叫作"内在价值"，即在没有新加入者的情况下，网络所具有的那部分价值；另一个部分叫作"外在价值"，就是当新的用户加入网络时，原有用户从新用户的加入中获得的额外价值，因为通过新用户的增加，原有用户可以到达的节点增多了。这部分价值是网络外部性的经济本质。

5．产品竞争性

由于数字产品的可复制性增强，使得同一信息承载的载体数量变多，产品质量相同。即使对于不同厂商生产的产品，在产品质量上存在一定的差异，但由于信息技术结构化产品的固有结构，满足同一需求的产品在本质上相差不会太大。例如，微软的 Office 办公软件与金山的 WPS 办公软件，两者在功能上没有太大的差别，都可以进行办公操作，因此产品之间的竞争性变强，企业可能会为争取消费者而压低价格，但是，企业仍然会获得长期利润。这通常经过两种方式来实现，一是加快研发速度来制胜市场，二是将产品与主流产品进行主体区别。

6．特殊的成本结构

数字产品特殊的成本结构表现为高固定成本、低边际成本的特点。首先，数字产品的固定成本大多属于沉没成本，即若停止生产，前期投入的人力、物力、财力等都将无法收回；其次，数字产品的变动成本也有着不同于传统产品的特点。传统产品的制造商达到其现有的生产能力以后，生产的边际成本将会增加。与此相反，数字产品的生产没有容量限制，加之没有物理形式，不需要包装与运输，可变成本几乎为零。

传统产品的成本结构如图 2.2 所示。

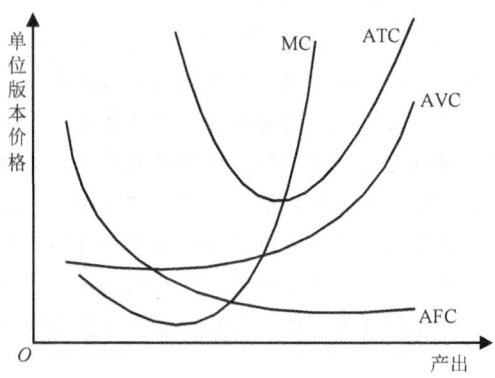

图 2.2　传统产品的成本结构

数字产品的成本结构产生了巨大的规模经济效益，如图 2.3 所示。供应商生产的越多，平均成本就越低。这样的成本结构一方面为数字产品提供了巨大的规模经济，另一方面，这种成本结构也使得传统的边际成本定价策略不再适用于数字产品，厂商应采取其他形式的定价策略（本书第 4 章中进行详细介绍）。

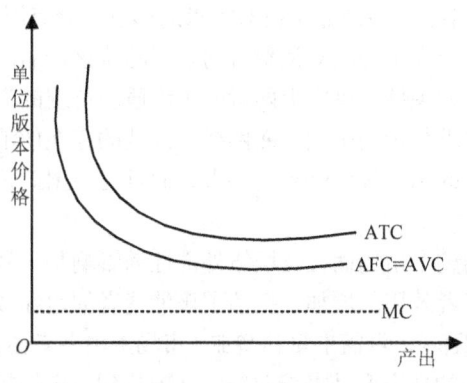

图 2.3　数字产品的成本结构

延伸阅读

谷歌数字图书馆涉嫌侵权

数字图书馆是技术发展的必然趋势。2012 年中国数字出版营收已达到 1 935 亿元，增幅为 40.5%。数字图书馆背后商机无限，如果掌握了大量的读者、作者群，将带来非常多的衍生服务，因此数字版权已成为作家、出版社必争之地。但是资金问题、技术问题，制度、体制弊端及相关法制问题都是发展数字图书馆面临的瓶颈问题。

谷歌公司从 2004 年开始寻求与图书馆和出版商合作，大量扫描图书，欲打造世界上最大的数字图书馆。已经将全球尚存有著作权的近千万种图书收入其数字图书馆，而没有通报著作权所有者本人。谷歌使用户可以利用"谷歌图书搜索"功能在线浏览图书或获取图书相关信息，而搜索图书功能可使谷歌的访问量进一步增加，从而带来更多广告收益。谷歌此举激起了各国的反应，遭到中国文著协及欧洲出版商联盟等多个国家相关组织的反对。

2014 年 1 月 5 日，北京市高院对国内首例作家诉谷歌数字图书侵害著作权案做出了终审判决，认定谷歌公司对作家王莘（笔名棉棉）的作品《盐酸情人》进行电子化扫描的复制行为不构成合理使用，要求谷歌公司立即停止侵权，并赔偿棉棉经济损失和合理支出 5 000 元。

▶▶ 2.3 数字产品的需求与供给

2.3.1 数字产品的需求

在传统经济学中，需求曲线是向下倾斜的，消费者对某一商品的需求是随着价格的降低而增加的。但在数字产品市场中，数字产品价格对需求的影响十分有限，反过来是需求影响价格。由于网络外部性的存在，某个数字产品对消费者的效用随着该产品的其他使用者的数量增加而增加，强调价格与数量的正相关性。事实上两者并不矛盾。传统的需求曲线描述了一个静态的单期行为，反映了价格对需求数量的影响。而网络外部性的存在使消费者决定是否购买该产品时，不仅要考虑该产品现有的用户规模是否足够大，而且还要据此预测该产品未来的用户规模是否会继续扩张。

对包含了所有消费者的整个市场而言，网络外部性的影响是一种内生变量。并且某个消费者的消费所导致的其他消费者效用的增加，抵消了该消费者的边际效用递减，从整个市场来说是边际效用递增的。因此，随着市场需求量的增加，市场上消费者愿意支付的价格也随之提高，由此可以得出如图 2.4 所示的数字产品需求曲线。在未达到一定的规模之前，由于网络效应尚无法实现，消费者通常不愿意购买，要使消费者购买，就必须进行降价，直至使用规模达到一定量 Q^*，又称 Q^* 为临界市场需求量，此时，产品的边际效用开始上升，价格也开始上升，进入正循环。

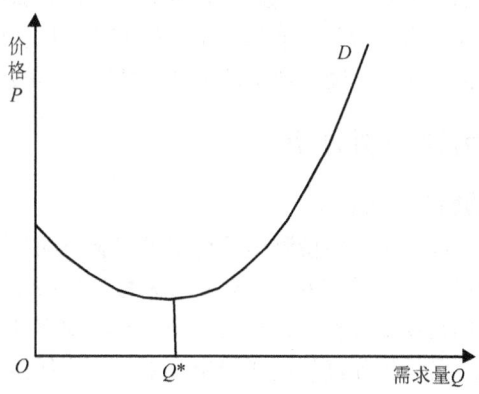

图 2.4　数字产品需求曲线

2.3.2　数字产品的供给

在传统的微观经济学分析中,一种商品的供给量是商品价格的函数,即商品的价格变化对供给量产生影响,二者同方向变动,供给曲线朝右上方倾斜。数字产品的供给曲线如图 2.5 所示。

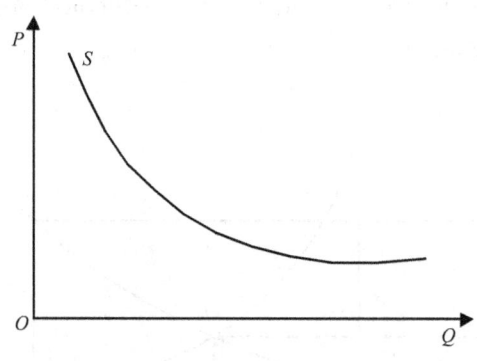

图 2.5　数字产品的供给曲线

在数字产品市场中,价格不再是自变量,供给量才是自变量。对于"数字产品市场中价格是供给量的函数"这一说法可以从两方面来理解:一方面,由于数字产品的边际成本几乎为零,随着产量的增加,产品的平均成本逐渐下降,这使得价格对厂商愿意提供的产品数量的影响十分有限,即使产品售价很低,只要出售产品的数量足够多,厂商也能得到补偿。另一方面,由于数字产品网络外部性的存在,对某产品使用的人越多,该产品对消费者的效用就越大,价格就可以越高;相反,消费者对低市场规模的产品只愿意付出较低的价格。当然,在其他条件相同的情况下，消费者总是愿意消费价格低的产品，因此，厂商在获得最大市场规模以前，为了增加数字产品对消费者的吸引力，通常采取低价销售的方式。以上两个原因导致了数字产品的供给规律，即供给影响价格，并且，随着产量的增加，数字产品的售价越来越低。

2.3.3 数字产品市场的均衡分析

1. 传统产品市场的均衡与负反馈

负反馈（Negative Feedback）是指检测出系统实现状态与期望状态的偏差（目标差）并自动出现某种减少目标差的反映，使系统的现实状态逐渐接近期望状态的过程。传统经济中的市场均衡价格的形成是典型的负反馈过程。任何对均衡状态的偏离都会自动回归均衡态，均衡是唯一的、最优的、线性的。负反馈使经济处于稳定水平，因为任何大的变动将被由此产生的反向偏移所抵消。最终市场达到可预测的均衡状态，均衡是给定环境中的最优结果，对资源的分配和利用达到最优状态。

采用马歇尔的均衡分析，E 为均衡点，即当价格为 $P=P_E$，$Q=Q_E$ 时，供给量和需求量相等，市场出清，如图 2.6 所示。如果市场出现偏离 E 的情况（也称为出现扰动），就会有一种自发的力量使市场回复到 E 的状态。例如，当价格为 P_1 时，$Q_{S1}<Q_{D1}$，价格过低，供给量小，需求量大，供不应求，将推动价格上升，向均衡价格 P_E 靠拢。再如价格为 P_2 时，$Q_{S2}>Q_{D2}$，价格过高，供给量大，需求量小，供过于求，将推动价格下降，并向均衡价格 P_E 靠拢。最终市场形成均衡价格，E 点就是均衡点，即负反馈点，此时该市场为典型的负反馈系统，任何对均衡的偏离都会产生一种将其拉回均衡点的力量。

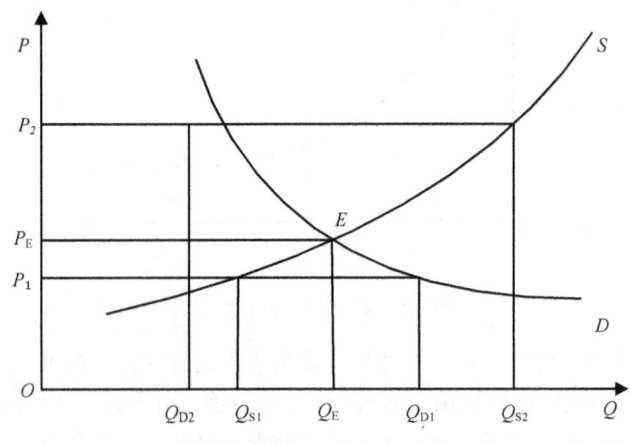

图 2.6 一般产品市场的均衡与负反馈

2. 数字产品市场的均衡与正反馈

正反馈（Positive Feedback）指的是物体间的相互作用，存在着一种相互助长的力量，强化原有的发展趋势，使系统显示出明显的自增强的特征。与传统经济中供求均衡决定价格的情况相反，在数字产品市场中，需求曲线和供给曲线出现倒置的情况，不是价格影响供求，而是市场规模对价格有更强大的影响力。此时，价格不再是自变量，而是转变为因变量受到市场规模这一自变量的影响。

当下倾的供给曲线和需求曲线的上扬部分相交的时候，均衡将不再稳定。在图 2.7 中，E 是均衡点，当在市场规模 $Q_1<Q_E$ 时，消费者的需求价格是 P_{D1}，小于供应商愿意接受的最低价格 P_{S1}，厂商为了把商品卖出去，只能按 P_{D1} 定价，厂商处于亏损状态，任何在点 Q_E 以下的市场规模都不可能长期存在。此时，厂商将想方设法推销产品（扩大市场规模），接受产品的消费者增加，由于网络外部性的作用，消费者愿意支付的价格（消费者的需求价格）将会增加（实际上是因为消费者的效用增加），这使得消费者的需求价格与供应商愿意接受的价格之间的差距越来越小，直到不存在差距，达到 E 点，产生均衡。此时，我们称 E 点为厂商的盈亏平衡点。在数字产品市场中，产品的价格会随着市场规模的扩大而提高，如图 2.7 可见，E 点只是该系统的暂态，因为一旦厂商扩大该产品的市场规模，市场上实际的成交价格立刻会偏离 E 点，并且不会再回到此点。在网络经济学中，E 点也被称为临界点，Q_E 被称为临界产量，达到这个临界产量，厂商开始扭亏为盈。随着供给量的进一步增加，正反馈现象愈加明显：随着 Q 的增长，消费者效用增加，需求价格越来越高，厂商由于平均成本递减，供给价格越来越低。当 Q 超过 Q_E 时，如图 Q_2 点，$P_{D2}>P_{S2}$，因为假设不存在竞争，厂家会用消费者需求价格曲线上更高的 P_{D2} 来定价，厂家供应越来越多的商品，获得巨大利润，产生爆炸式增长。

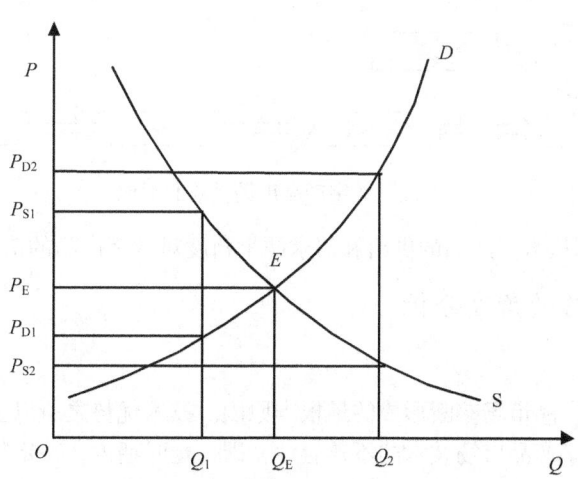

图 2.7 数字产品市场的均衡与正反馈

因此在数字产品市场上，如果市场出现偏离 E 点的情况（发生扰动），市场的自发力量将会导致越来越远离 E 点，不会再回到 E 点。E 点就不是均衡点了，而是均衡的对立面，即反均衡点。根据系统控制理论的解释，E 点就是正反馈点。正反馈点对应的临界容量往往是决定厂商盈亏乃至成败的关键，迅速突破临界容量将是数字产品厂商至关重要的经营策略。

2.4 数字产品的垄断分析

垄断是指一家或少数几家企业对某个产业或市场产品的生产和销售的独占或联合控制，主要有两种表现：垄断结构和垄断行为。垄断结构是指市场上只有一个或几个企业独占或共同占有绝大部分市场份额的状态；垄断行为是指市场竞争主体排斥、限制竞争的行为。需要注意的是，反垄断针对的是垄断行为，而不是垄断结构。本书将从垄断结构的角度出发，对数字产品的垄断原因、垄断特点、垄断效率、垄断效应进行深入分析。

2.4.1 数字产品的垄断原因

在传统市场中，形成垄断的原因主要有 4 个，即资源的独占、专利权的拥有、政府的特许及自然垄断。而在数字产品市场中，垄断的形成有其独特的原因。为清晰起见，我们用图 2.8 来描述数字产品市场垄断的形成。

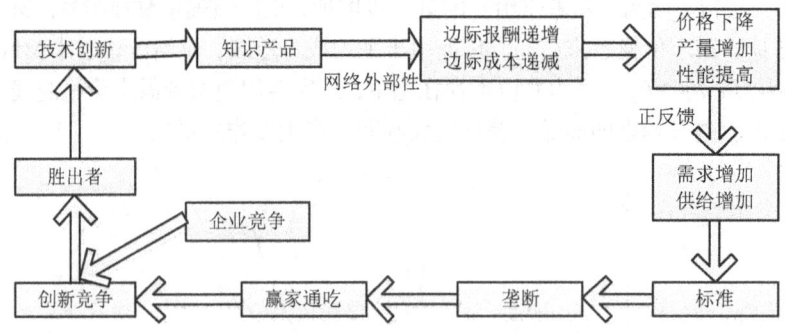

图 2.8　数字产品市场垄断的形成

依据图 2.8，分别从数字产品的供给和需求两个角度对数字产品的垄断原因进行分析。

2.4.1.1　从供给的角度分析

1. 技术优势

技术优势是数字产品市场垄断形成的最根本原因。技术优势之所以会造成对数字产品市场的垄断主要是由于数字产品市场技术的不兼容性，即一定时期内，特定数字产品市场只能容忍一种技术存在。因此，一个垄断企业要想获得垄断地位而不被竞争对手取代，必须进行技术创新，维持技术优势。

企业把新思想、新技术转化为新产品去占领和扩大市场，最终达到攫取垄断利润的目的。但继起的创新又使持久的垄断永不可能出现。创新对垄断的这种正反作用，使得创新的频率不断加快，新的市场规模和市场容量不断出现。"计算机芯片功能每 18 个月翻一番，价格下降 50%"

的摩尔定律就揭示了创新的时效性。在网络经济中，企业即使处于垄断地位，也必须不断进行技术创新，创造性地毁灭自己，否则就会遭到被别人创造性毁灭的命运。

2．供给方规模经济

供给方规模经济是由数字产品特殊的成本结构造成的。数字产品生产的初期成本较高，但数字产品生产的边际成本趋近于零，致使数字产品的平均成本随着产品生产数量的增多而不断降低。成功的数字产品价格会随着生产成本的下降而不断降低，从而在市场上获得更大的份额，实现供给方规模经济，其他竞争者则会逐渐失去市场，这就加强了该种数字产品在市场上的垄断趋势。

3．正反馈与赢者通吃

数字产品市场的正反馈机制与赢者通吃的现象紧密相关。数字产品需求增加，降低了成本，增加了报酬，从而导致产品价格的下降，进而创造出更多的需求，这便是数字产品市场的正反馈机制。这种需求和供给互为因果的正反馈机制使得企业的供给量不断增加，市场势力不断增强，出现强者愈强，弱者愈弱的马太效应。马太效应导致市场上只有一个赢家，这就是赢家通吃市场，即单个公司的技术击败了所有的竞争对手。数字产品的正反馈机制与随之形成的赢者通吃的局面促进了数字产品厂商不断扩大市场规模，进而促进了数字产品市场垄断局面的形成。

4．产品标准化

由于网络的外部性和正反馈机制，扩大的市场需求将进一步扩大。当需求的产品达到了临界容量，产品就能占领市场成为标准，如 IBM 所确立的 PC 产业标准、微软确立的操作系统标准、IEEE 确立的无线局域网协议等。某种数字产品一旦成为市场上的标准产品，其在市场上就确立了相当程度的垄断地位。

另外，技术优势是数字产品标准化的支撑，标准化的产品是技术优势转化为生产力的最有效的鉴证。标准化产品的生产厂商在很大程度上掌握了产业发展的前奏与方向，使得后发者在竞争中处于一种被动的不利地位，这也造成了数字产品市场的进一步垄断。

2.4.1.2 从需求的角度分析

1．需求方规模经济

需求方规模经济的产生主要是由数字产品的网络外部性造成的。使用某种数字产品的人数越多，使用者获得的收益就越大，这样就又会导致使用的人数增多。需求方规模经济可以阻止新竞争者进入市场，因为它会降低客户从新进入的企业购买产品的意愿，从而在客观上加剧了数字产品市场的垄断程度。

2．锁定效应

消费者锁定是指由于从一个系统转换到另一个系统的转移成本高到转移不经济，从而使现有的消费者和新的消费者不能或不愿意转移到替代商品中去。产生消费者锁定的重要原因是转移成本和路径依赖。在数字产品市场中，转移成本主要包括购买数字产品、相关组件和互补品的成本，重新接受训练的时间和精力成本等。出于对转移成本的考虑，消费者一旦使用某一产品，不会轻易使用另一种更好的替代产品。

同时，因转移成本的作用，消费者在购买网络产品时往往会产生路径依赖。路径依赖是指一个具有正反馈机制的体系，一旦在外部偶然事件的影响下被系统采用，便会沿着一定的路径发展演进，而很难被其他潜在的甚至更优的体系所取代。被锁定的消费者具有无弹性的需求，厂商可以在一定程度上控制消费者，由此而成为技术性垄断者。显然，数字产品的锁定效应使其垄断形成的可能性大大高于传统商品。

2.4.2 数字产品的垄断特点

数字产品垄断形成的原因具有特殊性，这也造成了其垄断具有不同于传统垄断的新特点。数字产品的垄断特点主要有以下几方面。

1. 数字产品的垄断以技术为主导

数字产品市场的竞争主要是技术创新的竞争，技术对于企业在市场中的地位具有决定性作用。在数字产品市场中，谁拥有创新的技术，谁就有可能取得市场的垄断地位。与此同时，在数字产品市场中，处于垄断地位的企业却依然保持着很强的技术创新动机。一方面，作为基本资源的信息和知识，具有扩散性和共享性，使得生产者无法独占这些资源而形成垄断，企业的垄断是通过激烈的技术竞争形成的；另一方面，市场的进入和退出是自由无障碍的，这使那些即使暂时处于垄断地位的企业也不敢高枕无忧，而必须不断进行技术创新，并形成垄断、竞争与技术创新三者的互为激发、相互促进的态势。

2. 数字产品的垄断与竞争并存

数字产品的特征和高度的技术竞争导致数字产品市场出现了竞争和垄断双双被强化的态势，即数字产品市场的二律背反。"二律背反"是18世纪德国古典哲学家康德提出的哲学基本概念，指双方各自依据普遍承认的原则建立起来的、公认为正确的两个命题之间的矛盾冲突，即有两个命题互相矛盾，但又可以同时成立。在数字产品市场中，市场的开放程度越高，竞争就越激烈，引发技术创新的速度也就越快，所形成的行业垄断性就越强，集中度就越高。而垄断性越强、集中度越高的市场，竞争反而越激烈。数字产品市场竞争和垄断这种二律背反的共生现象，演化出一种新的市场结构，即竞争性垄断。

3. 数字产品的垄断地位不确定

由于数字产品市场的垄断是以技术为主导的垄断，技术创新的速度不断加快，导致数字产品的生命周期越来越短，因而其垄断地位的不确定性更加明显。从摩尔定律可以看到，对于信息技术而言，自主创新很快会被模仿并推广，垄断者凭借核心技术获得的垄断地位稍纵即逝。因此，垄断者为了保持垄断地位，必须不断研发新的技术，加快创新步伐。

2.4.3 数字产品的垄断效率

2.4.3.1 数字产品垄断效率的静态分析

静态分析是基于某种数字产品性能不变的分析,主要分析可围绕图 2.9 展开。

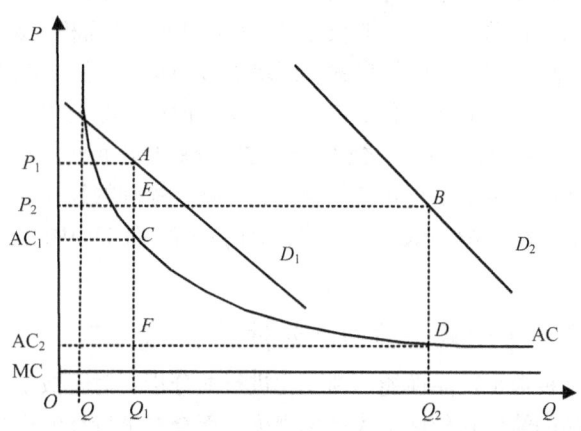

图 2.9 数字产品垄断效率的静态分析

数字产品市场中的垄断厂商具有很高的研发成本,所以边际成本开始时会很大,但随着研发的完成,再多生产一个单位产品的成本几乎为零,此时边际成本将在这个低水平维持。所以,边际成本曲线 MC 可由接近横轴并和横轴平行的直线来表示。如图 2.9 中所示的平均成本曲线 AC,当产量 Q 接近 0 时,AC 极大;随着产量 Q 增加,固定成本被分摊,于是 AC 迅速下降;当产量 Q 到达一定程度后,平均成本约等于边际成本,于是 AC 下降缓慢,并接近 MC。此外,当垄断厂商选择高价 P_1 时,他面对的是需求曲线 D_1;当垄断厂商选择低价 P_2 时,由于网络外部性的作用,他面对的将是需求曲线 D_2。而垄断厂商的固定成本很高,所以当产量 Q 较小时,厂商的收益不能支付成本,此时 AC 高于需求曲线 D_1,只有到一定产量 Q 以后,固定成本被充分分摊使厂商获得利润,此时 D_1 才将高于 AC。

当垄断厂商选择高价策略,此时的市场均衡点是 A,均衡价格是 P_1,均衡产量是 Q_1,厂商的平均成本是 AC_1。所以,此时厂商的总收益是 $P_1 \times Q_1$,即长方形($P_1 A Q_1 O$)的面积,总成本是 $AC_1 \times Q_1$,即长方形($AC_1 C Q_1 O$)的面积,故厂商可获得利润为长方形($P_1 A C AC_1$)的面积。

当垄断厂商选择低价策略,此时的市场均衡点是 B,均衡价格是 P_2,均衡产量是 Q_2,厂商的平均成本是 AC_2。所以,此时厂商的总收益是 $P_2 \times Q_2$,即长方形($P_2 B Q_2 O$)的面积,总成本是 $AC_2 \times Q_2$,即长方形($AC_2 D Q_2 O$)的面积,故厂商可获得利润为长方形($P_2 B D AC_2$)的面积。

比较垄断厂商的高价策略和低价策略的利润,我们可以看到低价策略可以获得更多的利润,多获得的利润为两个长方形面积的差,即长方形($P_2 B D AC_2$)的面积减去长方形($P_1 A C AC_1$)

的面积,可以用下面的式子来表示:

$$\Delta\Pi=\Pi2-\Pi1=\Delta D+\Delta C-\Delta CS$$

其中 $\Delta\Pi$ 表示高价策略和低价策略的利润差;$\Pi2$ 表示低价策略获得的利润,即长方形(P_2BDAC_2)的面积;$\Pi1$ 表示高价策略获得的利润,即长方形(P_1ACAC_1)的面积;ΔD 表示由于低价增加的产量所带来的利润增加量,即长方形($EBDF$)的面积;ΔC 表示由于低价策略引起总产量增加造成的平均成本下降所带来的利润增加量,即长方形(AC_1CFAC_2)的面积;ΔCS 表示由于高价策略可以多获得消费者剩余带来的利润增加量,即长方形(P_1AEP_2)的面积。

因此只要 $\Delta D+\Delta C$ 带来的利润增加之和大于 ΔCS 带来的利润增加量,那么理性的厂商将不会实行垄断高价和低产出,也就不存在帕累托改进和社会福利的纯损了。而在网络经济条件下的技术性垄断是满足上述 $\Delta D+\Delta C>\Delta CS$ 条件的,因此数字产品市场中的技术性垄断是高效率的,不存在效率损失。

2.4.3.2 数字产品垄断效率的动态分析

动态分析是基于某种数字产品性能不断变化进行的分析。对于数字产品厂商而言,通常不会满足于借助单一产品的简单降价来扩大市场规模,而会寻求持续的产品创新来确立和保持垄断地位。图2.10描述了数字产品厂商寻求垄断地位的简单动态过程。

在图2.10中,厂商在第一代产品主流化即将结束时,及时在高价位推出第二代产品,并降低第一代产品的价格;待第二代产品主流化即将结束时,又及时以高价位推出第三代产品,并降低第二代产品的价格。如此循环,从而形成对数字产品市场的动态垄断。

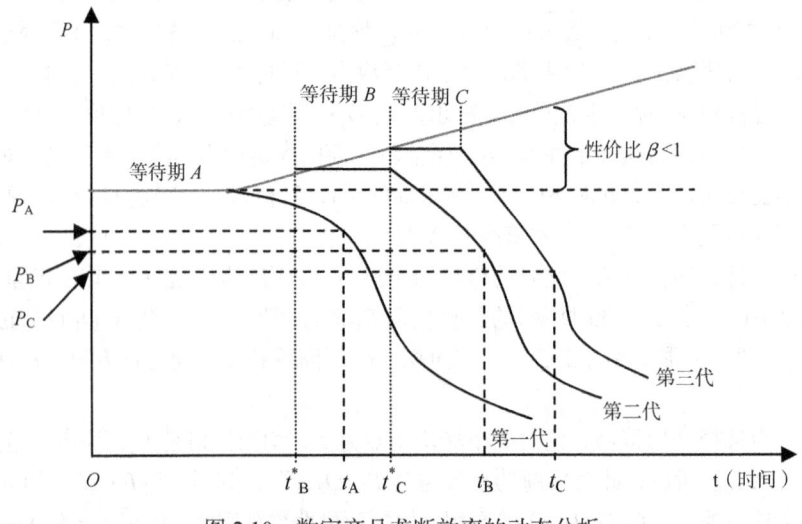

图2.10 数字产品垄断效率的动态分析

随着产品不断投入市场,厂商在高价位上维持的"等待期"越来越短,新产品的推出与旧产品的淘汰逐渐趋向于"无缝衔接"。此外，厂商在投入新产品时，其确定的初始价格相对而言并不是越来越低，而是按照数字产品的性能价格比在逐步上升，即按照 $\beta<1$ 的原则在"悄悄地"提价，因为消费者往往轻易察觉不到厂商在利用数字产品的性能价格比在相对地提价。但是，消费者依然从这种提价中提高了福利水平。如图 2.10 所示，在第一代产品中，厂商将价格维持在 P_A 时才使产品进入普及期，而第二代产品则在较低的价位 P_B 上就进入了普及期，第三代产品进入普及期的价格 P_C 更低。同时，进入普及期的"等待"时间越来越短，从 t_A 缩短到 $t_B-t_B^*$ 再缩短到 $t_C-t_C^*$。这样，消费者从厂商的创新垄断中也获得了不断提高的福利水平，从而实现了厂商与消费者的双赢局面。

2.4.4 数字产品的垄断效应

1. 数字产品市场的垄断结构更有利于技术创新

数字产品市场中企业用不断的技术创新追求一定时期的经营垄断。一般来说，在技术创新频率较高的情况下，技术创新越是集中在少数企业甚至个别企业中，就越形成垄断，少数企业或个别企业就越容易长期占据垄断地位。反之，技术创新越呈发散型，处于垄断地位的企业更换频率就越快，从而加速了技术创新的步伐。

2. 垄断结构更易实现数字产品市场的规模经济和范围经济

根据经济学理论，只要企业运营形成固定成本或沉淀成本，生产活动就具备"不可任意分割"和"附加利益效应"等特征，生产要素在合理匹配的情况下就会产生协同作用，长期平均成本的最低点决定着企业生产的"最佳规模"范围，固定成本越大，企业规模经济范围越广。网络经济的主要资源是信息，信息产业的特点是早期投入（固定成本或沉淀成本）巨大，而信息制造、使用和销售具有可重复性，信息的复制成本几乎可以忽略不计，且能重复销售和重复使用，也就是说信息产品的平均成本递减，且规模经济的区间不受物质元素的限制，趋向于无穷大，这就使得网络经济环境中，垄断市场更易实现规模经济。同时信息技术之间具有相容性，在同一种技术平台上，可以开发数种信息产品，也使得网络经济下更易实现范围经济。

3. 垄断市场结构可以避免社会福利损失

传统产业组织认为，任何垄断市场结构，都将降低资源的配置效率。其评判标准是"剩余"，包括"生产者剩余"和"消费者剩余"达到最大化。在网络经济时代，市场竞争已不主要表现在价格竞争，所以价格垄断对市场的影响已不重要了。制约经济增长的主要矛盾是需求创造，它受制于消费者的消费欲望，只有不断创造出适合市场需求的新产品，才能刺激消费者的潜在消费欲望，增加需求量。而这种创造，需要的是敏锐的洞察力，不断的创新力，只有适应市场需求，才能形成经济垄断力量。这种经济垄断是凭借新技术、新工艺、新产品所形成的，是在满足消费者潜在欲望（效用）最大化的基础上实现的，它本身意味着市场的高效率和技术的不断进步，这种垄断不仅没有造成消费者利益的损失，反而大大增加了消费者剩余。如前所述，在网络经济时代，价格主要取决于消费者的价值判断，价格持续走低是一个必然趋势。经济权利已经逐渐由生产者转向了消费者，垄断企业必须实施"客户导向"战略，在质量、品牌、服务等方面迎合客户的需求。总之，客户经济时代的到来和消费者主权的确立，垄断完全有可能降低总福利损失而加大规模经济的优势，从而减少传统意义上垄断的弊病。

2.5 案例：互联网产品使用率分析

2.5.1 互联网产品应用使用率统计

表 2.1 展示了 2011—2013 年中国网民对各类网络应用的使用率。

表 2.1 2011—2013 年中国网民对各类网络应用的使用率

应 用	2013 年		2012 年			2011 年		
	用户规模（万人）	网民使用率	用户规模（万人）	网民使用率	年增长率	用户规模（万人）	网民使用率	年增长率
即时通信	53 215	86.20%	46 775	82.90%	13.80%	41 510	80.90%	12.70%
网络新闻	49 132	79.60%	46 092	78.00%	6.60%	—	—	—
搜索引擎	48 966	79.30%	45 110	80.00%	8.50%	40 740	79.40%	10.70%
网络音乐	45 312	73.40%	43 586	77.30%	4.00%	38 585	75.20%	13.00%
博客/个人空间	43 658	70.70%	37 299	66.10%	17.00%	31 864	62.10%	17.10%
网络视频	42 820	69.30%	37 183	65.90%	15.20%	32 531	63.40%	14.30%
网络游戏	33 803	54.70%	33 569	59.50%	0.70%	32 428	63.20%	3.50%
网络购物	30 189	48.90%	24 202	42.90%	24.70%	19 395	37.80%	24.80%
微博	28 078	45.50%	30 861	54.70%	-9.00%	24 988	48.70%	23.50%
社交网站	27 769	45.00%	27 505	48.80%	1.00%	24 424	47.60%	12.60%
网络文学	27 441	44.40%	23 344	41.40%	17.60%	20 268	39.50%	15.20%
网上支付	26 020	42.10%	22 065	39.10%	17.90%	16 676	32.50%	32.30%
电子邮件	25 921	42.00%	25 080	44.40%	3.40%	16 676	32.50%	32.30%
网上银行	25 006	40.50%	22 148	39.30%	12.90%	16 624	32.40%	33.20%
旅行预订	18 077	29.30%	11 167	19.80%	61.90%	4 207	8.20%	—
团购	14 067	22.80%	8 327	14.80%	68.90%	6 465	12.60%	28.80%
论坛/bbs	12 046	19.50%	14 925	26.50%	-19.30%	14 469	28.20%	3.20%

资料来源：根据中国互联网信息中心第 31-34 次《中国互联网发展状况统计报告》整理。

2.5.2 互联网产品应用状况分析（以下数据统计均截至 2014 年 6 月）

1. 信息获取类数字产品——搜索引擎

我国搜索引擎用户规模达 5.07 亿人，使用率为 80.3%。搜索引擎作为互联网基础服务之一，该行业已经发展成熟，搜索引擎企业之间整合加速，通过并购或入股等形式提升自身竞争力。企业层面上，手机网民的增长促使移动端入口争夺更为激烈；技术层面上，基于自然语言、语音、图片、二维码等搜索形式的技术快速发展。在整体搜索行业进入成熟期的背景之下，未来搜索引擎的持续发展还将取决于搜索结果安全性和用户信任度。

2. 商务交易

1）网络购物。我国网络购物用户规模达到 3.32 亿人，使用率提升至 52.5%。网络购物用户规模的增长得益于以下 3 个因素：第一，电商企业开始从"价格驱动"转向"服务驱动"，企业从单纯的价格战转向服务竞争，提升了网络购物的消费体验；第二，整体应用环境的优化，如网络安全环境的改善，移动支付、比价搜索等应用发展，为网络购物创造更为便利的条件。网络购物法规的逐步完善，新《消费者权益保护法》将网络购物相关的个人信息保护、追溯责任等内容纳入，保障了消费者网络购物的基本权益。

2）团购。团购规模增长迅速。手机端的快速发展推动团购的高速增长，手机团购使用率从 2012 年年底的 4.6%增长至 19.4%。以团购为代表的本地生活服务与手机定位等功能深度契合，通过移动终端实现"下单—付款—消费"同步的"即时服务模式"。网络购物、旅行预订等电商平台对团购服务的引入和重视进一步促进了团购行业的发展，这得益于平台企业在用户规模和信任度上的优势。

3）网上支付。我国使用网上支付的用户规模超过 2.92 亿人。网上支付用户规模的快速增长主要基于以下 3 个原因：第一，网民在互联网领域的商务类应用的增长直接推动网上支付的发展。第二，移动端支付迅猛发展，对线下支付产生较强的替代效应。第三，支付工具安全环境和安全性能的进一步提升，为用户使用提供了更完善的支持和保障。

4）旅行预订。在网上预订过机票、酒店、火车票或旅行行程的网民使用率提升至 30.0%。网上预订旅行行程的网民规模增长迅速，对整体在线旅行预订用户规模增长的贡献最大。我国网民使用手机在线旅行预订的比例提升至 14.3%。

5）互联网理财。我国互联网理财产品用户规模为 6 383 万人，使用率为 10.1%。从购买渠道来看，互联网理财产品购买渠道多依托于用户规模大、使用频率高、发展成熟的第三方支付平台，具有便捷性。从用户需求来看，互联网理财产品具有的低门槛、高收益、高流动性特点贴合大众理财需求。

3. 交流沟通

1）即时通信。即时通信服务一直是网民最基础的应用之一，我国即时通信网民规模达 5.64 亿人，使用率为 89.3%，仍高居使用率第一位。手机即时通信用户快速增长，手机即时通信产品将整个生态链条打通,游戏、电子商务、O2O 等服务都将通过即时通信入口到达用户。

2)社交网站、博客/个人空间和微博。我国社交网站、博客和个人空间、微博等社交平台用户规模不断减少,且用户活跃度持续下降,一方面,基于社交网络营销的商业化并不理想,盈利能力有限;另一方面,来自竞争对手的冲击导致微博用户量下降。但社交已发展为各种互联网应用的基本元素,如网络购物、游戏、视频等服务纷纷引入社交元素以促进发展。

4. 网络娱乐

1)网络游戏。中国网络游戏用户规模达到 3.68 亿人,网民使用率升至 58.2%。手机网络游戏用户呈现快速增长趋势,网络游戏行业内客户端游戏用户向手机端转化进一步提升。

2)网络文学。网络文学经过十几年的发展历程,逐渐形成了完整的产业链,用户规模保持平稳。网络文学发展环境逐步完善取决于两个原因:一方面,版权保护力度加大,通过 IP 授权,根据文学作品内容推出了游戏、动漫、影视等一系列衍生产品,促进网络文学行业健康发展;另一方面,大众对网络文学的认可,提升了网络文学作品的价值,进而提升网络文学的盈利能力。

3)网络视频。用户数增速放缓。网络建设和视频设备为网络视频提供了更好的使用条件;网络视频内容更为丰富,吸引更多网民在线收看视频;网络视频与传统电视媒体的深入合作,加强线下热播剧目的购买力度,以吸引新客户、增加广告收入,带动了网络视频的播放。网络视频用户继续向移动端转移。

2.5.3 近年互联网产品使用情况的变动趋势

1)中国网民规模增长空间有限,手机上网依然是网民规模增长的主要动力。整体网民规模增速持续放缓。与此同时,手机网民继续保持良好的增长态势,规模达到 5.27 亿人,手机继续保持第一大上网终端的地位。新增网民中使用手机上网的比例远高于其他设备,手机依然是中国网民增长的主要驱动力。

2)中国互联网发展正在从"数量"转换到"质量"。中国互联网的发展主题已经从"普及率提升"转换到"使用程度加深"。近几年的政策和环境变化对强化使用深度提供有力支持,互联网在整体经济社会的地位不断提高;互联网与传统经济结合愈加紧密,如购物、物流、支付乃至金融等方面均有良好应用;互联网应用逐步改变着人们的生活形态。

3)高流量手机应用发展快速。手机端视频、音乐等对流量要求较大的服务增长迅速,其中手机视频用户规模增长明显。手机端高流量应用的使用率增长主要由 3 方面原因促进,首先,用户上网设备向手机端的转移,整体网民对于电脑的使用率持续走低;其次,使用基础环境的完善,如智能手机和无线网络的发展吸引更多用户使用手机上网;最后,上网成本的下降,如上网资费降低、视频运营商和网络运营商的包月合作等措施降低了手机视频的使用门槛。

4)以社交为基础的综合平台类应用发展迅速。微博、社交网站及论坛等互联网应用使用率均下降,而类似即时通信等以社交元素为基础的平台应用发展稳定。移动即时通信发展迅速的原因一方面是由于即时通信与手机通信的契合度较大,另一方面是由于在社交关系的基础之上,增加了信息分享、交流沟通、支付、金融等应用，极大限度地提升了用户黏性。

5）网络游戏用户增长乏力，手机网络游戏迅猛增长。中国网络游戏用户增长明显放缓。而与整体网络游戏用户规模趋势不同，手机端网络游戏用户增长迅速。这意味着手机网络游戏对于PC端网络游戏的冲击开始显现和增强。

6）网络购物用户规模持续增长，团购成为增长亮点。商务类应用继续保持较高的发展速度，其中网络购物及类似的团购尤为明显，是增长最快的商务类应用。商务类应用的高速发展与支付、物流的完善以及整体环境的推动有密切关系，而团购出现"逆转"增长，意味着在经历野蛮增长后的洗牌，团购已经进入理性发展时期。

7）中小企业互联网基础应用稳步推进，电子商务应用有待进一步提升。总体来看我国企业使用计算机、互联网信息化状况较好，但微型企业应重点加强。地区间互联网基础应用水平差距有所缩小。使用网络营销推广的企业比例不高，利用即时通信、搜索引擎、电子商务平台推广保持在前三位。即时聊天工具庞大的用户基数、较强的用户黏性和丰富的管理工具，已成为企业营销的重要工具。从消费者行为模式来看，搜索行为直接指向购买。电子商务平台正是购买行为的发生场所，并且由于营销推广成本有限，因此中小企业更倾向于该种方式。

8）互联网理财用户规模增长。互联网金融爆发出强劲成长力，互联网的便捷性打通资金链条，降低了理财品管理及运营成本。互联网的长尾效应聚合个人用户零散资金，既提高了互联网理财运营商在商业谈判中的地位，也使个人零散资金获得更高的收益回报。

▶▶ 本章小结

电子商务环境下出现了新的产品与商品类型，主要包括：信息产品、数字化产品、数字产品等，并以数字产品最具代表性。本章重点阐述了数字产品的定义、分类、特征等知识点。

数字产品表现出不同于一般产品的特殊物理特征和经济特征，导致数字产品供给与需求新规律的产生，因此数字产品市场的均衡分析与正反馈现象成为学习电子商务经济学的重点内容。数字产品的供给和需求新规律引出了对数字产品实现垄断的新模式，本章对形成数字产品垄断的原因、垄断特点、垄断效应等方面做出了详细阐述。

▶▶ 关键术语

数字产品　网络外部性　正反馈　临界点　赢者通吃　锁定效应　转移成本　竞争性垄断　互联网产品

▶▶ 基本训练

1. 填空题

（1）依据数字产品的形式与内容作为划分依据，可以将其分为＿＿＿＿、＿＿＿＿、

_____3 种类型。

（2）数字产品的物理特征可以概括为_____、_____、_____和速度优势 4 个主要方面。

（3）数字产品特殊的成本结构表现为_____和_____。

（4）从需求的角度来看，数字产品的垄断主要是由_____和_____导致的。

（5）数字产品垄断的特点有_____、_____、_____。

2．选择题

（1）下列各项属于内容性数字产品的有（　　）。
　　A．电子邮件　　B．电子图书　　C．网络音乐　　D．电子会员卡

（2）数字产品的个性化与定制化是基于数字产品的（　　）特征。
　　A．可复制性　　B．不易破坏性　　C．可改变性　　D．网络外部性

（3）数字产品的供给规律是由（　　）决定的。
　　A．特殊的成本结构　　　　B．可复制性
　　C．个人偏好依赖性　　　　D．网络外部性

（4）数字产品市场垄断形成的最根本原因是（　　）。
　　A．规模经济　　B．锁定效应　　C．网络外部性　　D．技术优势

（5）数字产品的垄断具有（　　）影响。
　　A．增加消费者福利　　　　B．减少生产者福利
　　C．促进技术进步　　　　　D．降低市场效率

3．判断题

（1）音频制品属于数字产品。（　　）

（2）非排他性是数字产品的本质经济特征。（　　）

（3）数字产品的需求特点是由数字产品特殊的成本结构决定的。（　　）

（4）临界点对数字产品厂商的盈亏起着至关重要的作用。（　　）

（5）反垄断针对的是垄断结构。（　　）

4．简答题

（1）简述数字产品的物理特性与经济特性。

（2）简述数字产品垄断形成的原因。

（3）简述数字产品的供给与需求与传统产品有何不同。

5．论述题

分别对数字产品的垄断效率进行静态与动态分析。

第3章

电子商务企业

学习目标

- ◆ 掌握电子商务企业的基本分类，掌握电子商务企业成本效益曲线的分析方法。
- ◆ 明确电子商务企业商业模式的基本内容，从不同角度出发比较电子商务企业的商业模式。
- ◆ 了解价值链理论、竞合理论，了解分析以阿里巴巴和京东商城为代表的不同经营模式的电子商务企业的异同点。

▶ 3.1 电子商务企业概述

3.1.1 电子商务企业的含义及特点

信息技术革命和互联网的发展带来了电子商务，使得信息可以完全脱离实物产品而单独传递，使企业向客户提供实物产品的同时可以单独向客户提供信息与时间的组合服务。电子商务的快速发展革新了企业的经营运作方式，新兴的电子商务企业如雨后春笋般出现，与传统企业产生激烈碰撞，而传统企业也不甘愿被这股时代潮流抛下，不断向电子商务企业转型迈进。

1. 电子商务企业的含义

电子商务企业是指以盈利为目的，通过网络（互联网等）或电子化的方式向市场提供商品或服务，实现运营的企业。电子商务企业的范围很广，如信息门户类网站（搜狐、网易等）、提供各种免费资源的网站（中国共享软件网、极限下载网等）、虚拟社区类（各大高校 BBS、天涯、豆瓣等）、各类网络游戏企业（盛大、第九城市、巨人网络等）、电子商务平台（京东商城、淘宝网、当当网等），都是电子商务企业。而传统企业也逐步向电子商务企业方向转型，企业电子商务必然是未来企业的发展趋势。

2. 电子商务企业的特点

电子商务时代的基本特征是共享信息资源，因而作为信息时代市场经济运作承载体的电子商务企业，也有着不同于传统企业的特征，主要体现在以下几方面。

（1）以先进技术为基础

电子商务企业是随着网络技术和信息技术的出现而发展的，因此电子商务企业的一个最重要的特征就是以先进的技术手段作为其实现的基础。如果没有技术支持，所谓的电子商务只能是空想。由于计算机和网络技术的发展带动了信息产业的腾飞，并引发了整个商务市场的变革，企业贸易的方式和管理的方法都有了很大的改变，企业只有跟上潮流才不至于被市场抛下，因而企业需要新的管理理念和运营模式。新的管理理念的指导和运营模式的重组，都涉及要将整个企业的业务流程纳入规划范围进行考虑。在进行重组变革的过程中，技术的参与特别是计算机和网络技术的支持尤为重要，企业的信息处理、产品设计、业务联系、管理决策各个方面都离不开这些技术的支持，它们也演化为电子商务环境中企业日常工作常用的工具和必要手段。同时，其他的信息技术也支持了企业的运营变革，并推动着企业的进一步发展和竞争力的增强。

（2）以协作分工为形式

电子商务企业的一个最显著特征在于其业务和管理的网络化。传统企业通常作为一个单一的节点，独自经营管理，而电子商务企业则更多地扩展了企业的业务边界，通过和其他企业的业务联系来共同完成任务。在这个网络当中单个企业可以被看作一个节点，当与其他节点没有业务联系时，企业单个节点完成任务，相当于一个简单的企业单元；当与其他企业节点产生联系时，不同节点分担不同的任务，通过网络进行协同工作，完成一个共同的任务目标，从而打破各节点的独立性，组成一个有机整体。单个节点是一个有机整体，而各个节点之间也可以进行信息交流和数据交换，通过这些交流获得更多的竞争优势，作为一个整体立足市场。

（3）以自适应性为目标

电子商务环境是复杂多变的，环境中存在海量信息，而垃圾信息、错误信息都包含于其中，因此信息获取具有高度的不确定性和不完全性。瞬息万变的市场环境可能会给企业带来机遇，也可能让企业遭受重大的打击，因此企业必须能够及时捕捉市场变化，并对其进行分析处理，从而根据分析结果进行相应的调整以适应市场环境的变化。

企业还需具有敏锐的市场预测能力，通过历史资料和现有的市场信息综合分析，对未来发展做出预测。通过敏锐的嗅觉和观察能力，提前对市场变化做出预测，并做好准备以适应环境的变化，实现企业的自适应机制。

3.1.2 电子商务企业的分类

3.1.2.1 企业分类的 4 种方法

目前,有 4 种较为常见的企业分类方法,一是按产品和行业分类,二是按行业结构分类,三是按战略行为分类,四是按所处价值链环节的位置分类。

按产品和行业分类,就是主要依据企业生产什么产品或提供什么服务,或者依据企业所在行业对企业进行分类。例如,计算机生产商属于计算机行业,计算机行业内部的企业可以分为大型机企业和微型机企业等。

按行业结构分类,就是分别从进入限制和产品两个角度对厂商进行分类。其中,进入限制分为自由进入退出和有进入障碍两种情况;产品按同质产品和异质产品两种标准来划分。

按战略行为分类,就是根据企业是寻求低成本的领导优势还是通过产品差别化来获取和创造价值的战略行为来分类。从某种程度上讲,这种分类方法是由产品的性质决定的,如钢铁厂难以对其产品进行差别化,只能寻求低成本的领导优势。

按所处价值链环节的位置分类,就是根据厂商处于整个产业价值链的上游、中游或下游位置,甚至处于什么生产环节进行分类。例如,许多企业之间或多或少地存在垂直合作关系,其中一些企业运行于价值链的大部分环节,有的则专门完成其中的某个链条。

3.1.2.2 电子商务企业的分类

上述 4 类方法同样适用于电子商务企业。除此之外,从不同的角度出发,根据不同的划分标准,电子商务企业还可以划分为多种类型。

1. 按交易对象划分

(1)企业与企业的电子商务

企业与企业的电子商务即 B2B(Business to Business)电子商务,指的是企业与企业之间进行的电子商务活动,企业与企业之间通过互联网进行产品、服务及信息的交换。通俗地讲是指进行电子商务交易的供需双方都是商家(企业、公司),它们使用各种商务网络平台,完成商务交易的过程。这些过程包括:发布供求信息,订货及确认订货,支付过程及票据的签发、传送和接收,确定配送方案并监控物流过程等。

(2)企业与消费者的电子商务

企业与消费者的电子商务即 B2C(Business to Consumer),指的是企业与消费者之间进行的电子商务活动。从技术角度看,企业面对的是广大消费者的商务,并不要求双方使用统一标准的单据传送,在线式的零售和支付行为通常只涉及银行卡或其他电子货币,风险较小。由于互联网具有信息海量、搜索简便等特点,消费者可以很方便地找到自己所需要的商品,或者通过网络显示并发放自己的个性化订单,B2C 电子商务是开展的比较广泛的一种形式,具有巨大的发展潜力。

（3）消费者与消费者间的电子商务

消费者与消费者间的电子商务即 C2C（Consumer to Consumer），指的是消费者与消费者之间进行的电子商务或网上事务合作活动。它主要借助 C2C 网站平台在个人与个人之间开展事务合作或商业交易，如网上物品拍卖、网上跳蚤市场等。这里所指的个人可以是自然人也可以是商家的商务代表。通过 C2C 网络交易平台，每个人都可以轻松成为老板，是目前电子商务市场的一大热点。

（4）政府、企业、消费者之间的电子商务

政府与企业、政府与消费者、政府与政府间的电子商务，又称为电子政务，即 G2B、G2C 和 G2G。G2B 指的是政府行政部门与企业之间进行的电子商务或网上事务合作活动，如企业网上纳税、网上事务审批、政府部门网上采购招标等。随着政府部门办事透明度的提高，以及建设公共性政府的要求，各级行政部门将越来越多的服务功能转移到网络上，既节省人力物力成本，企业又可以及时查阅政府部门的公告信息，与政府部门及时交互，大大改善政府部门与企业之间的关系。G2C 指的是政府行政部门与个人消费者之间进行的电子商务或网上事务合作活动，如个人网上纳税、个人身份证办理、社会福利金的支付、电子医疗服务等。G2G 指的是政府行政部门之间进行的电子政务或网上事务合作活动，如电子法规政策系统、电子公文系统、电子司法档案系统、业绩评价系统等。

2. 根据企业对互联网的依存度不同进行划分

根据企业对互联网的依存度不同，电子商务企业分为电子商务专业企业和电子商务非专业企业。前者对网络的依存度很高，所有业务和服务都依赖于电子商务形式；与专业企业相比，非专业企业对网络的依存度较低，部分业务和服务还必须通过传统的商务环境运行。

3. 按从业企业类型进行分类

从电子商务从业企业分类，电子商务企业分为电子商务应用企业和电子商务服务企业。前者指国民经济各行业中开展电子商务的企业，如华为、中兴等；后者指提供基于网络的交易服务、业务外包服务及信息技术外包服务的新兴服务业。

4. 根据厂商为客户提供的服务类型划分

根据厂商为客户提供的服务类型，电子商务企业分为：① 信息服务型厂商，如百度、谷歌等；② 在线销售型厂商，如 Amazon、当当网等；③ 交易所型厂商，如 eBay、Priceline 等；④ 电子社区型厂商，所谓电子社区，就是基于互联网和具有共同兴趣或利益而形成的虚拟群体，如 Facebook，厂商和个人可以通过电子社区交流而达成合作意向；⑤ 门户网站型厂商，如一些行业类网站，中国茶叶网、中国棉花网等，它与信息服务型厂商所不同的主要是提供的信息要具有专业性；⑥ 信息中介型厂商，专注于提供市场信息，尤其是 B2C 市场的信息，而不直接参与市场交易。

3.1.2.3 新兴电子商务模式

随着电子商务应用领域的不断扩大，服务方式的创新，电子商务的类型也在不断创新，不再局限于以上所提及的几种类型。信息服务商正在尝试其他新型服务模式来契合电子商务的发展。

1. ABC 模式

ABC（Agents to Business to Consumer）模式是新型电子商务模式的一种，是由代理商（Agents）、商家（Business）和消费者（Consumer）共同搭建的集生产、经营、消费为一体的电子商务平台。三者之间可以转化，相互服务、相互支持，你中有我、我中有你，真正形成一个利益共同体。

2. B2M 模式

B2M（Business to Manager）相对于 B2B、B2C、C2C 等电子商务模式而言，是一种全新的电子商务模式，有着本质的不同。其根本的区别在于目标客户群的性质不同，原三者的目标客户群都是以消费者身份出现，而 B2M 所针对的客户群是该企业或者该产品的销售者或其工作者，而不是最终消费者。B2M 具有一个更大的优势：电子商务的线下发展。

3. M2C 模式

M2C（Manager to Consumer）是针对于 B2M 的电子商务模式而出现的延伸概念。B2M 环节中，企业通过网络平台发布该企业的产品或者服务，职业经理人通过网络获取该企业的产品或者服务信息，并且为该企业提供产品、销售，或者提供企业服务，企业通过经理人的服务达到销售产品或者获得服务的目的。

4. O2O 模式

O2O（Online to Offline）是新兴起的一种电子商务商业模式，即将线下商务的机会与互联网结合在一起，让互联网成为线下交易的前台。这样线下服务就可以用线上来揽客，消费者可以用线上来筛选服务，成交可以在线结算，很快达到规模。该模式最重要的特点是：推广效果可查，每笔交易可跟踪。

5. B2B2C

B2B2C（Business to Business to Customers）是一种新的网络通信销售方式。第一个 B 指广义的卖方（成品、半成品、材料提供商等）；第二个 B 指交易平台，即提供卖方与买方的联系平台，同时提供优质的附加服务；C 即买方。卖方不仅仅是公司，还可以包括个人，即一种逻辑上的买卖关系中的卖方。该模式是中间的 B 直接面对客户，把订单直接交给第一个 B 来执行。这种模式看起来好像传统渠道销售的翻版，因此，B2B2C 模式开始曾被认为不可能成立，因为互联网经济的一大特征就是压扁渠道，Amazon 等大行其道的原因也正是基于这种"中间商死亡"的论调，它们抢占的就是原来中间商的利润。但是事实证明：如果中间的 B 能够提供一种独特的服务，把消费者都吸引到他那里去，并通过他下订单，则该模式是完全可行的。

3.1.3　电子商务企业成本效益分析

3.1.3.1　电子商务企业成本分析

1. 电子商务成本的含义

电子商务企业在开展电子商务经营活动所耗费的人力、物力和财力等资源的货币表现及其对象化即为电子商务企业成本。

不同于传统企业成本，电子商务企业成本具有典型的网络经济性质，有着以下特点：① 高固定成本、低边际成本；② 高转换成本；③ 以电子货币为结算形式。作为电子商务企业交易的主要条件和网络财务的重要基础，电子货币不仅提高了结算的效率，也在加快资金结算速度的同时降低了资金成本。

2. 电子商务企业成本的内容

（1）技术成本

作为各类技术结合的产物，电子商务正常有序地运行必须有着资金的保证以建设由优越硬件设施和先进软件系统组成的操作平台，同时还需要对系统进行有效维护，包括为保障电子商务实施而投入的硬件设施配置、设备维护、软件开发或购买、软件升级等成本。

（2）客户成本

电子商务的客户成本，是顾客网上交易所产生的产品咨询、支付直到得到商品的费用总和，这是一种只要顾客开始享受服务，就要承担的完全依赖于网络的服务费用。这种作为用户成本的费用，是影响电子商务发展的重要因素，即使其并不列入商家的运营成本。假使消费者网上查询、挑选、支付以及后续所花费的费用超过实体交易的费用，消费者很容易便会放弃网上购物这一方式。例如，在网上购买一张壁纸可以便宜 0.5 元，但消费者要承担运费，加上查询、支付等费用，费用远超过 0.5 元，消费者便会拒绝网上购物的方式。因此，毋庸置疑电子商务有着巨大的商机，但是其利润的真正实现和企业的长远发展，仍需要企业做出准确的分析判断。

（3）风险成本

电子商务处在网络虚拟的环境之中，相对于传统的交易方式，它面对着更大的经营风险，在正确认识和掌握电子商务的特殊风险的前提下，才能通过采取有效的措施规避相关风险。电子商务交易中电子商务风险成本并非显性，而是一种隐性成本，其产生是由难控制、不确定的因素造成的，如人才的流失、病毒的感染、网络黑客的攻击、新技术导致的硬软件更新换代等。

（4）物流成本

物流环节是电子商务交易过程中重要的环节。因为需要存放商品、包装与二次加工、进行运输、安排配送等，增加了电子商务企业许多成本。疏通厂家到顾客之间的渠道，才能尽量减少电子商务配送过程中的物流成本。

3.1.3.2 电子商务企业的效益分析

1. 电子商务效益的含义

一般观点认为,经济效益是指劳动占用和劳动消耗(包括物化劳动和活劳动)与取得的有用成果之间的比较。简单地说,就是运用电子商务的投入产出之比。

然而,就目前来看,电子商务的经济效益主要是通过成本的节约来实现的。例如,美国机场通过网上售票,每卖一张票收取 1 美元手续费,而传统订票方式每张收取 8 美元手续费。同样,苏宁、国美等电器销售企业通过在互联网上建立电子支持中心,不仅节约了大量的服务开支,还能为用户提供 24 小时实时服务。

2. 电子商务效益的来源

直接效益主要是指对电子商务活动进行定量分析所获得的货币价值数量。从测量方法来讲,可以将企业在应用电子商务前后的各个方面指标拿来比较,根据所获得的数据得到比较结果。

具体包括以下几个方面:① 降低管理成本。通过电子手段,电子货币使得电子商务大大降低了传统形式的成本,节省单位交易成本。② 降低库存成本。因为大量的库存增加意味着对企业流动资金的占用和高额存储费用,同时也意味着增加经营成本和降低效益。③ 降低采购成本。企业的采购过程是一个复杂的多步骤过程,在这个过程中,买方必须先找到相应的产品供应商,要知道他们的产品是否满足要求的数量、质量、价格等问题,然后制订详细的采购计划和需求发送给供应商,供应商可以根据订单组织生产,以满足客户对产品性能指标的需求。④ 降低交易成本。虽然从事电子商务的企业需要一些投资,但与传统销售方式相比,电子商务贸易的成本将大大降低。

3.1.3.3 电子商务的成本效益曲线

1. 电子商务的成本曲线

电子商务活动的成本是由多种项目构成的,这些项目按成本性质,可划分为固定成本和变动成本,它们在一定时期和一定业务量范围内,随电子商务业务量呈现不同的变化。

电子商务的固定成本是指其成本总额在一定时期和一定业务量范围内,不受电子商务业务量增减变动影响而固定不变的成本,主要包括系统硬件成本、软件成本、入网费与网络服务费和雇用顾问的咨询成本等。由于这种成本总额在一定时期内与电子商务业务量无关,故也可将其称为不变成本或休闲成本。图 3.1 显示了固定成本与业务量之间的关系。

电子商务的变动成本是指其成本总额随电子商务业务量的增减成正比例变动的成本。主要包括电子信用卡与电子支票使用费用、传递信息的通信费用、软硬件维护费等。因为这些开支的费用总额是随电子商务业务量的变动而变化的,所以称为变动成本。变动成本与业务量之间的关系如图 3.2 所示。

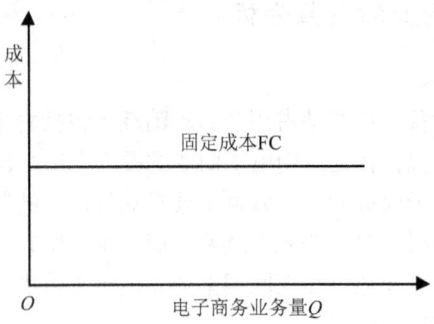

图 3.1　电子商务固定成本曲线

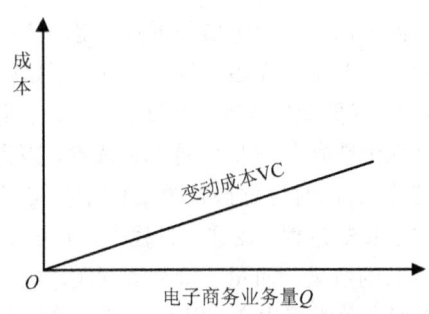

图 3.2　电子商务变动成本曲线

上述的固定成本和变动成本,是从绝对额角度大致划分的。如果从相对数,即从单位成本角度分析,结论则恰好相反。例如,某公司在一定范围和一定时期内,若固定成本总额为 1 000 元,当发生电子商务业务量为 1 000 单位时,单位固定成本为 1 元;当业务量为 2 000 单位时,单位固定成本为 0.5 元;当业务量为 5 000 单位时,则单位固定成本为 0.2 元。由此可见,单位固定成本是变动的。同样是上例,当单位变动成本为 1 元时,则该公司的变动成本总额分别为 1 000 元、2 000 元和 5 000 元。这说明单位变动成本是不变的,而变动成本总额却是在变动的。

应值得注意的问题是,在实际工作中,有的费用却难以划分为固定成本和变动成本,如培训成本,其中有一部分属于先期成本开支,具有固定成本性质;而另一部分则是随电子商务业务发展需要对员工进行培训而产生的费用,它带有变动成本的性质。类似这样的费用,在理论上称为"混合成本",是需要经过一定标准分配后计入相应的固定成本和变动成本之中的。需要指出的是,对电子商务成本效益分析尚处于起步阶段,对电子商务运行过程中所产生的成本分类与核算还需要深入研究。

根据以上的分析,可用图 3.3 来描述电子商务成本随业务量变动的曲线。图 3.3 表明了在开展电子商务活动前,就应有一定数额的先期成本投入,它是任何公司从事电子商务活动的前提。而业务运行的总成本随着业务量的增大而上升,单位成本则随业务量的增大而下降。

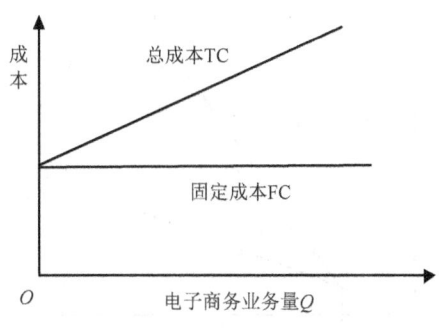

图 3.3 电子商务成本曲线

2. 电子商务的收入曲线

假定每单位业务量的收入保持固定,在去掉其他因素对收入影响的条件下,电子商务企业的收入为其业务量的一个函数,如图 3.4 所示。

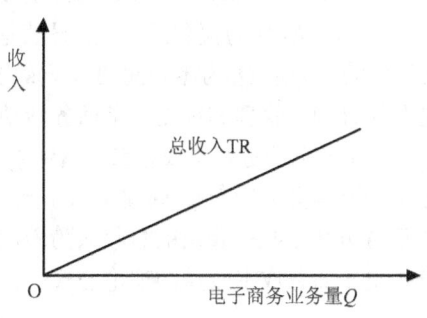

图 3.4 电子商务收入曲线

图 3.4 显示,随着电子商务业务量的增大,总收入增加;业务量减少,总收入也相应减少。某公司若每发生 1 单位业务量可获 100 元收益;而实现 1 000 单位业务量时,收益则为 10 万元;业务量增大到 5 000 单位时,收益就提高到 50 万元。相应地,如果业务量下降到 500 单位时,则收益亦将降至 5 万元。

3. 确定电子商务的盈利区间

在分析电子商务的成本和收入曲线之后,可以根据收入与成本的对比,从数量上研究开展电子商务活动所获得的净收益,为公司提供是否采用电子商务方式的决策依据。图 3.5 表明了决策点确定的方法。

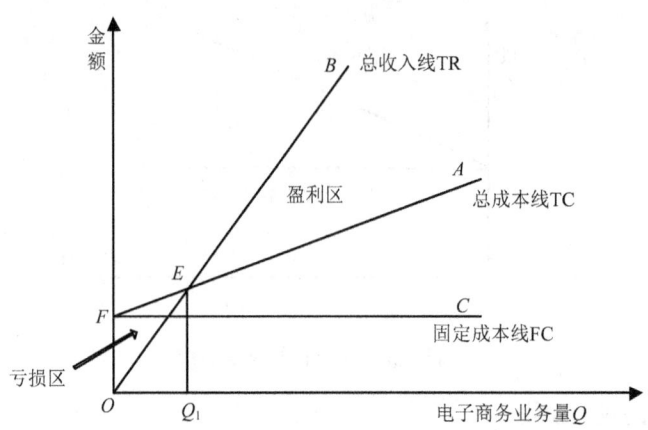

图 3.5 电子商务成本效益曲线

在图 3.5 中，TR 表示总收入线，TC 为总成本线，FC 为固定成本线，Q 代表电子商务业务量。不难看出，三角形 OFE 为亏损区，AEB 为盈利区，E 点显然是亏损消失、盈利开始或盈利消失、亏损开始的临界点，其相应的业务量 Q_1 为零利润的电子商务容量点，在"量本利"分析法中称为保本点或临界点，是公司计划、管理和预测电子商务活动的基本指标。也就是说，在其他条件假定不变的情况下，当电子商务业务量（或容量）达到 Q_1 时，采用电子商务方式就会盈利；反之，当电子商务业务量（或容量）低于 Q_1 时便会入不敷出，出现亏损。

通过图 3.5 也可得到电子商务方式下某一公司的总收入为固定成本总额、变动成本总额与实现的目标利润之和，它是分析电子商务成本效益的理论公式，也是实践中的简便工具。其数学表达式为：

$$TR=FC+VC+M \text{ 或 } P \times Q=FC+AVC \times Q+M$$

式中　TR——总收入，$TR=P \times Q$；

　　　FC——固定成本总额；

　　　VC——变动成本总额，$VC=Q \times AVC$；

　　　M——目标利润；

　　　P——价格，即单位业务量的收益；

　　　Q——电子商务业务量；

　　　AVC——单位业务量的变动成本。

讨论了电子商务成本效益的比较方法之后，下面举例进行分析。

小案例

环宇公司从事电子商务活动，在网上销售一种风衣，每件风衣实物成本为 50 元，售价为 75 元。网上销售每月的固定成本为 13 500 元（包括非电子商务系统设备等的固定费用 10 000 元），单位变动成本为 0.5 元/件。该公司要实现保本（或零利润），问每月应从网上销售多少件风衣？若想获得 500 元目标利润，每月必须销售多少件风衣？当从网上卖出 5 000 件时，该公司能实现多少利润？

（1）计算保本点的销售量

设保本点的销售量为 Q，根据 TR=FC+VC+M，则有：75×Q=13 500+(50+0.5)×Q+0。经计算得保本（或零利润）点的销售量 Q 为 551 件，即当每月网上销售达到 551 件时便不亏不盈。

（2）计算每月要实现 500 元目标利润的销售量

设实现 500 元目标利润的销售量为 Q，根据 TR=FC+VC+M，则有：75×Q=13 500+(50+0.5)×Q+500，计算可得每月应从网上销售 572 件。

（3）计算从网上卖出 5 000 件风衣时所实现的利润

根据 TR=FC+VC+M，可得 M=TR−FC−VC，计算得出该公司在网上销售 5 000 件时的利润为[75×5 000−13 500−(50+0.5)×5 000] =10.9 万元。

3.1.3.4 企业电子商务应用的成本效益综合分析

1. 电子商务应用的成本和效益之间的关系

企业实施电子商务必须预先投入大量资金，用于先期资源的准备。相比之下，电子商务的收益则相对滞后，它需要随着时间的延长，固定成本的分摊值越多，企业在电子商务方面的收益越大，使得企业电子商务应用所带来的经济效益越来越明显。与电子商务的成本相比，经济效益表现出相对的滞后性。

（1）效益是成本发生的根本动因

企业开展电子商务的基本目的是为获取更多的效益，使投入的资本得以增值。首先要对电子商务经营过程进行投入，被消费者在网上认可时才能获得效益。从成本角度看，成本计算是为了确认企业电子商务应用过程中成本的耗费额，便于经营过程中的成本控制。从效益角度看，正确的成本计算能为确定合理的价格提供依据，并获取期望的经济效益。没有正确合理的成本计算，不可能对效益进行正确合理的确认。在成本计算不真实的情况下，效益确认即便勉强为之，也会由于成本确认不实，而难以确保成本得到充分的弥补，也确保不了效益确认的合理性，最终企业应用电子商务后达不到预期的效果。

效益的计量作为企业电子商务经营业绩的确认,企业在电子商务应用领域投入的成本越大,则希望获得的效益也越大,在产生效益未定的情况下,成本信息便会直接影响未来经济效益的确定。在营业收入既定的情况下,成本费用的信息会对企业经济效益产生直接的影响。在这种情况下,企业效益的确定往往是被动的,如果营业收入能够弥补成本便会出现效益,如果不能补偿,则会产生亏损。

(2)效益对成本的反作用

企业应用电子商务所获得的效益,在一定程度上会受到市场供求和竞争程度的影响。效益的确认带有一定的社会性,而投入的成本却与企业在刚开始实施电子商务时投入的成本有关,所以企业成本分析不可能不考虑经济效益问题。当企业从一定时期经济效益的确认信息中发现,补偿了全部成本费用后,企业能够获得较高的效益,说明产品的盈利能力强,应大力发展。如果获得相反的信息,意味着企业开展电子商务的成本费用可能太高了。当成本不能从营业收入中补偿而发生亏损时,企业便可能对成本结构进行调整,加强成本管理,提出改进措施,使其能适应市场变化的要求。

2. 电子商务成本效益相对有效性分析

成本效益相对有效性分析应测定各种产品在全部资源要素的投入下,把投入的成本转化为产出的效益情况。因而,成本与效益相对有效分析可以从投入和产出两方面进行考察。

在投入方面,如果增加某一电子商务应用成本投入量,而不增加任何其他成本投入,也不减少其他任何产出,那么这种产品的生产经营就不是有效的,或者可以说效益是不高的;在产出方面,如果提高了电子商务应用的某一效益,而不增加其他任何成本投入,也不减少其他效益,那么这种业务的投入也不是有效的,起码可以说效益不高。如果某一电子商务业务量的投入既不出现上述第一种情况,也不出现第二种情况时,则该项投入可以被认为是有效的。

电子商务应用的成本效益相对有效性分析,是以企业电子商务应用活动中成本与效益的诊断和调节为主要目的的分析活动。成本效益相对有效性分析的目的是考察企业电子商务业务量的投入和经营方向、成本资源配置状态和产出的效益水平,从而促使企业加强对电子商务应用的调节和控制,改善成本资源的配置,保证和促进企业成本效益的提高。

3. 电子商务成本效益的价值工程分析

价值工程分析的基本方程可以简单表述为:一种产品的价值(V)等于该产品提供的功能(F)与成本(C)之比值:$V=F/C$。价值工程的价值是功能与成本的综合反映,也是二者的比值。它既可用来对二者进行定性分析,也可以用于定量分析。

如果我们把成本看作企业电子商务经营过程中投入的总成本,把功能看作电子商务应用产生的效益,那么以上公式可以表示为:价值=效益/成本。这里的效益包括电子商务应用的直接效益和间接效益;成本除了包括在初期阶段产生的各种固定成本,也包括后来在应用过程中人员培训和系统维护等各种变动成本及混合成本。

在应用价值工程分析方法评价电子商务应用的成本效益时需要遵循以下程序:第一,要定义企业电子商务应用的功能；第二，为便于量化，对功能进行分解，针对各子功能规定出具有限定概念的效益指标；第三，根据电子商务应用的各项开支求出成本总值或成本系数；第四，求出电子商务应用的价值指数，通过价值指数判断电子商务活动的经济效益，价值指数为1，表示零效益；价值指数大于1，为正效益；价值指数小于1，为负效益。

进行电子商务的成本效益分析对企业实施电子商务至关重要，电子商务实施部门应该会同财务部门、人事部门、计划部门、采购部门进行细致深入的分析，并达成共识。在实施电子商务方案时，应本着"节约成本，提高效益"的原则，有效地利用企业的各项经济资源，充分体现电子商务给企业带来的优势。从目前企业应用电子商务的情况分析，也许有些企业所获得的利益与所投入的成本并不成正比，甚至从短期来看也许看不到明显的效益。但从长远利益看，电子商务将是企业的希望。

3.2 电子商务企业的组织结构与行为

3.2.1 电子商务企业的组织结构

电子商务不仅是一场技术革命，从本质上看，更重要的还是一场改变商业交易方式的革命。这场由信息技术引发的变革，正在对人类社会的各个领域产生深远而广泛的影响。在企业管理领域，由于电子商务的产生与发展，传统企业的组织结构、组织运行和控制方式及经营管理模式都受到了挑战与冲击。

在网络经济时代，经济全球化、消费个性化已成为市场变化的趋势。它要求企业在全球范围内迅速、及时、准确地分析和掌握不同地区甚至个体消费者的偏好和需求，以较快的速度、尽可能好的信用和服务做出决策以适应网络时代的需要。Internet技术使得企业能够根据每个客户的具体情况和特定需求来定制产品或提供劳务，使得企业在全球范围内寻求合作的伙伴或客户亦成为可能。这样，网络时代要求传统企业尽快向电子商务企业转型。

电子商务企业是处于电子商务时代，以商贸和信息技术的发展为基础，以企业电子化、信息化、网络化为核心，以新的交易方式为手段而从事经济活动的新型企业组织形式。它能够以最新的网络技术为载体，快速高效地完成自身内部的各项经营管理活动（包括原材料采购、人力资源配备、生产制造、市场运作和营销、财务核算），以及解决企业之间的商业贸易和合作关系，增强消费者与企业之间的互动关系，从而达到降低成本、提高经济效益、开辟新商机等目标。

3.2.1.1 电子商务对企业组织结构的影响

电子商务作为一种崭新的商务运作方式，改变了企业内部、企业间、企业与消费者间传统的联系方式，使企业的内外生存环境发生了极大变化，进而唤起并导致企业组织结构的变革。

1. 电子商务对企业战略的影响

斯蒂芬·P·罗宾斯指出大多数的战略分析框架都倾向于考查三个维度：创新，反映组织对有意义的、独到的创新追求；成本最低，反映组织对严格控制成本的追求；模仿，反映组织通过仿效市场上的领先者，力求使风险最小化而盈利机会最大化。创新需要有机式结构提供的灵活和自由流动的信息；成本最低则努力通过机械式组织提高效率；模仿者同时使用这两种结构。

对电子商务企业来讲，在制定战略时，考虑的组织结构不仅仅是工作安排和员工间的关系问题。其他组织关系，如与顾客、供应商、配送企业及其他利益相关者的关系，也是对电子商务企业非常重要的。所以，电子商务企业在动态的、复杂的环境下，提高竞争优势的战略在于创新。

2. 电子商务对企业规模的影响

从当今发达国家的企业规模变化状况看，电子商务使企业规模呈现出多种变化趋势：其一，由于管理成本的降低，越来越多的企业（尤其是跨国公司）在进行大规模的兼并活动，进一步提高企业的竞争力，主要表现为横向规模的扩大（单一产品企业的生产规模或多产品企业的生产规模），企业有效边界进一步扩张；其二，由于交易成本的降低，越来越多的企业将自己的非核心业务外包，企业规模呈现出小型化的趋势，主要表现为纵向规模的进一步缩小（反映企业在多大程度上自己生产那些可以从外部购买的商品和服务），企业有效边界缩减；其三，电子商务的发展打破了传统企业间明确的组织界限，出现了虚拟企业，形成了"你中有我，我中有你"的动态联盟，表现为企业有形边界的缩小，无形边界（虚拟企业的共同边界）的扩张。

3. 电子商务对企业所用技术的影响

Internet 等信息技术促进了电子商务的发展，电子商务的发展同时对信息技术提出新的需求。例如，企业战略联盟促进了电子数据交换（Electronic Data Interchange，EDI）等技术的推广；企业内部信息化管理需求使办公自动化（Office Automation，OA）、企业资源计划（Enterprise Resource Planning，ERP）等技术被广泛使用；为了提高客户的快速响应能力，电子商务企业广泛采用客户关系管理（Customer Relationship Management，CRM）；电子商务交易安全要求促进加密技术、认证技术、安全技术等在交易过程中的使用。由此可以看出，对于电子商务企业来说，不可避免地要用到现有的最新技术，在新技术代替旧技术的转变过程中，企业一般都要进行业务流程再造以适应内外部环境的变化，企业内部的组织结构随业务流程的改变而发生变化。

4. 电子商务对企业生存环境的影响

（1）电子商务的发展，使世界经济连为一体，改变了企业竞争的模式

与传统市场相比，在电子商务市场中，进入某行业的障碍降低，较低的管理成本和得到供求信息的机会大大增加。因此，从经济学的角度看，电子商务具有完全竞争的很多特征。这些就意味着企业之间的竞争将进一步加剧，原先平静的竞争格局被迅速打破，不适应这种高度不确定性外部环境的企业将被残酷淘汰。

（2）电子商务改变了组织与利益相关者之间的沟通方式

首先，组织员工利用企业内部网（Intranet），使组织内部各个环节之间的信息互动与传播成

为可能，有利于组织学习和创新。信息的及时处理和传达，降低了组织的管理成本，提高了管理效率。其次，通过 EDI 技术，B2B 的合作与交流更加便捷，极大地降低了交易成本。电子商务降低了贸易双方的通信费用，简化了流程，节约了大量的时间成本与传输费用。除此之外，贸易双方供需的实时配合，大大改善了销售预测与库存管理。最后，电子商务提高了企业与消费者之间的沟通、反馈能力。从 B2C 模式来看，电子商务满足了顾客的多样化和个性化需求，提供了与企业沟通更加便利的条件。同时，企业能更好地掌握顾客的消费动向，及时处理顾客的问题。

3.2.1.2 电子商务企业组织结构的特点

不同时代、不同企业在不同的发展阶段上，应该选用适合本企业发展需要的组织结构形式。适应电子商务发展的需要，电子商务时代的企业必须迅速、及时地掌握消费者的偏好和需求，并快速做出反应。电子商务企业组织结构的扁平化、网络化、中空化、决策分散化和运作虚拟化，能够及时、准确地对剧烈变化的市场做出决策，以提高工作效率，增强企业的适应能力和竞争能力。

1. 组织结构扁平化

互联网技术在企业的广泛应用，使企业各部门与其他各方主体能够便捷、直接、高效地交流，管理者之间增加了相互沟通的机会。组织结构逐步倾向于分布化和电子商务结构，企业内部形成扁平化的组织结构，传统的中间管理层被网络所取代。这种紧凑化的组织结构减少了管理层次和管理人员的数量，靠高效率、高速度提高企业营运水平，降低管理成本。这种扁平的结构形式如图 3.6 所示。

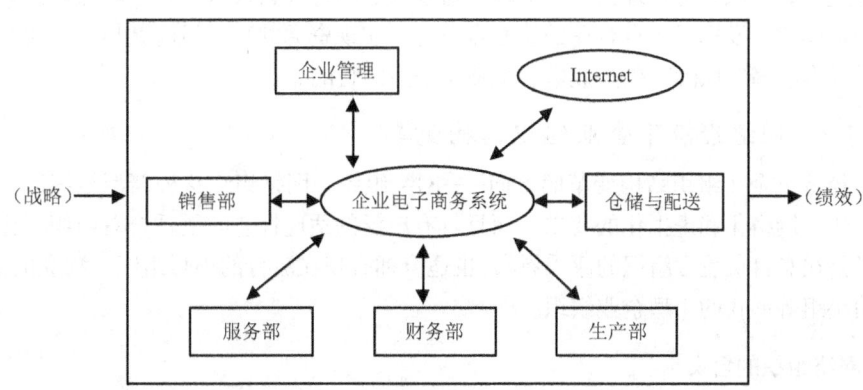

图 3.6 电子商务企业的内部组织结构

2. 组织内部关系网络化

企业组织内部部门之间、员工之间的网络化关系便于信息的有效传递，不同部门、员工之间通过网络通信技术进行信息沟通，信息传递快而失真少，增进员工之间的了解，提高学习能力，并增强部门之间的协同能力，降低了在新产品研发过程中的复杂性，提高了研发的成功率，有利于企业处理复杂项目，形成独特的竞争优势。关系网络化使得企业内部的工作方式是协商、互动式的，而不是等级制命令式的，企业各部门之间的工作联系变得更加紧密，减轻由于部门分割导致的交流障碍，便于协调，利于合作。

3. 组织决策分散化

电子商务企业的组织结构由过去高度集中的决策中心集权制向分散化的多中心决策分权制转变。企业的战略规划、市场预测等经营决策，由跨部门、跨职能的各个组织单元共同参与、共同负责。决策分散化增强了员工的参与感和责任感，在共同利益的驱动下，大大提高了决策的科学性和可操作性。

4. 组织资产中空化

在 Internet 有效运用的前提下，企业不再以实物资产作为企业存在的前提，企业最有控制力的资产是无形资产或关键技术，企业的主要任务是创造和维护品牌、研发产品、控制关键技术等。

5. 组织运作虚拟化

在信息时代，企业的边界是由无形资产特别是隐性知识所确定的能力边界，企业所能开展的活动及可以达到的规模是由其拥有的核心能力决定的。因此，从本质上说，企业的核心能力决定了企业的生产可能边界，从而决定了企业的最优规模边界。电子商务企业的经营活动打破了时空的限制，形成了一种全新的企业组织形式——虚拟企业。它没有企业、产业、地区之间的界限，而是利用网络把现有资源整合为一种超越时间和空间的经营实体，其组织形式包括生产完全外包模式、供应链管理模式、战略联盟模式、特许经营模式、技术联盟模式等。通过构建虚拟经营模式，发挥了各自企业的核心竞争力，实现资源共享、风险共担、利益共享，从而达到降低成本、降低风险、提高效率、增强竞争力的目的。

3.2.1.3　网络经济下企业组织结构变革

网络经济下企业组织结构变革的方向——网络组织。网络组织这种新型组织形式不仅满足组织扁平化、网络化和虚拟化的要求，而且具有广泛的适应性。它既适合总组织，比如一个拥有众多子公司和自负盈亏组织的康采恩[①]，也适合拥有现在流行的项目组织、独立的生产组织、部分自治小组等形式的小型企业组织。

1. 网络组织的含义

虽然众多学者认为网络组织是网络经济下企业组织的发展方向，但是由于网络组织是一个前瞻性概念，企业在实践中也有多种具体的形式，因此关于网络组织目前还有一些不同的认识。但我们可以给出 Achrol 等学者提出的关于网络组织的一个被普遍接受的定义：网络组织是由多

---

① 康采恩是德语 Konzern 的音译，原意为多种企业集团，这是一种规模庞大而复杂的资本主义垄断组织形式。

个独立的个人、部门和企业为了共同的任务而组成的联合体，它的运行不是靠传统的层级控制，而是在定义成员角色和各自任务的基础上通过密集的多边联系、互利和交互式的合作来完成共同追求的目标。

网络的基本构成要素是众多的节点和节点之间的相互关系。在网络组织中，节点可以由个人、企业内的部门、企业或它们的混合组成，每个节点之间都以平等身份保持着互动式联系。如果某一项使命需要若干个节点的共同参与，那么它们之间的联系会有针对性地加强。密集的多边联系和充分的合作是网络组织最主要的特点，而这正是其与传统企业组织形式的最大区别所在。

从 Achrol 给出的网络组织的定义可以看出，网络组织不仅是企业组织内部的一种组织形式，同时也是企业组织之间的一种联系方式。

对网络组织的含义可以从以下几方面理解：

1) 网络组织是由节点及节点之间的联系方式与沟通方式构成的具有网络结构的整体系统。每个节点都具有相应的决策能力，能对流经它的信息进行加工和处理。

2) 网络组织有着共同的目标，网络中的节点围绕着共同目标进行运转，并实现信息共享和沟通。

3) 网络组织各节点共同遵守网络组织协议。网络组织依靠网络组织协议运行，在遵守协议的前提下可自愿进入、退出，表现出网络组织的柔性化与边界模糊性。

4) 网络组织可能是一个独立的法人实体，也可能不是一个独立的法人实体，而是为了特定的目标，由人、团队和企业构成超越节点的组织，组织节点的构成会随着网络组织运作进程、目标完成情况进行增减和调整。网络组织边界超越一般组织边界，具有可渗透性和模糊性。网络组织根据组织目标选择构成节点、节点的核心能力、互补优势及整合程度。

2. 网络组织的类型

一般网络组织框架允许它有不同类型和级别。从不同的角度也可以将网络组织划分为不同的类型。米鲁斯等人将网络组织划分为 3 类：内部网络组织、稳定的网络组织和动态的网络组织。

（1）内部网络组织

内部网络包括两方面的含义：一是通过减少管理层级，使得信息在企业高层管理人员和普通员工之间更加快捷地流动；二是通过打破部门间的界限，使得信息和知识在水平方向上更快地传播。这样做的结果，就是使企业成为一个扁平的、由多个部门界限不明显的员工组成的网状联合体，信息流动更快，部门间摩擦更少。在网络经济的市场环境下，生产已经不是企业面临的主要问题，如何对快速变化的市场需求做出及时的反应并让顾客充分满意才是企业兴衰成败的关键。与此相适应，企业的组织结构也应该由以生产为中心转变为以顾客为中心。在企业内部构建网络组织，有助于企业及时准确地识别顾客的需求特征，围绕特定顾客或顾客群配置资源，组建由设计、生产、营销、财务、服务等多方面专业人员组成的团队，为顾客提供全方位、定制化的服务，让顾客完全满意。

（2）稳定的网络组织

稳定的网络组织是指一种以长期合作关系为基础的网络组织，其中每一个企业组织都是独立的，它们通过契约与核心企业相联结。典型代表是企业战略联盟。

（3）动态的网络组织

动态的网络组织是许多企业的临时联盟，他们具有自己的关键技术，通常围绕某个领导企业或中间企业组织的关键技能联成临时网络组织，以达到共享技术、分摊费用及满足市场需求的目的。这种动态联盟表现出短暂和临时的特点，某个目标一旦完成就会宣告解散，而为了新的机会又会重新组建新的联盟。典型代表是虚拟企业。

3.2.2 电子商务企业的组织行为分析

组织行为是指组织的个体、群体或组织本身从组织的角度出发，对内源性或外源性的刺激所做出的反应。一般的组织行为学认为，组织行为学是系统研究组织环境中所有成员的行为。以成员个人、群体、整个组织及其外部环境的相互作用所形成的行为作为研究对象。许多管理学著作把组织行为分为个体行为和群体行为。但是，这样划分组织行为并不合适，不能简单地把组织行为看作组织中人的行为，因为人不是组织的构成要素，组织行为应该是组织中要素之间以及组织要素和外部环境之间相互作用而产生的行为。

电子商务环境给企业提供了一种新的竞争环境，因此企业在经营运作的过程中需要根据环境的变化时刻调整自身的行为准则，从而保证其在市场竞争中的优势。以企业价值链理论和合作竞争理论作为理论基础，提出适合电子商务企业的组织行为——企业联盟模式。

3.2.2.1 企业价值链

1. 价值链

价值链是对企业在某一特定行业中所从事活动进行系统分析的一种方法，迈克尔·波特在他的《竞争优势》一书中做了全面的阐述。企业创造价值的过程可以分解为一系列互不相同但又互相关联的经营活动，即"增值活动"，其总和就构成了企业的价值链，如图 3.7 所示。

在价值链分析中，企业的经营活动一般分为 9 种，包括基本作业活动和辅助作业活动。

（1）基本作业活动

1）内部物流——涉及与接收、储存、处理生产过程的投入要素有关的一切活动。

2）生产运营——所有把投入要素转换为产出的活动，包括加工、装配、测试、维护和设备管理等。

3）外部物流——涉及把产品从生产企业移向买主的一切活动，包括订单的处理与计划，产品在企业内部的移动、仓储与运输。

4）销售营销——包括广告宣传、推广促销、产品定价、销售人员管理、渠道选择与维护。

5）售后服务——与向顾客提供服务相关的一切活动，包括产品的安装与维护、客户培训、零件供应和产品升级。

第 3 章　电子商务企业

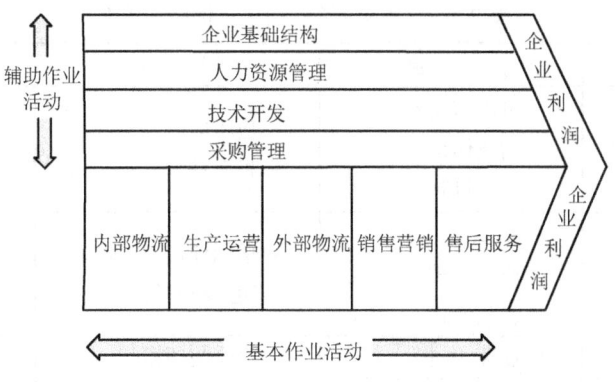

图 3.7　企业价值链的内涵

（2）辅助作业活动

价值链中的另外 4 种活动为辅助活动，包括：

1）企业基础结构——涉及规划、财务、会计、法律服务、政府联系、质量管理和一般管理。

2）人力资源管理——包括与人员招聘、雇用、培训、提升、开发和奖酬相关的一切活动。

3）技术开发——包括研究与开发（R&D），但范围要比 R&D 更宽，涉及支持企业所有活动的技术开发。

4）采购管理——企业所有的活动都需要有采购，从生产用的原材料和设备到办公室中的曲别针和计算机。这里的采购是除人力资源以外的一切采购活动。

价值链中各种经营活动之间是相互关联、相互影响的，一个经营活动的效率高低会影响其他活动的成本与效益，其影响程度取决于它在价值链上的位置。任何类型的企业，其基本活动都可以用价值链来表示，但不同行业的价值链的具体构成也是有区别的，而且同一活动在不同价值链中的重要作用也会是不相同的。

价值链理论认为，企业所创造的价值，来自价值链上某些特定的价值活动。企业的竞争优势实际上是价值链上某些特定经营活动的优势。因此企业要找出能创造价值或具有竞争优势的经营活动，然后制定出相应的竞争战略。

2．电子商务企业价值链管理与创新

构成电子商务企业价值链的 3 个主要要素为：产品流、现金流和信息流，如表 3.1 所示。产品流指电子商务企业在生产商与消费者之间建立起的产品交易模式及其过程。现金流指在电子商务平台的交易方式和资金管理模式。信息流指为实施各类价值链活动而整合、分析和运用消费者需求信息（电子商务大数据）的过程。

表 3.1　电子商务企业价值链构成三要素

	产品流	现金流	信息流
资源抢占	供应商关系 物流体系 会员机制	应收应付 投融资	IT 系统接入性 公共评价体系
定位抢占	品类 业态模式 赢利模式	信用评价与支付 边际收益管理	流量导入
声望效应	业务认同	安全与便捷	价值观
平台转换成本	消费者行为 购物习惯 网购流程	返利机制	技术和系统依赖 信息依赖
制度壁垒	供给资源锁定	支付工具 账期	信息获取 流量控制

资料来源：2014 年 1 月长江商学院全球化研究中心发布的《中国在线零售业报告》。

3.2.2.2　竞合理论

Joel Bleeke & David Ernst（1993）最早提出合作竞争，在其《协作型竞争》一书中提出："对多数全球性企业来说，完全损人利己的竞争时代已经结束。驱动一家公司与同行业其他公司竞争、驱动供应商之间和经销商之间在业务方面不断竞争的传统力量，已不可能再确保赢家在这场达尔文式游戏①中拥有最低成本、最佳产品或服务，以及最高利润。"

博弈论的发展，为企业参与合作竞争实现双赢提供了理论基础。由于信息不对称以及追求个人利益最大化，个体理性非合作博弈的结果往往导致集体非理性的"囚徒困境"难题。而竞争双方的合作博弈要优于非合作博弈，博弈双方从合作中能获取比竞争单干更多的收益。合作博弈突破了传统竞争的"一方所得即为另一方所失"的零和博弈，实现博弈各方的正和博弈，即实现双赢。在重复多次博弈过程中，惩罚约束机制的引入以及理性预期，使合作成为博弈的均衡结果。

Nalebuff & Brandenburger（1996）将博弈论应用于企业管理，明确提出了合作竞争概念。他们认为，企业经营活动是一种特殊的博弈，即当某一企业发现市场机会后，没有能力设置有效地阻止他人进入的壁垒，以便实现自身从初级竞争到垄断竞争的迅速过渡，于是借助他人的力量共同开发市场，通过合作竞争实现共同致富。将合作竞争表述为：一种超越了过去的合作及竞争的规则，是结合了两者优势的一种方法。合作竞争意味着在创造更大的商业市场时合作，在瓜分市场时竞争，以此实现双赢。

---

① 达尔文式游戏借鉴达尔文的生物进化理论——优胜劣汰，适者生存。

第3章 电子商务企业

Moore（1996）在反思企业间过度竞争的基础上，从生物学生态系统这一独特视角来描述当今市场中的企业活动，提出并形成一种独特的商业生态系统共同演化竞争的战略理论。他认为，当今企业的合作与原先旧式的、胜者为王的、面对面的争斗是一样重要的。在当今产业界限日益融合的情况下，企业不应把自己看作单个的企业或扩展的企业，而应把自己当作一个生态系统的成员，生态系统内的企业通过竞争可以将毫不相关的贡献者联系起来，创造一种崭新的共生系统商业模式。

在对抗性竞争中，企业与竞争对手处于对立的竞争状态，对手利益的增加就意味着自身利益的减少。战胜竞争对手，抢占市场份额，将对手置于死地而后快，成为企业界长期的思维定式。很明显，对抗性竞争忽略了企业与竞争对手之间存在着的共同利益，错失了通过彼此合作做大市场"蛋糕"的机会。在信息不完备、有限理性和机会主义客观存在的约束条件下，我们发现运用价格机制的成本和交易成本昂贵，而以合作竞争来替代对抗竞争就可以降低交易成本，充分享受专业化分工的益处和合作的收益。

3.2.2.3 电子商务企业合作策略：战略联盟

战略联盟是两个或多个企业为了实现一定的战略目的，在一定时期内形成的战略联合体。其产生主要有3个原因：一是因为企业之间在资源上存在相互依赖性，在经济活动上存在互补性，为了让这些资源和经济活动在联盟中得到新的组合和延伸，降低交易成本，获得更多利润；二是企业在联盟中可以相互学习，形成新的知识和技能；三是联盟的风险比收购兼并要小得多，而如果操作得当，标杆效应却差不多。在互联网时代，由于信息技术的普及和经济一体化，任何一个企业都不能在哪怕很小的一个市场获得垄断地位，这样企业之间必然走向合作竞争，建立战略联盟。合作竞争对于电子商务企业而言，不仅是理念，而且是提升服务水平、提升竞争力的锦囊。电子商务企业之间摆脱此消彼长的竞争，通过合作使得市场蛋糕更大，保证总体利益和局部利益的同步增长。

构成电子商务企业战略联盟的前提是差异化。企业应当对市场做充分的调查研究，然后选定细分市场，定制服务和产品满足细分市场的需求，避免同质化；根据战略和运营，选定合作伙伴，共同组成利益共同体，求得效益最大化。电子商务企业战略联盟的策略选择按照战略联盟的分类有两种。

1）横向联盟：同一产业或行业部门，生产、销售同类产品的企业之间的联盟，或者在同一市场上产品或服务相互竞争的企业间的联盟。

 小案例

多家B2C电子商务企业，在开辟相同城市市场的过程中，区域物流中心无疑需要企业各自投入一部分资金去建设。而如果两家企业能在物流上实现联盟，组建物流园区，将有效地提高资源利用率，避免重复建设。

B2B 与 B2C 电子商务企业结成战略联盟，在适度竞争存在的情况下，共同推进电子商务的快速普及，典型的就是阿里巴巴集团的阿里巴巴、天猫、淘宝等多平台的无缝衔接。

2）混合联盟：两个或两个以上相互之间没有直接的投入产出关系或技术经济联系的企业之间的联盟，或者两个或两个以上产品与市场都没有任何关系的企业之间的联盟。它的优势是能够扩大企业自身结构，增强经营能力，扩大经营能力，增强市场控制能力，实现多元化经营，利用产品组合的经济性和高市场占有率来谋求企业的发展。

延伸阅读

如何看待马云与王健林的世纪赌约

2012 中国经济年度人物颁奖现场，万达集团董事长王健林与阿里巴巴集团董事会主席马云展开了关于中国商务市场未来发展之争。王健林认为，8 年后的 2020 年，实体经济仍然会占据社会多一半的交易。他跟马云赌的是这个市场份额，输的人要给对方一个亿。毫无疑问，中国电子商务的缔造者代表人物马云则认为电商必胜。

那么在未来网上购物能战胜实体市场经济吗？2020 年，人们将生活在一种完全基于大数据概念的服务中。马云说："10 年之后中国将没有电子商务，理由是电子商务将彻底地融入到所有企业的血液当中，成为企业日常运作的一部分。"各种电子商务模式在移动互联网的催化下，在"后工业时代"必将走向融合，多维一体的电子商务时代就是未来的趋势。

尽管电子商务市场的跨越式发展，但是它不能脱离实体市场经济而存在。我们在网店购物必须要有物流公司送货才能得到商品，我们所选购的商品都是在实体工厂里生产出来的，我们在网上团购美食、酒店还不是要到实体店去消费！同样，实体市场经济也要依靠电子商务实现自己的进一步发展与创新。电商与实体市场经济相互不能分离，融合才是大趋势，没有谁输谁赢。

就在 2014 年 8 月 29 日，万达集团、百度、腾讯在深圳举行战略合作签约仪式，宣布共同出资在香港注册成立万达电子商务公司，利用 3 家企业现有资源布局线下与线上抱团的新型 O2O 电子商务模式。

▶ 3.3 电子商务企业的商业模式

3.3.1 商业模式的内涵

任何一个组织，无论是否涉及商业领域，都存在着商业模式的问题。商业模式的概念最早出现在 20 世纪 50 年代，但是直到 20 世纪 90 年代中期，随着互联网在商业领域的普及应用才开始流行。随着电子商务相关领域的研究在全球兴起，一些学者开始从商业模式的角度对电子商务进行分析，而有远见的企业及企业家也在开展自己的电子商务商业模式，以使自己在激烈的竞争中占据优势地位。

3.3.1.1 电子商务商业模式的概念分析

国外的很多学者对商业模式的定义进行了界定。Timmers 是最早系统研究商业模式的学者之一，他指出商业模式是一个复杂的、包含多方面内容的复合概念。在借鉴波特价值链理论的基础上，Timmers 通过描述不同参与者及其角色、潜在利益和最后收入来源等来反映商业模式。哈佛大学管理学家 Joan Magretta 认为，"商业模式"这个术语最初来自电子表格软件的广泛应用，它使得计划人员可以根据不同的假设方便地修改参数，从而得到不同的计划方案，它是在描写企业的每个部分如何匹配起来进而组成的一个系统，是为了帮助顾客创造价值所进行的活动。Osterwalder 等认为，企业的商业模式是一种概念性的工具，包含一系列目标、观念和它们之间的关系，目的是表达一个企业的商业逻辑。瑞士洛桑大学学者 Dubosson 等认为，商业模式是企业为了创造价值所形成的企业结构及其合作伙伴网络，以产生有利于企业发展且得以维持收益流的客户关系资本。印度班加罗尔管理学院教授 Mahadevan 认为，商业模式对企业有至关重要的 3 种流量——价值流、收益流和物流。美国管理学家 Gary 认为，为了创造新市场和财富，管理者首先需要考虑整个商业概念的创新，我们必须拓展创新的观念，商业模式创新是产品的延伸。

总之，国外对商业模式的概念一直没有统一的界定，主要原因有三：一是，20 世纪 70~90 年代，在计算机及商业管理界赋予商业模式含义主要指计算机系统建模；二是，不同领域的人在运用该词时，常指不同的东西；三是，在数字经济历史时代等背景下，商业模式具有相当的模糊性和不确定性。

国内很多学者对商业模式也进行了较深入的研究。经济学博士翁君奕将商业模式定义为核心界面要素形态的有意义的组合，有意义的组合是指不能排除在某种组合下，不同要素的形态之间可能存在某种程度的冲突，核心界面包括客户界面、内部构造和伙伴界面。孙立波认为商业模式是一个可以被内部创业者利用的、高度有力的工具，在商业模式方面寻求创新是一个企业实现可持续竞争优势的最佳途径。西南财经大学企业管理研究所所长罗珉等认为商业模式是一个企业建立以及运作的那些基础假设条件和经营行为、手段和措施。可见，国内外学者对商业模式的定义都有所不同，但他们普遍都认为商业模式是一种工具，对企业的发展起着不可忽视的作用。

本书认为商业模式是一个系统，是企业价值创造的基本逻辑，是连接战略与实施的纽带，简而言之就是企业赚取利润的工具。

3.3.1.2 电子商务商业模式的要素分析

由于商业模式概念的不统一，因此商业模式的构成要素按不同视角和用途也有不同的分类，不同学者所进行的总结和阐述参见表3.2。一个普遍的商业模式应包括以下相关要素：顾客、竞争者、供给品、活动和组织、资源、产品投入和要素的供给、纵向的过程要素、各期间的商业模式动态、认知和文化限制等。

表 3.2 不同学者对商业模式组成要素的认识

学　　者	组成要素
Afuah&Tucci（2001）	顾客价值、范围、价格、收益来源、相关活动、执行、能力、持续性
Amit&Zott（2001）	内容、管理、结构
Applegate（2001）	概念、能力、价值
Timmers（1998）	商业活动、潜在利益、收益来源、营销战略、营销组合、产品市场战略
Lee（2001）	成本模型、收入模型、价值创造、战略模型
Dubosson（2001）	产品创新、客户关系、架构管理、财务指标
Hawkins（2002）	客户网络、收入模式、交易模式
Weill&Vitale（2001）	消费者、顾客、联盟、供应商产品、信息和现金流

基于表 3.2 对商业模式构成要素所进行的不同阐述，从价值链的视角，把上述商业模式要素分为 5 大类，如表 3.3 所示。

表 3.3 商业模式构成要素分类

构成要素	解　　释	细分要素
协作网络	价值提供中与其他公司合作关系网络	合作网络（上下游伙伴互补，竞争关系，联盟，非联盟）
内部基础	提供价值的资源与活动安排	企业内部价值链（标准化，柔性生产系统，研发部分的强弱、供应链管理的高低） 核心能力（技术，专利，品牌，成本，质量，优势） 成本（固定和流动成本比例，经营杠杆的高低）
产品	价值的形态	产品或服务（产品或服务的解决方案，标准化和个性化，产品范围的宽窄，直销还是间接，渠道单一还是多样） 客户关系（交易和关系类型，直接或者间接）
收益	价值实现的途径	收益方式（价格固定或者灵活，利润率高中低，渠道多样还是单一）
市场	为谁创造价值	目标客户（本地、地区、全国或国际，政府、企业、个体消费者，一般大众、多部门、细分市场）

这些要素不仅要以具体的形式表现出来，各要素之间还要相互作用，形成企业商业模式的具体形态。各要素发挥作用，相互间产生关系，要在一定的动力机制下运行，这种机制可以体

现为竞争战略及相关制度,如如何激励员工的制度等。不过商业模式各构成要素及其关系和动力机制实际上不是一成不变的,而是动态演化的。商业模式要实施了才能实现其价值。一个好的商业模式可能因为执行不当而失败。同样一个弱的商业模式,也可能因为有力的管理与实施而取得成功。所以商业模式也包括时间与实施等方面的要素。

3.3.2 电子商务企业商业模式的类型

根据商业模式的构成要素及电子商务企业的特点,对电子商务企业商业模式进行分类。

3.3.2.1 多维分类框架

根据电子商务商业模式的多维分类框架,将电子商务企业的商业模式分为以下 5 大类,共 18 种,如表 3.4 所示。

表 3.4 电子商务商业模式的分类

模式种类	子类别	说明
网上商店/服务模式	销售商的网上商店	批发商和销售商的在线销售
	制造商的网络直销	制造商通过该模式直接出售产品并提供服务
	在线服务	传统服务业的在线实现
	网上采购	网上商店与服务的买方主动模式
网络经纪商模式	信息中介	为撮合买卖双方的交易建立信息发布平台
	电子拍卖	传统拍卖的在线实现
	第三方交易市场	由第三方建立的网络交易平台,常为行业性的交易场所
	电子购物中心	汇集众多电子商店,为消费者提供类似商场的消费环境
	金融经纪商	金融业务的网上经纪与咨询
	其他服务经纪	旅游、保险等服务行业的网上经纪模式
价值链服务提供商模式	内容订阅	有偿提供高质量的内容订阅服务
	网上银行	支持网络交易的电子支付和资金划拨
	第三方物流	由第三方建立,支持网络交易的物流配送的交易模式
	软件支付	为网络交易的实施提供软件支持
	通信服务	为交易者的网络接入和维护提供支持服务
	CA 认证机构	网上安全电子交易认证,签发数字证书等服务
广告商模式		以网络广告为主要收入的模式
虚拟社区模式		网上论坛,互联网用户沟通与交流的场所

1. 网上商店/服务模式

网上商店/服务模式中,交易双方直接联系,企业通过在线的渠道将实际产品与服务推向客户,或者买方通过网上招标的方式直接寻找卖者。该模式通常具有缩短供应链的作用,在一定条件下可以减少交易成本。

1)销售商的网上商店:批发商和销售商的在线销售模式,企业将现实中的销售业务在互联网上进一步拓展,以获得更广泛的收入来源、更便捷的客户联系,并提供良好的客户服务。

2)制造商的网络直销:制造商通过网络直接接触最终用户,缩短供应链,减少中间成本,并且直接了解客户的需要,为客户提供产品的同时提供优质的服务。

3)在线服务:很多传统服务通过运用互联网可以展现其巨大的魅力,它们克服了时空的阻碍,技术的使用使之实现企业与客户的良性互动。这方面典型的例子有远程医疗、远程教学、网上保险等。

4)网上采购:买方推动的网上销售为网上采购。政府集中采购、大型企业的集团采购等多采用这种形式。

2. 网络经纪商模式

在网络经纪商模式中,公司作为市场的中介将买者和卖者联合起来,并从他们的交易中收取费用。他们在掌握了较完备的数据库与网络技术的基础上,实现买卖双方的贸易撮合,并为双方提供一系列服务。它一般处于价值链体系中渠道价值链的地位。网络经纪商模式可以进一步分为几个不同的类型。

1)信息中介:这类模式通常为交易者提供了网上发布信息特别是供求信息的平台。

2)电子拍卖:不仅为交易者提供了网上交易的场所,更重要的是建立了拍卖的定价机制,根据拍卖模式的推动者是卖方还是买方,可分为拍卖经纪和反向拍卖经纪。

3)第三方交易市场:通常为供应商建立了产品和企业名录,提供了产品展示的数据库,并建立一套较完备的定价和交易机制,促进交易合同的形成,有的还为交易双方提供物流配送和资金划拨等方面的服务。

4)电子购物中心:又常被称为虚拟商城或网络商业街,它汇集了众多的销售商,是多个电子商店的集合,通常该模式为客户提供了自动化的交易服务及统筹规划的物流配送。

5)金融经纪商:在线金融经纪人,客户可以通过它进行金融证券交易,网上证券交易所均属于这一模式。

6)其他服务经纪:典型的例子有网上旅游服务机构,帮助旅游者进行交通、住宿方面的联系预订。

3. 价值链服务提供商模式

价值链服务提供商独立于产业价值链系统之外却与之紧密联系,为系统中的每个元素提供必要的支持和服务。

1)内容订阅:它为网络经济体系中的成员提供有偿的信息支持。进入这样的网站,成员一般须缴纳一定的订阅费用才能获得它所提供的高质量内容。一些网站同时提供订阅内容服务和非订阅内容服务,以满足不同的访问者。对于很多曾陷入困境的门户网站而言,有偿内容订阅模式的使用特别是短信的内容订阅对它们获得利润、走出资金低谷起了关键作用。

2）网上银行：银行是传统的价值链服务提供商，互联网的广泛应用促使其将业务延伸到网络，为电子商务的开展提供资金方面的服务。它使用电子货币，即电子钱包、电子信用卡、电子现金等，通过标准化的电子票据和数字签名等技术手段实现资金的无纸化操作和银行机构的虚拟化，为网上交易的资金支付和划拨提供支持。

3）第三方物流：既非买方也非卖方的企业在买卖双方实行交易时，为商品的包装运输、仓储、配送等提供支持服务，"第三方"就是指为物流交易双方提供部分或全部物流功能的外部服务提供者，在某种意义上可以说它是物流专业化的一种形式。

4）软件支持：软件支持服务提供商为网络交易者提供必需的软件服务。在互联网诞生之前，最重要最典型的电子商务软件是电子数据交换系统；互联网普及后，一种新的软件行业兴起，即应用服务提供商（ASP）。

5）通信服务：通信服务提供商为在线进行交易的企业或个人提供通信服务，主要是互联网接入服务，它包括骨干网路的运营商、ISP、OSP 等。骨干网路运营商在中国主要是电信、联通、移动等；互联网接入服务提供商（Internet Service Providers，ISP）向消费者或企业提供网络的接入服务；在线服务提供商（Online Service Providers，OSP）提供接入服务的同时，还向订阅者提供信息。通信服务为企业电子商务的开展与消费者参与网上交易建立了物理基础。

6）CA（Certificate Authority）认证机构：承担网上安全电子交易认证服务，签发数字证书并确认用户身份的服务机构。主要任务是受理数字证书的申请、签发及对数字证书的管理。在互联网价值网络中，CA 认证机构的存在及其功能是互联网交易的信用基础。

4．广告商模式

在广告商模式中，网站的所有者提供了一些内容和服务来吸引访问者。网站所有者通常通过向其网站上加入标志、按钮或使用其他获得访问者信息的广告客户收取广告费用来获取利润。使用广告商模式的多为各类门户网站，如新浪、搜狐等，通过为顾客提供丰富多元化的内容和服务，如新闻、搜索引擎、免费的电子邮箱等，赢得巨大的访问量，从而为网站带来可观的广告收入。当然，几乎所有的电子商务企业都可以适当地采用广告商模式，通过网络广告增加企业收益。

5．虚拟社区模式

虚拟社区实质上就是一个网上论坛。它与广告商模式一样，不属于价值链的基本元素，但是它能够为整个价值链或价值网络增加信息交换量。经营者依赖于社区成员的忠诚，不断投入各种资源，发展它与社区成员之间的关系，广告和内容定制服务是他们收益的主要来源。虚拟社区也可以成为其他商业模式的辅助功能，为客户提供交流的平台或咨询的场所，例如，在网上医疗服务的网站中建立的健康论坛、网络教学的咨询社区等。

3.3.2.2 原子模式理论

电子商务模式通过描述企业与其客户、供应商、合作伙伴之间的产品流、信息流、资金流及各自的利益,从而阐述它们之间的关系和作用。该理论认为企业的电子商务模式都是由 8 种原子模式之一或其中的几个组合而成的。8 种原子模式介绍如下。

1)直销模式,指买卖双方直接接触,面对面非定点的销售方式,直接绕过传统的批发商和零售商。如果买卖达成,买方向卖方支付货款,卖方向买方交付商品,而货款的支付和商品的交付既可以通过电子方式也可以通过传统方式。

2)全面服务提供商模式,指企业通过与客户之间的单一联系点为客户提供某一领域的全面服务,如金融服务、零售、健康保健领域等。

3)中介模式,指中介企业通过为买卖双方提供信息,将买卖双方聚合到一起,在他们进行交易的基础之上获取收益。中介包括专业拍卖、电子交易市场、购物代理、电子拍卖、电子商城、门户网站等。

4)企业整体服务模式,指具有多个业务单元的多元化经营企业通过为用户提供一个单一的联系点,帮助用户在众多的业务单元中明确其所需的产品或服务。

5)共享基础设施模式,指多个竞争对手通过共享 IT 基础设施,将分散的信息进行集成,弱化彼此间的竞争,对于其他的潜在竞争者可以构筑坚固的进入壁垒,有效地抵抗潜在垄断者,如美国汽车行业电子交易联盟。

6)虚拟社区模式,虚拟社区指由有共同兴趣的人们聚合在一起所形成的团体,可以在里面分享知识和信息,是具有潜在社区价值的商业网站,如豆瓣、天涯等。由于信息技术的进步和显卡性能的大幅提升,虚拟社区已经逐步从 2D 演化到了 3D。Second Life 是一个在美国非常受欢迎的网络虚拟社区游戏,用户可以做许多现实生活中的事情,如吃饭、跳舞、购物、卡拉 OK、开车、旅游等。通过各种各样的活动,全世界各地的玩家可以相互交流。Second Life 是一个网络游戏+社交网络+Web2.0 的组合。中国比较著名的有 HiPiHi(海皮士)、uWorld 及 Novoking。

7)增值网络集成商模式,为实际价值链中的委托人收集、综合和传递信息来控制行业中的虚拟价值链,并通过协调信息的方法来提高价值链的利用效率,从而使其价值得到增加。典型的企业包括美国思科等。

8)内容提供商模式,指通过第三方制造和提供数字化形式内容的企业,主要提供软件、音乐、电影等数字产品,以数字产品为内容提供服务。典型的企业有美国在线-时代华纳公司[1]、英国路透社等。

---

[1] 2000 年,美国在线(AOL)与时代华纳合并为美国在线—时代华纳(AOL Time Warner)。2009 年美国在线和时代华纳分拆。时代华纳 2012 年财富世界 500 强排行榜排名第 381 名;美国在线是全球首屈一指的 ISP。

3.3.3 电子商务企业商业模式的比较

3.3.3.1 基于多维分类框架的比较

商业模式的创新度主要包括商业模式系统的新颖性、有效性、高效性和适应性；而商业模式的整合度主要包括商业模式系统中个体的数量、系统的结构复杂度、模式的业务集成性和系统功能的多样性。前述的 5 类电子商务商业模式（见表 3.4）不仅根据分类体系相互区别，而且在创新程度和整合程度上具有不同的特点。图 3.8 体现了五大类模式在创新与整合二维坐标系中所处的位置。

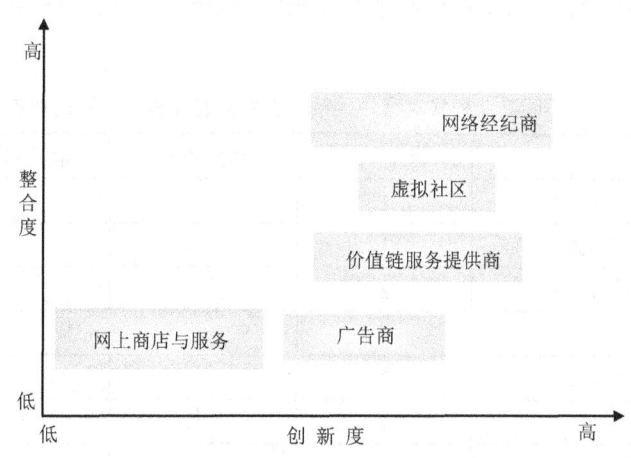

图 3.8　5 类商业模式的创新度与整合度比较

在创新度方面，网上商店与服务多为传统制造、销售或服务企业的在线实现，因而创新度最低；广告商、价值链服务提供商及虚拟社区均为在互联网逐渐普及的情况下新生的常见模式，是在网络交易不断发展的环境下应运而生的必要支持；与以上模式相比，网络经纪商可以由传统经纪商演化而来，同时在网络经济中又不断涌现出新的营业模式，创新程度具有较大的跨度。新型的网络经纪商由于其营业目的和经营方式的新颖性，高效的信息处理与服务能力及较强的适应网络经济能力，在上述商业模式中创新度较高。

在整合度方面，网上商店与服务模式多为买方与卖方的直接联系，整合程度一般不高；广告商、虚拟社区、价值链服务提供商的模式一般都汇集了大量用户，业务内容与功能较丰富，整合度较高；而网络经纪商联合网络交易的买方和卖方，联系价值链服务提供商、广告、虚拟社区等多样支持服务，在几类模式中往往最具整合性。

3.3.3.2 基于原子模式理论的比较

1. 从客户关系、数据和交易上进行比较

无论哪种商业模式，都会涉及谁拥有客户关系、谁拥有客户数据和谁拥有客户交易等客户关系管理问题，如表 3.5 所示。Weill 等人认为，商业模式中拥有的客户资产越多，潜在盈利能力就越强。其中，直销、全面服务提供商模式具有最强的潜在盈利能力，其次是企业整体服务模式，中介和共享基础设施模式位于第三级，虚拟社区和增值网络集成商模式的潜在盈利能力较弱，内容提供商模式的潜在盈利能力最差。然而，近年来不同的商业模式的发展结果似乎并不能完全印证上述的分析，现实中企业电子商务的商业模式是否盈利和潜在盈利能力也许更加复杂。

表 3.5 不同商业模式对客户关系、客户数据和客户交易的拥有情况

商业模式	等级	客户关系	客户数据	客户交易
直销模式	1	√	√	√
全面服务提供商模式	1	√	√	√
企业整体服务模式	2	√	√	√
中介模式	3	√	√	×
共享基础设施模式	3	×	×	√
虚拟社区模式	4	√	×	×
增值网络集成商模式	4	×	√	×
内容提供商模式	5	×	×	×

注：表中"×"表示未拥有，"√"表示拥有。

2. 从战略目标和收入来源上进行比较

不同的电子商务商业模式具有不同的战略目标和收入来源，如表 3.6 所示。

表 3.6 不同电子商务商业模式的战略目标和收入来源

商业模式	战略目标	收入来源
直销	• 提供更低的价格 • 拥有更加密切的客户关系 • 绕过其他的价值链参与者 • 不需要实际的基础设施和销售力量就能拓宽地域范围 • 促进以实际措施（如价格或独立评定质量）为基础的竞争	• 直接销售的收入 • 较低的分销渠道成本 • 绕过第三方而获得的利润

续表

商业模式	战略目标	收入来源
全面服务提供商	• 拥有重要的客户关系 • 在某个领域满足细分客户全部需求 • 集成自身的产品和服务与第三方的产品和服务	• 年度会费 • 资产管理费用 • 交易费用 • 内部产品的利润 • 出售第三方产品的佣金 • 广告费或排名费 • 出售综合的客户数据和线索的费用
中介	• 提供将买方与卖方联系到一起的单一访问点服务 • 通过集中信息来拓展市场	• 交易费用 • 列表费用 • 以点击为基础的介绍费 • 销售佣金
企业整体服务	• 在具有多个业务单元的企业里为特定客户群提供单一的联系点 • 通过有效组织使客户能方便地获取所需的产品或服务信息 • 作为联系各个业务单元的向导 • 帮助客户在众多的业务单元中明确其所需的产品或服务	• 企业向客户提供产品或服务获取利润 • 收取年度费用或会员费
共享基础设施	• 多家供应商在某些领域相互合作,以便有效竞争 • 在某些共享基础设施和系统内的综合行业信息领域内放弃竞争 • 通过实行规模经济来降低成本 • 对于潜在垄断者可进行有效抵抗 • 对其他供应商可构建进入壁垒	• 共享基础设施的会员费 • 结盟者和客户的交易费 • 销售客户和合作伙伴行为的概括性数据的收入 • 设备租赁费用 • 物流服务费
虚拟社区	• 为某一共同的兴趣建立一个社区 • 当社区不断扩大时,获得不断增长的回报	• 会员费 • 想进入该社区的第三方支付的广告费 • 链接费或会员因购买支付的佣金 • 销售会员的综合数据或某一方面数据的收入 • 直接销售商品和服务的收入

续表

商业模式	战略目标	收入来源
增值网络集成商	• 通过收集、综合和传递信息来协调价值网（链） • 拥有获取信息的良好途径占据某一行业价值网（链）的中心位置 • 与其他参与者一起提高价值网（链）的有效性	• 通过控制虚拟价值链来与其他价值网参与者分享利润或收入分成，或者收取特需使用费 • 与价值网其他成员分享增长的收入或降低的成本
内容提供商	• 通过结盟者开发和提供信息或数字产品 • 专业知识在本领域处于世界一流水平	• 每月收取的内容使用费 • 终端客户访问内容或网页所支付的费用

3．从关键成功因素和核心能力上进行比较

不同电子商务商业模式，关键因素和核心能力也不一样，如表3.7所示。

表3.7　不同电子商务商业模式的关键成功因素和核心能力

商业模式	关键成功因素	核心能力
直销	• 吸引大量客户的关注并且想方设法加以维持 • 降低获得客户的成本 • 拥有客户关系并且理解客户的独特需求 • 增加重复购买的次数并且扩大平均交易规模 • 快速有效的交易处理、履行和支付机制 • 确保组织及其客户足够的安全 • 使用方便并且体验丰富的界面 • 多种渠道集成 • 处理好潜在的渠道冲突	• 建立并且管理好与供应商、与支付处理及供应链上其他各参与方之间的战略合作伙伴关系 • 充分利用拥有客户信息的优势把握客户的需求，并且由此增加收入和利润 • 通过旗帜广告和电子邮件等电子方式进行营销、调查并且销售商品 • 管理并且集成在线和离线的业务流程以确保客户价值的实现 • 通过创建独特的内容以减少价格竞争的影响
全面服务提供商	• 成为所在领域的领导者，能够提供客户所需的这一领域的很多产品或服务 • 必须具备良好的品牌和信誉，才能使客户乐于在这里解决其全部的需求 • 仅仅向第三方提供完成交易所需的最少量的信息，以防止客户关系为第三方所攫取 • 拥有比其他任何方都更多的客户数据 • 实施适当的方案保护内部和外部供应商以及	• 关系管理——有能力组织并且管理好与客户及价值链上的其他主要参与方之间的关系 • 客户和产品信息管理——对客户群及其需求的相关信息进行收集、综合和分析，并且与当前可以提供的产品或服务匹配，同时明确产品创新的机会

续表

商业模式	关键成功因素	核心能力
全面服务提供商	客户的利益	• 信息技术基础——集成交易处理、客户数据库、与供应商的电子链接以及安全保障系统 • 品牌管理和发展——建立值得信赖的品牌,客户可以期望从这个品牌获得高质量和可靠的产品及服务以满足自己的需求
中介	• 吸引并且维持相当数量的客户 • 有能力迅速扩大基础设施的规模以满足需求的增加 • 拥有客户关系,客户高度忠诚 • 拥有客户数据 • 不断扩大服务的范围并且提高服务的质量	• 能够对产品、价格及客户需求等信息进行收集、综合并加以应用 • 能够对客户信息进行分析和分类,能洞察客户偏好以及客户群规模的变化和发展趋势 • 能够达到服务完整性
企业整体服务	• 改变客户的行为习惯以利用这种商务模式 • 降低每个业务单元的成本管理和转移价格 • 从企业整体的角度对产品培训、交叉销售及激励措施等给予关注 • 对客户访问企业相关信息的行动进行有效组织 • 重组企业的业务流程,使前台的信息与后端的流程和系统运作保持一致	• 明确对客户有益的渠道及事件 • 使企业从关注每个业务单元转向关注企业整体 • 管理好各种复杂的系统 • 使不同业务单元的管理者达成一致
共享基础设施	• 在各个参与方之间平均分配收益 • 提供客观的产品和服务信息 • 拥有相当数量的联盟伙伴和客户 • 管理好联盟伙伴之间的渠道冲突 • 将服务和收益情况及时准确地传达给每一个成员 • 创建并维持系统的协同工作能力	• 提供建立联盟所需的基础设施服务 • 管理好存在竞争关系的联盟成员 • 有效地运作复杂的基础实施
虚拟社区	• 发现并维持具有共同兴趣的人 • 通过提供有吸引力的内容建立成员对社区的忠诚 • 保持社区成员信息的隐私与安全	• 发现客户需求并理解满足客户需求的价值所在 • 营造一种持久的社区感觉 • 挖掘有吸引力的内容

续表

商业模式	关键成功因素	核心能力
虚拟社区	• 平衡商业利益和成员的兴趣 • 利用成员的信息提供服务	
增值网络集成商	• 减少对物理资产的拥有，但拥有客户数据资产 • 拥有或者可以进入整个行业的价值链 • 建立被价值链中各个参与方所公认的值得信赖的品牌 • 在信息可以带来很大增值的市场中运作 • 将信息以简捷并且创新的方式提供给客户、联盟、伙伴以及供应商 • 帮助供应链上的其他参与方将信息转化为资本	• 能够管理与客户以及价值链中其他所有参与方之间的关系 • 能够管理信息资产 • 能够将信息技术与战略目标紧密联系 • 能够创建并管理品牌 • 能够对多个不同来源的信息进行分析和解释 • 能够施加影响，而不是直接控制 • 能够评价各类信息的成本和客户收益
内容提供商	• 以正确的形式和适当的价格提供及时、可信的内容 • 创建品牌以获取客户认同 • 被认为是某一领域中最好的 • 建立一个联盟网络，以发布内容	• 在这一领域中是领导和专家 • 维持相当数量的专业内容创作者 • 以适当的成本处理内容 • 理解所提供内容的市场价值和定价

▶ 3.4 案例：阿里巴巴 VS 京东自营

3.4.1 阿里巴巴简介

阿里巴巴集团经营多元化的互联网业务，致力为全球所有人创造便捷的交易渠道。自成立以来，阿里巴巴集团建立了领先的消费者电子商务、网上支付、B2B 网上交易市场及云计算业务，近几年更积极开拓无线应用、手机操作系统和互联网电视等领域。以 2013 年全年总成交额计，阿里巴巴是全球最大的在线及移动电子商务公司，全年交易总额 1.542 万亿元，约为亚马逊的两倍，几乎相当于芬兰的经济总量。截至 2014 年 6 月底，阿里巴巴旗下的淘宝、天猫等零售平台上有 2.79 亿名活跃消费者。800 万卖家在此经营，雇用了近 1 000 万名从业人员。

2014 年 9 月 19 日，阿里巴巴向美国证券交易委员会（SEC）提交了 IPO，在纽交所上市，当日收于 93.89 美元，超越 Facebook 成为仅次于谷歌的世界第二大互联网公司。截至 9 月 24 日 18 时，沃尔玛市值为 2 459 亿美元，而阿里巴巴是 2 149 亿美元，两者相差不远。

3.4.2 京东商城简介

根据第三方市场研究公司艾瑞咨询的数据,京东是中国最大的自营式电商企业,2013年在中国自营式电商市场的占有率为46.5%。截至2014年2月底,京东建立了7大物流中心,在全国34座城市建立了82个仓库。同时,还在全国476座城市拥有1 485个配送站和212个自提点。凭借超过20 000人的专业配送队伍,能够为消费者提供一系列专业服务,如211限时达、次日达、夜间配、3小时极速达、GIS包裹实时追踪、售后100分、快速退换货及家电上门安装等服务,保障用户享受到卓越、全面的物流配送和完整的"端对端"购物体验。

2014年5月22日,京东商城在美国纳斯达克上市,发行价为19美元,总计融资额为30.9亿美元,刷新了中国互联网公司境外上市的融资记录。以5月23日收盘价计算,京东当日市值为274.78亿美元,成为市值第三大的中国互联网公司(前两名分别为腾讯、百度)。

3.4.3 阿里巴巴VS京东自营

3.4.3.1 在线零售业崛起

近年来,在线零售业已经成为创造新商业和激活旧商业的代表性行业。在中国零售企业百强中,天猫、京东、腾讯B2C、亚马逊中国、当当网、唯品会、1号店、凡客诚品8家在线零售企业2012年合计销售收入达到3 459.6亿元,占百强零售企业销售总额的14.5%,平均销售额增速为134.1%,比百强整体销售额增速高出113.9个百分点,对中国百强零售企业整体销售增速的贡献度高达49.6%。分别成立于2003年的淘宝网和2004年的京东商城如今已跻身中国零售业百强前十位,如表3.8所示。

表3.8 国内主要在线零售网站收入及增速和市场占有率

中国零售企业百强排名	网站名称	2012年收入(亿元)	收入增速(%)	B2C市场占有率(%)	注册用户(万人)
2	天猫	2 194.2	138.5	56.7	41 051
7	京东	758.5	145.5	19.6	7 810
32	腾讯B2C	181.9	137.1	4.7	4 701
60	亚马逊中国	104.5	74.2	2.7	3 011
69	当当网	73.5	107.1	1.9	2 130
79	唯品会	54.2	278.9	1.4	4 000
87	1号店	46.4	70.7	1.2	351
88	凡客诚品	46.4	32.7	1.2	601

3.4.3.2 商业模式的代表

2014年《中国在线零售业报告》中引入了规模优势和时机选择优势两个维度,将中国在线零售业划分为 5 种基本商业与运营模式,指出中国在线零售业具有 5 大模式,如表 3.9 所示,分别为价值链整合模式、开放平台模式、O2O 模式、特卖模式、社交模式。其中,京东是价值链整合模式的典范,而天猫则是开放平台模式的代表。

表 3.9　国内在线零售业商业与运营管理模式

商业与运营管理模式	代表企业	产业价值链要素管理重心	竞争性
价值链整合模式	京东、1 号店、顺丰优选	产品流管理	规模优势
开放平台模式	淘宝、天猫	平台整合资源	时机选择优势
O2O 模式	携程、大众点评、苏宁易购	信息流管理	时机选择优势
特卖模式	唯品会、聚美优品	产品流管理	时机选择优势
社交模式	腾讯电商、天涯旅游(天涯客)	信息流管理	规模优势

以京东为代表的价值链整合模式,是以产品流管理为战略核心,以现金流管理为系统支持,以信息流管理为资源整合方法的纵向非一体化在线零售业态,具有业务闭环、平台开放和长期边际收益递增的特点。从产业价值链要素管理角度看,价值链整合模式致力于在产品流管理方面建立起完善和卓越的供应链服务竞争优势,成为供给与需求之间值得信赖的商品流通服务商。透过建立与产品流管理相匹配的信息流管理技能提供公共商业智能服务,促成有效需求与有效供给的市场均衡。从商业价值角度看,价值链整合模式有助于提升商业社会的整体管理绩效,帮助制造业提高信息化水平。

以阿里为代表的开放平台模式,是以向买卖双方提供在线交易机会和条件为目标,以在线交易平台规模化收益管理为战略核心的在线零售业态。从产业价值链要素管理特征看,开放平台模式更加侧重于现金流和信息流,但由于在产品流管理方面介入不深,相关管理目标重在网购交易的达成,因此是一种市场模式。从商业价值看,开放平台模式致力于互联网应用技术创新,将一切可以买卖的商品和服务搬到了线上交易,有助于提升传统商业社会的信息化水平。

3.4.3.3　从三要素分析看电商领袖竞争前景

1. 信息流方面

阿里和京东在信息流方面各有不同优势。阿里具备数据海量优势,京东则侧重自营整个供应链数据的掌控。阿里通过控制网站流量和会员消费选择权的分发,对卖家形成了约束供给,从而建立以开放平台为供给者的卖方市场结构。京东通过对信息系统和大数据平台与主要供应商、厂商建立信息交换机制,从而建立一体化的库存管理体系。

2. 现金流方面

在现金流上,阿里借助天猫建立优质卖家遴选机制以后,经营性现金流入能力显著提升。除卖家进场相关费用之外,在线广告和产品搜索服务、支付宝衍生金融服务均是阿里巴巴的收入来源。京东主要依靠其高效运营确保经营性现金流,也提供供应链金融增值服务。从整个产业链观察，阿里平台模式虽然自身收入不错，但众多卖家经营状况呈马太效应，差距明显。相比而言，京东价值链整合模式对上下游效率提升更为明显。

3. 产品流管理方面

在产品流管理方面，阿里平台本身并不参与产品的买卖交易，产品供给资源由所有的第三方卖家提供，虽然阿里平台本身具有规模优势，但难以转化为单一卖家的范围经济优势，如开放平台下的快递速度不可控，就令单一卖家难以获得更大范围的网络效应优势。而京东则通过产业价值链整合，不断建立范围经济优势。阿里平台模式可以概括为先规模后效率的发展模式，而京东则是先效率后规模的模式。在用户体验上，一对一的效率更为重要，因此，京东在用户体验、用户黏性上反而较阿里更有优势，如其规模化发展成功，将对阿里的平台模式形成一定威胁。

产品流决定了客户关系的命脉。京东多年累积的产品流综合优势已经形成了很高的竞争壁垒，如京东从 2010 年开始加大物流系统及信息化系统的投入，逐步将自有物流服务提升为京东的核心战略部署。2013 年下半年起，京东开始向第三方平台提供仓储服务。在仓储物流部署基本完成后，京东将把 60%的资源开放给合作伙伴，这有助于京东在产品流和现金流两个层面与供应商建立更加一体化的服务。

综合来看，在电商大战中，阿里与京东相比在信息流和现金流方面先行一步，但距离尚可追赶；但在产品流方面，不论从产品品质及价格保障、配送速度、售后服务方面，京东的优势很难在短期内被撼动。而产品流等综合实力的提升，将最终决定用户体验和对供应链的掌控力，从而确立了其市场及品牌优势。

▶▶ 本章小结

电子商务企业的经营运作方式与传统企业截然不同，主要通过互联网和信息技术向市场提供商品或服务。本章对电子商务企业的含义、特点、分类、模式等进行了详细阐述。电子商务企业的成本和效益具有典型的网络经济性质，因此本章对企业应用电子商务的成本效益做出综合分析与测算。

电子商务对企业发展的影响深远，主要体现在对企业战略、企业规模、所用技术和生存环境等多个方面，使得电子商务企业组织结构和商业模式呈现新特点并引发了企业组织结构与组织行为的变革，以及多种电子商务企业商业模式的比较。

▶▶ 关键术语

电子商务企业　成本效益分析　企业组织结构　价值链　竞合理论　战略联盟　商业模式
电子商务企业商业模式

基本训练

1. 填空题

（1）新兴电子商务企业有_____、_____、_____、_____、_____5种类型。

（2）电子商务企业的组织结构特征可以概括为_____、_____、_____、_____和运作虚拟化5个方面。

（3）在价值链分析中，企业主要的经营活动有_____、_____、_____、_____、_____5种。

（4）战略联盟的类型有_____和_____。

（5）基于电子商务商业模式的含义，提出了一个多维分类框架，将电子商务企业商业模式分为_____、_____、_____、_____、_____5大类。

2. 选择题

（1）以下（　　）是电子商务企业。
　　A. 雅虎　　B. 阿里巴巴　　C. 中国共享软件网　　D. 格力电器

（2）电子商务的效益来源有（　　）。
　　A. 降低管理成本　　　　　B. 降低库存成本
　　C. 降低采购成本　　　　　D. 降低交易成本

（3）在线零售业的产业价值链管理与创新有（　　）要素。
　　A. 产品流　　B. 知识流　　C. 现金流　　D. 信息流

（4）根据原子模式理论，以下（　　）的模式属于中介模式。
　　A. eBay　　B. 雅虎　　C. 天涯　　D. 新华网

（5）从客户关系、数据和交易上进行比较，（　　）电子商务模式潜在盈利能力最强。
　　A. 企业整体服务模式　　　B. 虚拟社区
　　C. 中介　　　　　　　　　D. 直销

3. 判断题

（1）电子商务企业以先进技术为基础。（　　）

（2）电子商务企业成本具有高固定成本、低边际成本、低转换成本的特点。（　　）

（3）与电子商务的成本相比，经济效益相对滞后。（　　）

（4）电子商务企业组织结构具有扁平化特点。（　　）

（5）网上商店与服务创新度高、整合程度高。（　　）

4. 简答题

（1）简述电子商务企业的特点。

（2）简述电子商务对企业组织结构的影响。
（3）直销模式的关键因素和核心能力有哪些？

5. 论述题

结合电子商务企业成本效益曲线，分析公司如何决定是否采用电子商务方式。

第 4 章

电子商务市场

学习目标
- ◆ 重点掌握电子商务市场的成本构成、价值创造、定价机制、信息不对称与防范机制。
- ◆ 掌握电子商务市场的价格特征、逆向选择与道德风险、信号理论、价格离散。
- ◆ 掌握基于市场集中度确定市场结构的方法。
- ◆ 了解电子商务市场的发展策略。

▶▶ 4.1 电子商务市场的价格与价值

随着互联网的快速发展,出现了一个新的市场——电子商务市场,许多传统市场中的经济规律在这个新兴市场得到了延续和发展,并呈现出自己特有的经济现象。

4.1.1 电子商务市场的成本构成

无论是在线还是离线市场,只有吸引更多的顾客,才能生存下去,而价格优势就是其中重要的一种方式,但要创造价格优势就会受到一系列制约。通常来讲,电子商务市场的成本应该是商家和客户等电子商务市场参与者所有应用于其中的软硬件配置、学习和使用、信息获得、网上支付、信息安全、物流配送、售后服务及商品在生产和流通过程中所需的费用总和。

1. 营销成本

网络营销对品牌在初期建立良好的形象是相当重要的,为了能使商品销售出去必须提高其在网上的知名度,为此在自己企业网站和其他网站上发行广告所需的费用,以及为了使消费者能更容易地找到网站而在一些门户网站上插入链接和其他各种媒介推广所需的费用就构成了厂商在电子商务交易前的成本。

在电子商务市场条件下,网络作为众多企业和客户进行交易的虚拟市场,任何企业或客户都可以使用一些专门的网络搜索引擎方便快捷地收集很多对方的信息,且广告不再是单向的信息流动,企业通过网络能够取得广告效果的反馈信息,从而更加容易地对客户行为方式和偏好进行跟踪,改进生产或营销策略。因此交易双方可以在网络中直接接触、相互选择,降低搜索成本、缩短搜索时间,促进交易的达成。

2. 安全成本

在任何情况下,交易的安全总是人们关心的首要问题,如何在网上保证交易的公正性和安全性、保证交易方身份的真实性、保证传递信息的完整性及交易的不可抵赖性,成为推广电子商务的关键所在。而上述交易所涉及的一系列安全要素,必须有一系列的技术措施来保证。目前,安全标准的制定、安全产品的研制及安全技术的开发为解决网上交易的安全问题起到了推动作用。而这些用于交易安全的协议、规章、软件、硬件、技术的使用及其学习和操作定会加大电子商务运营的成本。

3. 法律成本

毋庸置疑,电子商务的发展面临着大量的法律问题,包括:

1)网上交易纠纷的司法裁定、司法权限、跨国、跨地区网上交易时法律的适用性、非歧视性等。
2)安全与保密、数字签名、授权认证中心(CA)管理。
3)网络犯罪的法律适用性,包括欺诈、仿冒、盗窃、网上证据采集及其有效性。
4)进出口及关税管理的各种税制。
5)知识产权保护,包括出版、软件、信息等。
6)隐私权,包括个人数据的采集、修改、使用、传播等。
7)网上商务有关的标准统一及转换,包括各种编码、数据格式、网络协议等。

电子商务规则的建立可以有效地减少交易纠纷,但同时也增加了电子商务各方操作的难度和成本负担。

4. 电子支付交易成本

在电子交易活动中,支付问题十分关键,商家要支付给商业银行、电子银行或者信用卡公司服务费或手续费,甚至当用到第三方支付时,会支付相关的手续费。

5. 时间成本

时间成本是相对而言的。电子商务市场上的卖家通常并不考虑时间成本,但是作为买家,通常会把时间成本计算在内,这是因为网上购物存在搜寻商品所花费的时间。时间成本很难用一个标准来衡量,对于很喜欢购物的人来讲,时间成本相对较低;但是对于单位时间价值较高或者不喜欢购物的人来讲,时间成本就相对较高。所以说,时间成本虽然不列入商家的运营成本,但作为用户成本,却是影响电子商务成交量的重要因素。

4.1.2 电子商务市场的价值创造

我国互联网市场有较大的潜力并且活力逐步增强,电子商务模式已成为网络企业生存与发展的基础。电子商务企业之所以能从早期的举步维艰发展到今天的方兴未艾,不仅仅缘于对市场的准确定位,更深层次的原因是商业模式的变革。持续的价值创造、有序的价值传递、有效的价值获取是电子商务商业模式创新演化的内在动力,也是电子商务企业成功发展的关键所在。

4.1.2.1 在线市场价值创造

1. 价值创造的含义

价值创造(Value Creation)是指在从事的商务活动中,为客户创造价值的同时使得企业有所回报。这种回报主要表现在以下几个方面:① 获得的收益可以抵消成本开支,并有盈余;② 经营行为可以减少成本开支;③ 可以提高运作效率,包括节省时间和简化不必要的程序等;④ 增加商业上的多种可能的机会。但是价值创造过程并不是单一的经营活动本身就可以完成的,还要依托于其他价值创造活动,借助辅助的经营活动及其他条件和手段。

2. 价值创造的途径

詹姆斯·布里克里(James A. Brickley)等从微观经济角度对价值创造进行了简明分析。图4.1 描述了一个厂商在不同条件下的供给和需求。两条虚线 S、D 分别代表在没有既定交易成本条件下的供给、需求曲线(潜在供给和需求曲线),两条实线 S_1、D_1 分别表示在有既定交易成本条件下的供给、需求曲线,两条曲线 S_2、D_2 分别表示在线市场条件下的供给、需求曲线。

(1)总的价值创造

假定供给成本可以划分为生产成本和经营成本,则在既定交易成本下,在数量达到 Q_1 均衡位置时,图被划分为四个部分:① 生产者承担的交易成本;② 消费者承担的交易成本;③ 生产者剩余(P_4P_3A);④ 消费者剩余(P_2P_3A)。其中,该市场总的价值创造就是生产者剩余和消费者剩余之和,也就是说图中 P_4P_3A 和 P_2P_3A 之和。

(2)剩余扩大

由于在线市场极大地降低了生产者和消费者的交易成本,使厂商的实际供给曲线从 S_1 向右下方移动到 S_2,消费者的供给曲线从 D_1 向右上方移动到 D_2。从图形中可以看出生产者剩余和消费者剩余都进行扩大,实现了市场价值创造。其中,生产者剩余变为 P_5P_3B,增加了 $\Delta S=P_5P_3B-P_4P_3A$;消费者剩余变为 P_1P_3B,增加了 $\Delta D=P_1P_3B-P_2P_3A$。在线市场的价值创造由 ΔS 和 ΔD 表示。在线市场的价值创造总和 TVC $=\Delta S+\Delta D$。

第 4 章 电子商务市场

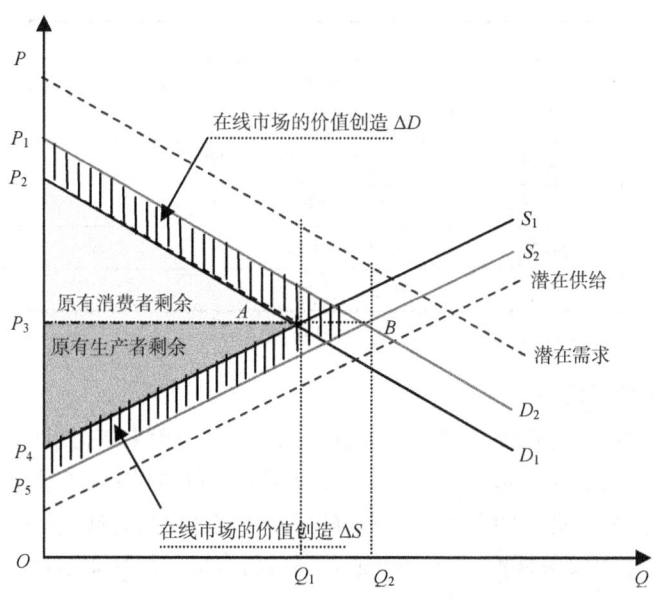

图 4.1 在线市场的价值创造

由此可见,电子商务市场可以通过以下几种方法来提高在线市场的价值创造:第一,尽可能降低生产成本或者生产者的交易成本,使实际供给曲线向右下方移动;第二,降低消费者的交易成本;第三,通过降低消费者交易成本来刺激需求,使潜在的和实际的需求曲线都向右上方移动;第四,厂商创造新的产品和服务,新产品与旧产品、新服务与旧服务的有机结合创造出高于彼此带来的价值。

Raphael Amit 和 Christoph Zott 通过对价值链、基于资源的企业能力、基于战略的企业竞争能力和交易成本理论等研究,认为电子商务价值创造主要来自 4 个方面,新颖(novelty)、锁定(lock-in)、效率(efficiency)、互补(complementarties)。G.T.Lumpkin 和 Gregory Dess 认为企业可以利用网络搜索活动、产品评估活动、解决问题活动和交易活动产生价值。上述学者的详细结论参见表 4.1。

表 4.1 电子商务价值创造来源

学者	时间	价值创造来源	主要方式	关键属性
Raphael Amit & Christoph Zott	2001	新颖	新交易结构,新交易内容,新伙伴	新技术应用带来新价值临界规模、网络规模、搜索范围、搜索效率、资源互补
		锁定	转换成本、程序、设计、信任、习惯、网络外部效应	
		效率	搜索成本、选择范围、对称信息、选择范围、简单、速度、规模经济	

续表

学者	时间	价值创造来源	主要方式	关键属性
		互补	产品和服务，在线与离线，技术之间，活动之间	
G.T.Lumpkin & GregoryDess	2004	搜索活动	交易信息速度、范围	搜索效率，产品、服务、交易在虚拟环境中的实现
		产品评估	产品（含数字产品）选择	
		问题解决	用户服务解决	
		交易	电子交易实现	

资料来源：任利成《P2P 电子商务价值创造研究》，2006 年 4 月。

3．在线市场的增值机制

无论是 B2B、B2C 还是 C2C 交易，一般都可以从以下方面来获得市场增值：

1）聚合（Aggregation）买卖双方。在线交易能够将大量的买主和卖主聚集在一个共同的交易平台或者集市中，通过大量的随机购买形成的规模经济效应来降低整体的交易成本。

2）为买卖双方进行交易匹配（Matching）。通过将合适的商品卖给合适的买家，来创造更多的剩余价值。

3）在线交易的信息效益。信息效益就是利用交易中获取的信息，厂商可以开发新产品和服务，或为客户提供个性化服务来创造更多的价值。

4）在线交易的时间效益。时间效益就是利用网络的连接，节省供应链各个环节的时间，从而可以获得更多的收益。

此外，在线交易市场的价值创造形式还包括消费者外部性创造的市场价值，以及在线市场的整体交易成本来降低所创造的价值。

4.1.2.2　在线市场 B2B 价值创造

1．B2B 市场描述

B2B（Business to Business）指的是，商家（泛指企业）对商家的电子商务，即企业与企业之间通过互联网进行产品、服务及信息的交换。也就是进行电子商务交易的供需双方都是商家（或企业、公司），他们使用了 Internet 的技术或各种商务网络平台，完成商务交易的过程。这些过程包括：发布供求信息，订货及确认订货，支付过程及票据的签发、传送和接收，确定配送方案并监控配送过程等。根据买卖双方的数量和参与 B2B 电子商务的具体形式不同，可以分为买方市场、卖方市场和电子交易市场。

1）买方市场是指一个买家对应多个卖家的 B2B 市场。例如，沃尔玛公司通过自己的 B2B 交易平台将供应商集中到一起进行采购。

2）卖方市场是指一个卖家对应多个买家的 B2B 市场。思科公司全球 80%的订购通过互联网完成，电子下载和在线配置每年为思科节约近 2 亿美元的费用；在互联网上的供应链管理使订购周期缩短了 70%。思科公司既是互联网经济的倡导者，也是互联网经济的最大受益者之一。

3）电子交易市场是指多个买家和多个卖家的 B2B 市场。电子交易市场使用公共的技术平台，通常由第三方团体或者行业中的公司联盟进行管理。

所谓第三方是指一种既非买方也非卖方投资，由第三方团体自行建立起来或者由公司创建并经营的中立网上交易中枢。这种电子商务主要目的是提供行业范围内的交易服务，包括采购门户网站和销售门户网站。其中采购门户网站一般是由几个买家共同构建的用来联合采购的网站，投资者希望通过联合买家的议价能力得到价格上的优惠。销售门户网站的显著特征是比较偏向于为供应商提供服务，而不会更多地兼顾到买家的利益。

电子交易联盟一般是封闭、半封闭型的交易平台，也称为电子集市。例如，由通用、福特、和克莱斯勒三大汽车制造公司联合其他中小汽车制造商组建的"Covisint"[①]就属于电子交易联盟。

2. B2B 价值创造与转移

B2B 电子商务的价值创造集中体现在供应链管理、采购和库存管理 3 个领域中。在采购领域，B2B 电子商务的价值创造直观地体现在削减产业或者厂商的采购成本。在供应链管理和库存管理中，B2B 电子商务的价值创造一方面体现在节省相应的管理成本上，另一方面体现在提高管理效率和生产率上。

以加入电子交易联盟对 B2B 市场的价值创造与转移为例进行分析，用图 4.2 进行说明。由于 B2B 市场具有一定的垄断性质，商品的价格并不是市场供需所决定的，假设所有供给曲线都是与产销量平行的直线，因此这里将按照 $P \times Q$ 计算收益。

（1）由于交易的价值转移而损失收益

交易转移或价值转移是从电子交易联盟外部市场向联盟内部伙伴转移的交易量。交易转移或价值转移的基础可以理解为技术壁垒导致的路径依赖或锁定构成的转换成本。

P_0 是信息对称条件下的市场价格，D_0 是市场需求曲线，A 点是信息对称条件下的市场均衡点，市场交易量为 M_0。P_1 是信息非对称条件下的市场价格，也可以理解为市场中的"自然"局中人向厂商收取的信息租金。(P_1-P_0) 可直观理解为卖方利用信息非对称而抬高的价格及买方为搜寻而付出的成本。B 为信息非对称条件下的市场均衡点，市场交易量为 M_1。在联盟形成之初，价格由 P_1 变为 P_2，供应商因加入电子交易联盟的交易转移而损失收益的区域为 a。

（2）由于交易的价值创造而获得收益

交易创造或价值创造是由形成电子交易联盟而创造出来的新的交易量。交易创造或价值创

---

① Covisint 是一个组合词，表示了交易联盟形成的主要思想。co: connectivity, collaboration, communication; 表示连通性、协作和通信。vis: visibility and vision; 表示互联网提供的可见性以及将来供应链管理的愿景。int: integration, international and Internet; 表示新型企业提供的集成化解决方案和电子交易场所的国际性范围。2004 年该平台被世界著名的 IT 服务和软件公司 Compuware 收购后，继续运营。

造可以理解为由于搜寻成本的下降而形成高效率的匹配机会，从而创造贸易机会带来价值。

由于价格由 P_1 变为 P_2，价格的下降导致交易量的增加，销售量由 M_1 变为 M_2。而 $M_2 \rightarrow M'_2$ 是由于电子交易联盟扩大了市场范围而引起需求增加所导致的交易量的增加（需求曲线由 D_0 变为 D_1）。因此，将阴影区域 b 和 c 看成供应商加入电子交易联盟而获得的价值创造。

（3）电子交易联盟收益分析

一个电子交易联盟的获利有赖于交易创造，而它们的潜在损失则与交易转移相关。加入 B2B 电子交易联盟的净收益依赖于交易价值的创造是否超过交易价值的转移。

$(b+c)-a$ 就是供应商因加入电子交易联盟创造的净价值。

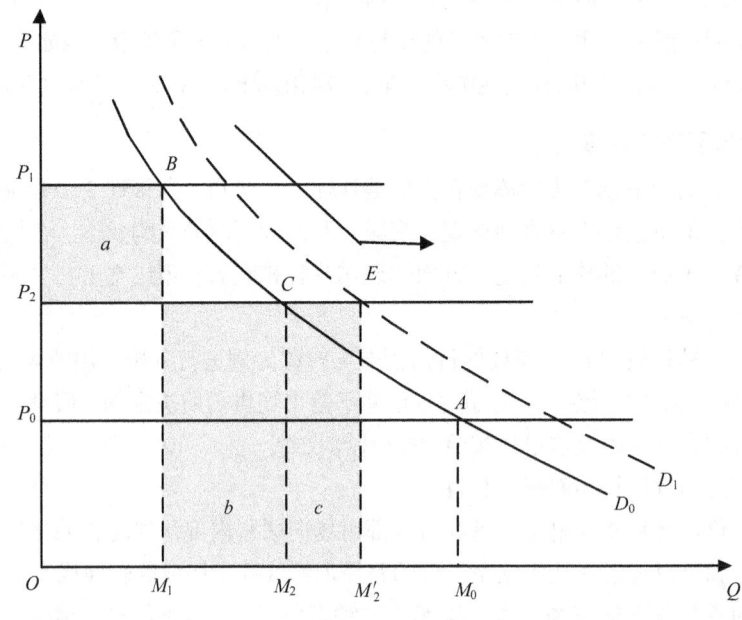

图 4.2　电子交易联盟的价值创造与转移

图 4.2 可以说明 5 个问题：① 电子交易联盟的交易产品标准化程度越高，或者需求弹性越大，厂商加入电子交易联盟的收益越大；② 电子交易联盟的价格越接近外部市场的交易价格，厂商加入电子交易联盟由于交易创造获得的收益就会越大；③ 潜在进入厂商的现有价格与电子交易联盟的价格差距越大，进入交易联盟而获得的交易创造的价值越大；④ 电子交易联盟的交易量越大，或参加会员数量越多，厂商加入电子交易联盟由于交易创造获得的收益就会越大；⑤ 如果不断有新的厂商加入，会推动电子交易联盟出现正反馈的效益，从而成为某个行业或区域的电子交易核心网站或电子社区。

4.1.2.3 在线市场 B2C 价值创造

1. B2C 市场描述

B2C（Business to Consumer）是电子商务的一种模式，即商家对消费者，也就是通常说的商业零售，直接面向消费者销售产品和服务。最具有代表性的 B2C 电子商务模式就是网上零售网站，比如，国内最大的中文网上书店当当网（www.dangdang.com）就是一个 B2C 电子商务网站，还有美国的亚马逊网上商店（www.amazon.com），是全球最著名的 B2C 电子商务网站。B2C 电子商务的模式并不是唯一的，专门依靠网站开展网上零售的只是 B2C 电子商务的一种形式，企业网站也可以开设面向消费者的在线直接销售，这也是 B2C 电子商务的表现形式。

2. B2C 价值创造与转移

B2C 市场的价值创造与价值转移的具体形式与在线 B2B 市场存在着一定的差别。电子商务方式的 B2C 交易具有持久性、交易量大、交易方式隐蔽和便捷的特点。一方面，在线 B2C 交易通过降低消费者搜寻成本，提供产品、时间与服务的捆绑服务来提高生产者剩余和消费者剩余，如根据不同的产品、在不同的时间段内提供不同的在线折扣购物服务，以此来提高生产者剩余。另一方面，在线产品 B2C 市场的价值创造主要体现在电子商务供给创造消费者需求，通过降低生产者的供给交易成本，提供在线个性化服务刺激消费者需求。

下面依照图 4.3 来分析在线 B2C 市场的价值创造。

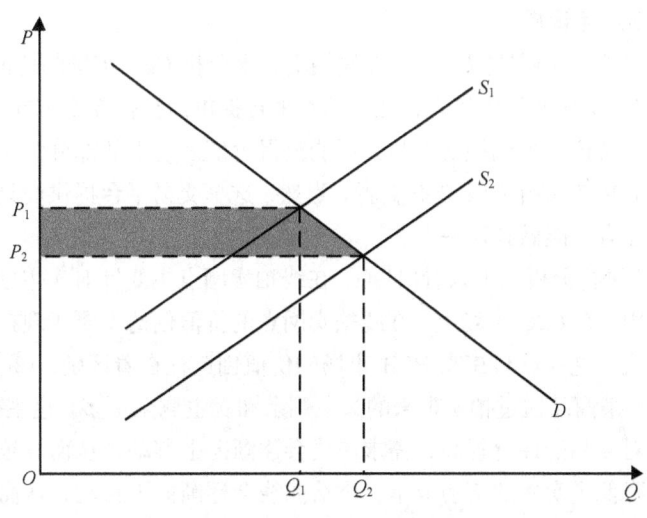

图 4.3 在线 B2C 市场的价值创造

图 4.3 中，假定市场的需求是不变的，S_1 为厂商采取零售方式的供给曲线，S_2 是由于在电子商务市场中厂商交易成本的下降导致供给曲线的下移所形成的供给曲线。P_1、P_2 分别是两种市场的供给平衡点。由此可得以下几点：① 在线市场价格可能低于传统市场；② 如果在线市场价格一定能够低于传统市场，则 P_2-P_1 可以理解为在线市场给予消费者的价格折扣；③ 此时，交易量也由 Q_1 增加到 Q_2，$(Q_2-Q_1)\times P_2$ 则为在线市场 B2C 市场的交易创造或价值创造；④ 而图中阴影部分的面积是消费者剩余的增加，可以看成 B2C 市场厂商生产者剩余价值的转移。

4.1.2.4　在线市场 C2C 价值创造

1. C2C 市场描述

C2C（Customer to Customer）是消费者对消费者的交易，让消费者成为买卖双方，实现自助交易，即消费者本身提供服务或产品给消费者，由第三方提供平台让交易双方独立开展以竞价、议价为主的类似拍卖的在线交易模式。这个模式的特点是能实现个人对个人的点对点销售，由于免除了中间商，能让顾客直接跟相关的企业或个人以一种比较优惠的价格买到比较特色的产品。

目前，我国最大的 C2C 电商是淘宝网（www.taobao.com），截至 2013 年，淘宝网拥有近 5 亿名注册用户，每天有超过 6 000 万名固定访客，同时每天的在线商品数已经超过了 8 亿件，平均每分钟售出 4.8 万件商品。随着淘宝网规模的扩大和用户数量的增加，淘宝也从单一的 C2C 网络集市变成了包括 C2C、团购、分销、拍卖等多种电子商务模式在内的综合性零售商圈。

2. C2C 价值创造与转移

利用 C2C 市场中的一种交易方式——在线拍卖，来分析 C2C 市场的价值创造与价值转移。在线拍卖是 C2C 交易市场的集中体现，在线拍卖平台提供商获得在线 C2C 市场的价值创造增量中的主要份额。或者说，虽然拍卖参与方可能获得价值创造中的部分利润，但搭建在线拍卖平台的提供商才是 C2C 市场中的主要获益者。当然，这个交易平台提供商只有将平台的交易群体扩大到足够大时才有可能做到这一点。

下面借助图 4.4 进行分析，可以看出：① 在线拍卖网点主要针对卖主创造价值，因而也主要针对卖主收取费用。在 C2C 市场上，在线拍卖网点的价值创造主要体现在为卖主创造价值的同时为自己创造价值。这一点与在线 B2B 市场的价值创造存在着区别。② 对比实线和虚线区域可以清楚地看出，某商品通过拍卖带来的买主剩余和卖主剩余更多。这主要是因为，一方面，在线拍卖随着买主对商品的评价提高，需求曲线会逐渐向上移动，从而导致买主剩余增加；另一方面，在线拍卖降低了卖主的交易成本，供给曲线会逐渐向下移动，从而导致了卖主剩余增加。当然，也可能是因为拍卖的交易价格提高及交易数量增加（直观上看 $P_2>P_1$，$Q_2>Q_1$），所以卖主剩余得到增加。

第 4 章 电子商务市场

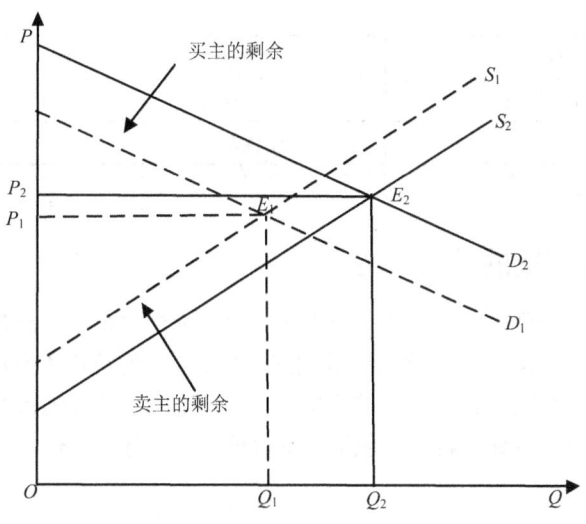

图 4.4 在线拍卖市场的价值创造

注：------ 不通过拍卖 ────── 通过拍卖

延伸阅读

中国各类在线市场的品牌知名度

我国各类电子商务市场发展迅速，其中，C2C 市场集中度最高，淘宝、拍拍、易趣网 3 家基本上占据中国 C2C 市场的全部份额。表 4.2 列出了 B2B、B2C、团购市场中品牌知名度较高的一些平台。

表 4.2 品牌知名度高的电商平台

序　号	B2B	B2C	团　购
1	阿里巴巴	天猫	美团
2	慧聪网	京东	大众点评
3	乐百供采购网	苏宁易购	窝窝团
4	中国制造网	腾讯电商	拉手网
5	生意宝	亚马逊中国	糯米网
6	中国供应商	1 号店	高朋网
7	马可波罗	唯品会	满座网
8	敦煌网	当当网	嘀嗒网

续表

序 号	B2B	B2C	团 购
9	环球资源网	国美在线	Like 团
10	买麦网	凡客诚品	千品团

4.1.3 电子商务市场的价格特征

价格策略一直是营销理论研究中的一个难题。因为价格对企业、消费者,乃至中间商来说都是最为敏感的问题。Internet 和网络营销的发展,使企业、消费者和中间商对产品的价格信息都有比较充分的了解,为人们解决这一难题找到了一条出路。与传统市场的产品价格相比,在线市场产品的价格具有一些新的特点,包括:低价位化、全球化、价格水平趋于一致化、弹性化、顾客主导化。

1. 低价位化

第一,互联网成为企业和消费者交换信息的渠道,一方面可以减少印刷费用与邮递成本,免交店面租金,节约水电费与人工成本;另一方面可以减少由于多次迂回交换造成的损耗。第二,网络营销能使企业绕过许多中间环节和消费者直接接触,进而使企业产品开发和营销成本大大降低。第三,消费者可以通过开放互动的互联网掌握产品的各种价格信息,并对其进行充分的比较和选择,迫使开展网络营销的企业以尽可能低的价格出售产品,增大了消费者的让渡价值。

2. 全球化

网络营销市场面对的是开放的和全球化的市场,用户可以在世界各地直接通过网站进行购买,而不用考虑网站是属于哪一个国家或者地区的。这种目标市场从过去受地理位置限制的局部市场,拓展到范围广泛的全球性市场,这使得各地的消费者可以直接通过网站进行交易,因此企业不能以统一的市场策略来面对差异性极大的全球性市场,而是必须采用全球化和本地化相结合的原则进行。

3. 价格水平趋于一致化

互联网市场是一个开放的、透明的市场,在这个市场中,消费者可以及时获得同类产品或相关产品的价格信息,对价格及产品进行充分比较,迫使企业努力减少因国家、地区等因素的不同而产生的价格差异,进而使价格趋于一致。

4. 弹性化

方便快捷的互联网能够使消费者及时获取各种产品的多个甚至全部厂家的价格信息,真正做到货比多家,这就决定了网上销售的价格弹性很大。因此,企业在制定网上销售价格时,应当科学量化每个环节的价格构成,制定出较为合理的价格策略。另外,随着消费者不断趋于理性化,企业在网络营销定价时要综合考虑各种因素,如消费者的价值观、消费者的偏好等。

5. 顾客主导化

传统市场中,产品的价格是以生产成本为基准,加上一定的利润,就成为市场价格。在电子商务市场中,消费者能及时获取产品及其价格的各种信息,通过综合这些信息决定是否接受企业报价并达成交易。所以在定价时,企业必须考虑消费者的心理特点和价格预期,以消费者为中心,根据生产成本和消费者心理意识得到产品价值综合定价,以赢得消费者的接受和认可,创造购买欲望,实现双赢。

4.1.4 电子商务市场的定价机制

不论是在新兴市场还是传统市场中,价格都是买卖双方关注的焦点,而电子商务市场的定价机制,则很大程度上延续了传统的方式,并且有了一定的发展,如标签价格、讨价还价、拍卖、物物交换等。

4.1.4.1 讨价还价

讨价还价指在买卖东西或谈判时双方对所提条件反复争论。这种定价机制历史悠久,而且在生活中也经常可以遇到。讨价还价是一种博弈行为,即双方都有意向达成交易时,有一方出价,另一方还价,在这过程中买方不断从一个低价位小幅提升价格并表示出价已经是最高价;而商家根据买家在交谈中所透露出来的信息进行判断,是降价还是在维持原价的同时给出已经不能再降价的信号,经过几轮博弈过程,有一方或者双方都妥协而达成一个共同价格时,交易完成。否则,交易失败。

在电子商务市场中,同样也存在着类似的讨价还价过程。与传统市场不同的是,交易双方并不会面对面的交谈,而是通过现有的通信手段来完成双方价格的博弈达到交易目的,如利用多种即时通信工具,QQ、旺旺、微信等方式。通过讨价还价,卖家可以了解到关于买家的很多信息,如偏好、价格敏感度、对商品的渴望程度。了解了这些信息,卖家就可以施展价格歧视,在电子商务市场中可以做到每个人的成交价格是不一样的。而对于买家来讲,有的人以讨价还价为乐,并从中获得成就感,所以他们乐于砍价,并且喜欢这种定价方式;但对于一些买家来讲,他们不喜欢或者不擅长谈判,特别是对于单位时间价值较高的买家,则因为砍价所产生的时间成本和心理成本而放弃讨价还价。所以讨价还价是因人而异的。

4.1.4.2 标签定价

价格标签简称价签或菜单价格,是商业企业向顾客公布价格的一种形式。价格标签的主要内容一般包括:商品编号、品名、产地、规格、牌号、等级、计价单位、价格等。对于买家来讲,在浏览商品时很容易就能通过标签了解到商品的基本信息,然后根据自己对价格的接受能力来选择是购买商品,还是进行货比三家。标签定价不仅大大减少了买家向店家询问价格的时间成本,同时也减少了卖家为满足客户询价而进行的人员成本的投入,所以标签定价现在已经成为传统市场上主导的定价方式。现在基本上所有的超市、商场都在用这种方法来显示商品价格。

电子商务市场将标签定价运用得更加淋漓尽致,在搜索页面会陈列出许多商家同类或者类似产品的图片、价格,使买者在短时间内找到所需要的商品并且快速货比三家。

标签价格通常情况下是不可以改变的,特别是在传统市场。这是由于一旦要改变价格,就需要考虑制定新价格的信息收集和研究成本、通知零售企业改价的通信成本,以及重新印制标签带来的印刷费用和重新填写信息的人工成本。但在电子商务市场因为存在购买记录、网络的便捷和没有实物形态使得这些成本变得很低,因此电子商务市场价格调整的特点为"小幅度的多频率调整",特别是现在流行的节日热所带来的商家大规模打折行为,如让大家记忆犹新的"双十一"活动。

目前,电子商务市场上新流行起来一种标签价格的变异,如图 4.5 所示,卖家先将价格定为很低,见图 4.5(a)中的 4.5 元,当买家搜寻商品并按价格由低到高进行排列显示时,该商品就依靠低价排在搜索结果的前几页,吸引买家进入该商品页面,在选择产品的尺码、颜色等相关选项后,见图 4.5(b),点击购买后,则会变成图 4.5(c)的价格。运用这种定价方式的目的是吸引消费者的眼球,通过低价吸引注意力,并让消费者觉得商品的确是物美价廉的,后面虽然价格有所上升,但是好的印象已经留在消费者脑海中,通常会继续选择购买该商品。

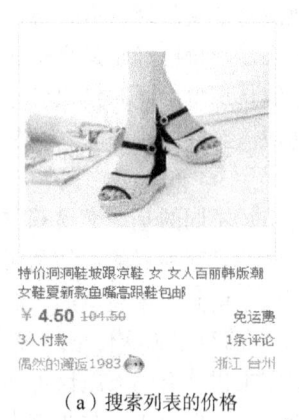
(a)搜索列表的价格

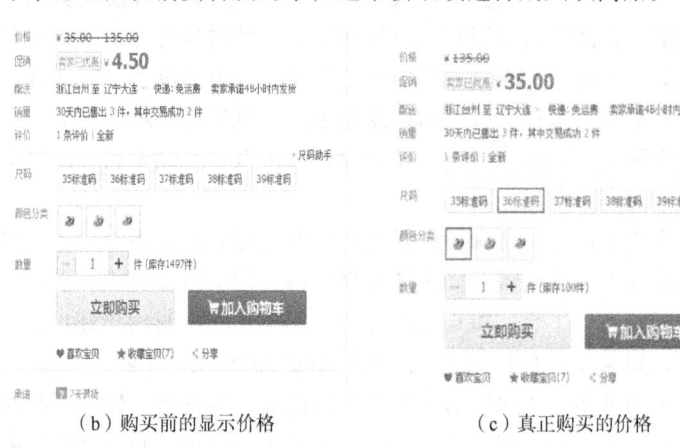
(b)购买前的显示价格　　　　(c)真正购买的价格

图 4.5　电商平台上的标签定价策略

4.1.4.3　拍卖定价

拍卖也称竞买,是商业中的一种买卖方式,卖方把商品卖给出价最高的人。在《中华人民共和国拍卖法》中定义:"以公开竞价的方式,将特定的物品或财产权利转让给最高应价者的买卖方式"。

随着互联网技术和电子商务的飞速发展,电子拍卖也迅速发展起来。电子拍卖是传统拍卖在线形式的实现。卖方可以借助网上拍卖平台运用多媒体技术来展示自己的商品,这样就可以免除传统拍卖中实物的移动;竞拍方也可以借助网络,足不出户进行网上竞拍。该方式的驱动者是传统的拍卖中间商和平台服务提供商。据统计，2013 年全国网络拍卖成交金额超过 200 亿元，仅拍卖企业通过中国拍卖行业协会网络拍卖平台组织的网络拍卖会就有 3 097 场，成交额达到 92.79 亿元，与 2012 年相比增长 7 倍多。

1. 传统的拍卖方式在电子商务市场中的应用

拍卖有很多种方式，下面介绍三种传统拍卖方式在电子商务中的应用，包括：英式拍卖、荷兰式拍卖、反向拍卖。

（1）英式拍卖

英式拍卖也称为公开增价拍卖。在线英式拍卖利用网络的便利性将投标者扩大到世界各地，打破了空间的限制，同时改变传统固定的拍卖时间，将其进行自主设置，从一天到几周不等。在此期间，投标人都可以自由进行投标，但是由于投标人为了以较低的价格成为最终的赢家，从而选择在拍卖临近结束时投标，即在线拍卖的结束效应。为了解决这一问题，在线拍卖方会设立结束时间与应答机制，就是说如果在最后五分钟内还有人投标，那么结束时间就自动延长五分钟来保证交易价格不至于过低。

网上英式拍卖的变种有两种。① 逾底拍卖：卖家设立一个不公开的底价，一旦出价人的出价超过了这个底价，不用等待其他竞拍的买主就可以获得标的物，拍卖过程就结束了。出价人按照他所出的这个超过底价的价格付款。② 单件拍卖：来源于淘宝网，卖家设置参加拍卖的宝贝起拍价和加价幅度。买家可根据自己的实际情况，输入系统需要的最低价格，也可以输入自己可以接受的最高价格，让系统代理出价。拍卖结束时，出价最高者获得宝贝。

（2）荷兰式拍卖

荷兰式拍卖也称"降价拍卖"或"高估价拍卖"。荷兰式拍卖是一种特殊的拍卖形式。拍品有一个起拍价格（拍卖的最高期望价格），随着拍卖进行，该价格会随时间的变动自动向下浮动，如果在浮动到某个价格时有竞拍者愿意出价，则该次拍卖成交，胜出者需要支付最后一次宣布的价格。因此荷兰式拍卖的竞价是一次性竞价，即在拍卖中第一个出价的人成为中拍者。荷兰式拍卖一般用于拍卖周期较短的拍卖。

在线荷兰式拍卖突破了高低顺序的一致性，引入了循环喊价的投标方式，而不是传统的从高到低递减，这一循环避免了在线投标时网络异步性带来的流标现象。

网上荷兰式拍卖的变种有两种。① 降价拍卖法：产品的价格会在拍卖过程中不断下降直到降至底价，整个拍卖过程中，最先支付费用者（在此强调抢拍的优胜者是第一个成功完成所有支付程序的人）将获得产品，如果在拍卖的时段内无人出价，则此产品流拍。② 剩余数量：产品的拍卖是采用单件式拍卖法，一次抢拍只可以抢到一件商品，抢拍成功后，下一件产品则会从起拍价重新拍卖，直到商品剩余数量为零。

（3）反向拍卖

反向拍卖也叫拍买，常用于政府采购。由采购方提供希望得到的产品信息、需要服务的要求和可以承受的价格定位，由卖家之间以竞争方式来决定最终产品提供商和服务供应商，从而使采购方以最优的性能价格实现购买。

网上反向拍卖自 2000 年以来逐渐在欧美流行，它把反向竞价过程放到网上执行，可以充分发挥互联网的优势，同传统的谈判方式相比，这种做法能给采购方平均节省 11%～12%的成本。

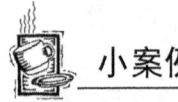

小案例

BagThat 打造"拍卖+反向定价模式"的电子商务

BagThat 于 2011 年 11 月上线，被认为是 eBay 和 Groupon 的混合体。用户在该平台上通过促销商品页面提供的滑块功能，在卖家设定的价格区间选择自己想要的价格。

BagThat 的系统收集用户所有的报价，到促销日期结束后，BagThat 则会拿着这些由潜在消费者自己给出的心仪价格数据去与品牌商谈判，希望能够获取对消费者最有利的价格。而价格出来后，消费者当初设定的价格高于此正式价格的则可以获得这一商品。

BagThat 的社交元素可让出价人在 Facebook、Twitter 等热门社交网络上向他们的朋友传播交易信息，从而使得更多人参与交易。参与的人越多，最终的商品价格很可能就会越低。

2. 新型拍卖方式

在传统的拍卖市场上，大多数商品是古瓷、字画或者汽车等高价值而数量稀少的产品。但是在电子商务市场上，由于信息和数据的自动运算程度提高，出现拍卖商品的低价化，使得同时出价钱和出数量的组合方式成为可能，由此发展起来了新型的拍卖方式。

（1）逢低买入

逢低买入是对传统折扣销售方式的扩展，是一种新型的以整合买家集合购买力为特色的在线拍卖方式。这种定价方式基于同质多物品拍卖，把投标者作为一个群体，越多的人投标，售出价格就越低。投标人数越多，投标总数量越多，带给其中任意投标人更多的利益。但这种投标方式容易出现"囚徒困境"，这是由于当市场上所有的投标人都不接受低量对应的高价格时，即所有人都选择等待高数量低价格时进入来获取最大利益，在这种情况下很可能超过投标期限也不会有多少人投标，导致原本要使买家得到优惠的活动失败，这就是逢低买入的"囚徒困境"。

（2）扬基拍卖

扬基拍卖是多物品英式拍卖的一种，是异价拍卖，不同投标人最终获得商品的价格可能不同。拍卖商一共出售 N 件商品，每个投标人 i 可能需要购买 K 件商品。首先，拍卖商确定销售品数量、最小投标和拍卖结束时间，然后投标人开始投标。投标人需要同时报出投标价与投标数量，如（20,3）表示投标人需要 3 件商品，投标价为 20。这里，投标人必须针对一定的数量报出同一价格。拍卖结束时，最高的 N 个投标为获胜标。当出现多人投标价格相同时，则首先比较投标人购买数量的大小，购买量大的有优先权。如果购买量也一样，则先投标的具有优先权。

下面是一个扬基拍卖的投标选择过程的小例子。

小案例

拍卖条件：可供销售的电冰箱数量为 10 台，最小投标价为 700 元，拍卖结束时间为第二天的 12 点。

按顺序拍卖喊价的记录如下：投标人 A 喊价（720，3）表示投标人 A 愿意以每台 720 元的价格购入 3 台电冰箱；投标人 B 喊价（750，1）表示投标人 B 愿意以每台 750 元的价格购入 1 台电冰箱；投标人 C 喊价（700，7）表示投标人 C 愿意以每台 700 元的价格购入 7 台电冰箱；投标人 D 喊价（710，8）表示投标人 D 愿意以每台 710 元的价格购入 8 台电冰箱；投标人 E 喊价（710，5）表示投标人 E 愿意以每台 710 元的价格购入 5 台电冰箱。

决定过程：首先，按照投标价格选择，再按数量来选择。购买意愿价格最高的是投标人 B，出价 750 元，需要 1 台电冰箱。此时还剩 9 台，出价第二高的是 A，出价 720 元，需要 3 台电冰箱。此时，还剩 6 台，依此类推，排名第三的是投标人 D 和投标人 E，他们都出标价 710 元，因为投标人 D 需要 8 台，而 E 需要 5 台，所以投标人 D 需要更多，投标人 D 会以为 710 元的价格中标，但因为只剩下 6 台，投标人 D 就会有两种选择，以 710 元的价格购入 6 台冰箱，或者全部拒绝购买，放弃中标权利。

（3）一口价拍卖

一口价拍卖方式根据价格在网页上显示的时间长短可以分为永久性一口价和临时一口价。

永久性一口价："一口价"在商品销售过程一直存在，如 Amazon 的"Take It"和 Yahoo 的"Buy Now"。这种方式应用于普通消费品的销售，相当于同时采用竞价和固定价格两种方式销售商品。当顾客的报价低于一口价时，拍卖继续进行直到不再有人愿意报更高的价格为止；若有顾客愿意以一口价购买商品，拍卖立即结束。不难发现，永久性一口价在性质上和卖方设定的保留价刚好相反：一个是买方可接受的价格上限，一个是卖方可接受的价格下限。一口价的存在有可能会令卖方失去获得更高成交价的机会，有数据证明竞价产生的价格比固定价格平均低了 25%；但它也会作为参考价格，帮助卖方了解商品的供求关系并节约拍卖时间。

临时性一口价：用于单件商品的拍卖，只有在尚未收到竞价之前，或在有底价拍卖中投标价尚未达到底价的时候，"一口价"才会显示在商品网页中，如 eBay 的 "Buy It Now"。eBay 推出此选项，一是为了满足卖方转让易逝性商品的需要，如即将开演的电影或晚会门票，二是为了满足买方的时间偏好。使用临时性一口价的买方可能是精通商品的市场价格；可能是不愿冒买不到商品的风险；也可能是赶时间的顾客，除了希望享受网络带来的体验乐趣，很大程度上还希望节约购物时间。在这种方式中，第一个被接纳的投标产生后，一口价的信息不能被在其之后到达的顾客所知，这样就在一定程度上避免了拍卖产生的期望价格总比标价低的情况发生。因此，临时性一口价鼓励对商品感兴趣而又怕得不到的顾客尽早参与，也鼓励对时间敏感的顾客使用一口价，同时还保护了卖方收益。

"一口价"拍卖流程如图4.6所示。顾客无法看到以往的顾客类型，要根据卖方设定的一口价和自身类型来决定参与方式。只要"一口价"选项存在，顾客就能以一口价购买商品，从而中止拍卖。如果是临时性一口价，一旦选择了投标，"一口价"选项就会失效，"一口价"拍卖转化为一般的在线拍卖。如此进行下去，直到到达了拍卖预定终止时间，整个拍卖结束。

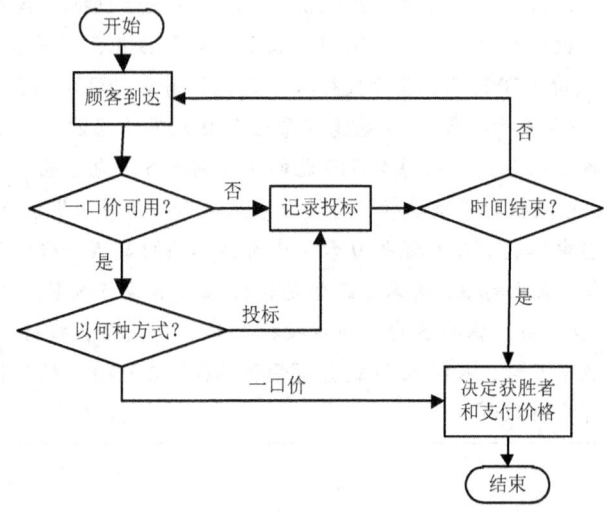

图4.6 "一口价"拍卖流程

4.1.4.4 物物交换

物物交换是最早出现的一种商品定价方式，至今这种定价方式依旧以一定的方式存在着。物物交换就是拿自己不需要或者多余的东西交换自己需要的或者感兴趣的东西，简单来讲就是各取所需。目前，传统市场上基本不存在物物交换了，但在电子市场上却活跃着这种定价方式，通常是在一些社区或者一些电子商务市场中，如易物网。

 小案例

怎能用别针换回别墅？

易物网基于一个真实的易物故事的灵感，2005年7月14日至2006年7月12日，凯尔·麦克唐纳德以一枚红色大曲别针为资本，经过16次物物交换，最终不仅实现了换别墅的梦想，而且还与兰登书屋公司签订了出书协议，并把电影拍摄权卖给了好莱坞梦工厂。

成功换物的主要流程如下：一个红色曲别针→一支鱼尾形圆珠笔→一件骷髅头把手饰品→一台野营微波炉→一台旧的家用型发电机→一个有纪念意义的啤酒桶+一张欠单（要装满啤酒）→一辆雪橇摩托车→一个免费度假安排→一辆旧的两用货车→一份录音棚的合同书（50小时录音、50小时混音制作）→美国凤凰城免费租用一年的双层公寓→与著名摇滚歌星艾丽斯·库珀一起喝下午茶→电视演员科尔宾·伯恩森在新片中提供的一个演员角色→一幢别墅的一年使用权。

易物网为网站确立了"想得到，换得到"的口号，并且力求推广一种全新的"需求决定价值"的换物理念，支撑起电子商务市场物物交换模式的发展，利用网络技术将闲置物品的使用价值进行有效整合。

4.2 电子商务市场的信息不对称

4.2.1 电子商务环境下的不对称信息

电子商务环境下，所有信息都以数字形式存取和传递，这无疑会对信息搜寻和获取机制产生深刻而持久的影响。不少人乐观地认为：通过网络数字化，将降低信息的不完全性和不对称性，网上信息似乎是完全而充分的，因为消费者可以通过搜寻海量的网络信息识别品牌和信誉等因素。

但实际上，在电子商务条件下，不完全信息和不对称信息问题并不会得到根本改观。电子商务环境下信息的不完全性以及由此引起的交易双方的信息的非对称性将依然存在。与传统市场比较，电子商务市场所存在的由于产品的质量不确定引发的信息不对称不仅存在，而且更加严重。

以下是主要的几种电子商务环境下不对称信息的表现形式：

（1）关于产品质量的信息

因为数字产品多为经验产品（Experience goods），它们的质量只有在使用之后才能被了解，而许多信息商品只会被购买一次，这一特点使得厂家没有一个好的方式来使消费者相信他们产品的质量。同时，因为经验产品只有通过经验和消费者的实际使用来了解其质量，所以即使大量的广告和产品信息也并不足以使消费者相信其质量，消费者也不会购买。由于网络购物无法触摸商品，网站中关于商品的信息，如对材质、质地、尺寸等的描述是由卖方生成的，买方对产品的真实质量存在不对称性。

（2）买卖双方的信誉信息

在电子化市场上销售商的身份很难辨认，由于这种不确定性的存在，市场运作的效率将十分低下，甚至根本就无法运作。卖方对产品的定价、描述和品质的保证等，对于网络另一端的消费者存在不对称性。买方在购买商品后，是否会及时付款，根据收到货物的实际情况客观公正的对商品做出评价，而不是恶意差评，这将使卖家得到电子商务平台的重罚以及影响其他消费者的购买决定，对卖家产生严重影响。

（3）电子商务运营平台上信息不对称

B2C 和 C2C 电子商务运营商在电子商务活动中扮演重要角色。买家对于卖家的甄别将依赖于电子商务平台的准入机制，因此，如果电子商务平台对卖家监管不严，使得出售低劣质量商品的卖家进入平台经营，将可能使买家蒙受损失。

为了消减电子商务环境下信息不对称问题，根据不对称信息发生的时间（事前和事后），利用信号理论解决事前信息不对称问题——逆向选择；利用激励机制解决事后信息不对称问题——道德风险。

4.2.2 逆向选择与信号理论

4.2.2.1 逆向选择

1. 逆向选择的含义和形成

"逆向选择"可以定义为由于交易双方信息不对称产生的劣质品驱逐优质品，进而出现市场交易产品平均质量下降的现象。也就是指在信息不对称的状态下，提供合约的人一般拥有私人信息并且利用另一方信息缺乏的特点而使对方处于不利地位，从而使市场交易的过程偏离信息缺乏者的愿望。

最典型的就是市场中的"柠檬问题"[①]（在美国俚语中，柠檬表示"次品"或"不中用的东西"）。在二手车市场本应率先成交的是质量较好的旧车，可实际上却是质量较次的旧车先成交。这是因为，二手车的车主了解车的质量，而买主处于信息劣势，并不太了解二手车的质量，所以通常买方只愿意按当时市场的平均价格购买。事实上，二手车市场如果按车的平均质量来定价，质量较差的旧车其价值低于平均价格，买主不肯购买，质量较好的旧车其价值高于平均价格，车主不愿意进入这个市场，使得整个市场的质量进一步下降，买方则相应调低其出价，拥有较高质量产品的卖方不断地退出，买方的出价不断地调低，如此循环往复，该市场最终有可能沦为充斥着"柠檬"的"柠檬市场"。

"柠檬问题"的实质在于市场中由于买卖双方对商品质量信息的掌握处在不对称的地位，这种不对称影响了市场效率的发挥，使优胜劣汰的市场机制失灵。如果这种不对称现象超过了市场承受的极限，那么这个市场就无法维持。

2. 电子商务市场出现逆向选择的原因

与传统市场比较起来，电子商务市场的优势在于其较低的进入障碍、较低的管理成本和市场信息获取的容易性等优点。但是由于产品质量信息的不对称所造成的逆向选择问题不仅存在，

[①] 乔治·阿克洛夫在 1970 年发表论著《柠檬市场：质量、不确定性和市场机制》(*The Market for Lemons: Quality Uncertainty and the Market Mechanism*) 中提出"柠檬理论"(Lemon Theory)。在美国俚语中，柠檬表示"次品"或"不中用的东西"。乔治·阿克洛夫（George A. Akerlof）、迈克尔·斯彭斯（A. Michael Spence）、约瑟夫·斯蒂格利茨（Joseph E. Stiglitz）三人由于在现代信息经济学的核心部分——不对称信息市场理论研究方面的突出贡献，共享了 2001 年的诺贝尔经济学奖。

而且更加严重。其主要原因在于以下4点：

（1）产品质量的不易检验性

由于缺少实体市场中的体验和接触环节，买方对卖方提供产品的质量、材质等方面存在大量的不对称性信息。

（2）厂商身份的不易识别性

在电子商务市场中销售商的身份很难识别，一家网上商店可以在一天内建立起来，也可以在第二天就消失。这种不确定性严重影响市场运作的效率，甚至根本就无法运作。由于厂商身份的不易识别性，买方对产品的质量就更难以把握。

（3）产品质量评价的主观性

数字产品不只是纸上产品的数字版，还包含了电子媒介的特点。例如，网上的报纸被个性化（Personalized）和定制化（Customized），可以随时更新，因此质量的评估将越来越主观和个性化，也就更具有不确定性。

（4）生产者的多样性

与实物产品不同，数字产品是由网上的虚拟人制造和销售的，市场销售者的销售时间短而且数量多。同时，电子商务市场带来了众多的创业机会，每个人都是生产者和潜在的销售者。所以，传统的质量传送信号，如信誉和品牌，在电子商务市场中可能不太起作用，因而质量信息的不对称性更大，逆向选择会更严重。

逆向选择造成商品质量逐渐下降，说明在均衡的情况下只有低质量的商品才能成交；在极端情况下，市场根本不存在，交易的帕累托改进不能实现。因此，电子商务市场中，在质量信息不对称的状况下，商品质量依赖于价格，较低价格诱导出较低的质量。

3. 逆向选择中买卖双方的表现

在电子商务市场中，发生逆向选择时，买方对于要买的商品的信息很不了解，只愿意以等于或者低于市场平均价的价格来购买商品，以确保获得最大的效用。

而卖家主要有以下几方面的表现：

（1）造成高质量卖家退出市场

由于买家愿意支付的价格低于高质量商品的价格，卖家就会因为接受不了价格而退出市场，导致市场中的质量进一步下降，平均价格下降，买家进一步压低价格，造成恶性循环。

（2）通过各种手段展示商品价值与其他商家进行区分

通常来讲，卖方对于自己商品的各种性能都很了解，所以很容易就可以知道该商品的价格水平是位于平均水平之上还是之下。他可能进行一些包装或者简单的修理使其价值上升，起码是表面看起来价值提升，使得消费者相信该商家产品保真、质优。

（3）造成多方面信息的不对称

由商家提供关于商品描述的文字介绍或者图片展示，文字的真实性无从考证，甚至附带的图片有时也是经卖方处理过的。对商品评价进行处理，屏蔽买方的负面评价，使用不正当方式提高信誉度并获得好评。

4.2.2.2 规避逆向选择的信号理论

在电子商务市场中,信息优势方一般为交易中的卖方,信息劣势方即为交易中的买方或者第三方。只能通过高质量的电子商务提供商和消费者的努力来设计有效防范逆向选择的机制,通过各种传播手段让消费者知道并相信产品质量,达到降低信息不对称的目的。

市场信号理论主要包括信号传递(Signaling Model)和信号甄别(Screening Model)两大方面。信号传递指通过可观察的行为传递商品价值或质量的确切信息;信号甄别指通过不同的合同甄别真实信息。二者的主要差别在于,前者是信息优势方先行动,后者是信息劣势方先行动。这两种机制说明,为了交易有效进行,交易的一方必须支付一定交易成本,获取有关交易的信息,目的是通过降低相互间的信息不对称程度来规避逆向选择风险。

1. 信号传递理论

(1)信号传递的基础知识

按照阿克洛夫模型,质量越高的旧汽车越先被逐出市场,最终只有质量差的旧汽车才能成交。结果,在极端情况下市场消失,没有任何成交产生。该结论是在买卖双方不能传递信息的前提下做出的。现实中,拥有信息的一方可以向缺少信息的一方发送信息,卖主可以向买主发送关于商品的质量信息,或以恰当方式让买主了解这些信息。这样,市场均衡依然是存在的。高质量商品的卖主具有向买主传递信号的强烈动机,低质量商品的卖主则有动机模仿这种信号。美国经济学家迈克尔·斯彭斯在阿克洛夫模型基础上提出了解释这种现象的信号传递理论。

信号传递理论的基本思想是:① 传递市场信号是市场中的行为主体降低"逆向选择"的重要方式之一;② 由于信息的非对称,市场上会存在真假信号;③ 只有当真假信号对于发送者的成本差异足够大时,真实信号才能发挥作用;④ 只有当信号发送的预期收益大于信号成本时,市场中的行为主体才会选择发送信号。

(2)电子商务提供商的信号传递

电子商务提供商向消费者传递信号的方式有以下几种:

1)提供免费产品、试用产品。由于电子商务市场中多是经验产品,产品提供商为了使消费者了解产品的真正价值,应允许消费者在购买前试一试。免费产品为那些对电子商务比较感兴趣,但只有当他们对产品有了一定了解才会购买的消费者提供了"浏览机会"。这有利于增强消费者对产品质量的信心,提高消费者对产品的购买力。常见的免费、测试版、试用商品都是可供该产品的潜在消费者在决定购买之前的某一段时期内免费试用的,使消费者可以理性地做出选择。

2)加强广告推广。电子商务供应商可以采用广告、媒体或自己的网站等媒介积极宣传有关自己产品质量的信息。这是解决信息不对称问题的传统方法,在网络交易中依然适用。

广告是给潜在的买主提供有关卖主信息的手段之一,因为广告提供的信息具有不可分割性和共享性,其根本作用是可以降低信息的不对称性,降低消费者的搜寻成本,提高其净收益。

电子商务经济学中所指广告的信号传递功能不单指一般意义的对商品有关信息（价格、质量、出售地）的披露，而是更强调其发出的信号可以起到区分优劣的作用。这是因为广告对于高质量商品的生产者比低质量商品的生产者更具有价值，高质量商品的生产者更希望能够反复销售其产品，而低质量商品的生产者则希望或不得不从事"一锤子"买卖行为。所以，广告的竞争效用在于其信号传递功能。优质产品厂商通过花大钱做广告就可能成功地将伪劣产品竞争者排除在市场之外，达成"分离均衡"。这种花大钱做广告就是电子商务经济学或博弈论中著名的"承诺行动"，作为一种信号显示，可以避免由于消费者"逆向选择"给优质产品厂商带来的"劣品驱逐良品"的厄运。广告要充分发挥其应有作用，应满足两个假设：一是广告所传递的信息是真实的、客观的；二是广告提供的真实信息能够有效地传递给消费者。

3) 树立品牌，提高信号显示度。电子商务的经验性特点，使它更需要借助良好的市场信号来向消费者证明自己的质量。由于信息不对称性的存在，消费者往往会选择自己比较熟悉的电子商务市场购物，品牌就在这个过程中诞生了。可以说在信息不对称的条件下，品牌成了承载多种信息的一个比较可靠的载体。品牌不仅可以显示产品的质量，还可以在产品质量与预期不符时向消费者提供一种保护的手段，即消费者可以削减未来的消费。因此建立一个具有较高知名度、较高美誉度和较高忠诚度的品牌是解决逆向选择问题的重要手段。

2. 信号甄别

（1）信号甄别的基础知识

信号甄别指信息劣势方（委托人）设计机制或采取行动以刺探具有私人信息的一方的类型信息。

信号甄别是由罗斯柴尔德和斯蒂格利茨于 1976 年提出的。根据他们的研究，市场交易中没有私人信息的一方为了减弱非对称信息对自己的不利影响，能够区别不同类型的交易对象而提出有效的交易方式、方法（或契约、合同）。

（2）电子商务市场中的信号甄别

电子商务中信息劣势方的信号甄别可以由交易中的买方也可以由网络中介等第三方来实施。由于互联网提供了强大的信息检索功能，极大地降低了买方获取信息的成本，因而买方在线搜索已经成为降低交易双方信息不对称程度的重要途径。

3. 网络中介对规避电子商务市场逆向选择的作用

（1）网络中介的主要作用

网络中介等第三方在规避电子商务市场的逆向选择问题中起到核心作用，主要表现在以下 3 个方面。

第一，中介能够增强消费者和产品提供商之间的信任度。中介在市场交易中的主要功能之一就是通过增强提供商和消费者之间的信誉，降低交易风险，从而使得市场规模得以扩展。从本质而言，网站访问者的增加并不意味着实际交易量的同比增加，交易的完成同时取决于消费者所掌握的信息量及其对这些信息的信赖度。作为一种虚拟的交易方式，电子商务中的信用问题尤为突出。因此,中介在培育市场信用方面的作用显得更为重要。中介存在并介入交易有利于市场交易制度、交易规则的建立,中介增强了消费者的产品安全信任度,保护消费隐私,降低产品质量的不确定性。

第二,中介能够为消费者提供专家服务。产品提供商之所以比消费者掌握更多的商品信息,原因在于与消费者相比,产品提供商永远是专业化分工的专家。对某些产品,要了解产品各方面的详细信息需要一定的技术知识,就需要技术人员来提供客观的测试信息。作为对产品的客观评价,还常常包括各种产品之间的对比,如提供商的个性化定制是否只是消费者根本没有需要的多余功能。这时中介方所提供的信息通常比产品提供商更受欢迎。

第三,中介的出现可以降低交易成本。尽管网络的发展使消费者可以很容易获得交易信息,然而他们却难以理解、利用包含了大量专业技术和知识的市场信息。电子商务市场中信息中介通过信息的收集、过滤、加工与分类来为消费者提供更多的专家咨询意见,降低了消费者的交易成本。

(2)网络中介在信号传递中的作用

借助图 4.7 说明网络中介在电子商务市场中对企业与个人信号显示途径的作用。对于网络营销企业与在网上售卖的个人来说,都有两条可选的信号显示途径,一是直接显示商品的象征质量信息或者通过诸如价格等信号来显示商品质量信息,二是间接地借助第三方网络中介的信誉来显示商品质量信息,使得信息更为可信。一般而言,在网上售卖的个人通常难以在较大范围内建立信誉,不通过任何第三方的直接信号显示的作用是非常有限的。因而大多数在网上售卖的个人通常借助于第三方组织的网络中介平台显示信息并进行交易。

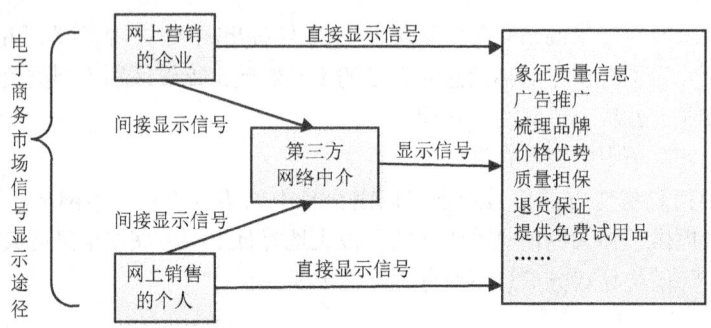

图 4.7 电子商务市场中企业与个人信号显示的途径

在电子商务市场中,网络中介已经普遍存在,作为第三方组织和参与电子商务市场的交易,其重要的职能之一就是为交易者提供有关交易的信息服务。从信誉和信息扩散有效性两个方面来看,网络中介都可以有效地辅助网络营销企业与网上售卖的个人显示与传递高质量信息。

（3）网络中介在信号甄别中的作用

网络中介作为一个营利组织，其经营的根本目的是追求自身收益的最大化。但作为独立于买方和卖方的第三方，其收益则取决于组织电子商务交易平台内的交易量，因而网络中介必须对交易实施一定的管理，降低交易风险，以构建自身信誉。信誉越高的网络中介，其交易平台中的交易量也越高。网络中介对交易的管理主要是对交易信息进行甄别，为交易方信息服务，以提高信息效率。

在电子商务市场中，买方的信息获取存在如图 4.8 所示的两条途径。而网络中介扮演着信息过滤代理人的角色，直觉来看，网络中介的参与提高了整个市场的交易成本，但是网络中介却可能是消除电子商务市场信息不对称的有效途径，成为实施信号甄别的主体。比如，要了解商品的客观质量，可能要求有一定的专业技术知识，获取专业技术知识需要花费时间和精力，需要投资，另外可能需要市场上出售的各种商品。事实上，无论是获取专业技术知识，还是获取商品使用的经验，都需要投入成本，这对于一个有限理性的买方来说显然是不经济的。这里，我们不妨假设买方和中介获取专业技术成本均为 T_0，买方和中介获取一种商品使用经验的成本为 T_1，买方通过中介获取信息的费用 T_2。这样，买方不通过中介获取信息的总费为 T_0+nT_1，对于复杂的商品，T_0 很大，且当卖方较多，特别是当卖方个数 $n \to \infty$ 时，必然有 $T_0+nT_1>T_2$。这说明目前许多 B2B、B2C 和 C2C 交易平台的网络中介提供信息服务、进行信号甄别可以有效地提高电子商务市场的信息效率。

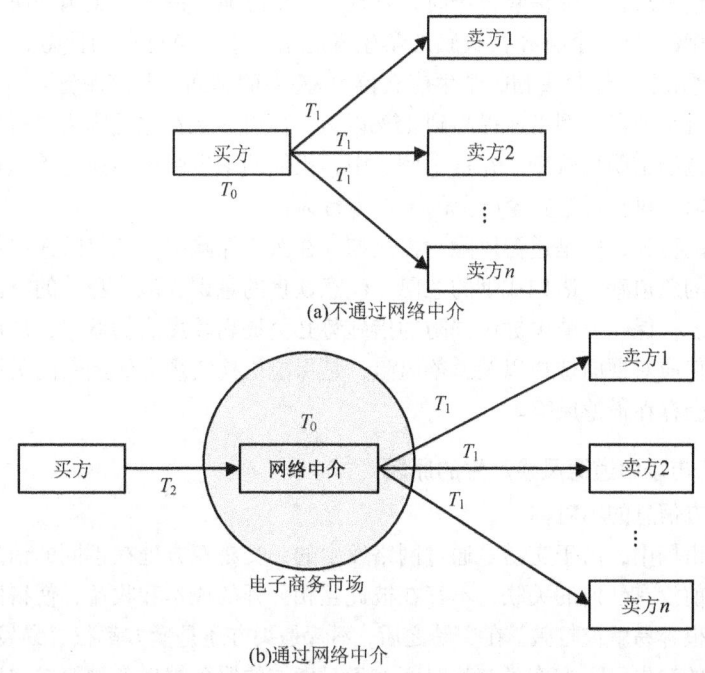

图 4.8 交易方信息获取的途径与成本分析

综上所述，从对电子商务市场逆向选择风险规避机制——信号传递与信号甄别的分析来看，网络中介通过其实施的各种交易管理与交易风险控制措施，可以达到信誉转移、传递经验质量信息、增强信息扩散有效性、提高信息效率的作用。

应该强调，除了网络中介，电子商务中的"第三方"还包括政府、民间消费组织等。某些政府部门、行业组织或者消费者协会的检验鉴定和荣誉奖励，能起到向消费者发送信号的作用。此外，消费者也可以通过第三方独立评价机构来得到某一企业或某种产品的相关信息。但政府与民间消费者组织作为非营利组织不参与交易，能够覆盖的交易范围较为有限，因而质量信息传递作用也有限。

4.2.3 道德风险与激励机制

4.2.3.1 道德风险

1. 道德风险的含义

道德风险是 20 世纪 80 年代西方经济学家提出的一个经济哲学范畴的概念，即"从事经济活动的人在最大限度地增进自身效用的同时做出不利于他人的行动"。或者说，当签约一方不完全承担风险后果时所采取的自身效用最大化的自私行为。道德风险亦称道德危机或败德行为。

道德风险主要发生在经济主体获得额外保护的情况下，具有普遍意义。获 2001 年度诺贝尔经济学奖的斯蒂格里茨在研究保险市场时，发现了一个经典的例子：美国一所大学学生自行车被盗比例约为 10%，有几个有经营头脑的学生发起了一个对自行车的保险，保费为保险标的 15%。按常理，这几个有经营头脑的学生应获得 5%左右的利润。但该保险运作一段时间后，这几个学生发现自行车被盗比例迅速提高到 15%以上。何以如此？这是因为自行车投保后学生们对自行车安全防范措施明显减少。在这个例子中，投保的学生由于不完全承担自行车被盗的风险后果，因而采取了对自行车安全防范的不作为行为。

这种不作为的行为，就是道德风险。再比如，在医疗保险中，被保险人参加医保后，有可能因而降低保健的急迫感，诸如戒烟的意愿、注意饮食的意识、锻炼身体的意愿都会降低，或者更疏于体检等。被保险人减少健康预防的措施势必会提高其患病的概率，从而损害保险人的利益。可见，如何应对逆向选择以及道德风险，是保险机构实现有效经营的关键。可以说，只要有市场经济就会存在道德风险。

2. 电子商务市场中道德风险产生的原因

（1）交易双方信息的不对称

在电子商务市场中，由于交易是通过网络发生的，交易双方处在不同的信息环境中，互相之间在交易发生前没有任何的关联，不存在彼此互相公开的成本和收益，使得网络交易者之间建立的互信机制很容易就被打破。在交易之后，不管是买方还是卖方都很容易发生失败的行为，如卖方产品质量的缺失、买方拖延交款时间或者对卖方的服务提出各种要求，以借此摆脱自己的购买行为。归根结底，电子商务中交易双方的信息不对称是产生道德风险的根本原因。

（2）电子商务市场交易中的信用缺失

电子商务市场中的信息不对称导致了交易中信用的缺失，从而导致交易双方在发生交易时隐蔽自己的行为，以求获得最大的利益。为什么信息不对称会引起信用缺失呢？这是因为信用是建立在授信人对受信人偿付承诺的信任基础上而使后者无须付现即可获取商品、资金或服务的能力，这种信任是以授权人和受权人双方信息对称作为前提的。但是往往由于各种条件的限制和变化，授信人和受信人双方的信息是不对称的。在这种情况下，受"自利动机"和"机会主义"行为的驱使，处于信息优势的一方就可以（采用欺骗手段等）借此获益，而处于信息劣势的一方则会吃亏，造成信用缺失。例如，在信贷市场，现在企业普遍抱怨贷款难，而银行又抱怨找不到好的客户，由于信息不对称的存在，银行不能准确地判断哪家企业信用好，哪家信用不良。因此为了规避风险，银行要求企业贷款必须提供足额的抵押品或有效担保。

（3）电子商务市场中惩罚的激励约束机制不够

电子商务市场的发展还不是很完善，对于电子商务交易中出现的各种欺诈行为的约束和激励不够，没有建立完善的失信惩罚机制。失信行为一般是指尚未达到诈骗等刑事犯罪程度的经济活动不守信行为。目前我国信用立法亟须做到：一是修改和完善现行的相关法律法规，为信用数据的开放和实施提供法律依据，对提供不真实数据的人进行惩罚；二是要对企业和个人的失信行为进行界定；三是可以对电子商务中的交易当事人进行分级，根据调查分析平时的交易记录，评定交易者的道德等级，根据等级来确定所能够交易的商品种类和数量，以此降低由于信息不对称带来的道德风险。

3. 电子商务市场中道德风险的表现

（1）买方道德风险

电子商务市场中的买方道德风险发生的情况并不是很多，买方在合同达成后出现的道德风险主要有：

1）不按时结算剩余的资金。交易订单生效后，消费者通常会预先存入部分资金，或者通过中介来履行契约（如第三方网络支付工具）。在商品到达之后，有时部分消费者不能按时结算剩余资金，出现卖方因为不能收到买方的结算确认，无法按时收到全部货款的情况，增加了卖方的时间成本，造成了不必要的损失。

对于这种情形，采取的解决办法有：加强买方的信用管理，对买方的时间延长进行累积，根据累积数量的多少对买方的个人购买行为进行约束，采取一定奖惩措施，来促使消费者积极完成消费行为。

2）货到之后否认自己的购买行为。这种行为是很不道德的，是对买家个人道德素质的极大考验。在货物到达后，会出现所购物品超出消费者认可范围的情况，因为电子商务是基于网络的交易方式，对很多商品不可能进行实际的感触。消费者的拒绝行为会给卖家带来巨大的损失。当然，也可能给消费者带来损失，在买家拒绝成本小于接受成本时就会出现这种情况。

针对这种情况，一是卖家需要尽可能使商品信息具有真实性，不要使消费者有太高的心理预期。也就是要优化网络市场的平台、提高交易的可测性和可感知性。使买方在购买前就对商品有详尽的了解；二是加大对个人失信行为的惩罚。

3）由于物流配送中出现延迟或差错而拒绝收货。电子商务物流配送环节中，货物要通过邮局或者物流公司才能送到消费者手中。卖方的责任和义务是按时发货，遇到物流问题时协助对方查询。但如果自营物流或第三方物流公司的工作效率存在问题，或在配送过程中出现货损货差，那么其行为就属于"隐藏行为"，最终的结果很可能是消费者因为配送中出现延迟而拒绝收货。

延伸阅读

职业差评师的出现

职业差评师，顾名思义，就是靠给别人差评生活的人，是由淘宝网催生的新兴职业。店铺的信用等级对卖家经营是非常重要的，因此淘宝上有很多恶意买家做起职业差评师，专门以给网店差评为手段索要网店钱财，甚至还出现多人合作的"团伙作案"。

淘宝网有一套完整的监控体系，例如，淘宝网开通拉黑买家的功能，目的就是解决职业差评师对卖家权益的侵害，防止给淘宝卖家造成巨大的伤害。

（2）卖方道德风险

在电子商务市场中，由于卖方处于信息优势地位，而且是规则的制定者，比较容易规避风险。但如果缺乏有力监管，也可能出现卖方的败德行为。卖方在合同达成之后出现的道德风险形式主要有：

1）质量的不确定。卖方可能会以次充好，给买方质量较低的商品。卖方由于占有较大的信息优势，在契约达成后，可能用较低质量的同类产品代替原来买方所选择的商品。由于消费者无法感知，出现这种情况的可能性就更大。

2）时间的不确定。不能按时交货。时间往往是网络交易的一个非常重要的问题，很多消费者之所以选择网络购物就是因为网络交易可以节省很多时间。由于卖方的疏忽或者物流存在问题，就会出现交货滞后的现象。

3）网络商业欺诈行为的产生。由于网络是虚拟的，网络交易中双方可能无法获得对方的真实信息。会出现今天还在经营某些商品的网站，在第二天可能就已经倒闭，或者是在获得消费者部分资金后卖方消失，给消费者带来损失。

4.2.3.2 防范道德风险的机制设计

为了解决在契约中难以明确规定的道德风险问题，不知情者总是诱使知情者基于利己"不偷懒"，选择对不知情者最有利的行为，使知情者在追求自身利益最大化的同时，也使不知情者利益最大化,这在经济学上称为"机制设计"。

机制设计可以分为激励机制和约束机制,激励机制是不知情者设计一种契约,使知情者有利可图,积极参与;约束机制则指建立一种契约,使知情者的利己行为有利于不知情者。仅有约束而无激励,知情者缺乏参与的利己动力;仅有激励而无约束,则知情者可能因利己而损害不知情者利益,因此,约束与激励两者缺一不可。机制设计理论将前者称为参与约束(Participation Constraint),后者称为激励相容约束(Incentive Compatibility Constraint),只有满足参与约束和激励相容约束这两个条件,才能构成有助于解决道德风险问题的机制设计。

这里的机制设计主要是针对基于卖方机会主义行为的道德风险,可以通过建立有效的委托-代理关系、建立信誉机制、完善信用制度、关系营销来解决。

1. 建立有效的委托-代理机制

通过有法律约束力的契约进一步明确交易双方的权利和义务,规定从交易发生到结束时的各项工作,使交易发生后双方都能够了解自己的下一步工作,同时要规定出现问题后双方的责任。

电子商务市场上的许多网络内容提供商(ICP)、网络服务提供商(ISP)以代理的方式负责商品的销售宣传。比如,利用产品比较服务,向消费者提供更全面更客观的信息服务;利用搜索引擎服务,为消费者提供便利的信息搜索服务等。信息中介机制对于卖者来说是一个激励,也是一个威胁。它激励生产高质量产品的卖者进一步提高产品质量,同时也对生产劣质产品的卖者进行打击,从而限制劣质品生产厂商的发展,直至其消失。对于信息中介来说,由于并不仅仅代理一个产品,如果代理了一个劣质产品给消费者带来不好的印象,则很有可能买者就不会再向代理商购买其他任何产品,因此,代理劣质产品存在着很大的风险。可见,通过这种方式可以避免单个产品代理商与生产厂商勾结共同隐瞒信息。这种对策的实质就是委托—代理机制,它将消费者的购买选择与代理人的信誉结合起来,即消费者将购买选择建立在对信息中介信任的基础上,而信息中介获得的激励是代理品种的增多和单一品种销售量的增长。

建立这种机制需要解决的关键问题:首先是委托人如何将自身利益的最大化(购买到货真价实的产品)与代理人利益的最大化(代理的多种产品和单一品种销售量的增长)结合起来,进行利益捆绑;其次是代理人必须具备充当代理人的条件,即对每一种需要代理的产品的完全信息充分把握,否则即使代理人的主观愿望是好的,但由于信息的不完备也会误导消费者的购买行为。代理商要掌握充分完全的信息,必须具备信号甄别的能力,信号甄别的重点是关于产品性能和性价比的信息。

通过对现有信息中介采取的策略进行分析,对建立完善的信息中介机制提出以下建议:由公证机构收集各企业的资料,编辑成档案,信息评估机构对其进行评价,信用评级机构对企业进行排名,最后将各数据库模块进行整合,以供买者查询分析,从而使买者的购买决策趋于理性,减少因对企业或产品不了解而错误购买的可能性。这种方式能够很有效地避免道德风险和逆向选择,可以作为应对电子商务市场中信息不对称的主要对策。

2. 建立信誉机制

在防范产品提供商的道德风险方面，可以选择建立信誉机制。信誉机制又称为隐性激励，是指在进行交易的双方中，信息优势方对信息劣势方做出的一种保证和承诺。如果一方信誉程度很高，即使信息是不完全或者不对称的，信息劣势方也会相信信息优势方所提供的信息是真实的、有保证的，因此信息不对称引发道德问题的概率就会降低。

如果电子商务提供商的信誉程度很高，消费者会认为该经营者提供的产品和服务的质量也相对较好，从而削弱了信息不对称对产品交易活动的影响。那些信誉度不高的电子商务提供商就会逐渐被迫退出市场，提供虚假产品和服务的公司更是无法立足。因此，建立信誉机制，可以减少道德风险的发生，提高市场交易效率。

3. 完善信用制度

改变观念、建立完善的社会信用制度也很重要。从观念上来讲，消费者需要有理性购买的思维，还要收集多种信息并进行有效分析，借助信用资料了解实际情况，从而做出理性的效用最大化决策。同时消费者还应学会用法律手段维护权利，使信用制度能够正常地发挥作用，从而起到对信息不对称市场的约束作用。在建立完善的信用制度的过程中，政府应该起到非常重要的作用。信用制度的建立，需要由政府带头，制定完善的法律法规，创造良好的竞争环境和良好的诚信氛围，使人们自觉遵守交易准则。政府有义务积极采取有效的措施使市场上的产品质量与价值的对应关系更加透明化，进一步消除市场上的不对称信息。

4. 关系营销

由于电子商务市场具有不同于传统市场的特征，传统的营销手段在电子商务市场中并不总是有效的。一方面是由于电子商务自身的一些特殊性，另一方面是由于电子商务消费者具有明显的特征。首先，不同的消费者因所处的环境不同，产生的需求具有差异性。其次，各个层次的消费者具有紧密的联系，需求之间存在广泛的交叉性。最后，由于电子商务的消费者以年轻人居多，需求具有超前性和可诱导性。因此，产品提供商应当通过不断营销创新，来减少产品交易中的信息不对称，"关系营销"则是一种新的营销方式。

关系营销的关键在于理解"关系"的内涵，关系作为一种非正式制度和正式制度造成特定经济结果时是相互补充的，并起着辅助或制约正式制度行使功能的作用。关系营销的实质是在双方交易关系的基础上建立非交易关系，保证交易关系能够持续不断地确立和发生。因此，可以说关系营销对预防与规避道德风险能起到一定的作用。

关系营销的本质是关系。关系，从制度经济学的角度来讲，被看作一份没有付诸文字但却早已被人们所默认的非正式契约。它实质上是一种心理契约，与一般的契约不同，它的独特之处在于关系可以被看作能够带来长期收益的产品。通过它，交易双方可以建立起对彼此行为的稳定预期。在建立和发展关系的过程中，由于社会舆论、道德等压力的存在，以及对违约的制裁，关系承诺的存在可以减少发展关系过程中一方违约给另一方带来的损失。而如果交易双方之间存在着关系,那么由于关系这种非正式契约的存在,就可以使信息交流更加流畅,信息的不对称降低,交易双方可以对彼此行为形成稳定的预期,从而带来一定程度的可预见性,降低人们交往中的不安全感,降低交易的风险。

对于电子商务的关系营销建立关系的过程实际上就是一个对人力资本进行投资的过程。对关系进行投资的最终目的是建立关系和发展关系,并利用这些关系为自己服务。当一个社会普遍对关系进行投资时,投资越大则违约成本越高,双方越不愿意脱离固有的稳定的关系,进而机会主义行为就越少。同时为了构建长期稳定的关系结构,关系双方需要在共同的价值认知基础上,强化共同的合作意愿并进行积极的沟通。一旦关系结构建立起来,以交易者双方的共同利益为基础的专用资产投资与双边关系无缝链接,降低双方的不确定性,并限制机会主义行为。

在现实的交易中,交易双方之间都存在不同程度的信息不完全和信息不对称。如果社会普遍缺乏信任基础,在信息不完全和不对称的情况下,关系就能够起到间接传递信息的作用。很显然同与自己有关系的人进行交易,可以有效地约束机会主义行为,降低交易的不确定性,这也是解决道德风险问题的基本目标。

以上 4 种方法共同形成了防范电子商务市场道德风险的机制设计,如图 4.9 所示。

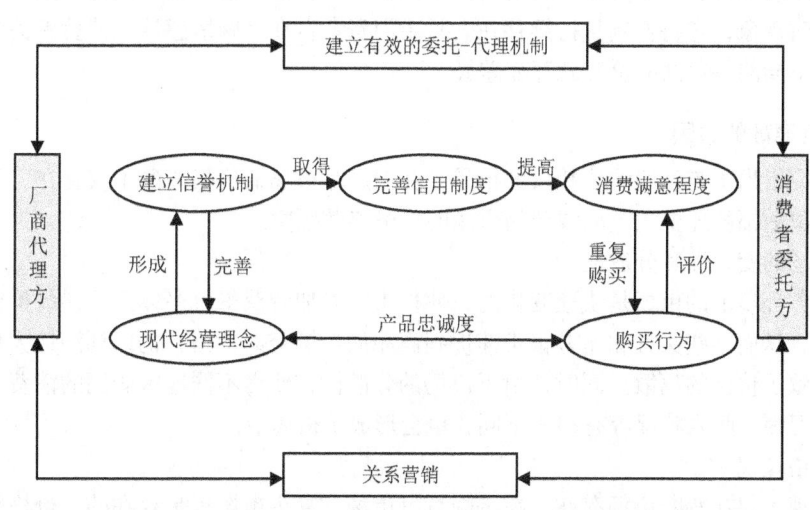

图 4.9　防范电子商务市场道德风险的机制设计

4.2.4　价格离散与信息搜寻

电子商务市场给人们带来了很多选择,但是更多交易选择却不代表更高的交易效用。由于很多原因,如信息不对称和搜寻需要成本,都导致了价格离散现象出现,而要解决价格离散,就要尽可能降低搜寻成本。

4.2.4.1 价格离散

1. 价格离散的含义

价格离散（Price Dispersion）指的是在同一市场同一时间不同卖家同种商品的价格分布，是市场中信息波动状况、市场结构、交易成本、消费者搜索行为及企业定价策略的综合反映。

价格离差和价格标准差是较为通用的衡量价格离散程度的指标。它们的大小不仅对建立厂商和消费者行为模型有重要影响，也是检验市场效率的重要指标之一。有关价格离散的理论解释要追溯到斯蒂格勒，他把价格离散归因于信息的不完全，传统市场价格离散现象被证实是普遍且客观存在的。一般认为，价格离散程度的大小表明市场效率的高低。

伴随着信息技术、互联网技术的快速发展，搜索引擎等工具的推广和使用，电子商务市场被认为更有效率的市场。因此，电子商务市场较之传统市场搜索成本更低、信息对称性更高，价格离散度应该缩小。但最近的一些实证研究却发现，电子商务市场的价格离散常常与人们的直觉不符，理论上十分高效率的网络市场中其实存在较高的价格离散。由于在线市场的交易行为与离线市场相比更加复杂，价格并不是消费者关注的唯一或最主要变量，因此在线市场的价格离散仍然持续存在。电子商务市场的价格离散程度也没有收敛，价格离散不是电子商务市场不成熟的暂时现象，它将普遍且持续存在。只要消费者存在品牌敏感性或消费者关注到所有的零售商时，不同的零售商的价格就存在差异。

2. 价格离散的原因

一些研究得出了与一般看法相反的结果：在线产品市场的价格离散不仅存在，而且在某些情况下，其离散幅度还要大于离线产品市场的价格离散幅度。

（1）市场的变化性和分散性

电子商务环境下的市场是快速变化的，使得市场参加者获得价格体系传递的价格信号有一定的滞后性，从而某些买方和卖方很难捕捉到商品的市场交易价格，仍以利润最大化原则来定价，从而导致了价格的离散。同时，由于市场的分散性，使得不同地区居民的消费偏好、文化素养、风俗习惯、收入状况等有很大不同，也会形成价格离散。

（2）价格歧视

价格歧视不仅在垄断市场存在，在垄断竞争市场、寡头市场也是存在的。价格歧视一般分为一级价格歧视、二级价格歧视和三级价格歧视。一级价格歧视是指厂商对每单位产品都按消费者愿意支付的最高价格出售，显然这是一种严重的价格离散，但此时资源配置是有效率的。二级价格歧视是指厂商对不同的消费数量段制定不同的价格，这也会导致价格离散，只不过其程度没有前者严重，同时市场资源配置也有效率。三级价格歧视是指对同一种产品在不同的市场收取不同的价格，这种现象现在较为普遍，是市场分割所造成的价格离散。

（3）产品的异质性

具备同样功能的产品因质量有差异，其价格肯定是不同的，并且质量差别越大，价格离散程度就越高,即价格离散率也就越大,这也是导致价格离散的主要原因。同时,由于产品质量呈现不同的等级,买方和卖方对产品掌握的信息不对称,由此导致的对产品质量的不确定性也可能形成价格离散。

(4)产品的价格水平

产品的价格水平也是产生价格离散的重要原因。一般来讲,产品的价格水平越高,就越容易形成价格离散,价格离散率也越高;而价格水平低的产品,即使不在同一市场,也很难形成价格离散,价格离散率也很低。造成这种现象的主要原因是产品的价格水平越高,其质量的多样性和不确定性就越大,厂商为了实现利润最大化,常常使用不同的价格策略,从而使得价格离散很容易产生。

(5)市场竞争者数目

完全竞争市场的厂商数目很多,厂商是既定市场价格的接受者,产品的价格由市场决定,因此在完全竞争市场不会出现价格离散的现象。在垄断市场、寡头市场这样的不完全竞争市场,厂商的数目很少,产品价格相当程度上是由厂商控制的,受利润最大化的驱动,市场价格很容易出现价格离散。由此推断,市场竞争者数目越多,价格离散就越不容易产生,价格离散率也会越小;相反,市场竞争者数目越少,价格离散产生就越容易,市场发育状况也越不成熟,也就越需要政府对市场进行宏观调控和管理。

(6)厂商的服务营销策略

不同厂商服务营销策略的差异性是造成价格离散的主要原因之一。例如,有的厂商通过提供更优质的服务以获取更高的产品价格,有的厂商通过采用薄利多销的策略以占取更大的销售利润,有的厂商则利用节假日做各种产品降价活动以提高产品的知名度和市场份额等。这些不同的服务营销策略都会造成价格离散。如果厂商对于他们的成本函数有不同的反应,那么厂商制定的价格策略就有所不同,市场价格也就进一步离散。

4.2.4.2 电子商务环境下信息搜寻

消除价格离散的主要方式是进行信息搜寻。信息搜寻不仅会产生成本,也会给消费者带来收益。一方面,消费者可以获得更多的产品质量信息,减少买卖双方的信息不对称程度。另一方面,随着搜寻次数的增加及范围的扩大,消费者会发现更有利的价格,可以选择性价比最高的产品。

尽管网络信息在爆炸式地增长,但趋于成熟的信息组织理论和技术能够使信息向有序化方向流动,而 Baidu 等著名搜索引擎的应用又使用户以最快的速度检索信息,电子商务企业和企业电子商务的出现,使商务信息流汇聚于公共的网络信息平台,从而买方和卖方能更方便地搜寻到所需的商务信息。总体来说,电子商务环境下的信息搜寻与传统方式的信息搜寻有很大不同。具体来讲,其特点体现在以下 5 个方面。

1)虚拟性。传统的信息搜寻需要人们亲身到销售地进行实地考察,这显然受到成本、时间和地域的限制。电子商务环境下的信息搜寻则是虚拟现实的信息搜寻。首先,商品是虚拟的,所有的商品都经过数字化处理并集成到某一公共平台，并且用户查询到的有关商品的信息和多维图片与现实非常相似；其次，搜寻过程是虚拟的，用户足不出户就可以游逛于世界范围内的各大商场以查找相关商品的信息。商品的虚拟性是搜寻过程虚拟性的基础，搜寻过程的虚拟性则是商品虚拟性的结果。

2）高效率。为了尽可能多地搜集到某商品的信息，以扩大期望收益，消费者通常要"货比三家"，但传统的信息搜寻由于市场和地域的分散性、搜寻方式的局限性导致其低效率。电子商务环境下的信息搜寻是高效率的，消费者可以借助于各种优秀的搜索引擎和电子商务平台，快速地搜集到数个商家某商品的信息，既准确又全面，大大节约了消费者的搜寻时间和精力，其效率是前者所无法比拟的。

3）低成本。信息搜寻的成本一般包括时间成本、交通成本和其他费用，传统的信息搜寻由于其低效率使得时间成本很高，另外由于传统的信息搜寻是实地考察型的，这必然会带来一定的交通成本和其他费用，从而传统的信息搜寻一般成本较高。因此，由于成本因素的制约，消费者通常不得不降低预期效用来减少搜寻成本。电子商务环境下的信息搜寻首先由于其高效率性，使得时间成本很低；其次由于其虚拟性，又使之免去了交通成本和其他费用，从而导致搜寻的低成本性。当然可能要加上一定的上网费用，这对搜寻成本会产生一些影响。

4）无时空限制。由于地理位置、工作时间、成本等因素的制约，传统的信息搜寻在很大程度上受到限制。在电子商务环境下，各电商网站和平台都是一年365天、一天24小时全天候服务的，从而其搜寻在任何时间都可进行，不受时间限制。其次，由于信息技术的深入应用和发展，几乎世界的每一个角落都可以上网，Internet的无国界性和无地域性，使得消费者可以随时随地查询到世界各地某商品的信息。

5）自主性。传统方式搜寻商品的信息时，由于受多种因素的制约，通常消费者处于被动状态，自主性不强。在电子商务环境下，消费者控制了鼠标和键盘，因此选择何时对哪一种商品在哪一网站进行搜寻、选择都由消费者决定，其自主性大大增强。

由此，电子商务在线销售的一个重要优势就是可以减少人们的搜寻成本，使得更多的消费者加入到搜寻的行列中来。从而使那些销售同质量的商品，却索要高价的卖主不得不降低价格。由此可见，电子商务的一种可能结果是不仅使商品的价格降低，而且可以减缓市场的价格离散[①]。

[①] 需要强调的是：基于信息搜寻，电子商务市场可降低价格离散；但由于电子商务市场存在其他特征，也可能促使在线市场的价格进一步离散。

 延伸阅读

搜索引擎与网络营销

搜索引擎以一定的策略在互联网中收集、发现信息,对信息进行理解、提取、组织和处理,并为用户提供检索服务,从而起到信息导航的目的。搜索引擎提供的导航服务已经成为互联网上非常重要的网络服务。现阶段,网络营销已经成为企业营销的必然趋势。搜索引擎在网络营销中起到了巨大的作用。

(1)网络推广首先要登录搜索引擎。据统计,目前世界上网站总数已经超过4 000万个,茫茫网海,如何让你的客户找到你?对企业来说,建一个网站并不能代表你的信息已经到达客户处,所以这就需要借助专业的网站推广手段——搜索引擎为企业提供一个营销平台,使你的网站吸引更多的潜在客户,从而实现企业利益最大化。

(2)搜索引擎对网站访问量贡献率不断增长。对网站流量统计数据的分析发现,搜索引擎对网站推广的作用远比之前要高,尤其对于一些内容优化相对较好的网站,搜索引擎带来的访问量可能超过60%,如果再加上搜索引擎关键词广告,那么一个网站85%的访问量来自搜索引擎也是很正常的。

(3)越来越多的人使用搜索引擎。用户在查询资料时不仅越来越依赖于搜索引擎,对搜索引擎的信任度也日渐提高。有了如此雄厚的用户基础,利用搜索引擎宣传企业形象和产品服务当然就能获得极好的效果。

总体来说,搜索引擎营销与其他营销方式相比,搜索引擎排名更有利于网站的认知度提高;搜索引擎排名的阅读率、点击率比其他类型的广告高;搜索引擎排名中的网站购买率要高于网站Banner广告。所以对于信息提供者,尤其是对商业网站来说,依靠搜索引擎来扩大自己的知名度是一个重要的营销手段。

▶▶ 4.3 电子商务市场竞争与垄断

4.3.1 市场集中度与电子商务市场结构

4.3.1.1 市场集中度

市场集中度(Market Concentration Rate)是对整个行业的市场结构集中程度的测量指标,用来衡量企业的数目和相对规模的差异,是市场势力的重要量化指标。

市场集中度的测量方法

(1) 行业集中率

在产业经济学中,市场集中度有不同的衡量方法。其中,最常用的方法是用行业集中率 CR_m 表示,即最大的 m 家企业的市场份额之和。例如,CR_4 是指某行业内 4 个最大的企业占有该相关市场的份额。同样,5 个企业集中率(CR_5)、八个企业集中率(CR_8)均可以计算出来。集中率计算公式如下:

$$CR_m = \sum_{i=1}^{m} S_i$$

其中,S_i 代表厂商 i 的市场份额,厂商按市场份额的大小依次排序。CR_m 的值在 0 与 1 之间。数值越大说明市场越集中,市场竞争程度越低或垄断程度越高;反之,则说明市场越分散,市场竞争程度越高或垄断程度越低。

集中率的优点是计算简单、直观,缺点是它没有指出这个行业相关市场中正在运营和竞争的企业总数为多少。例如,具有同样高达 75% 的 CR_4,在两个行业的份额却可能是不相同的,因为一个行业可能仅有几个企业而另一个行业则可能有许多企业。

根据行业集中率 CR_4 可以将市场分为低度集中市场、中度集中的市场和高度集中的市场,它们对应的行业集中率分别为 0.4 以下、0.4~0.6 和 0.6 以上。

(2) 赫芬达尔-赫希曼指数

另一种衡量市场集中度的方法是赫芬达尔-赫希曼指数(Herfindahl-Hirschman Index,HHI),它是指一个行业中各市场竞争主体所占行业总收入或总资产百分比的平方和,用来计量市场份额的变化,即市场中厂商规模的离散度。计算公式如下:

$$HHI = \sum_{i=1}^{n} S_i^2$$

其中,n 代表市场上所有厂商的个数。HHI 的值在 $1/n \sim 1$ 变动,数值越大,表明企业规模分布的不均匀度越高,市场集中程度和垄断程度越高。并且,产业内企业的规模越接近,且企业数目越多,HHI 的值就越接近于 0,因此,HHI 指数还可以在一定程度上反映市场结构状况。

赫芬达尔-赫希曼指数是依据某特定市场上所有企业的市场份额来计算的,它不仅能反映市场内大企业的市场份额,而且能反映大企业之外的市场结构,因此,能更准确地反映大企业对市场的影响程度。

赫芬达尔-赫希曼指数是产业市场集中度测量指标中较好的一个,它对规模较大的上位企业的市场份额反映比较敏感,而对众多小企业的市场份额小幅度的变化反映很小。此外,它也不受企业数量和规模分布的影响,因而能较好地测量产业的集中度变化情况。

从赫芬达尔-赫希曼指数的计算公式中也不难发现,只要厂商合并,该指数值就会增加;只要厂商分解,该指数值就会减少。而这种情况在行业集中率指标的计算中则不会体现。所以说,赫芬达尔-赫希曼指数能够反映出行业集中率所无法反映的集中度的差别,它对市场竞争及垄断程度的测量会更加准确一些。

HHI 指数的缺陷是：对数据的要求较高，而且含义不直观。

一般而言，HHI 值应介于 0 与 1 之间，但由于实际计算这一数值时，通常要将其值乘上 10 000 而予以放大，故 HHI 值应为 0~10 000。

美国司法部利用 HHI 作为评估某一产业集中度的指标，并且制定出下列标准（见表 4.3），以此作为政府审查企业并购的一个重要行政性标准。

表 4.3 美国司法部以 HHI 值为基准的市场结构分类

市场结构		HHI 值（0~10 000）
寡占型	高寡占 I 型	HHI≥3 000
	高寡占 II 型	1 800≤HHI<3 000
	低寡占 I 型	1 400≤HHI<1 800
	低寡占 II 型	1 000≤HHI<1 400
竞争型	竞争 I 型	500≤HHI<1 000
	竞争 II 型	HHI<500

4.3.1.2 电子商务市场结构

电子商务是运用数字信息技术，对企业的各项活动进行持续优化的过程。电子商务市场主要有 B2B、C2C 和 B2C，由于网络交流平台的普及，消费者对于商品的选择面会更广，而卖家也同样拥有了更多的交易选择。电子商务环境中的市场与传统市场一样存在各种经济模式：完全竞争、垄断竞争、寡头垄断、完全垄断。

1. 电子商务环境中的完全竞争

根据微观经济学对完全竞争的定义，在电子商务市场中，完全竞争表现为依靠互联网，大量厂商形成某个行业，厂商规模相似，生产的产品相同或同质，产品之间存在着很高的替代性，而且各厂商是商品价格的接受者，没有能力决定商品价格，由此形成的电子商务市场就是完全竞争市场。完全竞争主要表现在市场的进入壁垒、价格的制定权及无超额利润 3 个方面。

（1）电子商务中完全竞争市场的进入壁垒

在信息技术迅速发展和人们对新技术的接受能力越来越强的情况下，相对于传统市场，电子商务的迅速发展表现出一个更符合完全竞争的局面。在传统市场下，厂商进入总是伴随着大额支出、厂房建设和机器购置的固定成本、人员的工资福利发放、营销渠道建设的大额推广费用等。这些支出使传统市场的进入周期通常在 1~2 年才能完成，这都加大了现实中完全竞争市场的实现。但由于电子商务市场是虚拟性质的，进入成本大幅度降低，使厂商进入电子商务市场的成本更为低廉，进入市场的速度也比传统市场更快，从而使电子商务环境下的市场比传统市场更为接近完全竞争市场的条件。

下面利用表 4.4，从几个方面来说明电子商务在成本方面的节约。

表 4.4　电子商务可节约厂商大量成本

项　　目	节约成本的情况
地租	花费很低的成本申请网络 ID，相对于土地房屋更低价的配备服务器
厂房建设	网页设计平台的推广和通用性使轻松制作网页、精美网站布置成为可能
机器购置	应用系统、设计软件及其许可证的购买使计算机生产能力快速扩大，相对于传统机器，软件维护更为轻松，价格也更为低廉
人力资源	计算机智能化的工作技术使更多制造流程系统化，进而使更少的人承担更多的工作成为可能
营销推广	轻松建立网站链接，有相对于传统营销广告更低廉的网络广告推广手段
其他方面	电子商务模式的虚拟性、信息化、互联性还将产生规模效应

除了上述显而易见的"地利"成本之外，电子商务作为新兴的商务模式拥有市场更新更广的"天时"优势。在这一新兴领域，市场的机会发展潜力更大，企业创造了更多的商务模式，这些模式的发展很难用有限的法津法规要求进行规定和限制，从而也带来了电子商务的"人和"优势。"天时、地利、人和"三大优势使电子商务比传统市场更趋于完全竞争的标准，企业在这一激烈的产品竞争环境中更多表现为价格接受者的角色。

（2）电子商务中完全竞争的价格与利润

在完全竞争市场中，卖家是价格的接受者，他们没有能力去制定价格，只是因为各个卖家所拥有的产品都是类似甚至可以说是相同的，具有很高的替代性，一旦某个卖家单独提高价格，消费者很容易会发现其他卖家并未提高价格，于是就会立即转向其他卖家购买。提高价格不仅不会带来收益，甚至会造成顾客的大量流失。所以在完全竞争市场下，商品价格基本上是相同的，卖家不会轻易提高价格。

在电子商务市场中，更低的市场进入门槛和更多的可利用资源形成竞争性产品市场，预示企业可以获得的是正常利润，难以获得超额收益。然而在现实生活中，仍然可以发现获得较高资本收益率的电子商务企业，这与上述完全竞争市场假设相违背吗？答案是否定的，生活中表现出来的获得高收益率的电子商务企业并没有脱离完全竞争的假设，它们的高收益更多表现的是电子商务市场竞争优势的价值，即视为超额收益部分的价值实际上源于其竞争优势形成的正常收益。

无论在什么样的市场中，企业的一切行动原则是利润最大化目标，在这一目标下对各项生产活动进行调控，这种生产调控方式具体表现为对人力资源和资金资源的调配控制。在微观经济学中，强调利润最大化的目标包括收益和成本两部分，这是因为企业的利润是由企业的收益与成本之间的差额形成的。电子商务企业的收益 R 由销售商品所获得，由商品价格 P 和销售数量 Q 共同决定。电子商务企业的成本包括两部分：一是固定成本 C_t，另一个是销售产品所产生的与产量有关的可变成本 C_q。因此，企业的利润最大化可以表示为：$I=\max(R-C_t-C_q)$。

在趋向于完全竞争的电子商务市场中,对于企业而言,价格是一个外部变量,基本不变,销售量也趋于常数,在这种情况下,企业的收益更多时候是趋于固定的常数。那么根据上面的公式,利润最大化就取决于 C_t、C_q,也就是说利润最大化转化为成本最小化,用公式表示为:$\min(C_t+C_q)$。

由此可以看出,与传统企业相比电子商务企业要更加注重成本的节约,只有将成本管理好的企业,才能形成与其他企业不相同的竞争优势。当将这种优势价值包含在企业投入的实际总成本中来计算时,电子商务环境中企业获得的就是正常利润。正因为存在这种优势价值才导致在电子商务完全竞争市场中出现高额利润,它反映了企业成本管理能力价值的差异。

2. 电子商务市场中的垄断

在电子商务市场中除了完全竞争之外,还有部分交易是在垄断下完成的。根据微观经济学对垄断的定义,在电子商务市场中,垄断具体表现为依靠互联网提供没有近似替代品的商品和服务,这些商品和服务的唯一提供商就是电子商务环境中的垄断企业,由此产生的电子商务交易的市场就是垄断市场。

(1) 呈现垄断特征的主要原因

1) 资源独享。尽管一般性研究都发现电子商务领域资源稀缺性并不严重,但这并不意味着所有的资源都是容易获得的,如微软 Windows 系统软件在获得政府给予的版权批准后能够独享操作系统销售的权利,这表明微软在 Windows 系统的供给市场上占据着垄断地位,这一地位是对系统开发权和经营权独享的结果。又如,在线服务和数字产品的创新为许多提供商带来了垄断优势,由于创意的稀有性,这些拥有创意的网站或个人得以独享创意的资源,因而就拥有依据自身利润最大化的估计来配置资源的条件。

2) 政府扶持。在电子商务市场上,政府考虑到资源的可控性,可能会对单一的实体进行扶持。例如,如果将生活中购买的网络连接的权利视为数字产品,政府发布的网络接入服务牌照就是电子商务领域最有代表性的基础产品垄断案例。通过有限的牌照和分区域的牌照发放机制使一定时间和区域内的网络接入服务的选择是唯一的,这就形成了网络接入服务市场上的垄断现象。

3) 供给商的高效率。在一定程度上,对网上资源的限制多源于传统市场上供给的高效率,互联网上交易本身就是传统交易的延伸,这不仅体现在执行对象方面,而且从供货渠道来说,电子商务背后也需要更多的传统商务的支持。例如,在亚马逊等网站购买电子图书,这些书籍并非从一开始就以数字化的形式存在,在很大程度上而言,其最初始的交易都是以传统商务形式存在的,如出版社与作者之间的稿费支付合约就是传统交易的交易合同,而出版社与发行商之间的发行合约也更多地以书面形式存在。进一步来看传统市场上的垄断带来了电子商务领域的垄断,例如,中国移动等传统通信业务的垄断经销商,对移动商务就拥有特殊的垄断权。此时,其他期望进入中国移动通信市场的企业就必须与中国移动、中国电信和中国联通等现有移动运营商达成协议,而与垄断商未达成合约的企业进入通信市场其成本将是一个未知数。

4）边际效益与沉没成本。网络经济要求很高的前期投入，中途停止则会形成巨额沉没成本，而如果可以创新增加产品销量，单位投入成本就会持续降低，进而形成规模经济效果。电子商务网站平台、产品服务、营销订单、物流配送等优化都是基于消费者的多样化需求，因此要求资金链供给资金的持续性，较高的资金压力使得企业以融资为目的的参股和收购行为不断发生，业务领域不断延伸，市场地位日益巩固，因此具备先天垄断基础。此外，互联网经济的知识特性决定了其边际收益递增，取得营销成功会成倍地扩大市场份额，进一步增强垄断力量。

5）锁定效应、转移替代成本与赢家通吃下的行业垄断。互联网的知识经济特性要求消费者选择替代产品需要付出重新认识和更新设备等方面的"转移替代成本"，当转移替代成本积累到边际数量程度时，消费者便被企业"锁定"，即出于高昂转移费用和习惯性条件等因素，消费者不会轻易地选择产品替代行为，只要满足需求便会一直使用同款产品，这就使得特定的电子商务企业有机会锁定固定客源，其产品营销的过程成为试图锁定客户的过程。因此，拥有较强营销能力的大企业在客户锁定和产品创新、持续吸引消费者注意力等方面具有优势，其在发展过程中不断进行自我垄断力培养，整合供应链，提升顾客满意程度，扩展产品潜在消费人群，强者恒强，赢家通吃。

6）客户定制和消费者的主导地位。消费者越来越多的个性化需求使得客户定制这一新兴的生产驱动模式逐渐成为企业生产模式的主流，它对企业的研发能力、生产能力、资金、配送能力等提出了严峻的考验，而这些适应能力恰恰是大多数中小企业的弱点，因此为了适应大规模定制化服务与高水平的电子商务物流服务，将形成具有垄断力的企业。

7）产品信息的透明性和易得性。在网络市场中，同类产品的信息是非常丰富的，也是非常容易直接得到的，因此，消费者可以方便地对不同企业的同类产品进行比较，这将使他们的选择比较容易地集中到最能满足大部分消费者的产品上来，从而可以使生产此产品的企业获得优势地位，如果这个优势地位能够得到保持和增强，就会导致产品的网络效应和客户锁定，进而形成垄断。

（2）垄断市场价格的确定

根据微观经济学垄断市场的分析，可以得出，垄断企业提供的产品具有低替代性质，并且只有一家进行销售。因而垄断厂商拥有独立的唯一资源调配权，直接表现在拥有产品定价权，因而垄断厂商会纯粹根据利润最大化来确定价格，当然它也并不可以乱要价。通常情况下，当需求大时，以较低的价格获得较高的利润；当需求小时，以较高的价格获得利润。因此，对单一企业来说，企业的需求曲线就是市场的需求曲线，表现为向下倾斜的直线。

由于垄断厂商拥有独立的唯一资源调配权，垄断的供给曲线就是整个市场的区域。这样，市场价格不通过供需均衡点的分析来决定，而需要依靠厂商的最大化目标来讨论决定。

根据图 4.10 来进行垄断厂商定价分析。

电子商务市场的垄断定价延续了传统市场的垄断定价分析方法，垄断厂商价格制定的基本标准是边际成本等于边际收益，即 MC=MR。这一基本的垄断定价标准在电子商务市场中依然成立，电子商务垄断厂商的明显特征在于其边际成本低，以至于边际利润也很微薄，因此，电子商务市场中很大程度需要依靠量来取胜。

在传统市场中，很多商品都有商标，对于某一品牌而言，商标的保护允许制造商对其名下的产品实行垄断，即只有它有权销售该品牌的商品。假设市场上有某品牌的男式衬衣，某集团股份有限公司对该衬衣的制造销售拥有唯一的资源配置权力，即对该类衬衣实现垄断。那么，单独来看，某品牌衬衣的交易市场上，该集团可以根据利润最大化目标定价产品，依据边际利润等于边际成本的思路，该集团依据 MC 曲线和 MR 曲线的交点对应的产量 Q_1 生产，该产量对应需求曲线上的销售价格为 100 元。此时，实体市场达到均衡。在图 4.10（a）中，在垄断的传统服装市场上，垄断厂商定价的均衡点对应的边际利润等于边际成本，边际成本相对较高。

电子商务市场中，可以上网借助一个虚拟角色身份给自己购买衣服。例如，腾讯公司推出的 QQ 聊天软件中，任何人都可以在腾讯公司的网页上注册，成为一名 QQ 聊天软件的用户，成为该用户并用该软件与他人沟通交流时，可以看到个人信息中虚拟人物的人像。当然，初始的人像都没有特色服装，如果需要装扮自己的虚拟角色，就需要到腾讯商城中购买服装，有各种花色、风格各异的服饰可供选择。腾讯公司在线提供的虚拟角色服装就是一种数字产品，腾讯公司对每位 QQ 用户挑选的服饰拥有绝对的垄断权，消费者也只有到腾讯的网页上才能购买到这一虚拟产品。

相比传统商务中的某品牌衬衫而言，腾讯公司提供给每一位 QQ 用户的服装具有显著的低边际成本特征，且这一边际成本的增长速度很小，以至于只有在产量很高时，边际成本才会和边际利润相交，此时平均成本达到最小，产量达到 Q_2。可以明显看出 Q_2 远远大于 Q_1，这时对应的价格是 5 元，虚拟的 QQ 角色的服饰价格低于传统服饰。

在图 4.10（b）中，在垄断的电子商务市场上，垄断厂商定价的均衡点对应的边际利润等于边际成本，但边际成本相对很低，均衡的销售量大。

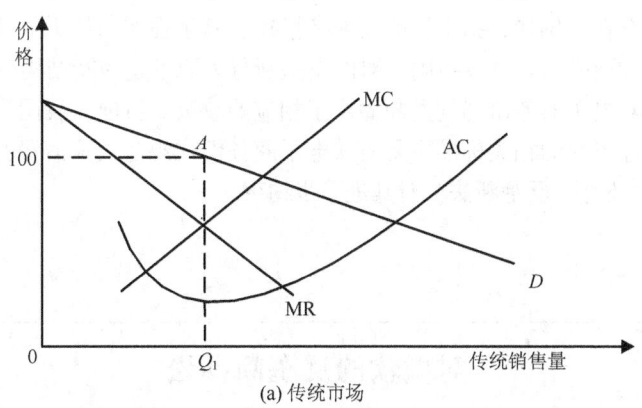

(a) 传统市场

图 4.10 分析电子商务垄断市场的性质

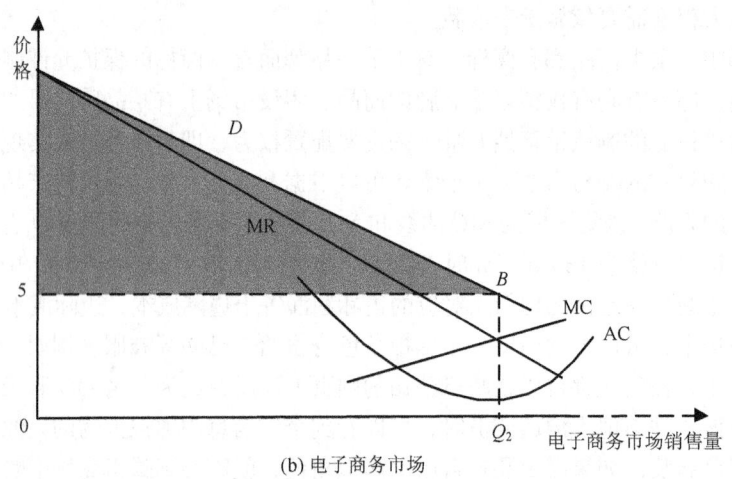

(b) 电子商务市场

图 4.10 分析电子商务垄断市场的性质（续）

这一现象和结论与第 2 章所讲的"数字产品垄断有效性"结论是相一致的，电子商务市场中较低交易成本的性质导致了垄断定价更低，销量更大，此时高的销量才能保证垄断厂商获得更高的利润。低价格给予那些对该数字产品评价较高的用户更多的消费者剩余。

（3）反垄断的策略

垄断有两种主要表现：垄断结构和垄断行为。垄断结构是指市场上只有一个或几个企业独占或者共同占有绝大部分市场份额的状态。在市场竞争的条件下，如果企业通过不断扩大规模和技术创新，凭技术、成本优势独占或占有绝大部分市场份额而处于垄断地位，这是竞争的结果，这样的垄断是有效的。而垄断行为是指市场主体通过各种不正当竞争行为导致市场中只有几个或者一个企业存在，例如，指定性购买或者搭售、基于强垄断势力的价格歧视，以及限制零售商销售竞争者的商品等。世界各国反对的是垄断行为而不是垄断结构。

世界许多国家对电子商务市场的垄断做出了相应的政策。目前，我国为了使电子商务市场能够健康发展，已经出台的相关标准主要有《电子商务模式规范》、《消费者权益保护法》、《网络交易服务规范》，还有《反垄断法》对其进一步约束。

 **小案例**

对微软的反垄断诉讼

微软反垄断案又称微软反托拉斯案，是指从 1997 年 10 月开始，涉及微软的一系列反垄断案件。微软公司先后被美国、欧盟、韩国、日本、中国等多个国家和组织，关于微软在 Windows 操作系统中捆绑视频播放工具（Media Player）、即时聊天软件、浏览器（IE）三者中的某一项或者两项提起诉讼。

欧盟委员会2004年认定,微软公司凭借其在个人电脑操作系统领域的优势地位在市场上打压竞争对手。2004年9月17日,在卢森堡的欧洲初审法院做出判决,基本维持欧盟委员会2004年对美国微软公司做出的反垄断处罚决定,包括4.97亿欧元的反垄断罚款,并取消对Media Player的捆绑。在这以后的10年间,欧盟一直对微软严加监管。2013年3月欧盟又以违背向欧洲消费者提供浏览器选择的承诺为由,对微软开出了5.61亿欧元的罚单。

3. 电子商务市场的寡头垄断

寡头垄断是介于垄断竞争与完全垄断之间的一种比较现实的混合市场形式,是指少数几个企业控制整个市场的生产和销售的市场结构,这几个企业被称为寡头企业。寡头市场具有厂商数量少且相互依赖、价格稳定、市场进入和退出不易等特征。

现在我国的电商平台已经进入到一个极端的寡头垄断状态,C2C及搜索引擎市场处于寡头垄断市场,仅几个企业控制了几乎全部的市场份额,集中度不断增加,淘宝、百度的市场份额远远领先于竞争对手。而B2B、B2C、旅游在线预订市场有向垄断竞争市场发展的趋势,天猫在整个B2C行业中的占有率2013年达到50.4%,而京东是20.7%,两者加到一起占有率高达70%多,而京东自营的业务又在自营市场中占到49%,所以它们具有很强的寡头垄断性质。

在寡头市场上,每个企业的需求都受到其他企业需求的影响,企业产品供给不是单纯的垄断,也没有达到完全竞争时的激烈程度。由微观经济学对传统寡头市场结构的分析可知,产量是由市场上少数几家企业共同决定的,这一现象在电子商务环境下进行了扩展。由于电子商务交易的产品或服务具有低边际成本的特征,电子商务供给方愿意更多地生产产品,而不是单纯停留于寡头市场结构给自己划分的部分产量,因为生产更多的产品或服务并不意味着成本的快速上升,往往只需要企业在电子化目录中多加入几个条目,或者在网页上多加几个链接,这些技术相对于初始的网站建设和网下推广费用低了许多。因此,在电子商务环境下,企业愿意提供更多的消费选择和更丰富的名录。

寡头垄断市场上的价格,通常表现为由各寡头相互协调的行为方式所决定。这种协调可以有以下多种形式。

(1) 价格领先制

价格领先制是指一个行业的产品价格,通常由某一寡头率先制定,其余寡头追随其后确定各自产品的售价。

价格领先制通常有3种形式:一是支配型价格领先;二是成本最低型价格领先;三是晴雨表型价格领先。支配型价格领先,是指由寡头垄断行业中占支配地位的厂商根据利润最大化原则确立产品的售价,其余规模小一些的厂商根据已确立的价格确定各自的产销量;成本最低型价格领先是指由成本最低的寡头按利润最大化原则确定其产销量和销售价格,而其他寡头也将按同一价格销售各自的产品;晴雨表型价格领先是指寡头垄断行业中,某个厂商在获取信息、判断市场变化趋势等方面具有公认的特殊能力，该厂商产品价格的变动，起到了传递某种信息的作用，因此其他厂商会根据该厂商产品价格的变动而相应变动自己产品的价格。

（2）成本加成法

成本加成法是寡头垄断市场上一种最常用的定价方法。该方法的主要步骤是：首先以厂商生产能力的某个百分比确定一个正常或标准的产量数字，然后根据这一产量计算出相应的平均成本，由此可以减少由于实际产量的变动而使厂商制定的价格产生频繁变动。然后在所估计的平均成本基础上加上固定百分比的加成，从而制定出产品的售价。

（3）结成价格联盟

在实际中，定价通常并不能按照上面的方法实施，几个垄断厂商通常会结成价格联盟。可以运用博弈论里经典的模型"囚徒困境"来分析寡头企业价格的竞争。由于在寡头市场上只有为数很少的几家厂商，每个厂商的行为对市场的影响都是举足轻重的，厂商为了获得更大的市场份额，往往会采取降低价格的竞争手段。但是某一个厂商首先采取降价的竞争手段后，其他厂商也会采取相应的降价手段作为回应和报复，以保住甚至扩大自己的市场份额。于是在经过寡头厂商轮番降价后，市场的价格会降到一个很低的水平，其结果往往是两败俱伤。面对由于竞相削价的恶性竞争造成的两败俱伤的结局，寡头垄断厂商意识到与其相互激烈地进行价格竞争而招致惨重的损失，还不如相互之间达成协议，共同谋求总报酬最大化。正因为如此，在寡头市场上，厂商之间经常会达成协议，成立合作性质的卡特尔组织，共谋卡特尔组织的整体利益最大化，且每个成员也均得到一定的好处。

4. 垄断竞争

垄断竞争是一种既有竞争因素又有垄断因素，既不是完全竞争又不是完全垄断的市场结构，即竞争和垄断相结合的市场结构。随着电子商务的商机越来越大，参加的人数越来越多，人们从无形化的贸易中获得新式的商务体验，且每一种体验都是独特而难以重复的，例如，在腾讯微博和新浪微博上，每个用户都有自己的账户和密码，用户都可以在这两个平台上自由地发表自己的观点，找到自己感兴趣的信息，这是可以自己选择的，且很多是别具一格的。所以说，在这看似竞争的市场上，每一件产品的市场都极具特色，可以成为独特的垄断性势力，可将这种现象称作电子商务环境中的垄断竞争。

（1）电子商务垄断竞争的基本特征

相较于传统垄断竞争市场而言，电子商务市场垄断竞争有以下几个特征。

1）市场上存在大量的供给者。电子商务市场存在许许多多的市场交易主体，不仅体现在前述的博客领域，还体现在不计其数的门户网站方面。各个门户网站都应用各种编程技术、网站制作工具尽量美化自己的页面，以追求个性特征为主导的营销理念，力争吸引更多的眼球和关注，从而得到更多的网络广告投资机会。

2）各个供给者提供差异化的产品。由于电子商务个性化定制的便利性，使得差异化产品的提供较传统市场更为方便。对于大量供给者而言，为了赢得市场上的一席之地，尽可能地通过

第 4 章 电子商务市场

各种方式制作个性化产品。例如，每个电子商务平台的服务都不相同，每个电子商务网站的营销观念也不相同，这些产品的供给者不断加强其产品的差异化程度，不断为用户提供新的体验。

3）作为供给商的企业可以自由进入市场。电子商务迅速发展，使电子商务领域的市场管制政策更为宽松，企业在进入电子商务领域时，只需要简单的网站或网页设计等基础的网络技能就可以进入电子商务市场。这种便利性是垄断竞争市场企业自由进入的集中表现。

（2）垄断竞争的均衡

前面在对垄断市场的分析中曾讨论过，电子商务环境中的垄断者依据边际利润等于边际成本的概念确定产量和供给价格，并获得最大化的利润收益，且由于电子商务环境中边际成本趋近于零的特点，市场供给量必须达到很大时才能实现利润最大化的目标。同样，垄断竞争也具有相似的特征。然而，与垄断市场相区别的是，垄断竞争者面临的市场因产品对消费者需求的满足程度不同，使市场需求曲线与企业平均成本曲线的相对位置发生了变化。

下面以企业 A 和企业 B 两个电子商务环境中的企业为例进一步说明这一变化。假设企业 A 的店面设计较企业 B 精致，并在客户进行在线购物之外附送节假日小礼品，具有较为完善的在线服务方式，通过聊天软件积极与客户沟通，力争满足客户更为具体细致的需求。企业 B 将大部分资金投入网页页面的设计上，但由于投资人的精力有限，大部分设计和服务外包给外部，许多设计和服务都没有达到理想的效果。在这个垄断竞争的市场上，企业 A 和企业 B 面临的市场均衡状况不尽相同，具体用图 4.11 分析各自均衡的表现。

在该市场中，两个企业提供的交易服务不同，消费者在各个交易网站获得的需求感知也不同。因此，企业 A 和企业 B 将面临各自独立的市场。企业 A 的平均总成本低于市场的需求曲线；而企业 B 的平均总成本高于市场的需求曲线。

图 4.11（a）表示企业 A 面临的垄断竞争市场，在这个市场上，A 相当于一个垄断者，依据 MC=MR 的原则定价，即 MC 与 MR 交点对应在需求曲线上的点 E 来定价，相应的平均总成本为点 F，销售价格与平均总成本的差额乘以相应的交易 Q_1 得到企业利润。由图 4.11（a）可知，在均衡点上，企业的销售价格（点 E 对应的价格水平）大于企业的供给平均总成本（点 F 对应的价格水平），企业 A 可以获得正的利润，在图 4.11（a）中表示为阴影区域 $CDFE$。

与此类似的是，在图 4.11（b）表示企业 B 面临的垄断竞争市场上，企业 B 相当于一个垄断者，依据 MC=MR 的原则定价，即 MC 与 MR 的交点对应在需求曲线上的点 E 来定价，相应的平均总成本为点 F'，销售价格与平均总成本的差额乘以相应的交易量 Q_2 得到企业 B 的利润。由图 4.11（b）可知，在均衡点上，企业 B 的销售价格（点 E' 对应的价格水平）小于企业 B 的供给平均总成本（点 F' 对应的价格水平），企业 B 获得负的利润，发生亏损现象，亏损额度在图中表示为斜线区域 $C'D'E'F'$。

在此可以注意到，企业 A 和企业 B 面临的垄断竞争市场的均衡表现为短期均衡，这源于企业 A 获得正向的利润，而企业 B 发生了亏损现象，企业 B 会反思自己亏损的理由，并向企业 A 学习其优势来不断增强自己的竞争实力。当企业 B 有机会获得企业 A 的资源，且有能力模仿企业 A 的优势时，企业 B 的成本曲线将会发生改变，由这些改进所带来的顾客购物体验的改进也将提升市场的需求，这使企业 B 的亏损现象得到改善，总成本曲线的下降和需求曲线的上移使市场均衡对应的需求价格水平高于总成本相应的价格水平，这表现为企业 B 扭亏为盈，逐渐得到正向的利润。

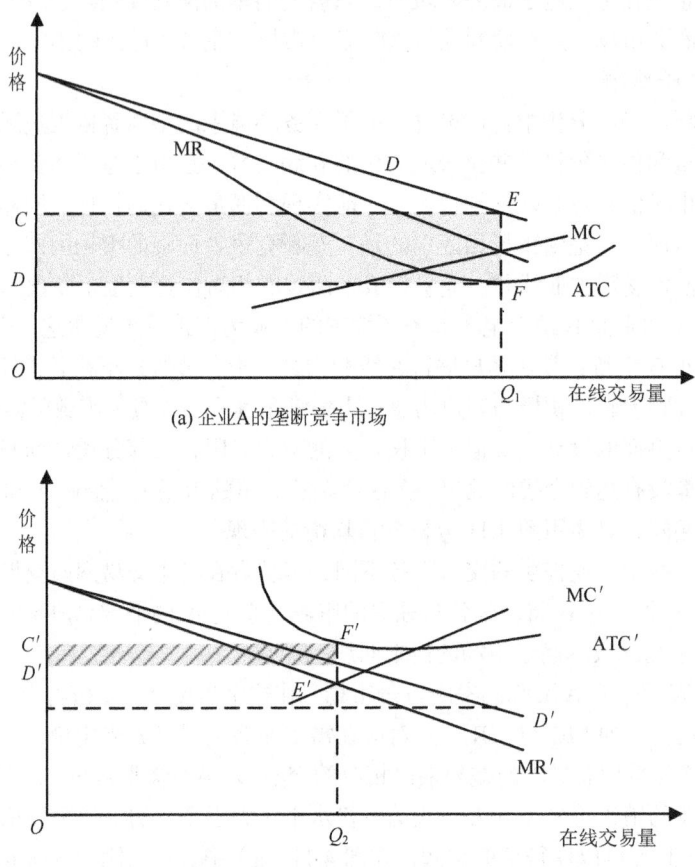

图 4.11 垄断竞争电子商务环境中的短期均衡

4.3.2 电子商务市场的发展策略

4.3.2.1 电子商务市场的竞争策略

1. 差异化竞争

（1）差异化竞争的含义

差异化竞争（Diversified Competition）是将企业提供的产品或服务差异化，生产和提供企业在全行业范围内具有独特性的产品和服务。实现差异化竞争可以有许多方式，如产品设计、品牌、技术、产品功能、顾客服务、商业网络及其他方面的独特性。具体而言,就是通过市场细分和个性化服务来获得差异化的竞争优势,使其成为企业经营战略的发展潮流,是以客户为中心的思想在企业竞争战略中的一种体现。

(2)产品差异化战略的竞争优势

差异化产品可以更好地满足消费者需求,同时促使企业提高销售量。美国学者Olav·Sorenson曾对一些企业进行考察验证,发现企业在市场份额与差异产品数之间存在着某种正相关性。

差异化战略使企业建立起高的顾客忠诚度。企业实施差异化竞争,通过提供区别于同行业的特殊产品和服务,有助于顾客对企业的产品和服务形成认识和依赖,从而使其对价格变化的敏感度逐渐降低。这使得替代品无法在性能上与之竞争,为企业在激烈的市场竞争中提供有效的优势,从而避免竞争对手的侵害。

企业提供差异性产品无形中也为潜在进入者设置了一道进入壁垒。现有产品的特色、种类及所建立的商品信誉可以减少该产品的市场进入点,使潜在进入者难以进入。

削弱购买商讨价还价的能力。企业通过差异化战略,使得购买商缺乏与之可比较的产品选择,降低了购买商对价格的敏感度。另外,通过产品差异化使购买商具有较高的转换成本,使其依赖于既定企业。

差异化战略可以缓解公司所面临的竞争压力。企业实行差异化竞争离不开创新,创新能使企业在面对日益激烈的市场挑战时,通过不断推出有别于行业竞争者的差别化产品和服务,保持企业的领先地位。

(3)产品的差异化战略竞争的劣势

实施产品差异化战略并不是一劳永逸的,也存在一定风险。差异产品要求产品设计、原材料、生产过程都有所不同,当差异性增加时,这些产品间的协调难度增大,还会增加一些常用开支。企业为生产多种产品,在购买原材料时不能充分利用规模效益,部分丧失与供应商讨价还价的能力而会使生产成本增加。企业还必须储存多种不同的原材料,也将会导致库存成本的增加,同时产品差异化针对的是一部分消费者,因此就要丧失掉部分顾客。最后,随着时间的推移,企业所推出的差异化产品或服务可能会被竞争对手模仿,从而削弱企业的竞争优势。

(4)企业实施差异化战略的途径

1)产品差异化。产品差异化指某一企业生产的产品,在质量、性能上明显优于同类产品从而形成独自的市场。对同行业的竞争对手来说,产品的核心价值是基本相同的,所不同的是性能和质量。在满足顾客基本需要情况下,通过不断创新,为顾客提供独特的产品是差异化战略追求的目标。例如,电子邮箱的安全性、可靠性、容量是用户最根本的需求,在满足这些需求之后,用户还需要丰富的功能,如在邮箱中查看新闻、直接在邮箱中搜索邮件、增添邮件桌面端工具等。而这些在邮箱服务提供商那里就表现为差异性产品。因而在满足顾客基本需求的情况下,通过不断创新,为顾客提供独特的产品是差异化竞争追求的目标。

2）定制差异化。在电子商务环境中，顾客依然处于主导地位，消费者极具个性，且信息技术的运用让顾客和产品服务提供者间的沟通变得更加便利：一方面，顾客的需求很容易被发现；另一方面，特定的产品或服务提供可以较快地得到市场反馈。因此，电子商务市场上只有那些满足顾客需求并很好地传递顾客价值的产品才可能获得成功。换句话说就是提供了符合顾客某种特定需求的产品才可能在市场竞争中生存。这不仅仅是产品形式和内容的改变，更主要体现在顾客定制上。基于顾客定制的产品差异化鼓励电子商务企业以有吸引力的价格向消费者提供他们所需要的个性化产品或服务。每个网络顾客的需求都是不同的，需要强调的是以顾客为中心，通过便利的信息沟通和信息处理，顾客可以参与到产品的设计、制造中去，企业辅助顾客实行个性化定制生产。这种定制化或者称为差异化，支持与每个用户建立一对一的关系，在定位于实现顾客价值诉求的基础上实现富有效率的大规模定制。

3）服务差异化。服务差异化是指企业向目标市场提供与竞争者不同的、优质的、个性化的、情感性的、特色的服务。尤其是在难以突出有形产品差别时，竞争成功的关键常常取决于服务的数量与质量。创造差别化服务对消费者的偏好具有特殊意义，是赢得用户、扩大市场占有份额并在激烈的市场竞争中站稳脚跟的重要策略。区别服务水平的主要因素有送货、安装、用户培训、咨询、维修等。

在电子商务市场上，基于个性化定制，服务差异化主要体现在企业与客户及其他合作伙伴沟通过程中的信息反馈和信息处理上。企业可以24小时接受顾客或合作伙伴关于产品或服务的资料索取和问询，并可及时响应他们的需求。企业可以通过顾客的电子商务活动收集大量的客户数据，了解客户偏好和购买类型，实现差异化定制服务，提高企业的竞争力。

4）形象差异化。形象差异化是指企业通过实施品牌战略和形象战略而产生的差异。企业通过强烈的品牌意识、成功的形象战略，借助媒体的宣传使企业在消费者心目中树立起优异的形象，从而培养顾客对品牌的认可，把企业的品牌和形象根植于顾客的心目中。在电子商务市场中，由于现实的消费市场存在着信息不对称现象，品牌形象差异化可以最大限度地降低"信息不对称"程度，赢得消费者的信赖，最终增强品牌的竞争力。如在淘宝网上，平台会根据买家对商品的评价，对卖家的信用做出评级和排序。当买家搜索商品时，很多用户就会选择信用好的卖家购买东西来确保商品的质量。

5）市场差异化。市场差异化是指通过产品的销售价格、分销渠道、售后服务等在不同市场形成差异。就以渠道差异化为例，无论传统市场还是电子商务市场，都应该重视营销渠道的建设，正所谓"得渠道者得天下"。通过适当的渠道，企业可以顺利完成产品或服务从生产者向消费者的转移，并实现盈利。渠道差异化是企业根据其产品或服务的特点设计并建立独特的营销渠道，以提升企业的竞争力。

互联网本身就是一个极佳的营销渠道，它拓展了企业传统的渠道范围，突破了企业地理范围、商业时间及产品展示的局限。通过不间断的在线信息沟通，可以营造与客户一对一的沟通关系。

互联网的渠道差异包括：分销渠道、沟通渠道、客户关系渠道。首先，在网页上提供产品和服务的企业可利用互联网作为沟通的渠道；其次，企业可以开通在线交易，拓展分销渠道；再次，通过互联网建立与客户直接对话的平台，了解现有及潜在顾客的特征，形成新型的基于电子信息交流的客户关系渠道。例如，某些公司在淘宝网、京东商城等网络平台开设网上旗舰店或专卖店后，网络销售量直超线下店铺。既实现了网络销售又开拓了新的营销渠道，一举两得。

2. 标准竞争与兼容

（1）标准与兼容的含义

国家标准 GB 3935.1—83 标准化基本术语第一部分对标准做如下定义："标准是对重复性事物和概念所做的统一规定。它以科学、技术和实践经验的综合成果为基础，经有关方面协商一致，由主管机构批准，以特定形式发布，作为共同遵守的准则和依据。"

标准竞争日益成为市场竞争的一个新特征，也是企业建立核心竞争优势的一个重要途径。国外众多领先企业已将标准竞争作为一种基本的竞争战略，并通过标准竞争建立其他方式难以获取的核心竞争力。近年来，国内企业也逐渐认识到标准竞争的重要性，并开始在国内和国际领域中积极参与标准化竞争，已经在中文编码、第三和第四代移动通信、高速铁路等领域取得成就。

所谓兼容性，是指多个硬件之间、软件之间或软硬件之间的相互配合程度。兼容的概念比较广，相对于硬件来说，几种不同的电脑部件（如 CPU、主板、显示卡等）如果在工作时能够相互配合，稳定地工作，意味着它们之间的兼容性比较好，反之就是兼容性不好。若某个软件能稳定地工作在若干个操作系统之中，就说明这个软件对于各系统有良好的兼容性。再就是在多任务操作系统中，几个同时运行的软件之间，如果能稳定地工作，不频繁崩溃、死机，则认为它们之间的兼容性良好。另一种就是软件共享，几个软件之间不需要复杂的转换，即能方便地共享彼此的数据，也称为兼容。

（2）标准竞争问题产生的原因

当前，在世界范围内的竞争中，出现了新的竞争方式，那就是标准竞争。在以往的工业经济时代，标准的形成往往落后于产品的生产，而到了当前知识经济时代，国外跨国公司总是在产品进入大规模生产前，就试图制定和控制产品的行业标准。下面从两个方面对标准竞争的产生原因做出分析。

1）网络效应的存在。当一个市场的参与者影响其他人，却没有人做出补偿的时候，就产生了外部性。网络外部性往往是正的，当我们加入网络时，网络变得更大更好，正是由于网络的正外部性，才使得正反馈得以产生。与网络的外部性紧密相关的就是总转移成本。对那些试图在市场上推出新的、不兼容技术的公司来说，最大的挑战就是通过克服总转移成本，即所有用户的成本总和，来扩大网络规模。在许多信息产业中，总转移成本是对当前市场占有者最有利的力量。对潜在进入者来说最糟糕的是，转移成本的作用是非线性的。正是因为各种顾客在转移到一个不兼容的技术时很难协调，对一个大用户安装基础的控制将会成为企业最大的资产。

当一种产品对一名用户的价值取决于使用该产品的用户数量时，经济学家称这种产品显示出网络外部性或网络效应。受强烈的网络效应影响的技术一般会有较长的引入期，紧接着是爆炸性增长。这种模式是由正反馈引起的：随着用户安装基础的增加，越来越多的用户认为使用该产品是值得的，最后，产品达到了临界容量，占领了市场，成为标准。在竞争成为标准或至少获得临界容量的过程中，顾客预期是关键。事实上，被预期成为标准的产品将会成为标准。因此，当进入网络效应很强的市场时，公司会力图告诉顾客他们的产品将最终成为标准，而与之竞争的不兼容产品会很快被孤立。

2）锁定效应的存在。在 20 世纪 70 年代，日本两家知名企业同时推出了两种录像带制式：索尼公司的 BETAMAX 和松下公司的 VHS。在技术专家的评价里 BETAMAX 要比 VHS 先进得多。但是，在录像带的市场竞争开始之前，松下已经比索尼占有大得多的家电市场并且与其他国家的进口商和电视机生产商建立了比索尼公司密切得多的伙伴关系。凭借市场份额的优势，松下在 10 年内彻底击败了对手的优势技术。

这种情况就是因为存在"锁定风险"。锁定风险是指由于追随了与未来主流的制式不同的制式而不得不在未来重新购置资产（或物品）所支付的代价。当锁定风险很小的时候，自由竞争的力量足可以保证最先进的技术最终统治整个市场；而当锁定风险很大的时候，先进的技术未必能够成为经济上合算的技术，于是"悲剧"就发生了。把这种局面的出现称为"锁定效应"。索尼的悲剧就在于，经济上合算的技术并不是事前靠纯粹技术上的优势就可以判断出来的。因此，由于锁定效应的存在，生产者在开始大规模生产前，都试图使自己的技术成为标准，以减少和避免今后有可能产生的锁定风险。这也是标准竞争的原因之一。

（3）标准竞争中存在的问题

2003 年，《财富》杂志选出 5 项可能改善未来世界的科技趋势，排名第一的趋势就是"标准化"，但目前在标准制定过程中还存在一些问题。

1）标准化体制束缚了企业参与标准竞争的积极性。标准化体制以"政府主导"为主要特点，企业处于弱势地位。但是企业是参与标准竞争的主体，只有企业主导下的标准制定才能及时适应市场及技术快速发展变化的需要。由于企业处于弱势地位，参与标准竞争的积极性不强。

2）技术相对落后制约着企业参与标准竞争。参与标准竞争的硬件基础在于过硬、领先的技术能力，这一点正是一些中小企业所缺乏的。技术能力薄弱使得企业即使参与标准竞争，也往往处于劣势地位。

3）对标准研发投入不足。中小企业在技术研发方面投入本来就比较少，在标准上的投入就更少，对标准研发投入不足严重影响了企业参与标准竞争的能力，因此政府应加大对标准制定的投入。

4）企业参与标准竞争的技巧和能力不成熟。企业参与标准竞争要经过长时间的实践，才能具有相对成熟的技巧和运作能力，才会综合运用市场力量、政治资源参与标准竞争并且取得良好成效。

（4）应对标准竞争的战略措施

标准竞争首先是从标准的形成开始的。在标准形成过程中，企业根据所处的环节，对于形成初期、形成后，应采取相应的战略。

标准形成初期的战略包括以下几种：

1) 收购战略。对于微软、思科等发展较快的大公司来说，它们的优势不在于自己研究开发了多少技术产品，而是在于它们善于采用最有效的投资方式及时获得需要的核心技术，来构成自己的标准。"我们要的是能吸收利用他人的技术和知识，且能形成为自己谋得超额利润的标准。"思科的某位主管如是说。

2) 参与标准制定战略。在研发过程中积极参与标准制定的准备工作，并尽量使自己的技术在标准形成中发挥作用，可有效避免按别人的规则办事。标准代表了一条产业链，而链条中的所有公司都必须密切关注标准化发展方向及标准竞争情况，从而决定选用何种标准。

3) 技术输出战略。当今世界新技术层出不穷，产品更新很快。一个企业要想永远保持技术领先很难。与其等着其技术让别人赶超，等待别人研发替代技术，不如主动出击，走技术输出路线。技术输出可以收取技术转让费用，加快技术研发成本的回收。更重要的是，技术输出有助于拓宽技术使用的范围，扩大产品销售量，提高市场占有率和产品影响力，以便以后在制定行业标准时更有发言权。

4) 技术联盟战略。标准的形成，一取决于技术，新标准的推出取决于新技术的形成与产业化。二取决于市场，技术没人跟随，至多只能成为企业的内部标准，标准的拥有者根本无法获得市场游戏规则制定者的地位。一些重要行业的技术标准往往涉及很多知识产权，其中最主要的就是专利权，并且由于技术庞大复杂，任何一个企业都难以同时控制某一生产的全部核心技术，因此技术标准的制定者就必须得到一定数量的企业或科研机构的支持，使技术标准体系不断得到丰富并最终得以完全建立。企业间建立战略联盟，既可以彼此取长补短，获得事业互补效益，以达到优化资源配置的目的，又可以降低新技术开发风险。尤其可以避免企业间的技术标准之争，达到双赢目的。技术有多方跟随，就容易制定并形成行业标准。

标准形成后的技术标准战略包括以下几种：

1) 市场扩张战略。技术群落的形成，并不意味着标准化工作的结束。实施技术标准战略的最终目标就是要赢得市场，因此，获得市场支持就成为企业标准战略的重要组成部分。对于市场的控制，微软、英特尔靠的是其强大的市场运作能力。由于其产品在全球市场的占有率极高，它们推出的技术标准，即使还不能成为正式标准，也能很快取得事实标准的地位。而高通公司在其 CDMA 成为正式标准后还要取得各设备制造商、运营商的支持，其标准才能发挥作用。

2) 追随战略。对于实力相对较弱的企业，由于技术研发力量薄弱，市场主导能力欠缺，在缺乏有效的自主知识产权的支撑下，追随别人的标准是比较可行的策略。英特尔某高管有句名言："智者依标准而行。"以计算机芯片为例，英特尔是计算机芯片标准的制定者，它每推出一个新的芯片，几个月内就能覆盖全球计算机市场。谁不能跟随新芯片推出新的配套零部件，就会被淘汰出局。但追随别人的标准，往往包含着危险，命运往往掌握在别人手里。

3) 标准引进战略。随着经济全球化的发展，技术性贸易壁垒问题日渐突出。技术标准和技术法规构筑技术壁垒具有合理性、合法性与隐蔽性，因此已成为各国构筑技术壁垒的主要手段。

直接引进、使用国际先进的技术标准,不仅有利于提高产品质量和市场竞争力,还有助于打破贸易技术壁垒,扩大产品市场。

小案例

美国高通公司的专利

高通是一家美国的无线电通信技术研发公司,成立于1985年7月,以在CDMA技术方面处于领先地位而闻名。该公司拥有3 000多项CDMA及其他技术的专利及专利申请,并已经向全球125家以上电信设备制造商发放了CDMA专利许可,授权的手机厂商可以根据与高通公司单独订立的专利许可协议在其产品上使用高通公司的专利。

高通公司的许可原则反映公司的核心理念,即如果所有参与者都能接触到所有的专利发明,那么无线行业就会实现最快、最有效的增长。高通公司相信,通过开放而不是限制性的许可,整个行业,包括高通公司自己都会更多地获益。

2013年,高通芯片和许可费收入总计243亿美元,其中将近一半来自中国,许可业务收入占总收入的30%,利润占比达到70%。欧盟、韩国、中国均对高通专利授权定价过高展开反垄断调查。

3. 锁定竞争

(1)锁定与转移的含义

转移成本和锁定(Lock-in)是普遍存在的现象,不论是在线市场还是离线市场,转移成本是规律而不是例外,但是要量化这些成本无论是对于购买者来说还是对于提供者来说都是非常困难的。当从一种品牌的技术转移到另一种品牌存在较高成本时,用户就面临锁定。锁定的本质是消费者现在的消费选择将限制未来的消费选择,并且这种限制通常是由将来的转移成本造成的。

锁定是企业通过吸引客户从而占领市场份额的过程。锁定用户群是一个非常有力的正反馈,推动厂商达到垄断地位,并不断淘汰小厂商和业绩不佳的竞争者。锁定用户群不仅能长期吸引客户,而且由于客户重复购买的积累效应而导致厂商的市场份额迅速增长。

"转移成本"(Conversion Cost)最早是由迈克尔·波特在1980年提出,指当消费者从一个产品或服务的提供者转向另一个提供者时所产生的一次性成本。这种成本不仅是经济上的,也是时间、精力和情感上的,它是构成企业竞争壁垒的重要因素。如果顾客从一个企业转向另一个企业,可能会损失大量的时间、精力、金钱和关系,那么即使他们对企业的服务并不完全满意,也会三思而行。

（2）锁定产生的原因

消费者锁定是在不断发展的市场中慢慢形成的，在特定的交易领域，通过提高消费者的转移成本，可以占有一定的市场规模，并且使厂商在与消费者谈判中获得优势地位。那么是什么使得电子商务中可以进行锁定呢？有以下几点原因：

1）网络外部性。网络外部性表明用户连接到一个网络的价值取决于网络中已有的用户数量。网络外部性给电子商务网络中的用户提供的网络价值成为转移成本的重要组成部分。

2）网络的正反馈性。电子商务网络平台的规模效应导致平台的平均成本降低，同时网络价值上升，对用户越来越具有吸引力，从而实现自我增强的良性循环，即正反馈。正反馈将使网络规模进入快速增长，网络规模越大其价值越大，用户越难以切换而陷入锁定，同时还越吸引潜在用户加入网络，形成良性循环。

3）信息价值的累积增值性和传递效应。信息价值的累积增值性和传递效应是使网络经济中锁定现象更明显的原因。在网络经济中对信息的投资不仅可以获得一般的投资报酬，还可以获得信息积累的增值报酬。随着电子商务网络平台的发展，其中积累的信息越来越多，信息通过累积和处理可以使它的内容和形式发生质的变化，以适应特定的市场需要从而身价倍增。无疑，累积了大量信息的电子商务网络平台对用户将具有很强的吸引力。信息还具有传递效应，信息使用规模的不断扩大可以带来不断增加的收益。

（3）锁定的方式

表 4.5 是夏皮罗和瓦里安将锁定和相关转换进行分类的结果总结。可以看出，许多锁定顾客的传统方式在电子商务环境中同样发挥着作用。在表 4.5 中，就合同承诺和搜寻成本对转换成本的影响而言，在线环境与传统方式相比差别不大；而在线环境中厂商提高消费者转换成本的重要方式之一是厂商设计的忠诚回报项目，它在电子商务中的运用正在变得日益复杂。

表 4.5 锁定和相关转移成本的类型

锁定的类型	转移成本
合同承诺	补偿或毁约损失
搜寻成本	购买者和销售者共同的成本，包括对替代品质量的认知成本
购买耐用品	更换设备，随着耐用品的老化而降低
特定产品培训	学习新系统，既包括直接成本，也包括生产率的损失，随着时间而上升
信息和数据库	将数据转换为新格式，随着数据的积累而上升
商业合作伙伴	支持新商业合作伙伴（供应商）的资金；如果功能很难得到或维持，随着时间而上升
忠诚回报项目	在现有供应商处失去的利益，再加上可能的重新积累使用的需要

1）合同锁定。签订合同不仅仅是给买卖双方提供了一定的保障，同时还将买方锁定于合同的另一方，因为买方一旦转向其他供应商，就会造成违约，要支付赔偿金因而构成了转换成本。

例如，某企业花巨资购买了一台寿命为8年的专业设备，并且在购买时签订了为期3年的服务合同。那么等到合同期满后企业就很可能被锁定。因为这时候想更换设备但该设备还有5年可用，于是企业就很可能要为剩下的5年支付高昂的服务费用。

2）搜寻成本造成锁定。无论在线还是离线环境中，搜寻一个新卖主的成本都构成买主的转换成本。尽管在线环境可以为消费者节省全部或者部分的运输成本，但是在线购物仍然需要花费时间来收集和处理信息，更换卖主必然要承担搜寻成本。

3）购买耐用品产生的锁定。某公司的一种设备是耐用品，使用年限比较长，如果企业把它换掉就会承受一定损失。一般在购买了这些设备之后企业还不得不购买相应的互补产品（相应的管理软件等），对这些互补产品而言，升级和产品改进却是很普遍的。使得更换这些设备的转移成本相当高，这样企业很可能就被锁定在耐用设备和系统之中了。

4）针对特定产品培训产生的锁定。一个人对某软件越熟悉，操作越熟练。要让其对同类软件达到同样熟练程度所需的成本就越高，因而锁定的程度也越强。另外，软件供应商还可以通过引入一系列的升级，提供新功能作为新的收入，以此来保持高的转移成本。例如，一个企业的员工接受了某个系统的专门培训并且能熟练使用该系统，如果因某种原因要转向使用其他种类的系统，就存在相当高的转移成本，包括对老系统的使用所花的时间和精力、对新系统培训的一切花费等。

5）信息和数据库积累造成的锁定。企业在储存数据和信息时通常会采用相同的格式编码，然而这些信息和数据如果不能很方便地转移到一个系统里，就会存在很大的转移成本。比如，以前许多用户都用某语言来编写程序，从而构成了许多基于该语言的数据库系统，这些数据库的数据和编码在今天众多系统下要自由传输就存在很大的转移成本，要借助特殊的转换工具才行。而这些转换工具的使用和转换过程是要付出高昂代价的。特别是有些信息存储产品（硬件）和数据库（软件）商家会利用降低产品的兼容性来提高顾客的这种转移成本。

6）更改商业合作伙伴造成的锁定。一般来讲，所有的供应商合作伙伴都具有或潜在的具有锁定功能，因为为确定一个商业伙伴，必须投入一定的人力、物力、财力去收集供应商的信用评价、基本财务状况，还有后续为维持良好关系付出的各项成本等。一旦更改商业伙伴，这些费用就没有了价值。

7）忠诚回报项目锁定。忠诚回报项目的本质就是卖方统计买方的购买记录，向那些"忠诚"的买主提供回报，这时的转换成本就变成了放弃在现有商家积累起来的优惠和礼遇，以及转向新商家可能需要重新积累所使用的成本。有些商品对于不同等级的会员来讲，价格是不同的，通常等级高的比较便宜，但是等级需要消费者长期进行购买并且给予好评才能够提升，这就形成了锁定。

除了以上几种锁定方式外，还有一种锁定就是免费锁定。所谓免费锁定，指供应商通过提供免费商品让顾客使用，在用户形成使用习惯后锁定顾客的方式。这是因为在使用过程中，消费者会越来越熟悉和了解该产品的性能，一旦形成习惯，消费者就会继续使用从而形成产品锁定。

（4）企业采用锁定的策略

1）抢先化策略。网络经济中，在特定情况下速度比质量重要，时间比性能重要。与传统经济相比，先入为主、先声夺人的特点更为突出。最先投入市场的产品，也是最早进入用户选择视线的产品，而且竞争产品少，被用户选用的可能性大。另外，即使比较出彼此的优劣，用户也必须考虑转换成本，再决定是否投资购买新产品。

2）升级化策略。企业通过不断地技术创新，使产品性能更优、效率更高、安全性更好，以满足用户的需要。随着产品不断升级，迫使用户不断追加投资，用户弃用现在产品的沉没成本越高，用户就越容易被锁定。

3）标准化策略。企业运用公开技术标准等方式，使自己的产品标准成为市场上的技术标准或行业标准，这样不仅使产品兼容性扩大，还给用户带来了便利，降低了产品的使用成本，而且标准所具备的强制性增加了用户改用其他产品的技术风险和转移成本。因此，标准化"锁定"是带有一定强制性的深度锁定。

4）品牌化策略。一个企业的品牌是企业的产品质量、技术水平、市场地位的综合体现。通过对品牌的价值塑造，使品牌代表一套价值观联盟，通过与消费者的深度沟通并同消费者引起心理共鸣，得到消费者追捧。而网络的开放性和无边界性，使得品牌正面效应最大化。

5）组合化策略。将若干相关产品和服务捆绑销售，这在网络产品或信息产品中尤其容易实现。即使用户对其中某种产品不满意，但用户一旦放弃这一产品，将无法享受捆绑的其他产品或服务。

6）专门化策略。按照特定用户的特定要求提供专门化产品即为专门化策略，这类用户群虽然在市场中的份额不是很大，但用户一旦选定专门化产品，就会被其深度"锁定"。这是因为专门化产品价格要高于标准化产品，为客户量身定做的专门化产品使其不得不投入更多资金和培养专门人才，必然伴随着较高转移成本。

7）规模化策略。传统经济中，规模效应只能降低单位产品成本，而在网络经济中，规模效应不仅降低了单位产品成本，还提高了产品的使用价值。因为网络经济的外部性和边际效用递增性，使得产品规模化程度越大，用户使用产品的效用就越高。以上是具有网络经济特征的企业对用户的锁定策略，当然还可以采用传统经济中的锁定策略，如垄断化策略、契约化策略、忠诚化策略等。

4．构建进入壁垒

（1）进入壁垒的含义

进入壁垒（Barriers to entry）是影响市场结构的重要因素，是指产业内既存企业对于潜在进入企业和刚刚进入这个产业的新企业所具有的某种优势的程度。换言之，是指潜在进入企业和新企业若与既存企业竞争可能遇到的种种不利因素。进入壁垒具有保护产业内已有企业的作用，也是潜在进入者成为现实进入者时必须首先克服的困难。

著名经济学家施蒂格勒指出，进入壁垒可以理解为打算进入某一产业的企业而非已有企业所必须承担的一种额外的生产成本。进入壁垒的高低，既反映了市场内已有企业优势的大小，也反映了新进入企业所遇障碍的大小。可以说，进入壁垒的高低是影响该行业市场垄断和竞争关系的一个重要因素，同时也是对市场结构的直接反映。

（2）电子商务构建进入壁垒的方式

1）技术壁垒。既存企业有能力获得绝对成本优势，可以阻止新企业的进入。他们可以通过扩大经济规模、扩大经济范围来降低成本，这是新企业所做不到的。有效地进入也需要金融支持。就目前我国电子商务市场来看，进入壁垒总体上比较低，因为必要的资本和网上销售成本及信息技术已经不再是电子商务市场进入的一个壁垒，也是我国电子商务市场快速发展很重要的原因。建立一个网站在形式上使得进入电子商务市场比较容易，但有效地进入（进入规模和利润足以补偿进入风险）却不容易。

2）战略行为壁垒。既存企业通过产品差异化来建立自己产品的垄断地位，包括产品的质量、包装、设计、名誉、品牌等。网站的用户知名度、信任度和品牌壁垒凸显，已经树立了品牌形象的电子商务企业就拥有了先入者的竞争优势，而新进入市场的电子商务企业必须从头开始建立在线交易或服务的信任感，而这通常需要一个过程和很高的广告推广费用。

3）政策法规壁垒。产生于各级政府，可能会使某些企业垄断性地控制某些特定的有价值的"财产"，如专利权、著作权、政府特许经营权等，而产生进入壁垒。

4.3.2.2 电子商务市场的价格策略

1. 价格歧视

价格是影响产品销售的重要因素，也是消费者选择产品所重视的，所以它被企业用作与竞争者争夺市场份额的重要竞争手段。在电子商务市场中，由于买家和卖家可以进行单线联系，价格歧视战略得到了很大的应用。价格歧视理论如果应用得当，会给企业和消费者都带来一定的益处，实现双赢。以个性化定价为例，采用个性化定价一方面可以使企业获得更多甚至全部消费者剩余，使消费者丧失部分或者全部消费者剩余，但这既然是消费者愿意接受的价格，就说明消费者对该商品效用的评价高，其结果无疑大大增加了每个消费者的效用。因此，在电子商务环境中，企业应在提供相应产品的质量保证和售后服务的前提下，与消费者一起找出一个既能使企业利润最大化又使消费者效用增加的平衡点。

同时，在电子商务市场中采用价格歧视存在一定的弊端。极低的菜单成本和定制成本，使电子商务厂商能够利用商品网页来影响不同偏好的消费者所能得到的信息，进一步分割消费者，从而使在线厂商的强大价格歧视能力得以展现。价格歧视会使利益由买方向卖方转移，由于网络的虚拟性，卖主对产品的质量评价更具有主观色彩，消费者购买产品时不仅要设法了解产品的质量分布还要了解卖主的销售动机，造成消费者的信息劣势，降低交易的效率，加剧信息的不对称性。

在线厂商价格歧视主要有3种方式：一级价格歧视，二级价格歧视和三级价格歧视。

（1）一级价格歧视

1）一级价格歧视的含义。一级价格歧视又称完全价格歧视，指具有垄断力的企业能够确切地知道每个消费者购买单位商品所愿意支付的最高价格，并据此为每单位商品制定不同的销售价格。

以图 4.12 来简要说明。d 为需求曲线，如对一定量商品索取相同价格时，消费者按 P_m 价格购买 Q_m 数量的商品，这时消费者剩余为 $P_m AB$。若实行一级价格歧视时，厂商对 Q_1 取价 P_1，对 Q_2 取价 P_2……最后对 Q_m 取价 P_m。这样，需求曲线 d 成为垄断厂商的边际收益曲线。在同一价格下的消费者剩余由于实行一级价格歧视而全部转为垄断厂商增加的收益，消费者剩余为零。就好比你在商店里买东西，如果不会砍价的话，商家就会根据你的穿着漫天要价，如果你讨价还价的话，最终每个消费者在此商品上的花费会有所差别，而消费者支付的价格正是其愿意支付的最高价。

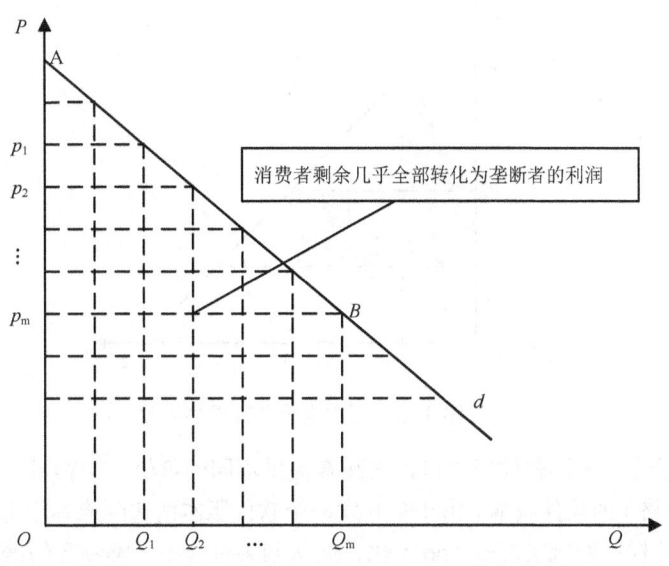

图 4.12　完全价格歧视的形成

一级差别价格表明消费者剩余已经小到不能再小的地步，因为商品具有不可分割性。但在传统市场上，完全一级差别价格歧视几乎是不可能的。但在电子商务市场中，网络营销的某些有利条件决定了完全价格歧视存在的可能。制造商可以采用一对一营销战略制定个人化的价格。具体方法是通过消费者的点击率、搜索习惯和网上注册等手段得到消费者购买商品的详细资料以及他们的信息反馈，从而分析消费者需要什么样的产品，然后再根据消费者对产品愿意支付的价格区间范围和消费者自身的特征来确定个性化售价。另外，在网络营销中，消费者与制造商一对一交流，单独付账，有效地防止了转卖行为的发生。

制造商实行完全价格歧视，将消费者的最高保留价格确定为商品的卖价，此时消费者剩余为零,生产者剩余达到最大,社会福利净损失也下降为零。所以,一级价格歧视虽然攫取了全部的消费者剩余,但是它的社会福利水平高于垄断定价的社会福利水平,类似于完全竞争市场的社会总福利,具有一定的资源配置效率,是可以允许存在的。因此在网络营销政策中,完全价格歧视是合理的。

2)个性化定价在电子商务市场上的应用——版本定价。版本定价就是厂商根据顾客的不同需求提供产品或服务的不同版本,并为不同版本制定不同价格。不同顾客对同一产品或服务的价值认同是不一样的,通过版本划分满足每位顾客的需求,可使企业获得最大收益。在图 4.13 中,当消费者消费一个低级别的版本 X_3 时,厂商索取价格为 P_3;当消费者购买高一级的版本 X_2 时,厂商索取价格为 P_2。这样,厂商可以获得比单一定价 P_3 更多的收入,如图 4.13 中阴影部分所示。

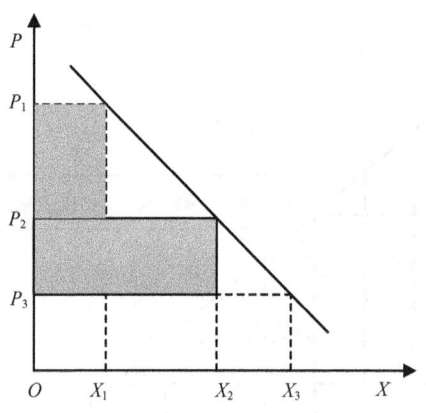

图 4.13 版本定价获得更多收益

在版本定价中,不同软件版本可以向顾客提供不同的价值,顾客可以选择最符合自己价值(愿意支付的价格)的软件版本。由于多开发一个软件版本的边际成本很低,版本定价非常适用于软件销售。这样厂商既实现收入最大化,又从购买行为中了解顾客的需求,同时避免了与每位顾客进行价格谈判。

数字产品(软件产品)的版本划分主要基于功能及性能,但也可以基于时间进行版本划分。

基于功能及性能的版本划分定价。最典型的就是厂商提供受损产品,这种版本定价是指厂商向消费者提供不同功能及性能的产品,并制定不同的价格,以满足不同支付意愿的消费者需求。例如,软件供应商针对那些需要使用软件但是又不愿意为软件的完整功能付费的消费者,会减少软件的一些功能,以较低的价格销售。厂商也可以向顾客提供一个免费版本,免费版本限制软件中部分功能或者仅提供限时使用,而将功能更完善的付费版本用于销售。厂商开发免费版本仅需要负担很小的边际成本,但可以使客户熟悉软件,刺激顾客购买付费版本。例如,Adobe 公司向用户提供免费的 Adobe Reader 软件来阅读 PDF 格式的电子文档,若用户想创建或修改电子文档,则需要购买 Adobe Acrobat 软件。经常可以见到标准版、专业版、豪华版甚至英雄版的同一软件产品。

基于时间的版本划分定价。时间也是用于差别定价的很好标准，供应商提供的产品性能完全一样，所不同的是供应商对于传送产品的时间进行控制和把握，通过实时的与延时的服务提供不同的价格安排。例如，某些财经网络公司向客户提供有价证券报价的信息服务，可能对使用实时报价信息的客户收取的费用为每月50美元，而对使用延迟20分钟报价信息的客户收取费用仅为每月8.95美元。另外，某些消费软件通常每年推出一个新版本，如瑞星杀毒2013版、瑞星杀毒2014版等。

版本定价的关键是高价版本，通过调整顾客对软件的价值(愿意支付的价格)，使它大于或等于软件的价格，这样顾客就会购买高价版本而不会因为省钱而买低价版本。如果一个软件有两个版本，低价版本可能会取代一部分高价版本的销量，但通过高价版本和低价版本的组合销售可以使总收入增加，同时扩大软件的用户规模。经济学理论认为，使低价版本的价值低于对价格敏感的顾客的支付意愿，能够刺激对价格不敏感的客户购买高价版本。通常可以向顾客提供一个更高价格的版本，顾客从心理上会选择中间价格的那个版本。

总之，在版本定价中，版本划分是关键。供应商可以通过准确识别产品与服务中对某些顾客极为重要，而对其他顾客并无价值的各个方面，以便设计出对每类顾客都具有吸引力的版本。作为个性化定价的一种特殊形式，版本定价的产品价格也不是由成本决定的。

同时，版本定价对软件的开发也提出了要求，要求其基于构件技术或采用模块化的体系结构，使之较容易地增加或减少一些功能模块。在软件开发的早期必须预测哪些模块需要具有灵活性。同时，软件开发人员也要考虑定价策略和用户需求。

（2）二级价格歧视

1）二级价格歧视的含义。二级价格歧视，又称为数量价格歧视，是以数量为基础的定价，指企业将商品按照买主的购买量划分为两个或者两个以上的级别，针对不同的购买量索取不同的价格，即根据需求量分别定价，可能是同一顾客，也可能是不同顾客。如到知名品牌店里去买衣服，若只买一件，可以打9折；若买两件的话，可以打8折。

图4.14表示了单个消费者购买价格与数量之间的关系。如果消费者只购买1个单位商品，其要支付的价格为P_1；如果其购买2单位商品，价格为P_2。相比单独购买，其获得了一部分消费者剩余S_1，即通常所说的商品变"便宜了"。而如果其购买的商品超过3个单位，价格就为P_3，其获得了更大的消费者剩余S_1+S_2。

二级价格歧视下，消费量越多，消费者支付的单位商品的价格就越低，制造商虽然让渡了一部分消费者剩余，但是大大降低了定价成本，以此获取部分消费者剩余。不同消费量的消费者因为支付的价格不同，给制造商带来的利润也不一样，消费者剩余被生产者完全或部分占有，此时生产者剩余介于垄断定价和一级定价的生产者剩余之间，社会福利净损失可能为零，也可能为正，但是小于垄断定价下的社会福利净损失。因此，二级价格歧视的社会总福利大于垄断定价时的福利水平，也同样具有一定的资源配置效率。在市场中已经存在垄断的情况下，二级价格歧视在网络营销中的应用也是允许的。

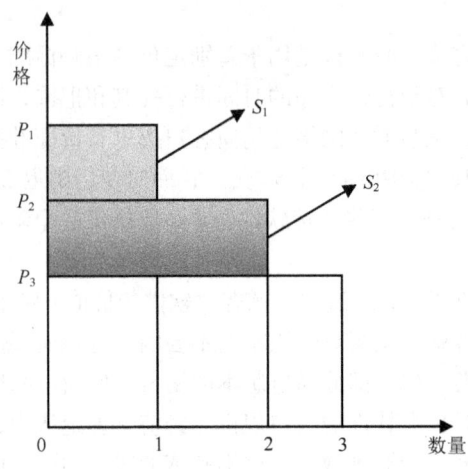

图 4.14　购买价格和数量的关系

2）二级歧视价格的应用——二部制定价。二部定价（Two-part Tariff）就是将价格分为固定费用和从量费用两部分的定价方法。固定费用按通常情况下消费者人数计算的平均固定成本来定，这部分费用与消费数量无关；从量费用按边际成本等于边际效用的原则来定，与消费数量直接相关。

如果数量定价中含有两个消费者，假设厂商不知道具体某一消费者属于哪一类，可以由消费者根据各自的需求进行自我选择约束。例如，在使用移动手机通信时，每月都有固定的月租和随着通话时间的增加所支付的额外费用。在电子商务市场上，网络出版商收取订阅费也常常采用这样的方式。

用下面的模型来进一步解释二部定价方式，如图 4.15 所示。假设 f 表示二部定价中的固定费用，p 表示随着购买数量的不同而变化的变动费用。P_m 为厂商制定与销售量无关的统一价时的最优价，D 为需求曲线。MC 为边际成本，为近乎不变的一条水平直线。

若 MC=MR 时，$p=P_m$，消费者剩余用阴影面积 B 表示，厂商利润用阴影面积 A 表示。

而当价格等于边际成本 MC 时，即 $p=P_c$，消费者剩余则可以用阴影面积 A+B+C 表示。此时，总消费者剩余达到最大化，可以确定最优二部制资费定价中，最优固定价格应是此时的消费者剩余，即 f=A+B+C。

厂商制定二部制资费定价有以下结果：

第一，厂商利润从 A 增加到 A+B+C，厂商在价格为边际成本时，原本是无利可图的，但实行二部制资费可以获得丰厚的固定收费，厂商增加了售量。

第二，消费者净剩余（固定费用）从 B 下降为零，厂商通过固定部分收费攫取了消费者总剩余。

第三，总剩余从 A+B 增加到 A+B+C。因此，厂商采取二部定价这种非线性定价策略提高了整体效率，但减少了消费者福利。

第 4 章 电子商务市场

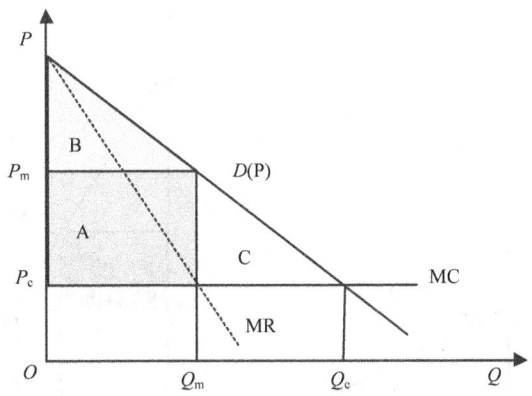

图 4.15 二部定价的购买价格和数量关系

（3）三级价格歧视

1）三级价格歧视的含义。三级价格歧视也称为群体定价或者信号选择，是以身份为基础的定价策略。企业根据不同的市场、不同的需求弹性制定不同的价格，以此获得利润最大化。只要是不同市场，其价格弹性就有差异，企业就可制定不同的价格来获得较多的利润。三级价格歧视要求制造商将消费者分为几个可辨认的市场，对价格需求弹性小的市场收取高价，对价格需求弹性大的市场收取低价。与传统的实物市场相比，在电子商务市场上，网络市场上销售者更容易辨认消费者的需求意愿，利用网络的外部效应，一种产品对消费者的价值取决于该群体使用这一产品的消费者数量的多少，如果在这一群体中使用的成员很多，以至于协调与重新培训的成本很高，即需求价格弹性很小时，就可以把这一群体同其他群体分离，实行不同的定价标准。例如，微软的操作系统 Windows 对集团用户收取高价，对散户收取低价就是一个显著的例子。

2）需求的价格弹性。三级价格歧视产生的最主要原因是价格敏感程度不同。下面用需求的价格弹性来解释这一现象。需求的价格弹性系数 ε 是用需求量变动的百分比除以价格变动的百分比计算出的：

$$\varepsilon = \frac{\Delta Q / Q}{\Delta P / P} = \frac{\Delta Q}{\Delta P} \times \frac{P}{Q}$$

当系数 $\varepsilon>1$ 时，需求量变动增加的收益大于价格变动增加的收益，如图 4.16（a）所示。当系数 $\varepsilon<1$ 时，价格变动增加收益大于需求量变动增加的收益，如图 4.16（b）所示。因此，在 $\varepsilon>1$ 时，厂商降低价格会增加收益，提高价格会减少收益。而在 $\varepsilon<1$ 时，厂商提高价格会增加收益，降低价格会减少收益。

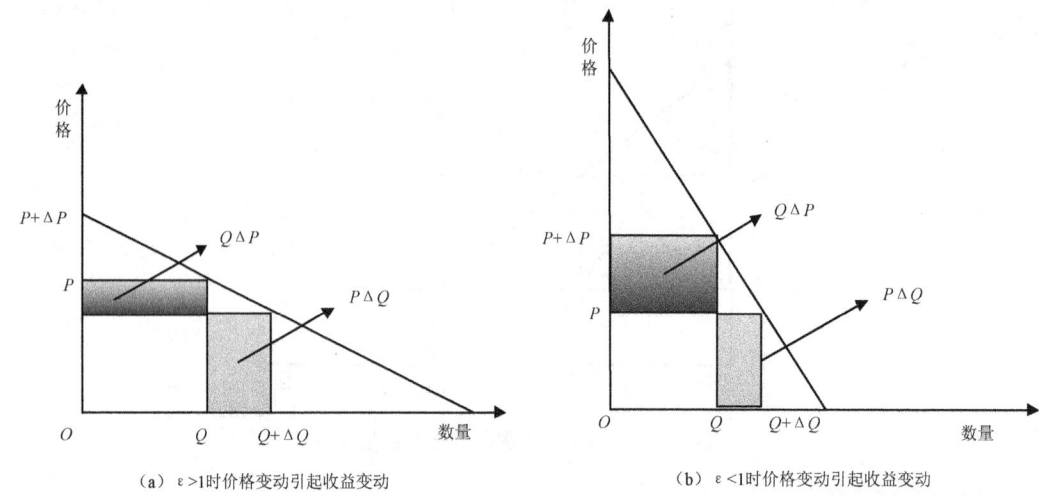

图 4.16 需求的价格弹性对收益的影响

综上所述,无论何种形式的价格歧视都可以给企业带来好处。然而现实中企业在实施价格歧视时往往也存在着诸多困难和风险。如果被施以不同价格的用户发现对其他人的售价明显存在差别,将对该市场存在怀疑与不信任,导致改变购买决策甚至用户流失。

因此,要使价格歧视得以实行,一般要具备 3 个条件。第一,市场存在不完善性。当市场不存在竞争,信息不畅通,或者由于种种原因被分割时,垄断者就可以利用这一点实行价格歧视。第二,各个市场对同种商品的需求弹性不同。这时垄断者可以对需求弹性小的市场实行高价格,以获得垄断利润。第三,有效地把不同市场之间或市场的各部分之间分开。例如,地区封锁和限制贸易自由的各种障碍往往有利于垄断者实行其价格歧视。

2. 免费策略

(1) 免费定价策略的含义

免费价格策略就是将企业的产品或服务以零价格或近乎零价格的形式提供给顾客使用,满足顾客需求,是市场营销中常用的营销方法,主要用于促销和推广产品,一般是短期和临时性的。但在网络营销中,免费价格不仅是一种促销策略,它还是一种非常有效的产品和服务定价策略。

(2) 免费价格策略的目的

第一,让用户免费使用形成习惯后再开始收费。刚推出的新产品,市场接受度较低,而通过免费价格策略,培养用户的使用习惯,取得大部分或者一定的市场份额后,使本企业产品成为市场主流,就可以实施一定的盈利模式,取得利润。

第二,想发掘后续商业价值,先要占领市场,然后在市场上获取收益。根据梅特卡夫定律,网络价值随网络用户数呈指数级增长,市场规模大的产品会越来越受到用户的青睐,市场份额会越来越大,用户会集中选择消费该产品。

(3)免费定价的分类

1)产品和服务完全免费。产品(服务)从购买、使用和售后服务所有环节都实行免费服务。企业对其所提供的产品和服务实施完全免费,通过"免费"聚拢起海量用户,只要在此基础上得到一定比例的收费用户规模,公司就可以获取很多利润。完全免费的产品或服务一般是无差异化的产品,此时,如果某个网站实行收费的话,消费者必然会转向其他网站。网络经营者并不能在免费产品上直接获得收入,他们之所以提供完全免费的产品主要是为了吸引用户注意力,增加网站的人气以建立网站品牌形象。免费产品就像网站的广告一样是扩大网站知名度的手段。

2)对产品和服务实行限制免费。产品(服务)可以被有限使用,超过一定期限或者次数后,就会取消这种免费服务。这种限制主要有两种表现形式:一是使用时间限制,即产品或服务只能让顾客在下载之后免费使用一段时间并且时间比较短,超过了这个时间如果顾客有继续使用的需要则要支付费用。二是使用次数限制,规定了顾客只能免费使用产品的数次,超过了这个次数如果要继续使用则要相应支付费用。

3)对产品和服务实行部分免费。企业对其产品和服务实行一部分免费,而另外部分则需要用户付款才能使用,而付费使用的部分恰好是最重要、最核心的部分。用户因为使用产品的免费部分已经对产品产生了兴趣,很有可能会购买剩下的产品和服务,从而使企业得到收益。例如,一些著名研究机构的网站会公布部分研究成果,但如果要获取全部成果必须付款成为公司客户。

产品或服务所提供的付费功能可以归为两类:一类是必要的,也就是说顾客要得到产品的全部功能才能让产品发挥实质性的功效,企业提供这类产品的免费功能主要是为了扩大产品的知名度,让顾客有先入为主的观念,利用免费功能来为产品做广告;另一类是个性化的,产品的免费功能能够很好地满足顾客对某一方面的需求,但如果有对其他方面的需求则要购买产品的付费功能,企业正是通过增加产品附加服务来使产品差别化,这类付费的服务都是更具诱惑力的体验性增值服务,能使核心产品更具个性化,满足顾客的不同需求。

4)对产品和服务实行捆绑式免费。购买某产品或者服务时赠送其他产品和服务,如微软捆绑销售 IE 浏览器。企业通过捆绑主打产品赠送免费的产品和服务,在提升主打产品市场竞争力的同时,也为新推出的捆绑产品打开了销路,拓展了市场。一般而言有两种方式,一是"软硬捆绑",即把软件安装在指定的机器设备上捆绑出售;二是"软软捆绑",即将不同的软件产品捆绑出售。捆绑策略不仅是定价策略,也是竞争策略,捆绑免费的目的不是像传统实物产品那样只是为了获得更多的销售收入,而更主要的是为了抢夺更多的市场。

(4)免费产品的特性

网络营销中产品实行免费策略要受到一定的环境制约,并不是所有的产品都适合免费策略。互联网作为全球性开放网络,它可以快速实现全球信息交换,只有那些适合互联网这一特性的产品才适合采用免费价格策略。一般说来,免费产品具有如下特性:

1)易于数字化。互联网是信息交换的平台,它的基础是数字传输。对于易于数字化的产品都可以通过互联网实现零成本配送。企业只需要将免费产品放到企业网站上,用户可以通过互联网自由下载,企业通过较小成本就实现产品推广,可以节省大量产品推广费用。

2)无形化特点。通常采用免费策略的大多是一些无形产品,它们只有通过一定的载体才能表现出一定的形态,如软件、信息服务(如报纸、杂志、电台、电视台等媒体)、音乐制品、图书等,这些无形产品可以通过数字化技术实现网上传输。

3)零制造成本。零制造成本主要指产品开发成功后,只需通过简单复制就可以实现无限制生产。对这些产品实行免费策略,企业只需要投入研制费用即可,至于产品生产、推广和销售则完全可以通过互联网实现零成本运作。

4)成长性。采用免费策略的产品一般都是利用产品成长推动占领市场,为未来市场发展打下坚实基础。

5)冲击性。采用免费策略的产品主要目的是推动市场成长,开辟出新的市场领地,同时对原有市场产生巨大冲击。

6)间接收益特点。采用免费策略的产品或服务,可以帮助企业通过其他渠道获取收益。

(5)免费产品的种类

1)文字。文字是最容易实现的免费形式,当然,不是什么样的文字都可以吸引用户,关键是文字要有价值。比如,为什么盗版小说网站屡禁不止,且流量都非常高,原因就是这些免费文字对用户有吸引力。

2)软件。软件行业是免费策略运用最早、最彻底的一个行业。现在的收费软件,基本上都有免费试用期,少则七天多则半年。或者推出免费和收费两个不同的版本,免费版的功能简化一些,若想使用完整版,则需要交费。

3)实物。信用卡公司最喜欢用此方法,现在不管到哪家银行办理信用卡,基本上都会送一份礼品。而且各大银行之间为了争夺用户,送的礼也越来越大。

4)虚拟物品。实物的成本比较大,所以一般企业是负担不起的,而虚拟物品相对来说成本就低得多。

5)服务。相对于产品来说,服务更容易打动用户。

6)经验。最宝贵的东西其实是知名,经验是无价的。

7)资源。好的资源可以帮助用户节省时间、精力,让用户受益。但是想获得好资源,往往都要付出不菲的代价,因此,将资源免费具有一定的风险。

(6)免费价格策略实施的问题

免费价格策略一般与企业的商业计划和发展战略规划紧密关联,企业要降低免费策略带来的风险,提高免费价格策略的成功性,应遵循下面步骤思考问题。

1)互联网作为成长性的市场,在市场获取成功的关键是要有一个可能获得成功的商业运作模式,因此考虑免费价格策略时必须考虑是否与商业运作模式相吻合。

2)分析采用免费策略的产品或服务能否获得市场认可。也就是提供的产品或服务是否市场上迫切需求的。互联网上通过免费策略已经获得成功的公司都有一个共同特点,就是提供的产品或服务受到市场的极大欢迎。

3）分析免费策略产品推出的时机。在互联网上推出免费产品是为抢占市场，如果市场已经被占领或者已经比较成熟，就要审视推出的产品或服务的竞争力与差异性。

4）考虑产品或服务是否适合采用免费价格策略。互联网作为全球性开放网络，它可以快速实现全球信息交换，只有那些适合互联网这一特性的产品或服务才适合采用免费价格策略。

5）策划推广免费价格产品或服务。要吸引用户关注免费产品或服务，应当与推广其他产品一样有严密的营销策划。在推广免费价格产品或服务时，主要考虑通过互联网渠道进行宣传。

3. 基于产品的定价策略

（1）捆绑定价

1）捆绑定价的含义。捆绑定价是厂商将两种或两种以上产品或服务以固定的比例组合在一起销售，捆绑打包出售并制定一个合理的价格。这种销售行为和定价方法常常出现在信息商品领域，如微软公司将 IE 与 Windows 捆绑，并以零售价格随附出售。在这要与搭售进行区别，搭售（Tie-in sale）是指在销售一种产品时搭配销售另一种产品，两种产品组合的比例是不固定的。

2）捆绑的类型。亚当斯和耶伦最早提出了一个包含两个产品的捆绑模型，他们将捆绑分成纯捆绑、混合捆绑和部件销售3种类型。纯捆绑也称为整体捆绑，是指一揽子销售产品或服务而不单独销售其中的部分产品或服务的捆绑。混合捆绑也称为非纯捆绑或部分捆绑，是指除了一揽子销售捆绑外也单独销售捆绑产品内的各个部分。部件销售也称为拆零销售，指厂商不进行组合销售，但消费者可以通过分别购买两种或多种产品而将购买的产品实现组合。现实中最普遍存在的情况是混合捆绑，纯捆绑和部件销售都是混合捆绑的特例。

3）捆绑的动机。捆绑的动机可以从企业和消费者两个角度来说明。

首先从企业角度来讲：① 捆绑定价提高了企业利润。捆绑定价是企业对其市场支配力的充分利用，捆绑而成的产品组合往往能够增加其中每个产品的竞争力，驱动高利润产品的销售，提高企业整体利润。② 捆绑定价给企业获得利润更大的自由空间。在捆绑定价的形式下，由于捆绑定价是将产品作为组合进行销售，生产者可以通过操纵产品组合中不同产品的价格，以实现自己的利润，扩大盈利空间。根据交叉弹性理论，一种产品的需求量和它的互补产品的价格是反方向变化的，捆绑产品的降价能刺激彼此的需求，达到相互促进的效果。例如，生产者可以通过降低基本品的价格，提高捆绑产品的销售，以实现垄断利润。③ 捆绑定价可以使企业获得规模报酬。对企业而言，捆绑定价将产品组合销售，可以获得销售的规模报酬。企业可以通过共享产品的组合广告降低每种产品的广告费用，通过不同产品共享销售队伍来降低企业的销售成本。同时，捆绑销售减少了交易次数、提高了产品的交易效率，进而节约大量交易费用。

在某些条件下，捆绑定价也可以增加消费者和社会的总福利：① 捆绑定价可以增加企业对低需求消费者的供应。在分开定价的情况下，某些产品可能只供应高需求消费者，而不供应低需求消费者。而在捆绑定价的情况下，生产者可以在榨取高需求消费者净剩余的同时，向低需求消费者销售，从而在一定条件下增加社会总福利。② 捆绑定价可以降低交易费用，捆绑定价通过产品组合降低了消费者的搜寻成本，尤其是在基本品和捆绑产品之间互补性非常强的时候，这种交易费用的节省就更加突出。同时，捆绑定价还可以降低消费者的交易费用，消费者通过产品组合只通过一次交易就完成了购买。

4）捆绑定价的实施条件。企业实施捆绑定价，要求捆绑产品具有一定的市场支配力，企业能够依据这种市场支配力将产品进行捆绑定价，以实现自身产品与竞争产品的价格差别。正如纽约大学经济学家尼古拉斯指出的，当企业拥有市场支配力时，捆绑定价才能起到价格差别的作用；只有对于一个享有市场支配力的生产者来说，一般性的价格差别和特殊性的捆绑定价才会成为企业通常使用的利润最大化战略。因此，对企业而言，如果将两个完全没有市场支配力的产品捆绑定价销售，意义不大。

5）捆绑定价产品之间的关联性。尽管在非相关性产品捆绑定价方式下捆绑定价的产品之间可以并无必然联系，但其实施要求是基本产品和捆绑产品之间在消费对象、销售终端、品牌效应等方面相同或相近，一般要求具有以下条件：

- 捆绑定价的产品最好是互补性产品。这种互补性不仅是指产品之间的功能性互补，还包括捆绑定价的产品在消费者心目中被联系在一起或可以被联系在一起，并且产品之间对彼此的竞争地位有显著影响。这样，通过互补产品的关联，使得消费者将它们的形象联系在一起，综合地而不是单独地衡量它们的功能，或者将它们作为一个整体来衡量购买使用成本。
- 捆绑定价产品目标顾客的重叠性。在捆绑定价中，两种产品的目标市场应有较大交叉的部分。只有这样才能保证两种或几种同时捆绑定价销售的产品是目标消费者所需要的。如果捆绑定价的产品的目标消费者是不同的，将大大降低对捆绑定价产品的需求。
- 捆绑定价产品之间市场定位的统一性。市场营销学依据人们的职业、收入、交易水平等变量将社会划分为不同的阶层，而不同社会阶层的人在消费习惯、消费心理等方面存在较大的差别。因此，在对产品实施捆绑定价策略时，要求捆绑产品市场定位至少是相同或相近的，否则，捆绑定价策略就难以成功。

（2）连带产品定价策略

连带产品定价又称必需附带产品定价。附带产品是可以与主产品分开单独销售或分开单独购买的产品，必须是在用途上互补的，结合在一起共同使用能够满足某种需要的消费品组合。这种定价方式在电子商务市场上的应用是在传统市场上的延续和拓展。如电筒与电池、计算机硬件与软件、胶卷与相机、打印机和硒鼓等。

对于必须相互配套才能正常使用的互补品，营销实践的经验性结论是：对主要产品定低价，附属产品定高价，可以更有效地提高企业利润。销售商通过有意识地将主产品定价获利低一些，而将其连带产品定价获利高一些，才能获得最大限度的利润，但是前提是消费者在购买主件后必须使用该厂商生产的附件。在应用这种定价策略时，要有意识地降低互补产品中购买次数少、消费者对降价反应又比较敏感的产品价格。另外，又要有意识地提高互补产品中消耗最大、需要多次重复购买、消费者对其价格提高反应又不太敏感的产品价格。

（3）折扣定价策略

折扣定价策略是企业在基本价格的基础上，根据交易对象、成交数量、交货时间、付款方式等情况采用不同方式给购买者一定比例的价格减让，以促进商品销售的一种策略。它是企业重要的价格竞争手段之一。折扣定价策略主要分为：现金折扣定价策略、数量折扣定价策略、交易折扣定价策略、季节性折扣定价策略、付款折扣定价策略、复合折扣定价策略。另外，让价策略作为另一种优惠价格，促进产品的销售。常用的方式有：促销让价、以旧换新让价、免费服务让价、特约优惠让价。

（4）声誉定价策略

消费者对网上购物和订货存在许多疑虑，比如，在网上所订购的商品质量能否得到保证，货物能否及时送到等，都是消费者所关心的问题。在此情况下，对于形象、声誉较好的企业来说，价格相应可以高一些；反之，价格则低一些。可见，网上店家在消费者心目中的声望直接影响网络商品的价格。

▶▶ 4.4 案例：移动支付之战

移动电子商务是指通过手机、PDA、掌上电脑等手持移动终端从事的商务活动，而其中的核心是移动支付，全球移动支付业务呈现持续走强的趋势。

打车软件是一种智能手机应用，这些软件具备乘客注册、即时约车、订单完成确认、用车评价等基本功能，面向出租车司机和乘客两个终端，能够较准确地定位出租车和乘客位置，为出租车司机和乘客提供打车供需服务。第三方打车软件的设计理念源于国外，于2012年被引入中国市场后，涌现出"嘀嘀打车"、"摇摇招车"、"打车小秘"、"快的打车"、"大黄蜂"等超过40家规模和影响力不等的第三方打车软件品牌。

微信支付介入嘀嘀打车，支付宝介入快的打车，作为腾讯与阿里巴巴在移动支付领域的竞争，实行补贴减免等多轮次营销，开展了争夺用户的"烧钱大战"，市场竞争呈现白热化。据中国电子商务研究中心统计，在这场补贴大战中，嘀嘀打车和快的打车对乘客和司机的补贴，合计已过24亿元。而在这场由打车软件所引发的烧钱大战意味着什么？阿里巴巴和腾讯又为何不遗余力地加入并推动这场战争呢？如此大笔的投入值得吗？相当多的人认为表面是打车软件的烧钱大战，实际上是腾讯和阿里两大巨头的移动支付大战，从以下几个方面展开分析。

第一，争夺用户。从成本来讲如果通过安卓市场等常规渠道，获取一个用户的成本在2元上下，获取1亿名用户需要投入2亿元，1亿名用户最后的留存率不到1 000万人，也就是说真实成本要高于20元。而计算下来，补贴十几元获取一个微信支付用户，这个生意只赚不亏。

第二，培养用户的移动支付使用习惯。并非天然存在移动支付场景，要培育用户习惯就需要创造场景。相对来说，打车支付是一个高频次、小额支付的应用场景，既方便又不用担心限额。另外，在移动支付中获利的司机也是流动载体，会对乘客进行推荐。这样就很容易形成移动支付的习惯。

第三，变相广告。通过打车软件的烧钱大战，微信支付与手机支付宝未做任何广告便获得了极大的曝光率。这又为其节省了一大笔推广费用。最重要的是，微信用户开始绑卡了，手机支付宝的用户也同样增多了，达到了推广和营销的目标。

目前烧钱目的基本达到，打车软件要回归理性。加之，国家交通运输部发出了《关于促进手机软件召车等出租汽车电召服务有序发展的通知（征求意见稿）》要求将打车软件纳入监管范围，使打车软件市场尽快走上正轨。

▶▶ 本章小结

互联网的快速发展催生出一个新的市场——电子商务市场的繁荣发展，一般市场经济规律在电子商务市场得到延续，同时也呈现出许多特有的经济现象。从电子商务市场的成本构成、价值创造、价格特征和定价机制几个方面清晰说明了电子商务市场的价格与价值体系。

电子商务环境下信息的不完全性及由此引起的信息非对称是电子商务经济学的核心内容，电子商务市场有其复杂的运行规律。其中，主要的理论知识包括：逆向选择与信号理论，道德风险与激励机制、价格离散与信息搜寻。

由于市场集中程度不同，电子商务环境中的市场存在各种经济结构与经济模式，须采用相应的发展策略、竞争策略与价格策略。

▶▶ 关键术语

价值创造　讨价还价　标签定价　拍卖定价　物物交换　信息不对称　委托代理
逆向选择　信号理论　信号传递　信号甄别　道德风险　激励机制　价格离散　信息搜寻
市场集中度　差异化竞争　进入壁垒　标准竞争　锁定竞争　价格歧视　免费策略
捆绑定价

▶▶ 基本训练

1. 填空题

（1）电子商务市场运行时的成本主要有_____、_____等。

（2）电子商务市场的定价机制主要有_____、_____、_____、_____。

（3）电子商务市场通过_____、_____来获得市场增值。

（4）电子商务的价格特征具有_____、_____等特点。

（5）对逆向选择风险的规避存在两种机制，即_____与_____。

第4章 电子商务市场

2. 选择题

（1）某消费者对 A、B 两种 DVD 的价值没法判定，可能值 600～1 000 元，并且在 4 年后打算更换。目前，市场上 A 的标价为 600 元，B 的标价为 550 元并具有转换成本 300 元。如果现在选择 B，但是后来发现 B 的价值是 500 元，那么，在 4 年后他会选择（　　）。
　　A. 购买 A 或者 B 没分别　　　　B. 购买 A
　　C. 购买 B　　　　　　　　　　D. 题中信息无法判断结果

（2）有关第三方网络中介在电子商务中的作用，错误的一项是（　　）。
　　A. 在电子商务活动中，买者与自己完全不了解的卖主进行交易或者购买不熟悉的产品时，中介提供专家意见完全消除信息的不对称
　　B. 中介可以帮助那些想买某种产品的买家和想卖这种产品的卖家双方达成交易，信息技术（信息处理、储存交换和交谈）使匹配概率增加
　　C. 中介既可以有效规避卖方的道德风险，又可以帮助买方进行信息甄别
　　D. 消费者通常会选择在有良好信誉和信息传递质量高的第三方网络中介进行购物

（3）大多市场上都存在商品质量的不确定性，卖家可以通过一些途径向买家传递信号，来解决这一问题，那么下列不属于这些途径的是（　　）。
　　A. 提供免费产品、试用产品　　　B. 加强广告推广
　　C. 树立品牌，提高信号显示度　　D. 电子商务市场第三方 CA 认证中心

（4）下列关于拍卖和在线拍卖论述正确的是（　　）。
　　A. 荷兰式拍卖以一个被认定的高于任何竞价者愿意支付的价格开始报价，拍卖价随着拍卖商逐次报价而降低
　　B. 荷兰式拍卖以一个低价开始竞标，标的物即被竞价高者获得
　　C. 英式拍卖以一个被认定的高于任何竞价者愿意支付的价格开始报价，拍卖价随着拍卖商逐次报价而降低
　　D. 在线拍卖成本高于传统拍卖方式

（5）电子商务市场上，垄断厂商是以（　　）来获得高额利润的。
　　A. 高价格，高销量　　　　　　B. 高价格，低销量
　　C. 低价格，高销量　　　　　　D. 低价格，低销量

3. 判断题

（1）电子商务背景下在线销售模式与传统销售模式（离线）是一种完全替代关系。（　　）
（2）电子商务使企业间竞争更加激烈同时也使垄断得以加强。（　　）
（3）网络拍卖的成本高于现场拍卖。（　　）
（4）电子商务有利于消费者福利的提高。（　　）
（5）电子商务背景下完全竞争的理论假设更具有现实意义。（　　）

4. 简答题

（1）市场集中度的测量方法与计算公式。

（2）标准竞争的战略措施有哪些？

（3）电子商务市场中逆向选择和道德风险产生的原因是什么？

5. 论述题

阐述电子商务市场价格离散的主要特征，网络搜寻与传统搜寻的不同之处。

第 5 章

电子商务消费者

学习目标
- ◆ 重点掌握电子商务消费者的类型与特点、购买行为的影响因素、购买决策过程。
- ◆ 掌握电子商务消费者需求特点、购买行为模式,购买决策行为。
- ◆ 了解电子商务消费者购买动机,新《消费者权益保护法》中关于网购的新规定。

▶▶ 5.1 电子商务消费者需求

5.1.1 电子商务消费者的概念及类型

5.1.1.1 电子商务消费者的定义及特点

1. 电子商务消费者的定义

对于电子商务消费者的概念,业界并没有一个明确、统一的定义。但普遍认为,在电子商务环境中,消费者的概念发生了很大变化:一方面,电子商务消费者是社会消费者的一部分,仍是消费者。根据《中华人民共和国消费者权益保护法》的规定,消费者是指为生活消费需要而购买、使用商品或者接受服务的个人和单位。电子商务消费者满足"消费者"的法律定义,其消费动机和消费目的与法律意义上的消费者是一致的,是广义上的消费者。另一方面,电子商务消费者不是传统的消费者,是互联网发展的产物。与传统消费者的购买手段和消费手段不同,电子商务消费者是指通过互联网在电子商务市场中进行购物和消费等活动的消费者人群。

2. 电子商务消费者的特点

在我国，电子商务市场中消费者有以下几个特点：

1）消费人群以中青年为主。中青年消费者特别是青年消费者在网购用户中占有绝对比例。根据 CNNIC《中国网络购物市场研究报告》的数据，2013 年我国 20~29 岁年龄段网民的比例为 31.2%，在整体网民中占比最大，而 20~39 岁的网民共占比例 55.1%。这些人一般都崇尚创新、自由，好奇心重，有强烈的求知欲，因此很容易被新事物所影响，而且能够快速接受新观念、新知识，是网络购物市场上的主力军。

2）具有较高的学历。网络购物是互联网上的重要应用，因此要求消费者熟悉计算机及网络操作。截至 2013 年年底，我国网络购物用户规模达到 3.02 亿人，占全部网民的一半，其中接受过高等教育（大专及大专以上学历）的占 64.4%。在这些人中企业公司人员占比最多，达到 37%，个体户和自由职业者占 19.4%，学生群体为 14.1%。

3）中等收入阶层最多。根据报告数据，74.3%的网购用户月收入在 2 000 元以上，其中月收入在 3 001~5 000 元的比例最大，占到了 29.7%。

4）集中于城市。我国网络购物用户主要集中于城市，90%以上的人居住在城镇。而在地域分布上，也主要集中在东部经济发达地区。

5.1.1.2 电子商务消费者的类型

尽管电子商务市场中消费者有着许多共性的特征，但由于在年龄、性格、思维方式、上网时间和经历等方面不同，他们在上网时也会表现出不同的行为方式和购买方式，而且随着网民数量和电商规模的不断扩大，未来电子商务消费者的分化会更加多元。

对网络消费者有很多分类方式，如果按照上网目的来分类，网络消费者可以分为以下 6 种类型。

（1）简单型

这种类型的消费者需要的是方便、直接、高效的网上购物体验。他们通常只花少量时间上网，但他们所进行的网上交易却占了一半。他们在搜索信息时，如果连接、传输的速度比较慢，一般会马上离开这个网站，所以网络销售者必须为这一类型的消费者提供真正的便利，让他们有充分的理由觉得在这个网站上购买产品会节约更多的时间。合理的搜索分类、简单的操作、快捷的物流都将有可能吸引这类消费者。

（2）冲浪型

这种类型的消费者约占上网用户的 8%，但是他们在网上花费的时间却占了 32%，并且访问的网页数量是其他类型消费者的 4 倍以上。冲浪型网络消费者对整个网络系统较之其他类型的消费者了解更多，因此会对经常更新、具有创新设计的网页表现出浓厚的兴趣。

（3）接入型

这种类型的消费者通常是刚接触网络的新手，在网络消费者中所占比例约为 36%，他们很少购物，而是喜欢上网聊天和发送免费问候卡。著名品牌公司应对这类人群予以足够重视，因为网络新手更愿意相信生活中他们所熟悉的品牌。

（4）议价型

这种类型的消费者在网络消费者中所占的比例约为 8%。这类人有一种习惯购买便宜商品的本能，对各种产品宣传有较强的分析能力。在网络购物越来越红火的今天，一种名为网络议价师的职业应运而生。网络议价师提供的服务主要是砍价，消费者只需将自己心仪的商品或销售商品的网络链接提供给网络议价师，便可由网络议价师与商家商议出消费者能够接受的价格。交易成功后，网络议价师向消费者收取相应的服务费。

（5）定期型

这种类型的消费者上网时间有一定的规律和稳定性，通常都是被网站的内容吸引。定期型的网络消费者常常访问其他类型的网站，如新闻和商务网站。

（6）运动型

这种类型的消费者上网时间也有一定的规律性和稳定性，但他们偏好运动和娱乐网站，上网时间与他们喜好的运动类节目相关。

5.1.2　电子商务消费者的购买动机

所谓动机，是指推动和维持人类活动的直接动力，是激励人们行为的内在驱动力。人们的消费需求就是由购买动机引起的。电子商务市场中消费者的购买动机，是指在电子商务环境中，能使消费者产生购买行为的某些内在动力。由于网络销售模式的非现场性，消费者的购买行为不能被直接观察到，因此对网络消费者购买动机的研究就显得尤为重要。

网络消费者的购买动机通常可以分为两大类：需要动机和心理动机。

1. 需要动机

网络消费者的需要动机是指由需要而引起的购买动机。美国著名心理学家亚伯拉罕·马斯洛在 1943 年出版的《人类激励理论》一书中，将人的需要划分为 5 个层次，从最低层到最高层依次是生理的需要、安全的需要、社会的需要、尊重的需要和自我实现的需要。网络技术的发展，使现在的市场变成了网络虚拟市场，虚拟社会与现实社会毕竟有很大的区别，在虚拟社会中人们希望满足以下 3 方面的基本需要，如图 5.1 所示。

（1）兴趣需要

人们由于好奇或能获得成功的满足感而对网络购物产生兴趣。这种兴趣主要来源于两种内在驱动力：一种是探索，网络世界充满了各种各样的信息、资讯、娱乐，包罗万象，人们出于好奇驱动自己沿着网络提供的线索不断深入查询以获得更多信息。另一种是成功，人们因在网络上找到自己想要的资料、软件、游戏而获得一种成功的满足。随着满足感不断加强，对网络的接受程度也不断增强，进而出于内在的驱动力停留在网络上。

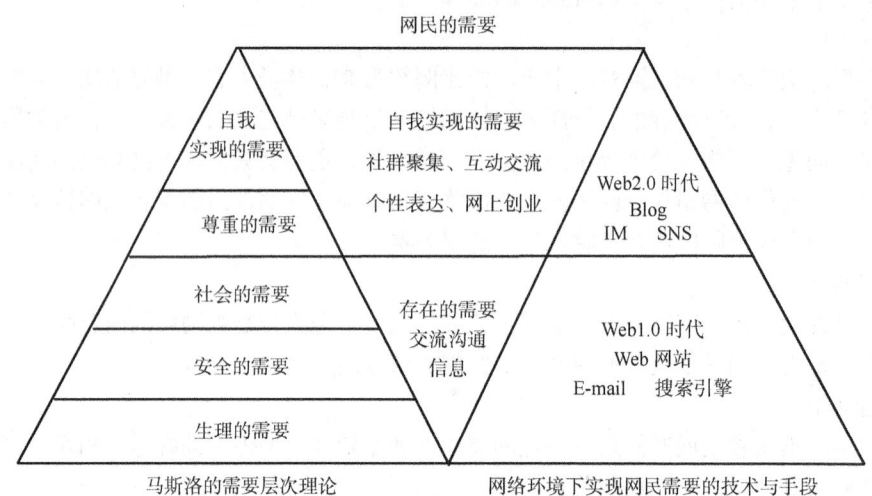

图 5.1　电子商务中消费者的需求动机

（2）聚集需要

人类是以聚集而生存的动物。在现代社会里，由于人们生活节奏加快，大家很少有时间聚在一起，而网络为有共同话题的人们提供了聊天机会，且这种聚集不受空间和时间的限制。通过网络聚集起来的群体是一个民主性的群体，每个人都可以发表自己的意见。比如，在特定的论坛上，人们可以对感兴趣的话题进行讨论，自由地发表意见，并相互交流、传递信息，所有成员都是平等的，这使得在现实社会中处于紧张状态的人们在网络世界里得到解脱。

（3）交流需要

通过网络聚集起来的网民，自然产生了一种交流的需要。随着交流频率的增加，交流的范围也不断扩大，从而产生示范效应，带动对某些产品和服务有相同兴趣的人们聚集在一起，形成商品和信息交易的网络虚拟社会，即电子商务市场。这是一个虚拟社会而且是高一级的虚拟社会。在这个虚拟的社会里，参加者大多都是有目的的，他们交流的是买卖的信息和经验，谈论的问题基本是商品质量的好坏、价格的高低、库存量的大小、新产品的种类等。人们对于这方面信息的需求是永无止境的，这也正是电子商务出现之后迅速发展的根本原因之一。

2．心理动机

心理动机是由于人们的认识、感情、意志等心理过程而引起的购买动机。电子商务消费者购买行为的心理动机主要体现在以下3个方面：

（1）理智动机

电子商务市场中的消费者大多是学历较高的中青年，具有较高的分析判断能力，因而在理智动机的驱动下具有客观性、周密性和控制性特点，主要表现在消费过程中，反复比较各在线店铺的商品，首先注意的是关于商品性能、质量的信息，而后才注意商品的经济性。这种购买动机的产生主要用于对耐用消费品或价值较高的高档商品的购买。

（2）感情动机

感情动机是由人们的情绪和感情所引起的购买动机。这种动机可分为两种类型：一是由于人们喜欢、满意、快乐、好奇而引起的购买动机，它具有冲动性、不稳性。另一种是由于人们的道德感、美感、群体感而引起的购买动机，它具有稳定性和深刻性的特点。

（3）惠顾动机

惠顾动机是建立在理智经验和感情之上，对特定的网站、国际广告、商品生产等具有特殊的信任与偏好而重复、习惯性地前往访问并购买的一种动机。由惠顾动机产生的购买行为，通常网络消费者在做出购买决策时心目中已首先确定了购买目标，并在购买时克服和排除其他同类产品的吸引和干扰，按原计划确定的购买目标实施购买行动。具有惠顾动机的网络消费者，往往是某一在线店铺的忠实浏览者。

5.1.3 电子商务消费者的需求

1. 对电子商务中消费者需求的定义

需求是经济学、管理学、心理学、营销学研究中的重要概念，不同学科对于需求的定义也是不同的。在经济学中，需求是指在一定时期内，在某一特定的市场环境条件和既定的价格水平下，消费者愿意并且能够购买的商品数量。在管理学中，需求是指能够激发或强化人的行为的一种内在驱动力。在心理学中，需求是指人体内部一种不平衡的状态，是对维持发展生命所必需的客观条件反应。营销管理的本质就是需求管理，因而营销学家将"顾客需求"作为市场营销活动的出发点。在分析"顾客需求"的过程中，营销学家从市场的角度对"需要"、"欲望"、"需求"进行了区分："需要"是指生理和心理上的匮乏状态，即感到缺少些什么，从而想要获得它们的状态；"欲望"是指人们的匮乏状态想要得到某种具体满足物来满足的愿望；"需求"则是指对于有购买能力并愿意购买的某个具体产品的欲望。因而，营销学中的需求可以用一个公式来表示：需求=人+购买能力+购买欲望。电子商务市场与传统市场相比，虽然购买行为在诸多方面发生了变化，但是电子商务消费者的需求仍是由需要和欲望引起的，因此，本书将电子商务消费者需求定义为：人们在电子商务市场中，为了满足生理或心理的需要而对物质产品或虚拟服务具有网上支付能力的欲望总和。

2. 电子商务消费者需求的特点

在电子商务市场中，消费者的消费观念、消费方式和消费者地位发生了重要改变。与传统市场相比，电子商务市场中的消费者呈现出新的特点和趋势。

（1）消费需求的个性化

在工业化时代，工业化和标准化的生产方式使得消费者的个性被淹没于大量低成本、单一化的产品洪流中。随着信息时代的到来，我们的世界变成了一个计算机网络交织的世界，消费品市场越来越丰富和多样化，消费者开始制定自己的消费标准。现代消费者往往富于想象力、渴望变化、喜欢创新、有强烈的好奇心，对个性化消费提出了更高的要求。他们所选择的已不再单是商品的实用价值，更要与众不同，充分体现个体的自身价值，这已成为相当部分消费者的首要标准。可见，个性化消费已成为现代消费的主流。

（2）消费需求的差异性

在电子商务市场中，由于国别、民族、信仰、生活习惯和文化禁忌等多方面的差异，来自世界各地的网络消费者都比传统市场上的消费者具有更明显的需求差异性。不同的网络消费者因其所处时代、环境不同，也会产生不同的需求；不同的网络消费者，即使在同一需求层次上，他们的需求也会有所不同。所以，电商企业要想获得成功，就必须在整个生产过程中，从产品的构思、设计、制造，到产品的包装、运输、销售，认真思考这些差异性，并针对不同消费者的特点，采取相应的措施和方法。

（3）消费主动性增强

在网络时代，消费者不习惯被动接受，而习惯于主动选择。这种消费主动性的增强，一方面来源于以互联网为标志的信息技术的发展，另一方面来源于现代社会不确定性的增加和人类需求心理稳定和平衡的欲望。网络时代信息技术的发展使消费者能够更方便地进行信息的收集、分化并进行双向沟通，从而在商品选择上拥有更大的主动性。同时，在社会分工日益细化和专业化的趋势下，消费者对消费的风险感随着选择的增多而上升，对单向填鸭式的营销沟通渐感厌倦和不信任。在许多大额或高档的消费中，消费者往往主动通过各种可能的渠道，获取与商品相关的信息并且进行分析和比较。或许这种分析、比较不是很充分和合理，但消费者能够从中得到心理的平衡，以减轻风险感或减少购买后产生的后悔感，增加对产品的信任程度和心理上的满足感。

（4）消费者直接参与生产和商业流通过程

传统的商业流通渠道由生产者、经营商和消费者组成。其中，经营商在整个流通过程中起着非常重要的作用，生产商不能直接了解市场，消费者也不能直接向生产商表达自己的消费需求。而在电子商务环境下情况发生了改变。由于网络具有可以快速进行交流和互动的特性，电子商务环境下的信息沟通是双向的，消费者与生产商可以实现即时互动，可以实现一对一双向交互。消费者可以及时向生产商提出自己的想法和建议，自觉不自觉地参与到企业的产品开发和改进工作中。他们有着较强的管理理念，要求主动参与新产品开发与研究，进入工厂和营销部门，成为对生产商有帮助的合作者，这也是电子商务消费者需求最突出的特点。

（5）追求消费过程的方便和享受

电子商务消费者在购买时的心态大致有两类：第一类消费者由于生活节奏快、工作压力大，在网络上购买时，注重的是时间和劳动成本的节省，特别是一些固定使用某些品牌商品的消费者，这种消费者通常购买的是日用品，对产品的差别性要求不高，但对价格相对比较敏感。另一类消费者利用休闲时间在网上购物，希望通过购买带来乐趣，满足心理的猎奇需求，这种消费者通常购买的是一些个性化产品，对价格不敏感。预计在未来，这两种消费心理将会在较长的时间内并存。

(6)消费者购买的理性化

由于电子商务对市场供需具有强大的匹配能力,市场信息充分公开,消费者可以大范围地快速比较、选择,以期所购买的商品性价比最优,此外各类搜索引擎也让他们成为信息更加完全的消费者。在这种情况下,消费者可以完全理性地规范自己的消费行为,不会再被现实购物中现场铺天盖地的广告和促销及他人的购买行为等因素影响自己的选择,他们可以对产品的各个属性进行综合考虑和权衡,来决定是否购买,从而使得购买行为趋向理性化。

(7)价格仍是影响消费心理的重要因素

从消费的角度来说,价格不是决定消费者购买的唯一因素,却是消费者购买商品时肯定要考虑的因素。网上购物之所以具有生命力,重要的原因之一是网上销售的商品价格普遍低廉。尽管经营者都倾向于以各种差别化来减弱消费者对价格的敏感度,避免恶性竞争,但价格始终会对消费者的心理产生重要影响。因为网络环境下消费者可以方便地联合起来向厂商讨价还价,产品定价有可能逐步由企业定价转变为消费者引导定价。

(8)消费者需求的超前性和可诱导性

目前在我国网民的构成中,超过八成网民是经济收入较高的中青年,这些消费者富于激情,渴望新潮,极易受广告和流行趋势的影响,追求时尚和新颖,选购商品时特别重视商品的造型和款式。所以,这部分人对新出现的商品有着特别的爱好和追求。他们对产品和服务的需求更趋向于寻求与众不同,对网络的期待不仅局限于从中获得的物质性需求,还极为关注网络对自己知识及精神渴求的满足。

(9)消费者需求仍然具有层次性并逆向扩张

网络消费本身是一种高级的消费形式,但就其消费内容来说,仍然可以分为由低级到高级的不同层次。但是与传统的由低层次向高层次逐步延伸发展的需求不同,电子商务消费者的需求具有逆向扩展性,即由高层次向低层次扩展。在网络消费的开始阶段,消费者侧重于精神产品的消费;到了网络消费的成熟阶段,消费者完全掌握了网络消费的规律和操作,并且对网络购物有了一定的信任感,才会从侧重精神消费品的购买转向日用消费品的购买。

(10)电子商务消费者需求的交叉性

在电子商务市场中,各个层次的消费不是互相排斥的,而是紧密联系的,需求之间广泛存在交叉现象。例如,在同一张购货单上,电子商务消费者可以同时购买最普通的生活用品和昂贵的饰品,以满足生理的需求和尊重的需求。

延伸阅读

沃尔玛神奇的购物篮分析

1. 啤酒与尿布

在美国沃尔玛连锁超市里,尿布与啤酒这两种风马牛不相及的商品居然摆放在一起,这可不是一个笑话,而是一直被商家所津津乐道的真实案例。原来,美国的妇女通常在家照顾孩子,经常会嘱咐丈夫在下班回家的路上为孩子买尿布,而丈夫在买尿布的同时又会顺手购买自己爱喝的啤酒。因此,表面上看似无规则的大量销售数据,通过商务智能分析,就能发现商品之间的关联,并展开相应的营销手段,为企业带来巨额利润。

2. 蛋挞与飓风

沃尔玛对过去交易的庞大数据库进行观察,这个数据库记录的数据不仅包括每个顾客的购物清单及消费额,还包括购物篮中的物品、具体购买时间,甚至购买天气。沃尔玛公司注意到,每当在季节性飓风来临之前,不仅手电筒的销售量会增加,蛋挞的销量也会增加。因此,当季节性风暴来临时,沃尔玛会把蛋挞放在靠近飓风用品的位置,当然,这一改变也增加了销量。

5.2 电子商务消费者购买行为

5.2.1 电子商务消费者购买行为的基本类型

虽然消费环境发生了变化,但从消费行为的表现形式看,电商消费者与传统环境下的消费者是相似的。因此,在传统环境下对消费者购买行为进行分析所依据的理论同样适用于电商消费者。

1. 习惯性的购买行为

消费者之所以对某种商品产生习惯性购买行为,除这种商品的品牌差异小、购买行为简单外,更重要的原因是人们对该商品熟悉,这种熟悉是人们在使用商品过程中感到其质量可靠、服务信誉有保障,而无须经过收集信息、评价商品等复杂过程。根据习惯养成(建立)理论:消费者对商品的喜好与兴趣是在重复使用该商品的过程中建立起来的,形成品牌忠诚意识的基本原因是产品对消费者有吸引力,这也是企业实施品牌策略的首要任务。因此,针对习惯性的购买行为,营销者大多采用价格优惠、高频率的广告宣传,以及独特的包装等方式吸引消费者购买。

2. 复杂的购买行为

复杂的购买行为是指消费者在购买价格昂贵、差异性大、非经常性购买、具有一定风险的商品时所发生的购买行为。这里所说的"风险"是指消费者在购买商品或服务时,由于无法预测和控制购买后的结果是否令自己满意而面临或体验到的不确定性。这种购买行为的主要特点是:品牌差异明显,购买者非常投入。例如,在购买高档商品或技术含量高的商品时,消费者一般要经历学习有关知识、了解商品相关信息的过程,然后才能做出选择。

电商消费者的购买行为是典型的信息处理过程,根据认知理论,品牌策略中的品牌设计和品牌传播的信息要能引起消费者的注意,从而诱发思考、强化记忆、影响态度、促成购买行为。

这些应当成为网络营销中分析复杂的购买行为和采取相应策略的出发点和着眼点。

3. 寻求多样性的购买行为

在浩如烟海的互联网信息中，电商消费者要寻找自己所需的信息，的确如大海捞针，虽然有各种搜索工具，但许多消费者不愿花时间和精力来选择与判断，于是出现了寻求多样性的购买行为。其特点是：品牌差异明显，但消费者却不愿细选。针对这种情况，营销者可依托互联网信息密度大、表达方式丰富的特性，以多种形式、多种手段、多条渠道提供各种信息，满足电商消费者寻求多样性的购买行为的需求。

具有这种购买行为的消费者会频繁地变换所购买商品品牌，但并非因为对商品不满意，而只是为了追求新异。根据边际效用理论，商品的边际效用会随着消费数量的增加而减少。这一规律同样适用于电商消费者，而且由于互联网及时、迅捷、广泛的信息传递效应，使人们可以在第一时间接触到最新的市场信息，这也加速了消费者商品意识的不断发展和快速变化。因此，一方面，企业在注重品牌保护的同时，要着眼于品牌的创新；另一方面，在营销上也要与时俱进，不断创新。

4. 减少风险的购买行为

有些高档、技术复杂、价格昂贵的商品，质量不易鉴别，消费者购买有一定的风险，他们期望在购买过程中尽量少发生风险或减小风险程度。

按照减少风险理论的观点，消费者的购买行为就是想方设法寻求减少风险的途径。例如，选择购买价格昂贵的名牌商品或品牌差异性不大的商品就是人们在做购买决策时为减少风险而常用的方法之一。但与复杂购买行为不同的是，一些希望减少购买风险的消费者并不会投入大量的精力去学习了解商品的知识，而是采取简化购买过程、选择品牌差异小的商品的方法；而且许多消费者不愿花时间和精力来搜集不同品牌的各种信息并进行比较、判断和选择，他们中的许多人只关心价格的优惠与购买的便利。在互联网环境下，这样的购买行为同样会经常发生。

众所周知，在虚拟的网络市场环境中，消费者在线购买商品时面临的各种风险要大于传统环境。消费者对风险的心理预期、感知程度、心理承受力都会对他的购买行为产生影响。CNNIC[①]《2013年中国网络购物市场研究报告》显示，几乎所有的网民都有在网上查询商品信息的经历，但是只有42.9%的网民实现了网络购物，这其中的主要原因之一是对网络购物的风险有所顾忌。因此，网络环境下营销人员应积极主动地与消费者交流沟通，除介绍产品相关信息协助顾客选购商品外，还可以通过博客、Web网站、即时通信进行各种咨询和售后服务，以提高顾客的满意度与忠诚度。此外，营销者还应借助网络环境下的各种信息渠道和资源关注消费者的行为及动向，适时采取措施帮助消费者减少购买风险。

---

① CNNIC：中国互联网络信息中心（China Internet Network Information Center）行使国家互联网络信息中心的职责，是我国域名注册管理机构和域名根服务器运行机构。于1997年11月发布第一次《中国互联网络发展状况统计报告》，并形成半年一次的报告发布机制，是我国互联网方面的权威报告。

5. 社会性的购买行为

根据象征性社会行为理论，任何商品都是一种社会语言，具有某种特定的社会含义，因而使得购买行为成为一种象征性的社会行为。消费者由于受所处社会的自然条件、生活条件及各种社会因素的影响，而产生的为了满足社会需求而购买商品的动机，进而产生社会性购买行为。目前，在电子商务环境下此类消费行为占据了相当大的比例。有关研究表明，网上各种彩铃、彩信有偿服务中，许多消费者将其喜爱的彩铃、彩信作为"礼物"馈赠给亲朋好友。各种礼品网站更是由于订购方便并能提供邮购或送货上门服务而担当起"礼仪公司"的职责。

小案例

Roseonly 专爱花店一生只送一人

Roseonly 是 2013 年年初创立的互联网鲜花品牌，成立之初的 8 个月销售额就近 1 000 万元，一年之内完成三轮融资。Roseonly 在品牌塑造上下了一番功夫，首先给鲜花增加了情感因素，这也是最与众不同之处，首创了"爱情唯一、一生只送一人"的理念，差异化显著。

Roseonly 的"专爱"品牌故事背后对应的是承诺，承诺就得有担当，担当也就需要舍得花钱，所以 Roseonly 定价高和品牌定位进行匹配。当然，花也是从国外进口的好花。从营销手法上，Roseonly 在北京运用了"MINI 车+男模"的送花形式，引发眼球效应。目前有天猫、官网、实体店和微信 4 种销售渠道，主推官网平台，官网销售占了线上销售的 80%份额。

5.2.2 影响电子商务消费者购买行为的因素

5.2.2.1 个体因素

1. 个性特征

个性特征是指在个体身上经常地、稳定地表现出来的并且使其与他人在整体行为上有所差别的心理特征的总和，是在社会实践活动中依据人的生理素质并经过一定的社会物质生活和文化教育环境的作用逐步形成的。由于影响个性心理的因素不同，因而产生了各种各样的心理特征，反映在消费者的消费行为活动中自然也就多种多样。在电子商务市场中，个性表现更为明显，消费者在选择产品和服务时，已不单是追求产品本身的功能和质量，在某种程度上，他们更在乎的是产品和服务能否体现自己的个性，符合自己的特殊需要。自我概念是个体对自身一切的知觉、了解和感受的总和。一般认为，消费者将选择那些与自我概念相一致的产品或服务，避免选择与自我概念相抵触的产品和服务。

2. 态度倾向

态度是指人们基于自身道德观和价值观对事物的评价和行为倾向，主要由认知成分、情感成分和意向成分 3 部分构成。认知成分是指对人对事物的认识、理解和评价，即通常所说的印象，是态度形成的基础；情感成分是指对人对事所做的情感判断，它是态度的核心，并且与人们的行为紧密相连；意向成分是指个人对态度对象的反应倾向，即行为的准备状态。

在电子商务环境中，消费者对网上购物这一行为的态度和看法将直接影响其网上消费行为的发生和进行，只有对产品或服务形成有利的态度，才有可能促成有利的消费意向和行为。根据调查数据，近 10%的消费者是有网上购物愉快经验，热衷于网上购物的。而广大消费者并不抗拒网上购物，只是还处于观望和犹豫的状态，企业应积极设法影响他们转变态度，使其对网上购物非常感兴趣，从而促进网上消费行为的发生。

3. 购物导向

消费者购物导向是个体对购物行为的总体倾向。消费者购物导向可以分为：便利型、体验性、娱乐型、价格型。不同的购物导向对网络购物的偏好有所不同。便利是网络购物的最大优势。消费者可以轻易地在任何时间、任何地方搜寻并购买自己需要的产品，避免实体商店购物的一系列麻烦。因此对于便利导向的消费者而言，网络购物提供的效用越大，消费者也越倾向于网络购物。然而网络购物也存在着无法接触商品、缺乏娱乐性等缺陷。对体验导向型消费者而言，在网络购物中无法真正触摸到、感觉到产品，会影响他们对网络购物的参与，使其更倾向于传统的购物方式。此外，网络购物环境下，商品的展示、买卖双方的交互及交易过程都是通过计算机与网络完成的，它无法满足消费者购物时的人际互动、社会交往等方面的需求，因此网络购物对娱乐导向型的消费者吸引力比较低。价格导向型消费者对网络渠道没有明显的偏好，只有网络渠道比传统渠道价格更低时，才可能吸引此类消费者对网络购物的积极参与。

4. 网购知识

网络购物作为一种新型的购物方式，消费者需要具备一定的网络知识和相关技能，如检索信息、了解零售网站的信息、使用计算机与购买程序、网络支付等。由于部分消费者对网上购物的流程、系统操作、产品及安全性存在质疑甚至否定，而不接受网上购物。随着消费者网络经验的增加，掌握的网购技能及信息资源也随之增加，从而越有可能在网上购物。因此，丰富的网络经验、技能可以降低对网购风险的感知，从而提高购物意向与实际购买。

5.2.2.2 环境因素

1. 法律政策

法律政策是影响消费者购买行为的一个重要因素，这主要是因为法律政策对消费者行为具有引导、规范和促进作用。当前我国网络购物的井喷式增长对物流、支付和信用等支撑体系建设带来了一定压力，电子商务领域仍存在物流、信用、支付等支撑体系方面的发展瓶颈。针对社会物流效率低、支付风险大等问题，国家出台了一系列法律政策，保障网络购物支撑体系的健康快速发展，本书列举了部分法律政策，如表 5.1 所示。这些法律政策不仅有效地解决了电子商务企业发展中的一些问题，而且对电子商务市场消费者的行为也产生了重要影响。例如，我国第一部电子商务法律——《电子签名法》，首次赋予可靠的电子签名与手写签名、盖章具有同等的法律效力，并明确了电子认证服务的市场准入制度。又如，2014 年 3 月 15 日起实行的新《消费者权益保护法》中关于消费者七天无理由退换货的规定，一定程度上消除了消费者对网购商品不满意而退货的顾虑。

表 5.1 我国支持电子商务发展的部分法律政策

第一部分 国家电子商务相关法律政策			
序号	颁布机构	政策名称	发布时间
1	全国人大	消费者权益保护法（新版）	2014 年 3 月
2	全国人大	电子签名法	2005 年 4 月
3	国家工商总局	网络交易管理办法	2014 年 3 月
4	工业和信息化部	电子商务"十二五"发展规划	2012 年 3 月
5	国务院办公厅	关于加快电子商务发展的若干意见	2005 年 1 月
第二部分 市场监管			
序号	颁布机构	政策名称	发布时间
1	国家工商总局	网络商品交易及有关服务行为管理暂行办法	2010 年 5 月
2	国家工商总局	关于加强网络团购经营活动管理的意见	2012 年 3 月
3	国家工商总局	关于加强跨省网络商品交易及有关服务违法行为查处工作的意见	2011 年 5 月
4	国家工商总局	关于工商行政管理机关电子数据证据取证工作的指导意见	2011 年 12 月
5	国家工商总局	关于集中开展打击利用互联网销售假冒伪劣商品专项行动的通知	2012 年 7 月
第三部分 支撑体系			
序号	颁布机构	政策名称	发布时间
1	国务院办公厅	关于促进物流业健康发展政策措施的意见	2011 年 8 月
2	国家邮政局	快递业务操作指导规范	2011 年 8 月
3	国家邮政局	快递业服务标准	2007 年 9 月
4	中国人民银行	非金融机构支付服务管理办法	2010 年 6 月
5	中国人民银行	关于加强银行卡安全管理预防和打击银行卡犯罪的通知	2009 年 4 月
6	中国人民银行	电子支付指引（第一号）	2005 年 10 月

延伸阅读

网购"支持专柜验货"不靠谱

为了解除买家对拟购货物是否确属正品的担忧,"支持专柜验货"这句广告语就应运而生,通常出现在网上购物中,意思是:卖家承诺自己出售的货物确属正品,经得起相关检验,欢迎买家去有关专柜自行检验、咨询。

按照我国《合同法》第 15 条的规定,"商业广告的内容符合要约规定的,视为要约"。倘若最终双方达成了买卖协议(在网络购物中成功下单),则"接受专柜验货"这一条款属于合同条款之一,对于买卖双方都同时具有约束力。

但支持专柜验货很难实现。专柜销售人员无义务也很难准确验货,几乎所有专柜都会拒绝提供验货。就算个别专柜提供了验货,也不可能提供验货证明。而如果求助权威专家或去质检部门进行品质检测,则要承担高额费用。所以,买家应理智看待支持专柜验货的问题。

解决的主要办法,一是应该在与卖家的网络聊天交流中再次强调这句话,因为绝大多数网络购物网站,都规定特定聊天工具的聊天记录可以作为日后发生纠纷处理时的证据。二是若能在专柜验货,或跟该货物的制造商或它在中国的代理商联系,应尽量获得固定书面证据,以利于日后处理纠纷时保护自己的合法权益。

2. 社会阶层和家庭

社会阶层是指由具有相同或相似社会地位的社会成员组成的相对持久的群体。因为属于不同社会阶层的消费者在购买动机上存在差异,企业经营者可以依此将市场进行细分。这些行为差异主要表现在支出模式、休闲活动、信息接收和处理、购物方式等方面。例如,为维持一定的社会地位,有些消费者需要购置一些具有象征意义的产品;因羡慕一定的社会阶层,有些消费者会模仿那个社会阶层的消费行为。

家庭是构成社会的基本细胞,家庭与消费活动有着最为广泛和密切的联系。家庭不仅对其成员的消费观念、生活方式、消费习惯有着重要的影响,而且直接制约着消费支出的投向和购买决策的制定与实施。家庭结构、家庭生命周期等因素对家庭消费行为有着重要影响。

此外,消费者还极易受参考群体的影响。群体是对个体有很重要影响的外部因素,这里的参考群体不仅是朋友、家人、同事,还有网上的虚拟群体。随着互联网应用的不断发展,网上形成的各种群体正逐渐从开始的偶然组合变成基本群体,网站论坛、虚拟社区、即时通信等为虚拟群体的存在提供了良好的条件,也使得虚拟群体对个体的影响力日益增大。

3. 社会文化

文化有广义和狭义之分。广义的文化是指人类在社会历史发展过程中所创造的一切物质财富与精神财富的总和，广义的文化着眼于人类与一般动物、人类社会与自然界的本质区别，着眼于人类卓立于自然的独特的生存方式，其涵盖面非常广泛，所以又被称为大文化。狭义的文化排除人类社会历史生活中关于物质创造活动及其结果的部分，是指人类从生活实践中建立起来的价值观念、道德、理想和其他意义的象征性的综合体，包括宗教信仰、风俗习惯、道德情操、学术思想、文学艺术、科学技术、各种制度等观念形态的文化。在消费者行为研究中，主要关心文化对消费者行为的影响，所以将文化定义为一定社会经过学习获得的用以指导消费者行为的信念、价值观和习俗的总和。

在某一文化群体中的次级群体中，还拥有一种亚文化。亚文化是一个相对概念，是总体文化的次属文化。例如，对于社会整体文化来说，校园文化就是亚文化。每个社会成员都隶属于某个特定的组织或群体，一般来说该群体的文化就是亚文化。大量研究表明，亚文化对消费者决策的影响要远远大于主流文化。亚文化不仅包括与主流文化共同的价值观念，还包括自己独特的价值观念。每个人都是在特定的文化氛围中成长起来的，所在的国家、地区、家庭等的文化都会影响一个人的价值观、观念和行为方式。例如，一个年龄亚文化群是由年龄相近、生活经历相似的人组成的。以"80后"为例，他们追求个性、时尚，都能熟练使用计算机、充分利用网络，学历较高，大多数在积累了网络购物经验后能够理性消费。

4. 宏观经济

宏观经济因素是决定消费欲望能否转变为现实消费的主要因素，通常包括国家经济规模、经济结构、社会购买力、人均收入等诸多方面。在电子商务市场中，良好的经济条件是决定消费者参与网络消费活动的重要因素。2012年国家工商总局市场规范管理司组织有关机构对我国网络购物市场总体秩序进行了一次抽样调查，对我国网络购物市场总体秩序做出客观分析判断，形成了《中国网络购物市场总体评价报告》，报告从以下3方面对我国的网络购物市场经济环境及其影响进行了分析。

1）国民经济的持续稳定增长为网络购物的快速发展提供了保障。快速发展的国内生产总值代表着国民经济实力的增强，一方面保障了国家在网络基础设施建设和网络购物相关技术研究方面的资金投入；另一方面整体经济的发展也有助于带动电子商务行业的快速进步。

2）经济结构不断优化调整，电子商务体现出产业拉动作用。随着经济结构的不断优化调整，一产比重不断下降、二产比重在波动中趋于下降、三产比重稳步上升。在经济结构调整过程中，以电子商务和物流为代表的服务业为我国扩大内需、进一步释放需求发挥了重要的拉动作用。网络购物对国民经济结构优化的拉动作用主要体现在：一是网络购物商业模式和相关技术的进步助力创新型经济增长；二是网络购物逐步渗透到社会生活的各个环节，改变人们的生活习惯和购物方式，推动第三产业尤其是服务业的发展；三是随着网络购物市场规模的不断扩大，其在服务和商业模式上不断创新，这也为传统产业发展提供了新的途径。

3）居民可支配收入逐年攀升，网络购物潜在购买能力增强。我国居民人均可支配收入逐年上涨，居民可支配收入的增加对网络购物的促进作用主要体现在两方面：一是居民网络应用能力显著增强，有助于拓展电子商务用户的覆盖范围，进而加速网络购物的普及；二是我国居民网络购物习惯已逐步养成，居民可支配收入的上涨为网络购物打下牢固的经济基础，未来几年网络购物的范围将会横向拓展，同时，在垂直领域的应用也会不断深化，贯穿到生活的各个角落。

5. 科学技术

电子商务本身就是技术进步的产物，因此科学技术将会直接或间接影响电子商务市场消费者的行为。技术对消费者行为的影响可以从两个层面加以分析：一是消费者在选购高技术含量的产品或服务时表现为不同于购买低技术含量的产品或服务的特殊消费者行为；二是高新技术在各个消费环节的应用使得消费者的购买需求、消费心理等因素发生了变化。

在电子商务市场中，技术对消费者行为的影响主要表现为以下3个方面。

1）消费者获取的信息越来越多。消费者能够利用互联网提供的中立信息，找到满足他们需要且性价比最高的商品，同时，消费者越来越期望通过没有任何偏见的渠道获取信息。另外在电子商务环境下，消费者通过互联网聚集在社交网络形式的论坛、贴吧讨论有关内容，相互交流经验和看法，倾向于从使用过某产品或服务的顾客那里得到意见。

2）消费者的主动权越来越大。由于技术的不断进步，消费者在网络环境下可以充分享受交互式的操作手段，消费者通过计算机网络参与产品决策，选择色彩、样式、包装等，并自行下单，网上交易的主动权已掌握在消费者手中。

3）消费者与商家的联系与沟通越来越方便。信息技术特别是移动技术的迅速发展和普及，使得消费者可以通过各种方式与销售商进行沟通，尽量将交易过程中产生的问题减到最小。移动技术的发展增强了消费者反馈信息的能力，可以通过手机等移动终端实时跟踪其订单状态和交易流程。

5.2.2.3 市场因素

1. 网络广告

网络广告是以互联网为载体，使用文字、图像、动画、声音等多媒体信息表示，由广告主自行或委托他人设计、制作并在网上发布，旨在推广产品及服务的有偿信息传播活动。与电视、广播、报纸、杂志等传统广告形式相比，网络广告具有传播范围广、交互性强、针对性强、受众数量可准确统计、实时、灵活、成本低、强烈的感官性等优点。广告是以说服为目的的，促使消费者购买商品或服务，它必须与消费者的购买心理相契合，才能达到预期目的。网络广告对消费者的影响体现在以下几个方面：

1）广告信息的针对性和个性化。网络广告独特的技术特点可使广告信息的针对性更强。现有的网络技术可以使特定的网络广告根据受众所属行业、所在地、用户兴趣和消费习惯、操作系统和浏览器类型等进行选择性投放，也可以控制同一条广告推送给同一个受众的次数。

2）提高消费体验。网络传播超越时空限制和娱乐性特征使消费者的空间和心理距离缩小，改变传统媒体传播中的疏离与隔阂，消费者在亲身体验与享受乐趣中形成积极的情绪体验。

3）尽量降低信息不对称带来的影响。网络广告的优势在于海量的信息存储和信息传输，通过多重连接方式，全方位展示产品或服务的信息。如果消费者对广告信息有疑问，还可以通过网络的双向互动交流平台进行查询和解答。消费者在此基础上进行理性分析比较，会获得一种心理上的平衡，增加对广告产品或服务的信任度。

2. 网络安全

在电子商务环境中，所有的企业在网上均表现为网址和虚拟网站环境，网络商店很容易建立，也容易作假，使消费者心存疑虑，同时电子商务相关的法律法规还不够完善，如果发生网上纠纷，消费者的权益不能获得足够的保障。因此，电子商务的安全问题对电子商务消费者行为有着重要影响。

1）商品质量安全问题。在电子商务环境中，消费者看不到商家，摸不着商品。由于选择时无法事先检查商品或服务，只可眼观而不能手动，缺乏触摸感，消费者往往无法得到商品更多的内在信息，只能通过商家在网络上所提供的信息进行判断，因此可能收到商品或服务时，才发现品牌或规格与原先期望的有所差别，从而造成选择的商品与实际得到的商品在品质上存在明显差别。这是网络购物最大的劣势所在。这种情况使得消费者很难对商品质量产生信赖感。

2）交易安全问题。由于在网上消费，消费者一般需要先付款后送货，这时购物的一手交钱一手交货的现场购买方式发生了变化，网上购物中的时空发生了分离，消费者有失去控制的离心感。加上网络商家的身份良莠不齐，很容易诱发网络欺诈行为。虽然发生在网络的欺诈行为与传统交易环境并无太大差异，但网络的普及性、虚拟性、匿名性及全球性等特征，使得网络上的欺诈更容易发生，而缉查更为困难。

3）隐私安全问题。大多数网站在消费者购物时，都会要求消费者提供一些个人资料以完成交易，但这些资料却可能被用于其他目的。随着电子商务的发展，商家不仅要抢夺已有的客户，还要挖掘潜在客户，若网上购物的安全性、保密性、隐私权不能得到根本保障，则许多消费者不愿参与网上购物。

4）支付安全问题。如果网络支付手段和信用体系存在风险漏洞，在支付过程中消费者的个人资料和信用卡密码可能会被黑客及商家公司内部未授权员工窃取盗用，有时还会遇到虚假订单，没有订货却被要求支付货款或返还货款，使消费者望而生畏。

3. 服务水平

电子商务市场中营销服务水平是影响消费者行为的重要因素之一。网络营销服务的本质是确保顾客满意。为此网络营销者应做好网上售前、售中、售后服务。

1）售前服务。电商企业网络营销的售前服务主要是提供信息服务，宣传、介绍产品信息。企业可通过企业自己的网站或第三方电子商务平台发布产品信息广告，提供产品样品照片、产品性能介绍和同类产品比较等相关信息，消费者可以在分析同类产品性能价格比以后，做出购买决定。为方便顾客准备购买，还应该介绍产品如何购买的信息，产品包含哪些服务，产品使用说明等。

2）售中服务。网络营销的售中服务非常重要，网站在提供网上订货功能的同时，还要提供订单执行查询功能，方便顾客及时了解订单执行情况。如很多快递公司都将邮件在递送中的各环节信息输送到计算机的数据库，客户可以直接通过互联网跟踪邮件的最新动态。客户可以在网上查看其包裹到了哪一站，什么时间采取什么步骤，投递不成功的原因，在什么时间会采取下一步措施，直至收件人安全收到包裹为止。客户不用打电话去问任何人，上述服务信息都可在网上获得，既让客户免于为查邮件而奔波，快递公司又大大减少邮件查询方面的开支，实现企业与顾客的双赢。

3）售后服务。网上售后服务有两类，一类是网上产品支持和技术服务；另一类是企业为满足顾客的附加需求提供的增值服务。有些产品需要的技术支持比较复杂，商家提供网上产品支持和技术服务，可以方便客户通过网站直接找到相应的企业或者专家寻求帮助，减少不必要的中间环节。在使用过程中发生的问题，消费者可以随时与厂商联系，得到来自卖方及时的技术支持和服务。

4．产品营销

产品是营销组合的首要因素，是研究消费行为的重要影响因素之一。即使网上购物已经成为当今热门的消费模式之一，但消费者并非对任何产品都愿意选择在网上购买，网上消费行为不可避免地受到网上所销售产品种类的影响。电子商务环境中，产品因素对消费者购买行为的影响主要表现在产品的品牌、新颖性和价格3个方面。

1）产品品牌。由于网络消费风险较大，因此消费者会谨慎地做出购买决策，尽力避免不必要的损失。为了降低风险，消费者会采取许多措施，如选择品牌、规定包装样式等，以确保决策的有效性。在电子商务市场中，品牌对购买决策产生的影响更加显著。很多消费者愿意在网上购买名气大的品牌，而不愿意购买不知名的品牌。同时，消费者在知名度较高的网络商店有较高的购买意愿。

2）产品新颖性。追求产品的时尚和新颖性是许多消费者，特别是青年消费者重要的购买特点。这类消费者特别重视款式、格调和社会流行趋势，而对商品的价格并不过分计较。电子商务便于跟踪最新的消费潮流，提供给消费者最直接的购买渠道，最新产品全方位的文字、图片和功能介绍，对这类消费者的吸引越来越大。

3）产品价格。对一般商品来讲，价格与需求量之间经常表现为反比关系，同样的商品，价格越低，销售量越大。互联网作为新兴市场可以减少传统营销中的中间费用和一些额外的信息费用，可以削减产品的成本和销售费用。网上购物之所以具有生命力，重要原因之一是网上销售的商品价格普遍低廉。因此，消费者对网上消费有一个价格心理预期，那就是即使网上商品是要付费的，价格也应该比传统渠道低，这也是电子商务增长的潜力所在。

5.2.3 电子商务消费者购买行为模式

消费者购买行为是指人们为满足物质或精神上的需要而获取、消费及处置商品和服务时所做出的各种过程活动。沃顿商学院的约瑞姆·杰瑞·温德教授被誉为"沃顿的思想战车",《聚合营销:与"半人马"并驾齐驱》一书被推荐为"了解21世纪消费者的必读圣经"。形象的将网络环境下的消费者比作古希腊神话中的"半人马",他说:"今天,我们进入了'半人马'时代。消费者的行为跨越了多个渠道,他们把人类从古至今的需求和行为与新兴的网络行为结合在一起,就像古希腊神话中的半人马,用新科技武装的四肢飞快地奔跑,而胸膛里跳动的却是同样古老而不可预测的人类心脏。这种消费者的行为混合了传统和数字化、理性和感性、虚拟和现实的因素。这种消费者并不是二者之一,而是它们的综合产物。"

无论是传统市场还是电子商务市场,研究消费者购买行为,都可以从5个"W"和2个"H"方面进行:① 消费者是谁(Who)? ② 他们购买什么商品(What)? ③ 为什么要购买(Why)? ④ 什么时候购买(When)? ⑤ 到哪里购买(Where)? ⑥ 他们准备购买多少(How much)? ⑦ 他们将如何购买(How)? 根据5W2H,建立营销活动中分析网上消费者购买行为的框架如表5.2所示。

表5.2 消费者购买行为的"5W2H"分析框架

项 目	上网行为	网上购物行为
Who	谁是网民	谁是网上购物者
What	上网查找什么信息	上网购买哪些商品和服务
Why	为什么上网	为什么在网上购物
When	何时上网	送货时间长短
Where	在何处上网	上哪些网站
How	如何上网	如何支付
How much	上网时间多久	购买多少

消费者购买行为模式是指用于表达消费者购买行为过程中的全部或局部变量之间因果关系的理论描述,是认识消费者的起点。在消费者行为学和市场营销学方面影响较大并且具有代表性的模式有:刺激-反应模式、尼科西亚模式、恩格尔-科拉特-布莱克威尔模式和霍华德-谢思模式。

1. 刺激-反应模式

消费者购买行为是人类社会中最为普遍的一种行为活动,符合人类行为的一般模式,即S-O-R模式,如图5.2所示。其中"S"代表刺激,"O"代表个体心理、生理特征,"R"代表反应。该模式表明消费者行为是外部刺激被消费者接收后,经过一定的心理过程(购买者的黑箱),产生的看得见的行为反应。黑箱是心理学中的一个重要概念,指人们不能或暂时无法分解或剖开以直接观察其内部结构,或分解、剖开后其结构和功能即遭到破坏的系统。黑箱概念只有相对的意义：同一系统对不同主体来讲，可能是黑箱，也可能不是黑箱；随着主体认识的提高，黑箱也可转化为灰箱或白箱。因为消费者心理过程对企业而言是不易捉摸的，故借用此概念。而对于企业来讲，对消费者购买行为的分析和研究最重要的恰恰是对消费者黑箱中发生情况的分析和研究，以便安排适当的"市场营销刺激"，使消费者产生有利于企业市场营销的反应。经验表明，消费者黑箱中包括两个主要方面，一是"购买者特性"，它会影响购买者对外界刺激的反应；二是"购买者决策过程"，它会直接决定购买者的选择。

图 5.2 购买者行为的基本模式

在电子商务市场中，消费者购买行为的这一模式表现为：

1）刺激。刺激主要包括企业内部的营销刺激和企业外部的环境刺激，两类刺激共同作用影响网络消费者购买。网络营销以现代营销理论为基础，由以推销产品为中心的传统营销"4P"（Product，Price，Place，Promotion）转向以满足消费者需求为中心的"4C"（Customer，Cost，Convenience，Communication）。企业完全可以借助"4C"理念，安排适当的诱因，以刺激网络消费者的购买行为。

2）黑箱。电子商务消费者黑箱是电子商务消费者购买行为模式的中介部分，外部信息刺激结合黑箱中的操作过程，最终形成电子商务消费者的反应。

3）反应。电子商务消费者的反应是其购买行为实际外在化的表现，电子商务消费者的这些外部反应是客观的，网络营销人员能够在实际工作中识别出来。可将电子商务消费者的反应分为购买反应和购后反应，购买反应又包括一般反应和特殊反应。一般反应是指选择产品、选择品牌、选择经营者、选择时间、选择数量等；特殊反应是指选择资金结算方式、选择货物配送方式、选择信息交流方式、选择顾客服务方式等；而购后反应则会影响电子商务消费者下一次购买及其他人的购买。

2．尼科西亚模式

尼科西亚模式是尼科西亚 1966 年在他编写的《消费者决策程序》一书中提出的。该理论模式的核心是研究商家与其潜在消费者的关系，认为消费者购物决策影响因素来源于商家特性和消费者的特性。该模式主要包括 4 部分（见图 5.3）：① 信息传递，商家通过发布广告或其他宣传手段，将最新商品信息传递给消费者，消费者消化信息后形成态度。② 信息搜寻及方案评估，消费者会对感兴趣的商品进行相关信息的搜寻并进行评估，从而产生购买需求和动机。③ 购买行动，消费者根据评估的结果将购买动机转化为实际的购买行为，其过程会受到商家因素、商品价格因素、安全因素等的影响。④ 信息反馈，消费者购买成功之后经过一段时间的使用，会形成对商品的满意程度并在购买过程中获得经验，这些又会影响消费者下一次的购买决策。而商家也可利用这些反馈的信息对营销战略进行修改和完善。

尼科西亚购买行为模式对市场营销理论做出了贡献。该模式推理比较严谨，简单明了。但在模式中没有对外界环境作用的说明，4部分中内容也不易把握。

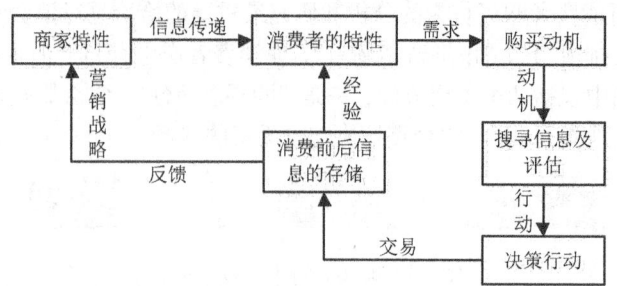

图 5.3　尼科西亚购买行为模式

3. 恩格尔-科拉特-布莱克威尔模式

恩格尔-科拉特-布莱克威尔模式（EKB 模式）是由恩格尔（Engel）、科拉特（Kollat）和布莱克威尔（Blackwell）3 位学者在 1968 年提出的，并于 1984 年对该模式进行了修正，修正后的模式结构如图 5.4 所示。EKB 模式的影响变数包括 5 部分：信息输入、信息处理、决策程序、决策过程的变量和外在因素影响。

该模式的建立以消费者决策过程为支柱，由影响消费者购买行为的相关内在因素和外在因素所构成，将消费者的决策过程分为 5 个阶段：产生消费动机与自身需求认知；搜寻相关商品信息；对获得的信息评估；做出购买决策；使用所购商品一段时间后产生满意或不满意的心理，这个决策程序过程是 EKB 模式的核心。该模式认为影响决策过程的因素分为环境因素（包括文化、家庭影响等）和个人因素（包括个性、价值观和生活形态等）。

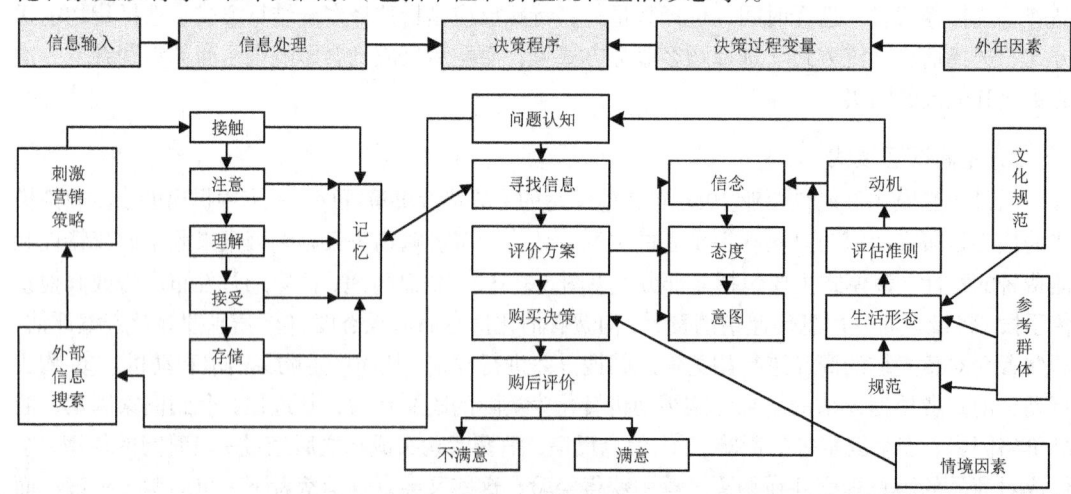

图 5.4　恩格尔-科拉特-布莱克威尔模式（EKB 模式）

4. 霍华德-谢思模式

霍华德-谢思模式是由学者霍华德和谢思合作,在1969出版的《购买行为理论》中提出的,其核心是解释一段时间内消费者是否会重复购买某一商品的行为,并将满意度应用于该理论上。该理论模式主要从4个因素来分析研究消费者决策行为(见图5.5):① 刺激或投入因素,来自商品因素,包括质量、价格、可用性、广告媒体对商品特征的传递,以及社会方面等因素。② 外在因素,主要包括消费者生活的文化环境、消费者个性、时间宽裕程度和财务状况等因素。③ 内在因素,主要描述消费者通过刺激因素和外在因素的刺激而产生的反应,主要为感知结构(如公开搜索和注意)和学习结构(如选择标准和品牌认知)。④ 反应或产出因素,消费者通过对商品各个方面的对比评估,对商品形成喜欢或不喜欢的态度,这种态度进而决定消费者的购买决策。

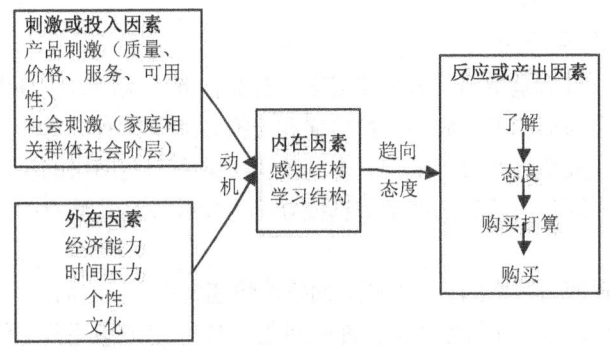

图 5.5 霍华德-谢思模式结构

霍华德-谢思模式认为刺激或投入因素和外在因素就是购买行为的刺激物,它们通过唤起和形成动机,提供关于各种选择方案的信息等影响消费者的心理活动。消费者受到一系列刺激物和以前购买经验的影响,开始接收信息,产生自己的一系列行动,做出对可选择产品的一系列反应,形成一系列购买决策的中介因素,或者制定出一系列使其动机与满足动机的备选方案相配合的规则。这些动机、选择方案和中介因素的相互作用,便产生了某种趋向或态度。这种趋向或态度与其他因素结合后便产生了购买结果,即购买意向和实际购买行为。

霍华德-谢思模式利用心理学、社会学和管理学的知识,从多方面解释了消费者的购买行为。此模式结构严谨、内容完整,并且只要将模式内的变量或相对重要性改变后,就可适用于各种不同产品和各种不同消费者的购买模式,其参考价值较大,一直被人们重视。

5.3 电子商务消费者购买决策

5.3.1 电子商务消费者购买决策行为

根据电子商务消费者购买决策过程,以及当前电子商务消费者购买行为的发展情况,现阶段电子商务消费者主要面临3类重要的决策行为:网络渠道选择行为、网络顾客信息搜寻行为、网络顾客购买行为。

1. 网络渠道选择行为

渠道选择是指消费者在购买决策过程中如何评价各种可用的渠道（如信息渠道、购买渠道，包括传统的和网络的）并从中做出选择。

举例来说，顾客为满足自身信息需求，需要从各种信息渠道（如参考群体、报纸、电视、宣传册、网络等）中选择一种或多种以收集和获取信息。网络渠道选择行为重点关注的是顾客如何评价、选择网络渠道，也可以进一步细化到研究某个具体的网站。需要指出的是，网络渠道选择行为研究中一般不特别区分到底网络是作为信息渠道还是购买渠道，而是把信息搜寻作为购买决策的一个组成部分，即网络渠道选择行为包括途中的信息渠道选择和购买渠道选择。

2. 网络顾客信息搜寻行为

网络顾客信息搜寻行为是指消费者为完成某一购买任务而从网络市场中获取信息的行为。市场营销的本质是企业与消费者之间的信息传播和交换，如果没有信息交换，交易也就是无本之源。在线购买的持续成功将取决于消费者在其购买决策中利用网络的程度，尤其是利用网络获取产品信息的程度，因为消费者的网络信息搜寻行为能够提高其满意度并增强其在线购买的意向。

获取信息是消费者使用网络的首要目的，网络的快速发展，一方面为消费者提供了低成本、快捷、丰富的信息来源，另一方面也产生了许多问题：① 信息质量下降。信息量快速增长并且未加以管理控制，使得信息提供商疲于维护资料，造成网络上的信息冗余、不完整甚至不正确。② 信息过载。信息的快速扩张造成了网络上充斥着海量可能重复的信息，网络消费者需要花费许多额外的精力去分析、判断和过滤所找到的大量资料。③ 网络迷航。互联网通过超链接的方式连接到不同的文件和页面，这种非线性的浏览方式常使网络消费者迷失在庞大的网络空间中，不但失去方向，也不知道目前的位置。基于这些因素，网络消费者信息搜寻行为已经成为网络消费者行为研究的重要课题之一。

延伸阅读

网购消费者搜寻行为分析

网购消费者通过在网络上搜寻信息以减少购买决策中的不确定性因素。购买决策中的不确定性包括知识不确定性和选择不确定性。知识不确定性指消费者对购买方案的理解不够确切；选择不确定性指消费者对于选择哪种方案能够满足自己的消费需求不能确定。网购消费者的搜寻行为有别于传统消费者，主要体现在：

第一，更加注重信息的外部搜寻。 外部搜寻包括积极的信息搜寻（主动从外界寻找信息），以及被动的信息输入（通过广告等形式接收信息），网购消费者通过外部搜寻所获信息的比例更大，程度更深，参考信息更全面，使得消费者的搜寻效率更高。

第二，信息搜寻更加理性。网购消费者在购买商品时能够在更加安静的环境中进行搜寻，减少了外界的干扰，从而能够更加专注于自己所需要的产品，而不至于由于导购推荐而转向购买其他产品。

第三，路标依附性强。网购消费者在购买商品时经常需要通过各种标签对商品进行分类筛选，因此交易平台上对于产品的分类能够对消费者的选择产生很大影响。

第四，回归个性消费。消费者不断地规划自己的消费准则，并大胆地向商家提出挑战。心理上的认同感已成为消费者购买品牌和品种的先决条件，个性化消费正在也必将再度成为消费的主流。

3．网络顾客购买行为

网络顾客的在线购买行为指的是通过网络购买产品或服务的过程。网络已经成为产品信息的重要来源，但是还存在一些因素阻碍着消费者从信息搜寻发展为网上购买，而网络消费者的购买行为可能是在线销售商最为关心的问题。尽管网络销售增长率非常高，但是也有证据表明，很多有购买意向的顾客在搜索访问零售商的网站后，却最终放弃了购买。研究网络消费者购买行为，发现影响网络消费者的因素及其作用机制，对于改进网站技术和营销策略有重要意义。

5.3.2 电子商务消费者购买决策过程

与传统营销环境一样，电子商务消费者购买决策过程也是消费者谨慎地评价某一产品、品牌或服务的属性，并进行选择、购买能满足其某种特定需要的产品的过程。电子商务消费者的购买决策不仅受到来自传统环境各种因素的影响，还受到来自网络渠道更多复杂因素的影响，这使得电子商务环境下消费者的购买决策过程变得更加复杂。

完整的电子商务消费者购买行为过程是：需求确认→收集信息→评估比较→购买决策→购后评价。其中中间3个环节是电子商务消费者购买行为的信息处理过程，也是黑箱分析的重点。当然每一个电子商务消费者在具体的购买实践中可能会省略几步，甚至把次序颠倒，如熟练的电子商务消费者就会直接略去评估比较的环节。

1．需求确认

电子商务市场中消费者购买过程是从确认需求开始的。从理论上讲，需求的引起既有内在原因，如肚子饿会产生对食物的需求、口渴会产生对水的需求等；也有外在的刺激，如看到某人穿着非常漂亮得体的服装，消费者也会对这种服装产生希望拥有的欲望，从而产生购买行为。

对于网络营销来说，诱发需求的外在因素局限于视觉和听觉。文字的表述、图片的设计、声音的配置是网络营销诱发消费者购买的直接动因。从这方面讲，网络营销对消费者的吸引具有相当的难度。这要求从事网络营销的企业或中介注意了解与自己产品有关的实际需求和潜在需求，了解这些需求在不同时间的程度状况和刺激诱发的因素，进而巧妙地设计促销手段去吸引更多的消费者浏览网页，从而唤起或强化消费者的需求。

2. 收集信息

当需求被唤起后，每个消费者都希望自己的需求能到满足，所以，收集信息了解行情，成为消费者购买决策过程的第二个环节。在购买过程中，收集信息的渠道主要有两个——内部渠道和外部渠道。内部渠道是指消费者个人所存储、保留的市场信息，包括购买商品的实际经验、对市场的观察及个人购买活动的记忆等；外部渠道指消费者可以从外界收集信息的通道，包括个人渠道、商业渠道和公共渠道。

网络营销的信息传递主要依靠网络广告和检索系统中的产品介绍，包括在信息服务网页上所做的广告、中介商检索系统上的条目及自己主页上的广告和产品介绍。此外，由于消费者的信息搜索、买前评估和购买等过程都在网上进行，消费者还可方便地通过网络询问论坛或其他虚拟群体中有过购买经验的消费者意见。网络中流行的多种论坛、电子邮件、即时通信、虚拟社区等为消费者提供了良好的相互沟通平台，因此企业应在网上提供权威的、真实可靠的商品信息，发挥网络时代口碑传播的优势，使社交网络工具起到正面引导的作用。

一般来说，在传统的购买过程中，消费者对于信息的收集大都处于被动进行的状况。与传统购买时信息的收集不同，网络购买的信息收集带有较大的主动性。在电子商务市场中，商品信息的收集主要是通过互联网进行的。一方面，电子商务消费者可以根据自己已了解的信息，通过互联网跟踪查询；另一方面，他们又不断地在网上浏览，寻找新的购买机会。由于消费层次的不同，电子商务消费者大都具有敏锐的购买意识，始终引领消费潮流。

3. 评估比较

评估选择是购买决策过程中的决定性环节。消费者在评估过程中所考虑的因素因人而异，但大都依据产品品质、品牌、企业信誉等。电子商务消费者也不例外，但由于通过网络获得的各种信息可能是重复的，甚至是互相矛盾、虚假的，因此，更需要进行分析、评估和选择。由于电子商务市场中购物不直接接触实物，消费者对网上商品的比较依赖于厂商对商品文字或者图片的描述，如果厂商对产品描述不充分，就不能吸引众多的顾客，而如果对产品的描述过分夸张，甚至带有虚假的成分，则可能永久地失去顾客。

对于消费者而言，存在一个测定网络营销广告可信度的问题。近年来在传统媒体上所出现的虚假广告现象也不可避免地出现在电子商务市场中。消费者一般可以从以下几个角度考察网络广告的可信度：① 看发布渠道。一般来说，在著名站点上发布广告的厂商，其经济实力较强，可信度较高，反之，其可信度较低。② 看广告用语。语言是广告对外传播信息的一种主要表达形式，客观、准确地反映商品特点是网络广告的基本要求。③ 看主页内容更换的频率。网络营销成功的企业，其主页内容必定经常更换，不失时机地推出新的信息和产品。而不重视网络营销的企业，对主页内容漠不关心，信息陈旧。④ 尝试购买。对于一个不熟悉的网络推销站点，若要购买其商品，可以先做一次或几次尝试性购买，了解厂商的产品质量和服务质量，然后再进行大规模购买。

4. 购买决策

电子商务消费者在完成了对商品的比较后，便进入了购买决策阶段。购买决策是指消费者在购买动机的支配下，从两件或两件以上的商品中选择一件满意商品的过程。与传统的购买方式相比，电子商务消费者的购买决策有许多独特的特点。

第一，电子商务消费者购买理智动机所占比重较大，而感情动机的比重较小。这是因为消费者在网上寻找商品的过程本身就是一个思考的过程。对任何一件新产品的出现，消费者都不用担心买不上，他有足够的时间仔细分析商品的性能、质量、价格和外观，从容地做出自己的选择。

第二，电子商务市场中购买行为受外界影响较小。消费者常常是独自坐在计算机前上网浏览、选择的，与外界接触较少，因而决策范围有一定的局限性，大部分购买决策是自己做出的或是和家人商量后做出的。正是因为这一点，网上购物的决策行为较传统的购买决策要快得多。要在没有实物的情况下把消费者口袋里的钱掏出来并非易事。电子商务消费者在决定购买某种商品时，一般必须具备3个条件：对厂商有信任感；对支付有安全感；对产品有好感。所以，树立企业形象，改进货款支付方式和快递物流渠道，全面提高产品质量，是每一个参与网络营销的厂商必须重点抓好的三项工作，以促使消费者毫不犹豫地做出合理的购买决策。

5. 购后评价

消费者的购后评价包括两部分内容，一个是购后的满意程度，另一个是购后行为。消费者购后的满意程度取决于消费者对产品的预期性能与产品使用中实际性能之间的差异大小。购后的满意程度又直接影响消费者的购后行为：是否重复购买该产品，是否产生正面或负面口碑，进而影响其他消费者，形成连锁效应。可见，企业应虚心倾听顾客反馈的意见和建议，重视消费者的购后评价，及时改进自己的不足之处。传统购物者一般较难随时快速地把自己的意见反馈给生产商，这也使得消费者不愿意主动把自己的意见说出来。而且传统企业收集意见的成本较高，如要找专人做意见收集调查、印发意见表、开通专线接听顾客意见等。而互联网为收集消费者的购后评价提供了得天独厚的优势：方便、快捷、低成本的电子邮件，网站论坛，即时通信等更容易把企业和消费者紧密联系在一起，互动交流。

延伸阅读

培养电商消费者的忠诚度

1. 顾客忠诚度的作用与内涵

著名的帕累托80/20法则告诉我们，企业80%的利润来自20%的顾客，而企业获得一个新顾客的成本是保持一个老顾客成本的5倍。哈佛大学教授塞萨研究表明，企业忠诚顾客增加5%，企业利润增加 55%。由此可见，顾客忠诚度对企业利润有着重要的影响。顾客忠诚目前还没有统一的定义，有人称其为同一产品的高频度购买，也有人将其细分为行为忠诚、意识忠诚和情感忠诚。

2. 培养顾客忠诚度，电商企业面临的难题

如何培养消费者的忠诚度，成为电商企业致力解决的问题，可以从以下几个方面入手进行改进：① 建立健全相关法律制度；② 与物流企业合作，减少交易的时间成本；③ 做好顾客定位，提供个性化服务；④ 提高顾客对商家的信任度；⑤ 建立一定的奖励措施。

5.4 案例：新消法对消费者网购的权益保障

近年来，我国网络购物行业迅猛发展，随之而来的网络消费纠纷也逐年增加。2013 年，全国消协组织受理的网络购物纠纷案件高达 12 950 件，占销售服务类投诉的 25.94%，网络购物的投诉量在服务投诉中遥遥领先。

网络销售模式的蓬勃发展给消费者更多的选择，但在网上购物快速发展的同时，诚信问题正日益成为制约其健康发展的主要因素：一是假冒伪劣商品同样存在于网购市场，消费者网购上当受骗之事屡有发生；二是有的商家服务质量差，逾期发货，发货不符合约定等问题存在；三是售后服务难以兑现，网购发生纠纷时消费者欲退货，一些商家置之不理或者拒绝退货、拖延时间、推卸责任等。

因此，在尊重网络销售发展规律的前提下，从法律及相关层面采取各种措施以保护消费者合法权益，不仅有利于完善消费者权益保护体系，而且对推动我国网络经济的健康发展亦有重要作用。

2013 年 10 月 25 日，全国人大常委会第十二届第五次会议高票通过了《关于修改〈中华人民共和国消费者权益保护法〉的决定》（以下简称新《消法》），自 2014 年 3 月 15 日起实施。其中，新《消法》针对网络购物这种新的消费形式，从 3 个方面强化了对消费者的维权保障，成为本次修法的一大亮点。

1. 赋予消费者七日无理由退货的"后悔权"

法条：新《消法》第 25 条规定：经营者采用网络、电视、电话、邮购等方式销售商品，消费者有权自收到商品之日起 7 日内退货，且无须说明理由，但下列商品除外：① 消费者订作的；② 鲜活易腐的；③ 在线下载或者消费者拆封的音像制品、计算机软件等数字化商品；④ 交付的报纸、期刊。除前款所列商品外，其他根据商品性质并经消费者在购买时确认不宜退货的商品，不适用无理由退货。消费者退货的商品应当完好。经营者应当自收到退回商品之日起 7 日内返还消费者支付的商品价款。退回商品的运费由消费者承担。经营者和消费者另有约定的，按照约定。

案例：2014 年 4 月 12 日，李女士在淘宝网上买下一件连衣裙。可当收到货后，李女士惊呆了，和网上介绍的图片对比，到手的衣服不仅色差严重，而且薄得透光，多处脱线。李女士要求商家退货，可商家却以销售量为证明说不是质量问题，拒绝退货。李女士无奈作罢，付款后留下差评，商家却以恶意差评提出投诉。

解读：远程购物具有"非现场性"，这就导致消费者和商家的信息极不对称，当商家隐瞒了商品的负面信息，但由于无法直接接触商品时，消费者可能就被蒙在鼓里而遭受损失。此次修改的新《消法》针对网络等远程购物方式赋予消费者 7 天的反悔权，旨在促进买卖双方的平等地位。上述案例中，根据新《消法》规定，李女士有权要求退货。

提醒：实物与图片不符是网购最常出现的问题。购买时，消费者首先要留意官网图片，那些 PS（photoshop）痕迹很重，又没有细节图的，就要留心了。在确定购买前，要查看卖家信誉和评价。对发货速度、色差、质量等评价做到心中有数。发现实物与照片严重不符，首先要保存聊天记录，其次把有差异的地方拍下来，连同店铺展示的图片，一起发给淘宝客服，申请维权。

2. 新增网购等非现场购物信息披露制度

法条：新《消法》第 28 条规定：采用网络、电视、电话、邮购等方式提供商品或者服务的经营者，以及提供证券、保险、银行等金融服务的经营者，应当向消费者提供经营地址、联系方式、商品或者服务的数量和质量、价款或者费用、履行期限和方式、安全注意事项和风险警示、售后服务、民事责任等信息。

案例：2014 年 4 月初，王先生在某购物平台看到一款二手电脑，但卖家只给出电脑型号和价格等简单信息，王先生通过购物平台的交流工具与卖家取得联系后，咨询电脑的配置和使用情况，卖家发来了该品牌电脑的官网链接，并声称与官网上的配置描述一致。收到货后，王先生去该品牌电脑售后服务中心鉴定，发现该电脑中的多处硬件设配与官网所卖同型号电脑配置不一致。王先生要求卖家退货，卖家不予理睬，最后王先生将聊天记录和鉴定结果发送至网购平台客服申请维权。

解读：网络购物中，消费者知情权的行使与保护，是消费者权益的重要方面，在性质上属于远程交易的电子商务环境中尤显重要。但在众多电商中有些项目的信息可能难以得到落实，比如其中的"检验合格证明"如何通过网络提供、证实？尤其是 C2C 市场上，网购平台对卖家的商品信息的真实性等鉴定更是无从下手。因此，新《消法》新增了网购等非现场购物经营者对自己商品信息的披露制度，要求经营者要尽可能提供商品完整信息。上述案例中，根据新《消法》规定，王先生可在最初购买时，就要求卖家明确说明产品的基本配置等信息。

提醒：网络购物存在一定的风险，在购买产品后，对产品的真实性应尽可能做出鉴定，并将这些证据保留，对于卖家不配合的，还可以直接向客服举报，积极维权。

3. 明确网络交易平台提供者连带责任

法条：新《消法》第 44 条规定：消费者通过网络交易平台购买商品或者接受服务，其合法权益受到损害的，可以向销售者或服务者要求赔偿。网络交易平台提供者不能提供销售者或服务者的真实名称、地址和有效联系方式的，消费者也可以向网络交易平台提供者要求赔偿；网络交易平台提供者做出更有利于消费者的承诺的，应当履行承诺。网络交易平台提供者赔偿后，有权向销售者或服务者追偿。网络交易平台提供者明知或者应知销售者或者服务者利用其平台侵害消费者合法权益，未采取必要措施的，依法与该销售者或服务者承担连带责任。

案例： 2014年3月，毛先生在某网购平台注册，并在网上拍下一款某知名进口手表，卖家为湖南省长沙市建设北路华天商城枫祥手表行，联系人是李凤。实际收到货后，毛先生发现自己购买的手表并非正品，于是便联系卖家退货，但通过网店中所留的电话、邮箱等均无法联系上。经向湖南省长沙市工商管理局查询，发现长沙市并无建设北路，也没有华天商城，设在华天商城的枫祥手表行更属子虚乌有。毛先生向网购平台讨要说法，但他们表示目前能做的只是将这家网店关闭，毛先生所遭损失只能自己承担。

解读： 网络购物具有虚拟性，买家对于商家的经营资质、信誉等情况无从查实，这就需要网络平台提供者加强审查和监管。而网购平台只是提供一个交易平台，由于卖家众多，买卖自由，要求网购平台对交易进行直接监管也是不现实的。为此，新《消法》对网购平台提供者的责任进行了清晰定位，即网购平台不能提供销售者或服务者的真实名称、地址和有效联系方式的，承担赔偿责任。上述案例中，根据新《消法》规定，毛先生有权要求网购平台承担赔偿责任。

提醒： 网购平台承担责任有前提，消费者事先要了解清楚。

消费者是市场经济的动力，保护好消费者的切身利益，市场才能稳健有序地发展。此次新《消法》的修改顺应了市场的发展，对加强电子商务消费者的权益保护，完善电子商务法律体系有着积极的作用。随着电子商务的发展，未来网购的样式和途径会更加多样化，这就更加需要积极关注消费者的维权情况，不断完善法律体系。

▶▶ 本章小结

电子商务消费者是电子商务市场的服务对象，这些消费者呈现出新的特点和趋势，掌握电子商务消费者的类型、购买动机、购买行为模式才能够了解电子商务消费者的真正需求。

电子商务消费者主要面临3类重要的购买决策行为，包括：网络渠道选择行为、网络顾客信息搜寻行为、网络顾客购买行为。形成完整的电子商务消费者购买行为过程：需求确认→收集信息→评估比较→购买决策→购后评价。

▶▶ 关键术语

电子商务消费者　电子商务消费者特点　购买动机　消费者需求　购买行为模式　购买决策　购买决策过程

第 5 章　电子商务消费者

▶▶ 基本训练

1. 填空题

（1）电子商务市场中的消费者与传统市场中的相比具有_____、_____、_____、_____的特点。

（2）按照上网目的来分类，网络消费者可以分为_____、_____、_____、_____几种类型。

（3）消费者购买行为模式主要有_____、_____、_____、_____。

（4）完整的电子商务消费者购买行为过程是：_____、_____、_____、_____、_____。

（5）影响电商消费者购买行为的市场因素主要包括：_____、_____、_____、_____。

2. 选择题

（1）电子商务中消费者的购买动机是消费者产生网上购物的内在动力，主要包括需要动机和（　　）。
  A. 生理动机　　　B. 心理动机　　　C. 惠顾动机　　　D. 理智动机

（2）消费者多次使用一种商品后，因感到其质量可靠、服务信誉有保障等，而不经过收集信息、评价商品等复杂过程的购买行为是（　　）。
  A. 减少风险的购买行为　　　　　B. 寻求多样性的购买行为
  C. 习惯性的购买行为　　　　　　D. 复杂的购买行为

（3）消费者购物导向是个体对购物行为的总体倾向，下列 4 种类型中，（　　）是描述消费者可以轻易地在任何时间、任何地方搜寻并购买自己需要的产品。
  A. 便利型　　　B. 体验型　　　C. 娱乐型　　　D. 价格型

（4）在影响电商消费者购买行为的个体因素中，（　　）是指人们基于自身道德观和价值观基础上对事物的评价和行为倾向，主要由认知成分、情感成分和意向成分 3 部分构成。
  A. 购物导向　　　B. 网络知识　　　C. 个性特征　　　D. 态度

（5）在电子商务消费者决定购买某种商品时，不是必须具备的条件为（　　）。
  A. 对厂商有信任感　　　　　　　B. 对支付有安全感
  C. 对客服有满意感　　　　　　　D. 对产品有好感

3. 判断题

（1）需求是指人们为了满足生理或心理的需要而对物质产品或服务的具有货币支付能力的欲望总和。（　　）

（2）因为网络环境下消费者可以方便地联合起来向厂商讨价还价，产品定价有可能逐步由消费者定价转变为企业定价。（　　）

（3）在网络消费的开始阶段，消费者侧重于日用消费品的消费。（　　）

（4）在电子商务市场中，消费者在选择产品和服务时更在乎的是产品和服务能否体现自己的个性，是否符合自己的特殊需要。（　　）

（5）经过需求确认、收集信息、评估比较、购买决策、购后评价的完整过程，才能实现电子商务消费者购买决策。（　　）

4. 简答题

（1）电子商务市场中消费者的需求有何特点？

（2）影响电子商务市场消费者购买行为的因素有哪些？

（3）电子商务市场中消费者购买模式分哪几部分？

5. 论述题

请论述电子商务消费者的购买决策过程。

第 6 章

互联网金融

学习目标
- ◆ 重点掌握互联网金融的特征与功能、网络支付的类型、电子货币的特征与功能。
- ◆ 掌握互联网金融发展的主要领域、互联网金融的模式、电子货币的分类。
- ◆ 了解互联网金融兴起与发展阶段、政策建议与风险对策。

▶▶ 6.1 互联网金融

6.1.1 互联网金融的兴起与发展

金融有 4 项基本功能：银行创造信用货币，证券公司做投融资中介，信托等机构替别人理财，保险的经济补偿。从 20 世纪末以来，随着网络信息技术和移动通信技术的发展，互联网金融这一概念应运而生并且正在成为一种潮流，潜移默化地改变着金融市场。1995 年 10 月，全球第一家网络银行"安全第一网络银行"（Security First Network Bank）在美国成立，这标志着互联网金融业务的真正诞生，互联网金融从此在很多国家和地区兴起。在我国，互联网金融也得到了长足发展。作为互联网与金融业相结合的新兴事物，互联网金融在很大程度上改变了传统货币金融理论的理论框架，并且受到各个国家的重视，出现了从网络银行到网络保险，从网络个人理财到网络企业理财，从网络证券交易到网络金融信息服务的全方位、多元化的网络金融服务。

互联网金融的发展既有其客观基础，又有金融市场的主观要求。

1. 客观基础

首先，网络信息技术是互联网金融的技术基础。这主要表现在：① 网络信息技术推动着金融业务处理的自动化；② 信息技术的高速发展使金融机构的营业网点逐渐虚拟化；③ 信息化技术发展推动着金融业务全球化和金融组织的全球集中化；④ 信息技术的发展导致了金融监管的国际化。

其次，金融资本的集中为互联网金融的发展提供了资本基础。金融资本的集中为网络金融（包括商业银行、投资银行、证券投资基金、保险业等）通过资本市场的资本运营形成大资本集团或联盟，其实质是在全球范围内寻求资本的最优配置及超常规扩张。这些规模巨大，以混业经营、跨国经营为特征的资本集团或联盟，必须以网络金融作为业务支撑，其雄厚的资金实力又推动了网络金融的成长和壮大。

最后，国际金融法规和国际金融组织的建立和完善是互联网金融的制度基础。

2. 主观要求

（1）金融市场的发展要求互联网金融来弥补现有不足

现今金融市场存在庞大的金融供需断层。第一，财富积累急需保值增值的投资渠道。第二，弱势群体的融资需求不能得到满足或融资成本过高。第三，商业银行无法进行根本性的创新以跟上用户快速、即时需求的变化。比如，第三方支付所服务的小微商户只需要线下收单，通过移动终端管理收单平台，利润微薄，无法得到大型银行的服务。同时，熟悉网络的年轻人渐渐成为社会支柱，网络用户群庞大。因此互联网金融弥补了现今金融市场的不足。

（2）电子商务市场发展对互联网金融的要求

电商企业从最初的入口、用户、支付、物流之争，到现在纷纷涉足金融服务，这固然有利益驱逐的原因，但更多的是基于其构筑闭环生态系统的现实需要。对于电商而言，它们需要对上游供货商享有绝对的控制力，金融产品的介入无疑会稳固两者之间的合作关系。在传统的电商模式中，支付是整个环节的终点，而今，一旦供货商利用电商的金融服务，就意味着将与其支付、物流等供应链的环节紧密对接，这将为电商构筑起一个闭环生态系统。

（3）互联网具有天然优势：成本低、便捷、信息更新速度快

互联网拥有平台优势，这使得其掌握大量的宝贵信息资源：一方面，它们了解到平台上很多企业的金融需求无法满足，另一方面，它们自身掌握着大量中小微企业的信用和资金流转记录。同时，在目前利率市场化尚不充分的情况下，市场上还存在大量的理财需求。互联网的自由、开放、分享、公开、透明等理念实现了资金在各个主体之间的自由直接游走，而且违约率低。因此，带有草根性质的网络贷款无疑是对供需各方再好不过的平台。另外，互联网技术的进步，云计算、大数据、移动互联网和社交网络的兴起，使得个人与企业的社会化程度加速提升，随时随地无缝对接与沟通，使得消费者对便捷与时效提出了更高的要求，而这些显然是传统金融业无法满足的。

6.1.2 互联网金融的基础知识

1. 互联网金融的概念

互联网金融是指依托于支付、云计算、社交网络及搜索引擎等互联网工具,实现资金融通、支付和信息中介等业务的一种新兴金融形式。互联网金融不是互联网和金融业的简单结合,而是在实现网络安全、移动支付等技术之上,被用户熟悉接受后(尤其是对电子商务的接受),自然而然为适应新的需求而产生的新模式及新业务,是传统金融行业与互联网精神相结合的新兴领域。互联网金融的发展已经经历了网上银行、第三方支付、个人贷款、企业融资等多个阶段,并且越来越在融通资金、资金供需双方的匹配等方面深入传统金融业务的核心。

2. 互联网金融的特征

互联网金融与传统金融的最显著区别在于技术基础的不同,而计算机网络给金融业带来的不仅仅是技术的改进和发展,更重要的是运营方式和行业理念的变化。

(1)信息化与虚拟化

从本质上说,金融市场是一个信息市场,也是一个虚拟市场。在这个市场中,生产和流通的都是信息:货币是财富的信息;资产的价格是资产价值的信息;金融机构所提供的中介服务、金融咨询顾问服务等也是信息。互联网技术的引进不但强化了金融业的信息特征,而且虚拟化了金融的实务运作。例如,经营地点虚拟化——金融机构有虚拟化的地址(网址)及其所代表的虚拟化空间;经营业务虚拟化——金融产品和金融业务中大多是电子货币、数字货币和网络服务,这些全部都是理念中的产品和服务;经营过程虚拟化——互联网金融业务的全过程都采用电子数据化的运作方式,由银行账户管理系统、电子货币、信用卡系统和网上服务系统等组成的数字网络处理所有的业务。

(2)高效性与经济性

与传统金融相比,网络技术的应用使得金融信息和业务处理的方式更加先进,系统化和自动化程度大大提高,突破了时间和空间的限制,可提供全天候、全方位的服务,而且能为客户提供更丰富多样、自主灵活、方便快捷的金融服务,具有很高的效率。网络金融的发展使得金融机构与客户的联系从柜台式接触改变为通过网上的交互式联系,这种交流方式不仅缩短了市场信息的获取和反馈时间,而且有助于金融业实现以市场和客户为导向的发展战略,也有助于金融创新的不断深入发展。

从运营成本来看,虚拟化的网络金融在为客户提供更高效服务的同时,由于无须承担经营场所、员工等费用开支,因而具有显著的经济性。有资料统计,在美国,网络银行的开办费只有传统银行的1/20,网络银行的业务成本只有传统银行的1/10左右。

(3)去中介化和一体化

随着信息的收集、加工和传播日益迅速,金融市场的信息披露趋于充分和透明,金融市场供求方之间的联系趋于紧密,可以绕过中介机构来直接进行交易,非中介化的趋势明显。同时,网络金融的出现极大地推动了金融混业经营,加速了金融一体化的发展,主要原因在于:第一,在金融网络化的过程中，客观上存在银行系统管理客户所有财务金融信息的需求，即客户的银行账户、证券账户、资金资产管理和保险管理等有融合统一管理的趋势；第二，网络技术的发展使得金融机构能够快速有效地处理和传递大规模信息，能够向客户提供更多一体化的金融服务，使得金融机构同质化现象日益明显；第三，网络技术降低了金融市场的运行成本，金融市场透明度和非中介化程度提高，这都使得金融业竞争日趋激烈，百货公司式的全能银行、多元化的金融服务成为大势所趋。

 小案例

亚马逊转型：从卖书到卖云计算

亚马逊的"云计算"AWS（Amazon Web Services）服务是发展时间最长的商业性云服务之一，也被称为"弹性计算云"。该服务以"现购现付"方式让众多中小企业租用亚马逊的服务器、数据中心等IT闲置资源。以管理一家小型网站为例，最低价格仅为每小时20美分，而总体算来给亚马逊带来的利润要高于其销售书籍的毛利。

亚马逊是云计算领域的先驱，Google和微软是其两大竞争对手，同时Verizon、思科、IBM和VMware等大公司也涌入云计算，亚马逊的利润空间受到挤压。

3. 互联网金融的功能

1）平台功能。通过互联网金融企业搭建的网络金融平台，客户可自行选择适合的金融产品，只需连接互联网，即能开展支付、贷款、投资等金融活动，方便快捷，免去排队等待之苦。

2）资源配置功能。互联网金融本质上是一种直接融资方式，能够方便地查阅交易对手的交易记录；找到合适的风险管理工具与风险分散工具；通过信息技术深入分析数据，全面、深入掌握对手信息，提高资源配置效率。"自金融"的概念应运而生，自金融模式是通过互联网的用户聚合和高速传播的特点，为用户提供直接的投融资服务，资金的需求方和供给方都是个人，取代了原有的机构渠道来进行融资和贷款。

3）支付功能。互联网金融模式下，商家和客户之间的支付由第三方来完成，方便、快捷，成本更低。第三方支付或将削弱商业银行、传统支付平台的地位。截至2014年7月，央行已发放五批第三方支付牌照，持牌单位增至269家。据艾瑞咨询统计，2013年中国第三方互联网支付市场交易规模达53 729.8亿元。

4）信息收集和处理功能。互联网金融模式下，人们利用"云计算"原理，可以将不对称、金字塔形的信息扁平化，实现数据的标准化、结构化，提高数据使用效率。

4. 互联网金融发展的主要领域

互联网为金融服务业内不同行业的厂商提供了理想的交易平台和低成本的市场准入环境，导致银行、证券、保险、基金、外汇、理财和投资公司等都可以按照各自的特征，有选择地进入网上金融服务市场。

（1）网上银行

网上银行（也称网络银行、联机银行、电子银行，或简称"网银"）是指银行利用 Internet 技术，通过 Internet 向客户提供开户、查询、对账、行内转账、跨行转账、信贷、网上证券、投资理财等传统服务项目，使客户可以足不出户就能够安全便捷地管理活期和定期存款、支票、信用卡及个人投资等。可以说，网上银行是在 Internet 上的虚拟银行柜台，是互联网时代银行服务的新渠道。根据服务面向的客户不同，网上银行一般分为个人网上银行和企业网上银行。

网上银行具有以下特点：① 全面实现无纸化交易。以前使用的票据和单证被电子支票、电子汇票和电子收据所代替；原有的纸币被电子货币，即电子现金、电子钱包、电子信用卡所代替；原有纸质文件的邮寄变为通过数据通信网络进行传送。② 通过网络银行，用户可以享受到方便、快捷、高效和可靠的全方位服务。不受时间、地域的限制使用网络银行的服务，即实现 3A 服务（Anywhere, Anyhow, Anytime），有利于扩大客户群体。③ 大大降低银行经营成本，有效提高银行赢利能力。由于网络银行采用了虚拟现实信息处理技术，网络银行可以在保证原有业务量不降低的前提下，减少营业网点的数量，提高了银行后台系统的效率。④ 有利于服务创新，向客户提供多种类、个性化服务。利用互联网和银行支付系统，易于满足客户咨询、购买和交易多种金融产品的需求，客户除办理银行业务外，还可以很方便地进行网上买卖股票债券等，网上银行能够为客户提供更加合适的个性化金融服务。

（2）网上证券、网上外汇交易

网上证券是证券行业以 Internet 为媒介向客户提供的全新商业服务。它是一种大规模、全方位、体系化、新型的证券经营模式，可为大量远离证券营业部的证券投资者提供现有证券行业所有的甚至更多的服务。网上证券主要作用：① 对投资者来说，利用证券电子商务可以得到比较公平、公正、高效的证券行情及信息和交易服务，可以减少因行情延迟、信息时差或交易不及时等引起的交易损失。② 对证券商来说，证券电子商务的实现，一方面可以大幅度降低成本，减少基础设施和人力资源的投入，另一方面可以方便地扩展业务范围，通过远程证券交易的手段占领更广大的市场。

在外汇市场中，大部分交易是美元，其余较高的外汇交易包括欧洲货币联盟的欧元、日元、英镑和瑞士法郎。银行参与大量的外汇交易，并和一些外汇交易商结盟共同建立以网络为基础的货币交易网站，允许交易商在网上发布指令买卖货币，形成网上外汇交易。

（3）网上理财

网上理财指通过互联网进行理财投资的业务，是金融机构通过信息网络平台提供的金融服务。网上理财的概念逐渐为人们所接受，传统的股票、基金、保险、债券服务的购买和交易都已经可以在网上进行，此外，新型的理财产品也越来越多，通过网络进行虚拟贵金属买卖、期货买卖、网络借贷等。

（4）网上保险

保险电子商务也称网上保险，指保险公司或保险中介机构以互联网和电子商务技术为工具来支持保险经营管理活动的经济行为。目前，我国保险电子商务应用模式不断丰富，已经形成B2B、B2C、B2M等多种服务模式。网站的信息、产品、服务等方面的成熟度，将决定其对销售拉动的实际效果，成为保险电子商务发展的关键。B2B型是一种保险公司对销售代理机构的网上交易模式。如太平洋保险的诚信通代理平台，可以提供车险、货运险、意外险等条款和费率标准化程度较高险种的网上交易平台。B2C型是保险公司直接面对终端消费者的销售模式。这是市场上最为普遍的一种销售模式。B2M型是保险商品供应商对保险销售经理人的销售模式，类似于B2B，但M是属于个体保险代理人。这个销售模式市场比较少见，主要以中国保险服务网电子商务的车险网上投保为代表。

网上保险的优势：

1）利于减少成本，提高经营效率。保险经营的是无形产品，不需要实物转移，非常适合电子商务、网上保险的应用，可以大幅降低交易成本。有研究表明，网络可以使整个保险价值链的成本降低60%以上。成本的减少会进而降低各险种的保险费率，从而让客户受益。电子商务使保险公司在销售、理赔、管理等方面的效率得到极大提高。

2）网上保险有利于提高客户服务水平。电子商务不仅是保险公司的一个营销渠道，更是公司为客户提供服务的新平台。

3）发展保险电子商务有利于公司的稳健经营。电子商务不仅会改变保险公司的营销和服务方式，还将影响保险公司自身的组织结构和管理制度，最终会反映到公司的经营效益上来。电子商务技术手段可以渗透到保险公司经营的关键环节和流程，能够有效地解决业务过程中的一些管理风险和道德风险。通过网上保险，公司可以将客户资源掌握在自己手中，对公司的长期稳定发展具有重大意义。

4）电子商务网站还能将公司的保险信息透明化，解决公司与客户之间信息不对称的矛盾，也有利于公司树立诚信经营的企业形象。

5）通过在线调查或提供在线咨询服务，及时了解保险市场的反馈信息，对客户潜在的保险需求进行深层次把握，从而有利于创新险种、拓展业务、提高经营效益。

5．实现互联网金融的3种主要模式

自20世纪90年代以来，互联网迅速普及，逐步从大学、科研机构走向寻常百姓家。基于互联网的应用具有接入的全天候、跨区域等特性，使得新兴服务充分体现出不同于传统服务的低成本、跨区域、高效率和充分个性化的特征优势。互联网金融从服务的形式而言可以分为3种模式：传统金融服务的互联网延伸、金融的互联网居间服务和互联网金融服务，如图6.1所示。

第 6 章 互联网金融

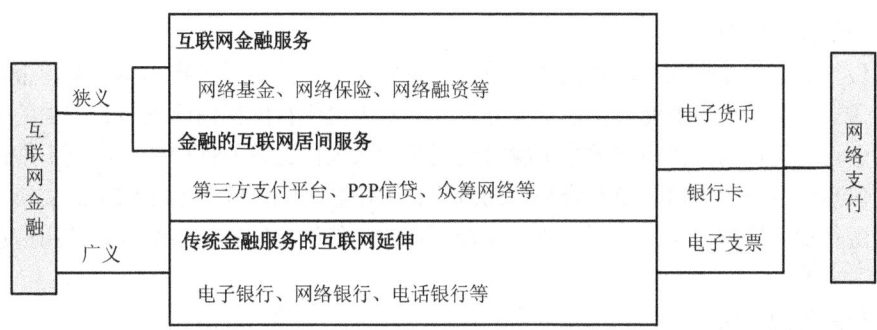

图 6.1 互联网金融的 3 种模式

传统金融服务的互联网延伸是一种广义的互联网金融。它是借助互联网本身的便捷和广度实现传统金融机构在互联网上的服务延伸。电子银行、网上银行乃至手机银行都属于这类范畴。在这一模式下,传统金融服务从线下扩展到线上,在时间和空间上外延了银行服务。

从狭义的层面,互联网金融只包括金融的互联网居间服务和互联网金融服务。前者典型的应用模式有第三方支付平台、P2P 信贷、众筹网络等;后者是网络形式的金融平台,包括网络融资、互联网基金、保险销售平台等,这一模式多为电商向金融行业的渗透。

互联网金融的发展离不开网络支付的不断变革,从电子支票 E-check、银行卡到最终的电子货币,从传统形式的有线网络到无处不在的无线网络(移动支付),完成个人终端的支付活动。电子支票和银行卡更多以传统金融机构为主导,而电子货币更多依赖互联网公司的创新和开拓,使得第三方支付成为可能。

6.1.3 互联网金融与传统金融对比

主要从以下几个方面对比互联网金融与传统金融方式。

(1)参与者方面

在传统金融模式中,商业银行作为金融中介,除了股票等直接投资方式以外的所有投融资活动都以商业银行为中心展开。所以在传统金融模式中,参与者可分为三大类:投资者、银行、融资方。而互联网金融的发展带动了金融脱媒的步伐,资本市场上直接融资取代了间接融资,经济发展也从银行主导的经济格局转变为以市场为主导的格局,金融脱媒降低了投融资的成本,提高了投融资效率,迫使银行向中间业务转型。

(2)操作平台方面

传统金融模式的大部分业务来自消费者到金融机构网点的实体操作。客户必须亲自到银行或券商的营业网点办理有关存取、买卖业务。而互联网金融时代,互联网平台给每位用户都提供了自助化的财富管理通道。各互联网金融商把金融超市开到了互联网大平台,跨越了时间和空间的限制,实现了足不出户的财富管理目标,大大降低理财成本,方便群众的投资理财。

（3）征信体系方面

人民银行的征信系统在经济和社会中发挥了重要作用，其统计的指标均是商业银行信贷业务审核的重要信息，所以商业银行信贷业务的开展对人民银行的征信体系有着较强的依赖性。而互联网金融机构作为法律规定的非金融机构无法加入人民银行的征信体系，更不准许使用征信系统的信息，这就大大增加了网贷企业的风险，无法实现线上线下信用信息的交换与更新。互联网金融行业需要一个覆盖面更广泛、受众更宽的征信系统以解决整个行业信用信息缺失的问题。

（4）信息处理方面

传统融资模式下，金融机构获得投资企业，特别是小微企业的信息成本较高，需要花费较高的人力、时间成本，收益与成本不匹配。同时，在获得信息后，金融机构处理信用信息也需要花费较多的时间和精力，通常还要受到人为主观因素的影响，增加信贷风险。大数据和云计算技术的发展极大地降低了互联网金融机构的信息不对称。互联网金融企业在进行信贷审查的过程中就能够通过搜索引擎迅速寻找到目标信息，节省决策时间。

（5）支付方式方面

与现金、票据和信用卡等传统的支付方式相比，在互联网金融模式中，支付方式以移动支付为基础。个人和机构都可在中央银行的支付中心开设账户。证券、现金等金融资产的支付和转移通过移动互联网进行支付清算电子化，替代现钞流通。互联网第三方支付业务异军突起，具有方便快捷、费用低廉及交易安全等优势，一方面解决了小额支付下产生的货款转账不便的问题，另一方面也大大降低了由于信息不对称所引起的互联网交易存在的欺诈风险，充分保障消费者的合法权益，促进支付行业的健康发展。

（6）信贷产品方面

各家商业银行的传统信贷产品，由于受到其运营模式的限制，所有的信贷产品大多同质化，期限不等但相对较长，缺乏灵活性，不能完全满足投资者的理财需要。在互联网金融模式下，由于资金的供需双方能够直接对接，信息高度对称，有利于为客户量身打造符合其需求的信贷产品。

（7）信贷风险方面

在传统金融模式中，信贷信息的收集与审核易受到人为影响和控制，由于在实际生活中能取得的数据信息有限，缺乏处理数据的有力工具，传统金融在信贷风险的评估方面受到较大的限制。互联网金融在大数据和云计算的支撑下，很大程度上解决了信息不对称的问题，大大降低了互联网金融企业的信贷风险。但是，仍无法完全实现信息对称，所以互联网金融仍面临着信贷风险有效防范的问题。

（8）运行成本方面

互联网金融企业的成本中，节省了设置营业网点、实体系统和设备维护等费用，主要成本集中在网络金融平台的研发与创新、互联网金融产品创新上。

延伸阅读

"三马同槽"卖保险的竞争优势分析

"三马同槽"在辞典中的释义是隐指司马懿父子三人预夺魏的政权,也泛指阴谋篡权。而今这个词被阿里巴巴的马云、中国平安的马明哲、腾讯的马化腾3人赋予了新的含义。2013年11月6日,国内首家互联网保险公司众安保险正式开业。三国时期的"三马同槽"颠覆了曹魏,1800年后的"三马同槽"也在颠覆传统金融业。

1. 三马的思考

在阿里方面,此前,余额宝上线获得支付宝用户的追捧,一时间风靡网络,而现在马云又把目光聚焦于保险业,他解释说:"我本意并不想做金融,是想建立一套信用体系,为年轻人和小微企业服务的信用体系。"从腾讯角度而言,眼下正设法建立电子商务的独特定位,面对阿里巴巴和京东商城的两面夹击,腾讯需要以更有效的手段将社交平台上的QQ和微信用户引导至电子商务平台上,实现增值服务。对急于找准定位的腾讯来说,众安保险或许是其"什么都做"战略的一种手段,为其保驾护航。至于平安保险投资众安,主要有两方面考量,一是通过这家新公司,探索金融营销变革,突破产品及渠道同质化的瓶颈;二是借助合作,未来谋求共享阿里、腾讯数以亿计的客户资源,拓宽潜在客户群体。

2. 发展趋势分析

网络保险公司业务拓展上将面临较大挑战,发展前景具有不确定性。但是,网络金融依托线上的海量客户及由此生成的大数据为优势。众安是以互联网场景提供保险工具,以问题为中心设计产品,以合适的场景、合适的时间为用户提供一套解决方案。在组织架构设置上,众安给每个互联网企业服务的保险产品都是定制化的、程式化的,因而是可复制的。由于互联网人群风险特征高度集中,批量和自动化核保可减少大量人力。在探索金融营销革命、突破产品及渠道同质化的瓶颈之外,还可以共享阿里巴巴、腾讯数以亿计的客户资源,这无疑将成为中国平安新的增长点。在这场互联网金融竞争中,金融机构具有主业优势,通过找准自己独特的商业模式,也能赢得这场战争。众安在线的成立能否成为中国金融机构新网络金融的标杆,起到先导作用,还需要经受时间的考验。

6.2 网络支付

6.2.1 网络支付基础知识

1. 网络支付基本概念

网络支付是指电子交易的当事人,包括消费者、厂商和金融机构,使用安全电子支付手段通过网络进行的货币支付或资金流转。主要包括电子货币类、电子信用卡类、电子支票类。

2. 网络支付的基本特点

与传统的支付方式相比,网络支付具有以下特征:

1)数字化。网络支付是采用先进的技术通过数字流转来完成信息传输,各种支付方式都是采用数字化的方式进行款项支付的;而传统的支付方式则是通过现金的流转、票据的转让及银行的汇兑等物理实体流转来完成款项支付的。

2)互联网平台。网络支付的工作环境是基于开放的 Internet 系统平台,而传统支付则在较为封闭的系统中运作。

3)通信手段。网络支付使用的是最先进的通信手段,对软硬件设施的要求高;而传统支付使用的则是传统的通信媒介。

4)经济优势。网络支付具有方便、快捷、高效、经济的优势。支付费用仅相当于传统支付的几十分之一,甚至几百分之一。突破时间和空间的限制,可以满足 7×24(每周 7 天,每天 24 小时)的工作模式。

3. 提高网络支付安全性的技术手段

1)认证交易双方、防止支付欺诈。能够使用数字签名和数字证书等实现对网上商务各方的认证,以防止支付欺诈,对参与网上贸易的各方身份的有效性进行认证,通过认证机构或注册机构向参与各方发放数字证书,以证实其身份的合法性。

2)加密信息流。可以采用单密钥体制或双密钥体制进行信息的加密和解密,可以采用数字信封、数字签名等技术加强数据传输的保密性与完整性,防止未被授权的第三者获取信息的真正含义。

3)数字摘要算法确认支付电子信息的真伪。为了保护数据不被未授权者建立、嵌入、删除、篡改、重放等,完整无缺地到达接收者一方,可以采用数据杂凑技术。

4)保证交易行为和业务的不可抵赖性。当网上交易双方出现纠纷,特别是有关支付结算的纠纷时,系统能够保证对相关行为或业务的不可否认性。网络支付系统必须在交易的过程中生成或提供足够充分的证据来迅速辨别纠纷中的是非,可以用数字签名等技术来实现。

5)处理网络贸易业务的多边支付问题。支付结算牵涉客户、商家和银行等多方,传送的购货信息与支付指令信息还必须连接在一起,因为商家只有确认了某些支付信息后才会继续交易,银行也只有确认支付才会提供支付。为了保证安全,商家不能读取客户的支付指令,银行不能读取商家的购货信息,这种多边支付的关系能够借用系统提供的诸如双重数字签名等技术来实现。

6) 提高支付效率。简化网络支付的手续和过程,提高支付效率,加强网络支付相关的软硬件设备性能。

6.2.2 第三方互联网支付

6.2.2.1 第三方互联网支付的主要类型

1. 独立的支付网关模式

该种支付模式是指第三方支付公司为用户提供订单处理和支付服务的平台,第三方支付平台本身并没有开设独立的商务网站,分别通过与消费者、商家及银行签订合同并提供服务。服务平台通常只涉及支付和支付的解决方案,属于纯粹的中介服务,是最早产生的第三方互联网支付服务模式。由于仅仅提供支付服务,建立这种支付模式相对比较容易,往往只需要有相应的技术支持而无须很强的资金保障,但其缺点在于无法单独运营,必须依附于相应的网络支付平台。该类支付模式以首信易 PayEase 为代表。首信易成立于 1999 年 3 月,是国内首家"中立第三方网上支付平台",其主要客户对象是企事业单位、公共服务机构、政府和社会团体,在教育考试、社区管理的费用支付等服务领域表现不凡,是第三方互联网支付行业的资深平台。

2. 信用中介模式

为了提高网上交易双方对彼此的信任度,以及保证资金和货物的顺利流通,第三方互联网支付机构以信用中介的角色出现,主要提供"信用担保"和"代收代付"服务。买卖双方在达成交易意向以后,先由买方把应支付的款项通过第三方支付平台存入其提供的注册账户内,然后买家再确认收货并通知支付平台支付,最后支付平台把买家应付的款项转移到卖家在第三方支付平台的账户中。具有信用中介职能支付模式的第三方互联网支付企业通常设立了专门的电子商务网站。

目前,大多数第三方互联网支付平台采用"信用中介"支付模式,其在推动创新的基础上依靠电子商务网站为用户提供服务,同时通过提供全额的先期赔付,提高信用度和知名度。不过其缺陷在于交易过程中,容易存在欺诈行为。该种支付模式以支付宝、财付通为代表,在第三方支付市场中占据较大份额。

3. 依附电子商务网站模式(电子商务网站内生模式)

随着提供特定商品的购物网站的增多,为了满足自身发展的需要,许多独立经营的电子商务平台特地建立了第三方支付平台。这种支付模式仅是电子商务网站的配套服务方式,是其隶属的网站服务。同时该电子商务网站往往资金雄厚,能为其提供强有力的技术支持,不过与上述两种第三方支付模式相比较,不足之处是欠缺独立性。这种支付模式主要存在于 B2B、B2C 电子商务模式中,如早期苏宁易付宝就是服务于专门的电子商务平台的。

6.2.2.2 第三方互联网支付的发展趋势

1. 中国网络支付的发展历程

1999年,易趣网、当当网相继成立,为了适应网上支付需求,中国诞生了第一家第三方支付公司——首信易支付,实现指令传递功能,把用户的支付需求告知银行,转接到银行的网上支付页面。

2003年的网络购物还处于萌芽阶段,支付形式单一,买卖双方互不信任的问题成为网络购物停滞不前的主要原因。为了吸引更多的网购人群,淘宝在2003年10月设立支付宝业务部,开始推行"担保交易"。2004年12月,支付宝正式独立上线运营,标志着在阿里巴巴的电子商务圈中,信息流、资金流和物流开始明晰。2005年腾讯旗下的支付公司"财付通"成立,随后全球最大的支付公司PayPal高调进入中国,而马云在当年的瑞士达沃斯世界经济论坛上首次提出了第三方支付平台的概念。

第三方支付向传统行业不断渗透,拓展其中的支付结算市场,第三方支付工具从单纯的网购走向了更多领域,而整个支付行业也处于监管空白期,挪用沉淀资金、信用卡非法套现等乱象丛生。2010年央行颁布《非金融机构支付服务管理办法》,确定了通过申请审核发放支付牌照的方式把第三方支付企业正式纳入国家的监管体系下,对于没获得第三方支付牌照的非金融机构将被禁止继续从事支付业务。

互联网金融对于第三方互联网支付的推动作用不断增强,2013年中国第三方互联网支付市场交易规模达53 729.8亿元,同比增长46.8%,整体市场持续高速增长,在整体国民经济中的重要性进一步提升。中国第三方互联网支付核心企业交易规模市场份额相对保持稳定。支付宝以48.7%的占比保持领先,财付通占19.4%,银联在线占11.2%,快钱占6.7%,汇付天下占5.8%,易宝支付占3.4%,环迅支付占2.9%,其他占1.9%。

2. 网络支付现状及趋势

(1)第三方互联网支付机构和电子商务平台融合发展

近年来,电商市场集中趋势明显,电商平台化、综合化成为市场的大趋势。随着京东商城收购网银在线,苏宁易购成立易付宝,加上淘宝(天猫)和支付宝、QQ网购和财付通,电商四强均已形成"商户+支付平台"融合发展的模式。电商融合支付平台发展综合性平台有利于降低成本;掌握客户资料和交易信息,分析消费行为,扩大客户规模,防止交易数据外泄;缩短财务资金运转周期。同时,第三方互联网支付企业也能依靠电商资金、客户等支持进一步发展壮大。

(2)线上线下支付趋于融合

在中国银联等支付机构积极拓展网上支付市场的同时,一些第三方互联网支付企业借助已有的支付账户体系和庞大的客户群,通过创新产品服务、优惠的价格等,开始拓展线下支付市场,线上线下支付业务逐步融合。2010年以来,部分第三方互联网支付企业获得银行卡收单业务牌照后,开始发展POS收单业务。例如,支付宝启动物流POS战略,计划投入5亿元推动电子商务COD（货到付款）体系发展；快钱公司与物流公司宅急送合作，推广近万部POS机具。

随着第三方互联网支付行业竞争日益加剧，预计其发展方向主要为开放式支付平台和封闭式支付平台。开放式支付平台是指第三方互联网支付企业逐步开放收单接口，重点做好互联网市场的转接平台功能，在收单环节和专业的收单组织或金融机构合作，成为标准的开放式支付平台。封闭式平台是指第三方互联网支付企业凭借在收单市场的垄断，在虚拟中间账户基础上不断加载银行卡支付功能和信贷融资功能，模仿美国运通模式积极争取商业银行牌照，成为一家具有封闭式支付网络的商业银行。

3．网络支付的影响与问题

（1）冲击传统金融行业

冲击商业银行支付中介功能：一些第三方支付平台已经能够为客户提供收付款、转账汇款等结算和支付服务，其低成本、服务便捷、流程透明吸引了越来越多的消费者，对商业银行相关服务形成了明显的替代效应。

冲击银行与客户的传统联系：在互联网支付市场，第三方支付机构兴起并占据主导地位，对商业银行与客户之间的传统金融联系产生"疏离化"影响，商业银行越来越难以掌握客户交易、支付行为等信息。

加快金融脱媒：随着第三方支付平台综合化、线上线下服务融合化发展，部分大型的第三方支付平台利用其掌握收单流量、用户信息、支付数据等涉足类银行金融服务，包括成立小贷公司开展企业贷款、创新网络信用支付、金融理财等，冲击金融机构传统线下业务，进一步加快金融脱媒。

（2）完善监管法律

加强建设监管第三方支付平台（包括互联网支付）的法律法规。第三方支付机构的法律地位有待进一步明确，部分第三方支付机构业务包括收款、付款、电子资金账户等，这些业务均属于金融机构从事的业务，因此，第三方支付机构不能简单定位为向用户提供网络代收代付的一般性中介服务机构。

对我国目前金融监管体制形成挑战。互联网的开放性和虚拟性大大降低了各种金融服务产品和整个金融产业的进入壁垒。随着第三方互联网支付业务综合化发展趋势不断加强，其所提供的服务、创新的产品及销售渠道都将冲击我国目前的金融监管体制。

对沉淀资金存在监管的缺位。当买方或者支付方向第三方支付平台的虚拟账户充值后，资金从买方账户划至第三方支付平台的虚拟账户，形成沉淀资金。一般沉淀资金会滞留在第三方支付平台两天至数周，这段时间里沉淀资金实际由第三方支付平台控制。需要完善有效的监管手段防止第三方支付机构越权挪用沉淀资金。

（3）对消费者金融权益缺乏有效保护

格式合同损害消费者公平交易权。对于消费者来说，第三方互联网支付平台主要是提供资金结算和信用担保功能，消费者在使用第三方互联网支付服务时，已与第三方支付机构以格式合同的方式达成了协议。但是，协议中的服务条款均是第三方互联网支付机构单方面制定的，用户为了达到使用目的只能无条件接受，由于网络支付技术性较强，可能出现第三方支付机构滥用技术优势，从而损害消费者利益的情况。

消费者个人信息缺乏安全保障。在使用第三方互联网支付平台进行交易的过程中，消费者个人信息包括身份证号、联系方式、银行卡号等都会传送给支付机构，一旦被不法分子利用，将损失严重，而我国目前对于第三方支付平台中个人信息保护尚缺乏有效监管手段。

缺乏第三方支付平台退出时保障消费者权益的机制。相关法律法规对于第三方支付企业因破产等原因退出市场时，如何有效保护消费者在其账户内的资金安全及用户信息等，均需要明确规定。

（4）存在利用第三方互联网支付平台从事非法活动的风险

存在洗钱风险。第三方支付机构对用户的管理没有像银行有严格的身份审查制度，仅仅是根据用户所填的有限信息来确认相关情况，对于同一用户或相互串通的用户申请成为买家和卖家的情况并不存在太多限制，且身份确认困难、犯罪证据收集难度大，不法分子完全可以通过匿名交易在网络支付平台洗钱甚至进行跨境洗钱。

存在套现风险。通过虚假网上购物套取信用卡资金的监管比传统购物通过POS机终端套取信用卡资金的监管更难，隐蔽性更强，同时不再受到地域限制。网络购物支付平台主要是通过信息确认交易是否成立，不法分子只需和串通好的卖家进行虚假购物，伪造发货证明、收货通知，即可利用非真实交易从信用卡中提现，而且借助第三方支付平台中转是免费的，不需要为此支付提现成本。这种行为实际上已经违反了银行与客户之间的信用卡使用合同规定。

网络传销、非法集资、地下钱庄、行贿受贿、网络赌博等犯罪风险。这些犯罪活动均可利用第三方支付作为赃款流转的重要渠道。如利用互联网进行赌博活动时，参赌人员将下注资金打入第三方支付平台，只要拥有联网电脑就可完成所有赌博活动和程序。境外网络赌博通过该方式造成我国资金外流，影响了金融稳定和经济社会秩序。

因此，应进一步完善相关法律法规，进一步细化对第三方支付业务的监管措施，加强对沉淀资金安全管理，严格实行市场准入机制和退出机制，加强网络金融消费者权益保护。

6.3 电子货币

6.3.1 电子货币的基本概念

6.3.1.1 对电子货币的认识

作为电子商务支付工具的电子货币，其产生被称为继中世纪法币对铸币取代以来，货币形式发生的第二次标志性变革，并在电子商务活动中占有极其重要的地位，它的应用与发展不仅会影响电子商务的发展，而且会影响全球的金融体系。

电子货币（Electronic Money）就是由消费者（及相对的特约商户）占有的，存储在一定电子装置中,代表一定货币价值的"储值"或"预付价值"的产品。具体而言,这里所讲的电子装置通常包括两种形态:以 IC 卡为媒质的智能卡和以计算机为基础的电子货币载体。

以卡类为载体的电子货币,卡中的芯片能够根据事先存储在里面的程序和外部销售终端或其他设备(如电子钱包)的指令存储和处理信息。借助特殊的设备和终端,卡中代表金钱的信息可以被识别,并且按照指令进行转移。

而以计算机为载体的电子货币进行交易时,需要借助计算机和互联网,交易前要先下载或从发行人那里获得专门的软件,通过特殊的软件和计算机处理能力,实现电子货币数额的计算和转移,这种方式的电子货币是由一组含有用户的身份、密码、金额、使用范围等内容的数据构成的特殊信息,因此也可以称为数字货币、信息货币。人们使用电子货币交易时,实际上交换的是相关信息,这些信息传输到开设这种业务的商家后,交易双方进行结算,要比现实银行系统的方式更省钱、方便、快捷。

6.3.1.2 电子货币的主要功能

1)转账结算功能。消费者可以使用电子货币用于直接消费结算,同时电子货币可以代替现金转账,利用网上银行进行转账便体现了电子货币的转账功能。

2)储蓄功能。使用电子货币存款和取款,具有储蓄功能。

3)兑现功能。电子货币可以异地使用,也可以进行货币汇兑。

4)消费贷款功能。提前消费的观念现在已被部分群体接受,消费者可以先向银行贷款,提前使用货币,在未来进行还款。

6.3.1.3 电子货币的主要种类

电子货币系统包括电子支票系统、信用卡系统、电子现金系统,主要具有以下功能。

1)电子支票系统。电子支票系统通过电子银行系统代替纸面支票,进行资金传输。例如,通过银行专用网络系统进行一定范围内普通费用的支付;通过跨省市的电子汇兑与清算,实现全国范围的资金传输;世界各地银行之间的资金传输。电子支票方式的付款可以脱离现金和纸张进行。

2)信用卡系统。信用卡是目前应用最为广泛的电子货币,它要求在线连接使用,可采用联网设备在线刷卡记账、POS 结账、ATM 提取现金等方式进行支付。较为先进的方式是在 Internet 环境下通过 SET 协议进行网络直接支付。

3)电子现金。电子现金是一种数字化形式的现金货币,其发行方式包括存储性的预付卡和纯电子系统形式的用户号码数据文件等。电子现金的主要好处是可以提高效率,方便用户。

6.3.1.4 电子货币交易过程

电子货币是现实货币价值尺度和支付手段职能的虚拟化,是一种没有货币实体的无形货币。一般来说,电子货币的价值通过销售终端从消费者手里传送到货物销售商家手中,商家将其手里持有的电子货币传送给电子货币发行人,从其手里回赎货币,或者传送给银行,银行在其账户上借记相应金额,银行再通过清算机构同发行人进行结算。一个简单的网上购物的电子货币支付流程如图 6.2 所示。

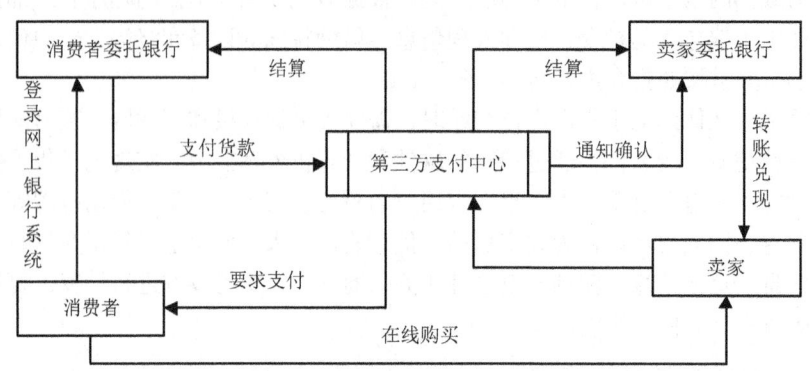

图 6.2 网上购物的电子货币支付流程

目前阶段,电子货币可以起到支付和结算的作用,但电子货币只是蕴含可能执行货币职能的准货币。首先,电子货币缺少货币价格标准,因而无法单独衡量和表现商品的价值和价格,也无法具有价值保存手段而只有依附于现实货币的价值尺度职能和价值储藏职能。其次,由于电子货币是以一定电子设备为载体(智能卡和计算机)的,其流通和使用必须具备一定的技术设施条件及软件的支持。因此,尚不能真正执行流通手段的职能。最后,尽管目前电子货币最基本的职能是执行支付手段,但是现有的大多数电子货币,并不能用于个人之间的直接支付,而且向特约商户支付时,商户一方还要从发行电子货币的银行或信用卡公司收取实体货币后,才算完成了对款项的回收。电子货币不能完全独立执行支付,是以既有通货为基础的新型货币形态或支付方式。

6.3.2 电子货币主要分类

1. 根据电子货币的被接受程度

电子货币可以分为"单一用途"电子货币和"多用途"电子货币。"单一用途"电子货币往往由特定的发行者发行,只能用于购买特定一种产品或服务,或被单一商家所接收。其典型代表就是各类电话卡。"多用途"电子货币可根据其发行者与其他商家签订协议的范围扩大,而被多家商户所接受,它可购买的产品与服务不仅限于一种,有时它还可以储存、使用多种货币。

2. 根据电子货币使用方式和条件的不同

根据使用方式和条件的不同,电子货币可分为"认证"(Identified)或"匿名"(Anonymous)系统、"在线"(On-line)或"离线"(Off-line)系统。"认证"是指电子货币的持有者在使用电子货币时,需要对其身份进行确认,其个人资料被保存在发行者的数据库中,以电子货币进行的交易是可被追踪的;"匿名"是指电子货币的持有者在使用电子货币时不需要进行身份认证,其交易不能被追踪。"在线"是指顾客在使用电子货币时,需要利用电信设备连接商家或第三方进行确认;"离线"电子货币在使用时不需要发行者或第三方进行确认,可以直接进行用户对用户、用户对商家的资金转移支付。可组合形成四类:在线认证系统电子货币、在线匿名系统电子货币、离线认证系统电子货币、离线匿名系统电子货币。

3. 根据支付类别分类

1)储值卡型电子货币。一般以磁卡或 IC 卡形式出现,其发行主体除了商业银行之外,还有电信部门(普通电话卡、IC 电话卡)、IC 企业(上网卡)、商业零售企业(各类消费卡)、政府机关(内部消费 IC 卡)和学校(校园 IC 卡)等。发行主体在预收客户资金后,发行等值储值卡,使储值卡成为独立于银行存款之外新的"存款,账户"。同时,储值卡在客户消费时以扣减方式支付费用,也就相当于存款账户支付货币。储值卡中的存款目前尚未在中央银行征存准备金之列,因此,储值卡可使现金和活期储蓄需求减少。

2)信用卡应用型电子货币。商业银行、信用卡公司等发行主体发行的贷记卡或准贷记卡。可在发行主体规定的信用额度内贷款消费,之后于规定时间还款。信用卡的普及使用可扩大消费信贷,影响货币供给量。

3)存款利用型电子货币。主要有借记卡、电子支票等,用于对银行存款以电子化方式支取现金、转账结算、划拨资金。该类电子化支付方法的普及使用能减少消费者往返于银行的费用,致使现金需求余额减少,加快货币的流通速度。

4)现金模拟型电子货币。主要有两种:一种是基于 Internet 网络环境使用的且将代表货币价值的二进制数据保管在微机终端硬盘内的电子现金,一种是将货币价值保存在 IC 卡内并可脱离银行支付系统流通的电子钱包。该类电子货币具备现金的匿名性,可用于个人间支付,并可多次转手等特性,是以代替实体现金为目的而开发的,其扩大使用能影响通货的发行机制,减少中央银行的铸币税收入,缩减中央银行的资产负债规模等。

6.3.3 电子货币的发展

6.3.3.1 电子货币发展概况

电子货币的产生是经济和科技发展到一定程度的成果。电子货币的使用,一是可以最大限度地取代现金的发行,使得货币的发行费用降低;二是发行主体将由中央银行向其他主体转变。现在,银行卡已在人们的生活中得到了普遍应用。对于客户来说,利用银行卡购物付款、提现、存款、转账,方便快捷、安全高效,而且可以获得咨询和资金融通的便利。由网上电子货币带动的网上金融服务正在迅速发展。

虽然电子货币在我国发展仅十几年的时间,尚处在起步阶段,但是已经显示出强大的生命力。随着网络商品交易、货币支付等大量社会活动的产生,货币流通速度不断加快,人们在支付工具的选择上,更加倾向便捷、具有防伪性和不宜攻破性的电子货币。电子货币具有广阔的发展前景，将会更便利、更安全、更规范化。

6.3.3.2 电子货币在电子商务中的应用

电子货币与电子商务之间有着十分密切的关系。作为支付工具的电子货币应用的深度和广度直接影响电子商务的发展。通过电子商务的流程可以看到，电子商务不仅包括商品流、信息流、物流，同时也涵盖了资金流的范畴。在支付过程中，不可避免地需要通过网络进行货币支付或资金流转，利用电子货币可以安全、灵活地把货币采用匿名的形式存储在网络银行中，并在支付过程中使用。它将消费者和商家（买卖双方）与银行联系在一起，消费者可以在有关银行开立账户，在需要使用电子货币的时候，安装相应的软件或预存现金；消费者与商家洽谈好以后，签订购货合同，就可以使用相应的电子货币支付所购买商品的费用，其中认证机构保证了交易过程的安全。

6.3.3.3 电子货币发展面对的问题

1. 对于电子货币是否构成货币的问题在学术界尚有争论

要真正成为流通货币的一种，现金模拟型电子货币还应当满足以下条件：① 被广泛地接受为一种价值尺度和交换中介，而不是仅作为一种商品；② 必须是不依赖于银行或发行机构信用的用于清偿债务的最终手段，接受给付的一方无须保有追索权；③ 自由流通，具有完全的可兑换性；④ 本身能够成为价值的保存手段，而不需要通过收集、清算、结算来实现其价值；⑤ 完全的不特定物，支付具有匿名性。

2. 当今各国关于电子货币的发行主体问题并无统一解决方案

美国和欧洲在发行电子货币的机构这一问题上持有不同立场。美国联邦储备委员会认为由非银行机构来发行电子货币应是允许的，因为非银行会由于开发及营销电子货币的高成本而使他们必须开发具有安全性的产品。并不认为非银行机构会对银行造成威胁，因为他们认为银行有良好的声誉，所以消费者较倾向于信赖由主要的当地银行所发行的电子货币而不会信赖一家新成立的非银行机构所发行的电子货币。欧洲货币机构工作小组则认为只有由主管机构所监管的信贷机构才可发行电子货币。指出电子钱包发行者收取的资金应视为银行存款，原则上只允许金融机构发行电子钱包。欧盟成员德国在对"信用制度法"的修正案中规定：所有电子货币的发行均只能由银行开办。

我国电子货币的发行主体包括银行、非银行金融机构、互联网企业和其他企业，由于部分发行主体金融专业基础薄弱，特别是我国缺乏强制性的技术安全标准，使得电子货币发行机构存在严重的管理漏洞和安全隐患，系统软件或硬件故障会影响电子货币的可用性。

3. 电子货币的安全性问题

只有在高科技基础建设存在的情况下，电子货币才能以有效率和有效的方式在电子商务中被使用。同时，安全技术应受到政府监管，但应把握监管的尺度。就如同在电子签名技术上有技术中立和技术特定化之争一样，政府的过分管制会对技术的发展造成妨碍，这对于快速发展的电子商务是致命的；但是如果不加以管制，电子货币的信用就难以树立。因此把握政府管制的尺度是非常重要的。

4．电子货币的法律问题

电子商务和电子支付的立法问题尚未解决，电子货币的概念和相关条款有待明确，许多法律法规都还未跟进，主要存在以下问题：① 流通性问题，是否对电子货币加密，法律方面应做出权衡与平衡。② 权益保护问题，有关结算信息会被大量积累储存到结算服务提供者处，应确保信息的积累和使用仅为保证交易安全的目的。

6.3.3.4 保障电子货币的有效使用

1．国际机构的努力

各国际信用卡组织始终致力投资于未来创新，致力于确保电子商务支付链中所有参与方的安全。其中，Visa 国际组织的最新创新成果包括 Visa 全球转账服务、非接触式支付、网上支付、基于移动设备的手机支付和服务。Visa 的安全战略重点围绕以下几方面：① 保障支付环境的安全，以保护交易数据；② 通过技术和最佳实施案例，有效监测、识别和防止欺诈；③ 控制欺诈造成的影响，帮助发卡机构和收单机构挽回或最大限度地降低欺诈造成的损失；④ 通过商户和消费者教育，维护他们对 Visa 支付的信任；⑤ 通过促进全行业的参与和责任机制的建立，营造在支付安全上互相合作的产业环境。

2．我国政府的努力

1994 年我国成立了国家金卡工程协调领导小组，标志着我国金卡工程的开始。金卡工程发展迅速，应用目标是从银行卡（信用卡、智能卡）起步，建立现代化的实用电子货币系统，具体而言，就是建立和完善银行卡授权、结算、发卡、流通、服务体系，最终减少现金流通量，以电子货币（信用卡、智能卡）替代现金流通，与国际金融支付体系接轨。实施"金卡工程"发卡银行之间可以实现资源共享、通存通兑，可以实现银行电子化、网络化。

3．发行主体的努力

1）商业银行积极开发新工具。扩展原有业务，积极与各大型商场、超市等电子货币使用频繁的单位联系，设立 POS 机等，将银行、单位、政府、个人连接起来，形成一个以商业银行为核心的庞大服务网络，以降低风险，增加收益，抵御电子货币带来的商业银行收益减少的危险。商业银行不断提高在线电子货币支付和结算的服务质量，使客户不管何时何地都可以享受银行提供的更安全、更便捷的服务。

2）非金融机构的努力。非金融机构遵守支付服务市场准入制度和监督管理机制，防止不正当竞争，保护当事人的合法权益，维护支付服务市场稳定运行。在保证安全的前提下，以市场为主导，不断创新，更好地满足社会经济活动对支付服务的需求。

延伸阅读

比特币的前世今生

2008年11月1日,一个自称中本聪(Satoshi Nakamoto)的人在一个隐秘的密码学讨论组上贴出了一篇研究报告,阐述了他对电子货币的新构想——比特币。这种用开源的P2P技术软件产生的虚拟字符,既无形又不具备传统意义上的购买力,却迅速撩拨起一部分玩家的疯狂。按照目前的设置,每10分钟只能产生25比特币。2140年,比特币的总流通量将达到2100万。换句话说,比特币系统是自我维护的,可以避免通货膨胀,而且能够通过加密避免任何人破坏它的代码。

有许多国家和组织支持使用和交易比特币:① 澳大利亚第一台比特币自动取款机已经在悉尼投入使用,人们可以通过这台取款机买卖比特币,并兑换现金,开发者坚信比特币有巨大潜力,特别是进行网上购物和快速跨境转账时。② 2013年11月,拥有5000多名学生的塞浦路斯尼科西亚大学成为世界上首个接受比特币支付学费的私立学府。英国坎布里亚大学宣布接受虚拟货币比特币支付学费,开创世界上公立大学接受比特币为支付方式的先河。③ 美国联邦选举委员会(FEC)宣布可接受比特币捐款,但是单笔限额100美元。这一举动的意义在于官方已经开始接受比特币这样的虚拟货币。④ 在中国比特币也开始流通,北京车库、果壳电子、百度加速乐先后宣布支持比特币支付,盛大网络旗下的地产开发商盛旅置业甚至在上海推出了支持比特币购买的实体楼盘。

从最开始的几美分一个,到后来涨到七八美元,终于在2013年11月29日上演最疯狂行情——首度超越国际金价,在全球最大交易机构Mt.Gox平台上比特币的报价一度高达每个1 242美元,身价上涨数百万倍,随后又在几分钟内狂跌13%。这种"过山车"行情反复重现……

比特币在诞生之初,被设计者这样描述:"独立存在,运行不依赖于中央银行、政府、大型企业的支持或者信用担保。被视为一种完全自由的数字货币",而是一种"脱离任何监管,完全市场化运作的电子货币"。但是,央行联合四部门发出风险警示,指出应加强对比特币的风险防范。美国证券交易委员会也发布通知,警告投资比特币等虚拟货币存在诸多风险。因此,"玩"比特币要谨慎!

▶ 6.4 案例:余额宝生存之路

当第三方互联网支付平台在积累了庞大的客户群后,将逐步提供基金、理财等其他服务,开始充当金融中介的角色,最为典型的产品之一是余额宝。余额宝一路走来,其规模增长不断

第 6 章　互联网金融

加速。2013 年 6 月 30 日，刚刚上线 18 天的余额宝规模达到 66.01 亿元，平均每天增长 3.66 亿元，引发市场惊叹；到 2013 年 9 月 30 日，余额宝规模达到 556.53 亿元，3 个月规模增长了 490 多亿元，期间平均每天增长约 5.5 亿元；2013 年 12 月 31 日余额宝规模达到 1 853 亿元，3 个月规模增长了 1 296 亿元，期间平均每天增长约 14.4 亿元。截至 2014 年 6 月 30 日，余额宝规模攀升至 5 741.60 亿元，稳居国内最大、全球第四大货币基金的位置。

马云高喊的"银行不改变，我们改变银行"正成为现实。加上百度、腾讯和苏宁等纷纷加入第三方互联网支付平台，意味着银行低成本存款时代的结束。随着资金成本的大幅度提升，银行的利润锐减，一场存款保卫大战已经开始。

6.4.1　利率市场化——余额宝的一种尝试

利率市场化是将利率的决策权交给金融机构，由金融机构自己根据资金状况和对金融市场动向的判断来自主调节利率水平，最终形成以中央银行基准利率为基础（2010 年以后至 2014 年 10 月数据见表 6.1），以货币市场利率为中介，由市场供求决定金融结构存贷款利率的市场利率体系和利率形成机制。利率市场化是把双刃剑，既有风险又有好处，它可以促进银行走市场化的道路，加快改制，有利于金融体系的发展和健全，但也可能因银行风险管理不善造成系统性风险。

表 6.1　2010 年以后存款基准利率表（单位：%）

调整时间	活期	3 个月	0.5 年	1 年	2 年	3 年	5 年
2010.10.19	0.36	1.91	2.20	2.50	3.25	3.85	4.20
2010.12.26	0.36	2.25	2.50	2.75	3.55	4.15	4.55
2011.02.09	0.40	2.60	2.80	3.00	3.90	4.50	5.00
2011.04.06	0.50	2.85	3.05	3.25	4.15	4.75	5.25
2011.06.08	0.50	3.10	3.30	3.50	4.40	5.00	5.50
2012.06.07	0.40	2.85	3.05	3.25	4.10	4.65	5.10
2012.07.06	0.35	2.60	2.80	3.00	3.75	4.25	4.75

6.4.2　余额宝面对的风险

1. 盈利风险

余额宝的高回报率众所周知，甚至曾宣告预期年收益率 7%（目前保持在 5%左右），余额宝 7 日年化收益变动情况如图 6.3 所示。

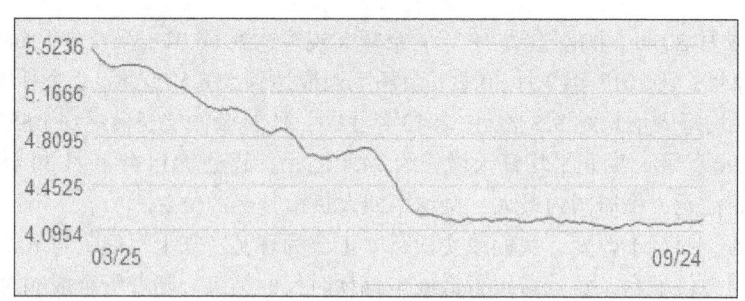

图 6.3 余额宝 7 日年化收益变动情况（2014 年 3 月 25 日—2014 年 9 月 24 日）

数据来源：天天基金网。

即使有说法开放式货币基金亏本的概率很小，但是风险是确实存在的。如果遇到经济萧条等恶劣大环境，余额宝还可以这样肯定自己的收益吗？再如果，当余额宝中资金大量兑现的时候，如"双 11"，会不会因为大量资金的流出导致余额宝的收益率降低呢？

尽管一般把货币基金看成无风险产品，但历史上的确发生过货币基金短期亏损的情况。2006 年 6 月 8 日，泰达荷银货币基金就曾出现负收益，该日公布的每万份基金收益为–0.256 6 元。同一天易方达货币基金每万份收益也出现了负值。这种情况的出现是因为当时恰逢新股密集发行期，由于其新收益率远高于货币基金，导致当天出现了货币基金巨额赎回的局面，基金经理为应付大规模赎回，不得不抛售手中的债券，恰在此时又遇上债市低迷，便出现了亏损。

早在 1999 年，支付宝的"老师"PayPal 就推出过美版余额宝，因在 2000 年曾创下超过 5% 的年化收益率而风靡全美，但随着美联储降息刺激经济，尤其 2008 年金融危机后以零利率政策刺激市场流动性，美版余额宝收益率暴跌，用户纷纷离去，最终在 2011 年清盘倒闭。前车之鉴不可小觑。即使中国将来出现美国次贷危机的可能性不大，余额宝也依然可能面临收益大幅下滑并流失用户的风险。余额宝在宣传收益的同时，弱化了风险，让很多人以为存进去就一定可以拿到收益，但实际上，余额宝是一种投资的方式，投资就会有风险，并不是百分百稳赚。

2．技术风险

2014 年 2 月 12 日早上，承诺天天有收益的余额宝却显示"暂无收益"4 个字，这让不少用户担忧自己的资金安全。支付宝方面回应称：由于系统升级，收益稍后发放。直到上午 10 点左右才有部分用户的收益陆续到账。原本应凌晨 3 点到账的收益迟到了 7 小时。这一技术故障使众多余额宝用户气愤地表示系统升级暂无收益可以理解，但系统升级为什么不能提前告知呢？答案究竟是支付宝客服工作做得不细致，还是这一技术故障本身就超出支付宝方面的预料，完全属于突发意外呢？我们不得而知。但这次由技术故障导致的心理恐慌却让余额宝暗藏的技术风险浮出水面，余额宝每天要处理天文级的数据信息，恐怕很难做到完全无差错，而黑客入侵、系统宕机和各种不可预见的天灾人祸都可能将投资者的资金置于危险境地。

3. 规模风险

过去货币基金最担心的规模风险是规模太小以至于缺乏足够的流动性，而余额宝面临的规模风险则是规模太大，以至于"大到吃不饱"——有可能面临没有足够的货币市场票据产品可供购买的问题，届时余额宝的收益就有可能下降。由于余额宝规模太大、涉及面太广，以至于轻微的技术故障和收益风险都可能会引发投资界的大地震，甚至引发群体性事件，从而招致监管层干预，这种"大到坏不起"的规模风险会随着余额宝规模的越来越大而越发明显。假如余额宝将来因为规模过大而被迫要拆分的话，投资者的收益又将如何分配呢？

4. 流动性风险

假如有一天，你急着从余额宝里取钱时，眼前跳出了"由于系统遭遇巨额赎回，余额宝将暂停实时赎回"的窗口，又该怎么办？余额宝合同里写得很清楚，当发生"不可抗力"、"交易所非正常停市"、"当时净收益为负"、"连续两个或两个以上开放日发生巨额赎回"及"出现技术故障"等 7 种情形时，基金公司有权暂停赎回业务或延迟赎回到账时间。在过去半年多时间里，不少用户在赎回高峰时就曾遭遇过余额宝赎回速度过慢的情况，与余额宝所宣传的"随时提取"的承诺并不完全符合。假如余额宝为了应对节假日等赎回高峰而预留大量现金，又会降低余额宝收益率和吸引力，实为两难选择。

5. 内部管控风险

在余额宝推出之时，不少人质疑：支付宝作为第三方支付机构，有何权力拿公众的钱去投资？后来支付宝解释说余额宝只是货币基金，支付宝只是一个资金二传手，本身并不负责投资。那也就意味着如果余额宝发生亏损的话，支付宝本身不用承担责任，因为把钱拿去投资的是基金公司——天弘基金。

6.4.3 余额宝生存之战

余额宝的出现是顺应利率市场化的潮流，以技术进步为基础，以互联网为媒介的互联网金融创新。而顺应时代的产物有极大可能生存下来但是过程会非常坎坷。余额宝抢占了商业银行的散户市场，触动了传统银行的利益分配模式，定会遭受非议与打压。与此同时，余额宝自身还有诸多问题有待改善，问题处理得不好也有可能关门大吉，因此应加强货币市场基金风险管理和互联网销售基金监管的有关规则。但可以肯定的是，即使余额宝没有在历史的长河中生存下来，还是会有千万个互联网金融创新兴起，余额宝在中国开启的先河，定会以各种不同的方式流淌下去。因此余额宝自身的存亡已经不重要，互联网以客户为主的创新精神已经展现出来，所以从某种意义上讲余额宝已经取得成功。

本章小结

本章梳理了互联网金融兴起的历程与原因，互联网金融的发展既有其客观基础，又有金融市场的主观要求。本章介绍了互联网金融的概念、特征、功能、主要领域及主要模式等互联网金融的基础知识。并通过与传统金融对比，对互联网金融有更深入地了解。

对互联网金融的两个重要领域进行重点阐述，包括：网络支付与第三方互联网支付；电子货币的功能、分类、实现技术、存在问题。

关键术语

互联网金融　互联网金融特征　互联网金融功能　互联网金融模式　网络支付　第三方互联网支付　电子货币　电子货币分类

基本训练

1. 填空题

（1）互联网金融的功能包括：_____、_____、_____。

（2）互联网金融的特征主要有信息化、虚拟化及_____、_____。

（3）互联网金融的主要领域：网上银行、网上证券、_____、_____。

（4）网上保险的优势有：经营效率、_____、_____。

（5）我国保险电子商务应用模式不断丰富，已经形成 B2B、_____、_____多种服务模式。

2. 选择题

（1）一般情况，以下（　　）不作为网络银行的特点。

　　A. 无纸化　　　B. 流动性　　　C. 不受时空限制　　　D. 产品服务创新

（2）2013 年，（　　）作为首家互联网保险公司开业。

　　A. 人寿保险　　B. 微众银行　　C. 平安保险　　　　　D. 众安在线

（3）目前，大多数第三方互联网支付平台采用（　　）支付模式，依靠电子商务网站为用户提供服务。

　　A. 独立支付网关　B. 支付宝　　C. 信用中介　　　　　D. 一条龙

（4）当买方或者支付方向第三方支付平台的虚拟账户充值后，资金从买方账户划至第三方支付平台的虚拟账户，可能会形成（　　）。

第 6 章　互联网金融

  A．沉淀资金　　　B．沉没成本　　　C．机会成本　　　D．固定资金
（5）以下不属于互联网金融的领域（　　）。
  A．网络基金　　　B．网上预约　　　C．电子银行　　　D．网络保险

3．判断题
（1）将电子货币的发行主体统一规范为金融机构将有利于电子货币的流通使用。（　　）
（2）现今金融市场不存在庞大的金融供需断层。（　　）
（3）从本质上说，网络金融市场是一个信息市场，也是一个虚拟的市场。（　　）
（4）由于互联网为金融服务业内不同行业的厂商提供了一个理想的交易平台和低成本的市场准入环境，因此各种金融形式均可实现网络化。（　　）
（5）信用卡系统是纯数字化形式的现金货币。（　　）

4．简答题
（1）互联网金融兴起与发展的主观、客观基础是什么？
（2）网上保险的优劣势有哪些？
（3）说明互联网金融的三种主要模式。

5．论述题
分析发展互联网金融的主要领域及发展趋势。

第 7 章

电子商务融资

学习目标
- ◆ 重点掌握电子商务融资方式,对电子商务企业的风险投资、网络融资。
- ◆ 掌握基于电商平台的个人融资渠道。
- ◆ 了解阿里巴巴、京东、当当等国内知名电商平台企业的融资历程。

▶▶ 7.1 电子商务融资方式

电子商务融资是互联网金融的重要组成部分,爆发出强劲的成长力,因此本章特别针对电子商务融资展开相关内容。

由于发展模式的要求,电子商务企业对于资金往往有着强劲的需求,其需求的特点一定程度上有别于传统企业,因此融资是围绕电子商务企业发展的一个核心问题,一般有以下几种方式。

7.1.1 以银行为代表的信贷方式

银行贷款利率较低,但由于中小电子商务企业信息不对称、财务制度不健全等问题,使得银行对其发生的信贷成本和管理成本均较高,促使融资相关费用较多,导致企业融资成本较高。银行针对电子商务企业的贷款方式主要是抵押贷款和信用贷款。银行的抵押贷款主要接受固定资产(如土地或房产)的使用权做抵押(也称为债权方式)。

与大型企业相比,中小电子商务企业的固定资产所占比例不高,获取较高的抵押贷款额度是相对困难的。而鉴于信用体系的不健全,企业信用系统不完善,中小电子商务企业的信用评级存在系统性低估，获得信用贷款或较高信用贷款也存在一定难度。因此，出现了一种金融创新产品，对于那些提供较多中小企业融资产品的银行，可以开展一项联保贷款，即针对互相熟悉、产业关联或具有产业集群特性的企业，可以自愿组成一个担保联合体，并仅限于为其成员提供连带责任担保，申请贷款一般不需要其他的抵押物。

当前，银行的信贷额度越来越紧，加之中小电子商务企业风险性较高等原因，导致融资能力较少的中小电子商务企业很难获得银行的贷款支持。

7.1.2 创业板市场及海外上市融资

我国创业板上市开板于 2009 年 10 月 23 日，是地位仅次于主板市场的二板证券市场，其设立目的之一就是扶持中小企业。在我国创业板上市须满足如下条件：股票已公开发行，公司股本总额不少于 3 000 万元，公开发行的股份达到公司股份总数的 25%以上，公司股本总额超过 4 亿元的，公开发行股份的比例为 10%以上、公司股东人数不少于 200 人，公司最近 3 年无重大违法行为，财务会计报告无虚假记载。这样的条件对于电子商务企业来说，还是有点高的。创业板的推出还需要进一步引起电子商务行业的足够重视，使得更多的电子商务企业在创业板上市。随着创业板市场的不断完善，一个有章可循、以市场机制为激励机制的活跃创业板，能让广大电子商务企业看到融资发展的希望。面对创业板的融资机会，电子商务企业应加快自身发展与改造的步伐。

同时，逐步有发展相对成熟的电子商务企业走出国门，选择上市条件较好、融资能力较强的海外去挂牌上市。海外上市成功例子众多：2007 年阿里巴巴 B2B 业务在香港上市，融资 116 亿元，一度刷新中国互联网上市公司历史规模，股价最高达到 41.8 港元。2010 年，麦考林和当当网得到了资本的认可，在美国资本市场实现 IPO，募集资金 3.85 亿美元，终结了 B2C 企业无 IPO 的历史。目前，更多的电子商务企业选择海外上市，2014 年 5 月 22 日，中国最大的自营式电商企业——京东集团在美国纳斯达克证券交易所挂牌交易，募集 17.8 亿美元。2014 年 9 月 19 日，阿里巴巴正式在纽交所挂牌交易，共筹集到 250 亿美元资金，创下有史以来规模最大的一桩 IPO 交易。这将继续刺激电子商务企业海外上市的活跃性，特别是一些较为成熟、公司治理结构较为规范的企业，会积极考虑这种方式去筹集资金。

7.1.3 风险投资

风险投资泛指一切具有高风险、高潜在收益的投资。目前，风险投资的方向重点是面向具有良好成长潜力企业的初期投资。

随着电子商务行业的发展，风险投资者看好电子商务企业的发展。电子商务风险投资在 2013 年实现了爆发式增长，并以不可抵挡之势，与传统商业、贸易加速融合。2013 年全球电子商务行业风险投资交易数量 557 起，在各行业中排名第三，披露交易额 60 亿美元，列各行业第四。2013 年已监测到的中国内地电商投融资事件共 165 起，其中风险投资 152 起，涉资逾 26.3 亿美元（折合人民币约 101.05 亿元）。

电子商务企业可以通过多轮融资获得风投。典型例子句括 B2C 企业京东商城在发展过程中获得多轮风险投资。2007 年，京东商城获得 1 000 万美元的风险投资；2009 年获得 2 100 万美元的风险投资；2010 年融资 1.5 亿美元；2011 年获得俄罗斯投资者数字天空技术、老虎基金等共 6 家基金和社会知名人士融资，共计 15 亿美元；2013 年 2 月获得加拿大安大略教师退休基金和沙特亿万富翁阿尔瓦利德王子控股的王国控股集团及公司一些主要股东投资 7 亿美元。因此，自 2007 年以来，京东经过前后四轮股权融资，共计获得资金 22.31 亿美元，以融资时的市场汇率计算，四轮融资金额折合人民币共计约 143 亿元。

风险投资的来源包括国内外的风险投资公司，其中 3 家对中国电子商务企业影响较大的风投分别为老虎基金、IDG 资本、红杉资本，如表 7.1 所示。但应注意到电子商务企业不应将获取风险投资作为唯一的融资手段，而应意识到潜在的市场风险，慎重考虑风险投资的方式。

表 7.1 部分风投公司与其投资的中国电商企业

风投公司	风投公司简介	投资的部分电商企业
老虎基金	由朱利安·罗伯逊创立于 1980 年的老虎基金（Tiger Fund）是举世闻名的对冲基金	卓越网、当当网、京东、阿里巴巴、凡客诚品、乐淘
IDG 资本	IDG 技术创业投资基金，于 1993 年由全球领先的信息技术服务公司——国际数据集团（IDG）建立，是最早进入中国市场的国际投资机构之一	凡客诚品、小米科技、爱购网、知我药妆、三只松鼠、聚尚网、米折网、Roseonly 专爱花店
红杉资本	1972 年在美国硅谷成立，在成立之后的 30 多年之中，红杉作为第一家机构投资人投资了如 Apple、Google、Cisco、Oracle、Yahoo、LinkedIn 等众多互联网公司。投资多家中国高成长性企业	新浪网、阿里巴巴、酒仙网、万学教育、京东商城、唯品会、聚美优品、豆瓣网、高德软件、乐蜂网、奇虎 360、大众点评网、快乐购、牛车网

7.1.4 网络融资

网络融资是指建立在网络提供中介服务基础上的企业与银行或第三方机构之间的一种借贷。贷款人通过在网上填写贷款需求申请与企业信息等资料，借助第三方平台或直接向银行提出贷款申请，再经金融机构审批批准后发放贷款，是一种新型融资方式。

目前在我国，第三方电子商务服务商加入了网络融资方式的探索之中。相对于传统金融机构的贷款手续，网络融资的贷款方式更灵活、效率更高。这对面临融资难题的中小电子商务企业是相当具有吸引力的。

目前，我国网络融资经营模式主要有 2 类。

（1）做银行金融业务前端流程的外包服务商

网络信贷企业与国内银行共同拓展合作，主打贷款超市概念，体现贷款产品种类的丰富性及选择的方便性，提供金额不等的小额贷款业务，可以在很短的时间里帮助客户选择到合适的产品，可以全天 24 小时办理业务，在 3~6 个工作日就可以完成贷款的全部流程，并且服务全部免费。

（2）以企业网上行为参数为基础综合授信

B2B 电子商务公司引入了其平台上的"网商网上行为参数"加入授信审核体系，对贷款信息进行整合处理，帮助银行提升授信审核效率，增加企业获得贷款的概率。主要的贷款对象是本电商平台的会员公司。B2B 电子商务公司引入作为"开放式"的银企第三方服务平台，可接受多家银行合作。银行先对贷款企业进行综合授信，然后由贷款企业客户进行无抵押、无担保的贷款，信贷风险由银行和贷款企业共同承担。

网络融资服务面临诸多风险与挑战，如法律、监管方面的制约，电子化、网络化信息需要整合以完善电子商务企业的征信体系，政策多变及第三方支付的规范等。但网络融资未来前景广阔，中小电子商务企业可以加深对网络融资的了解，如果在融资前做好准备，可节约成本去获取所需资金。

无论是银行贷款的债权方式，还是海外上市的股权方式，或者获得风险投资资金，以及进行网络融资，不同类型的电子商务企业所采取的融资方式不能一概而论，应该分类说明。电子商务企业往往都需要利用一个网络平台，我们根据企业与平台的关系将它们大致分为 3 类，在后面 3 节分别阐述有针对性的融资方式，包括：① 平台的建设和经营者，如阿里巴巴、京东、当当等。② 平台（这里仅指第三方平台）的企业使用者，由于利用互联网进行销售而成为电子商务企业，一般是指 B2B、B2C 平台上一些中小型企业，以及 C2C 平台上的微小企业（也包括个体卖家）。③ 平台的个人使用者，包括各种电子商务平台上的个人买家和个人网络用户。

▶▶ 7.2 电子商务平台建设和经营者的融资

7.2.1 经营者融资必要性

对于一个电子商务平台来说，初期的研发费用是必不可少的，此外，最重要的就是"人气"，它对于平台实现规模效益至关重要，"人气"的聚集，需要持续的、大量的推广费用，在这个过程中往往只有投资而没有收益。因此，作为一种新经济下的商务模式，电子商务平台的发展，不进行融资是很难想象的，其特点决定了发展必须要得到金融市场的大力支持，发展壮大过程就是不断融资的过程。

7.2.2 经营者融资的渠道

为电子商务平台提供金融支持的渠道，主要有风险资本与商业银行、投资公司、基金等机构的资金供给，政府金融财税政策的支持，股票市场资金募集等。

从资金性质来看，主要包括股权和债权资本。股权融资渠道主要包括：核心资本、天使资金、风险资金及创业板市场。股权有多种形式，主要有所有者的股权、普通股和认股权证。至于债务融资渠道，在电子商务平台发展早期，债务融资需按时还本付息的特点使电子商务平台很难选择债务作为创业资本。此外，还有一些电子商务平台通过特许经营方式，依靠特许经营费获得融资。对于有实体公司支持的电子商务平台，则往往由实体公司投资。

按电子商务企业生存的生命周期，在初创期、成长期和成熟期的融资策略各有侧重。

1. 自筹资金奠定电子商务企业基础

初创期的电子商务企业其融资渠道包括创业者自筹资金、政府提供的科研创新基金、风险投资和创业投资基金等。

2. 风险投资助力电子商务企业成长

成长期的电子商务企业逐渐打开了销售渠道，销售额不断增加，企业逐步走向正轨，经营利润转变为正值，企业竞争力增强。企业为了取得规模经济，加快销售，扩大生产，资金需求开始加大，如果不能获得有效的资金支持，不少企业就会面临被淘汰的危险。在这个阶段，电子商务企业一般依靠风险投资机构，得到资金支持。一方面，电子商务企业不仅能得到风险投资机构在资金方面的支持，而且能够借助引入风险投资机构的机会来优化股权机构，为日后的上市直接融资打好基础。另一方面，风险投资机构对于这些有一定知名度的电子商务企业也是由衷青睐，动辄上百万美元甚至上千万美元的投资屡见不鲜。

3. 股权融资加速电子商务企业成熟

发展到成熟期的电子商务企业，产品和服务已趋于标准化，销售持续上升，成本得到有效控制，规模效应优势逐步凸显，利润趋于最大化，企业现金流入逐步增加，在加速扩大经营规模、抢占市场的过程中，企业经营周转会出现较大的资金缺口，这时已具有一定客户资源和品牌知名度的电子商务企业，与一般企业在此时期主要选择通过金融机构来融资不同，一方面，它们还会选择以改变股权结构来获得风险投资机构资金支持的外部融资模式；另一方面，也会通过上市向资本市场直接融资，以获得更大规模的资金支持。与此同时，银行等金融机构也将这些电子商务企业视为优质客户，愿为其提供多元的融资方案，电子商务企业在资金缺口和融资成本之间进行权衡，将会选择一定规模的债权融资。

 小案例

当当融资之路

当当网成立于1999年11月，李国庆、俞渝夫妻在开曼群岛注册成立了当当开曼群岛控股公司。主营业务是以图书和音像商品为主业，兼营其他百货商品销售的电子商务企业。

成长为中国大型的电子商务企业之一，这背后不可避免需要依赖资本的支持。当当网分别

于 1999 年、2004 年、2006 年通过引入海外风险资本，共筹集资金 4 600 万美元，为当时正处业务扩张期的当当网提供了有力的资金保证，使其业务范围由原来的几个省份扩展到全国 32 个省、市、自治区和直辖市。

当当网在面对行业内惨烈的竞争时，不得不持续扩大自己的规模。一方面，使销售领域从图书和音像制品扩大到百货品类，转型为综合性的网上商城。另一方面，在物流和仓储方面扩大投资，同时改进信息技术，保持低价位。在此阶段，仅仅依靠风投的资金支持，已很难满足其发展的需要，因此当当网于 2010 年 12 月赴美上市，募集资金 2.72 亿美元。通过融得更多资金用于后台供应链建设和技术改造，使得其规模得到扩大。但随着电商竞争呈现白热化状态，当当网的市场份额有所下降。

▶▶ 7.3 使用电子商务平台的企业融资

7.3.1 中小企业融资的必要性

电子商务平台使用者往往是一些中小企业，甚至一些个人，由于采用了网络平台而成为电子商务企业。这些融资主体面临众多困难：① 一般都是小型私营企业或家族企业，抗风险能力较弱，企业存续风险较大；② 受到规模限制，经营场地往往是租赁的场所，不能提供土地使用权、厂房建筑为银行担保，而且由于缺乏专业的财务人员，一般也难以提供能够反映企业真实财务情况的财务报表，信用度较小；③ 资金需求的离散性较强，不集中，贷款额度虽小，但与大额贷款相比，贷款程序相差无几，金融服务成本较高，造成融资困难；④ 银行和企业间的信息不对称，与银行相比，电商企业占有信息优势，掌握着更多的企业内部信息，而银行了解企业信息渠道有限，处于弱势。由于处于信息劣势，银行为了规避风险，设置了比较高的贷款条件，这样企业很难达到银行所要求的标准，造成融资困难。因此需要多种融资渠道保障电商企业的发展和逐步壮大。

由于电子商务中小企业经营的特殊性，一旦接到订单就要求能迅速筹集到资金进行生产，这也使得电商企业对资金的需求具有快速性，而无法使用传统的融资方式。由第三方电子商务企业提供的网络融资最快 3～6 天就能拿到贷款，这样不仅有利于降低企业发展难度，而且能推动社会经济更好更快地发展。另外，网络信用能在很大程度上解决电商企业与银行的信息不对称。第三方电子商务平台对企业会员都有准入机制，对加入的会员企业都会进行严格的资格评审。企业通过电子商务交易平台进行交易活动，接收订单和下订单，在电子商务平台上都留下了企业与供应商、客户的交易记录。这些记录能够真实反映企业的实际经营情况。而企业网络信用是由真实交易的客户或供应商评价得出的，客观性和公正性比较高。银行通过查询企业的交易记录和网络信用能够对企业的经营规模、经营状况、企业实力和诚信度有较为客观的了解，减少信息的不对称性。

7.3.2 中小企业融资的渠道

一些电子商务平台联合部分银行,甚至自建小额贷款公司,推出了针对中小型电子商务企业的债务融资创新模式——基于电子商务平台的银行贷款产品。为中小电商企业与银行间架起了一座方便快捷的桥梁,开启了中小电商企业贷款融资的新途径。将信贷金融服务和互联网有机结合,共同发掘和培育以网上交易和网络信用为基础的网上交易融资市场。当然,这也要求政府制定相关的法规来限制和规范该融资模式的运行,并给予相应的政策与财力支持,进一步推动网络融资模式的发展。

目前,我国提供网络融资服务的第三方电子商务企业主要有阿里巴巴、生意宝、一达通、敦煌网和金银岛等几家大型电子商务企业。网络融资将成为信息流、物流之后又一电子商务重要服务领域。下面介绍三类比较成功的网络融资产品。

(1) 采用直接授信模式

以"一达通"[①]为代表,银行对服务商进行授信,在授信额度内,服务商对企业用户进行直接授信,银行对企业用户放款。此类服务的优点是无须抵押、担保,但服务商需要承担一定风险。

(2) 提供网络融资的信息服务

这是电子商务企业将信息服务在融资方面的应用。以阿里巴巴的"阿里小贷服务"产品群和网盛生意宝推出的"贷款通"为代表。

"阿里小贷服务"有分别面向阿里巴巴 B2B 平台小微企业的阿里贷款业务群,以及面向淘宝、天猫平台上小微企业的淘宝(天猫)信用贷款等微贷产品。阿里贷款旗下的"网络联保"贷款最受欢迎。所谓"网络联保"是指由 3 家或 3 家以上企业组成一个联合体共同来申请贷款,且不需要任何抵押,流程也相对简单,月利息为 0.5%~0.75%,相对其他产品贷款额度较高,单家最高 500 万元。在阿里巴巴贷款资助计划实施的区域,所有会员都可以申请"网络联保"贷款,通过阿里巴巴建立的一整套信用评价体系与信用数据库,将会员的网络商业信用纳入其中,作为获得贷款的评价指标数据,为其申请贷款加分。而一旦授贷企业出现坏账,阿里巴巴和合作银行也会采取极其严厉的惩罚行为,对用户进行"互联网全网通缉",以保障还贷。

网盛生意宝推出了"贷款通"产品,开始涉足网络融资服务领域。贷款通产品的申请程序较为简单,企业网络递交贷款申请后,由生意宝进行初步审核,审核通过发送银行,银行初审通过后进行线下授信审核程序并立即放款,若未通过银行审核,在有效期内将返给别家银行尝试。生意宝贷款通产品主要立足于为银行和企业之间提供一个信息服务平台,所有贷款审核流程仍然保留线下流程,风险可控。在这一过程中生意宝并不承担风险,只是相应做好信息对称工作,这其中包括对申请人的职权进行验证、提供更多的行业数据、建立企业信用档案等。

---

① 深圳市一达通企业服务有限公司成立于 2001 年,为中国第一家面向中小企业外贸综合服务平台,2011 年 11 月被阿里巴巴收购。

（3）仓单杠杆模式

以针对大宗商品交易的"金银岛e单通"、针对网络零售的"淘宝（天猫）订单贷款"为代表，类似于期货的保证金模式。

e单通目前业务包括网络订单融资和网络仓单融资两种融资形式。网络订单融资指借款人凭借金银岛确认的电子订单（借款人作为买方）向银行申请贷款的融资业务。网络仓单融资指借贷人持银行认可的专业仓储公司出具的电子仓单进行质押，向银行申请贷款的融资业务。

淘宝（天猫）订单贷款是指淘宝（天猫）卖家以企业（个人）名义，用店铺中处于"卖家已发货，买家未确认收货"状态的订单申请贷款，系统会对这些订单进行评估，在满足条件的订单总金额范围内计算出可申请的最高贷款金额，发放贷款。

7.4 使用电子商务平台的个人融资

针对个人的网络融资方式主要有：基于电子商务平台的信用贷款，基本上属于个性消费贷款服务；基于P2P网贷平台的个人贷款，这种方式优势与风险共存。

7.4.1 基于电子商务平台的信用贷款

可以通过用户在电子商务平台上的交易和信用记录，帮助用户从银行获得不同的信用额度和一定的免息期，用于在该电子商务平台的购物支付。做这种产品需要有数据积累作为基础，门槛还是比较高的，大型电商，如京东、淘宝等，因有用户数据支撑开展了此项业务，但像这样的大型电商毕竟不多。

这种类型的个人贷款，以"京东白条"为代表。2014年，京东商城上线一项名为"白条"的个人消费贷款服务。京东用户经过信用评估后，可最高获得1.5万元信用额度，在京东全网消费。在京东白条信用额度确定中，消费记录、配送信息、退货信息、购物评价等数据都将决定风险评级。加分项：消费持续稳定、付款记录良好、家庭消费用户、退货记录少；减分项：有不良付款记录、单身用户、退货记录多。

京东白条还款分为两种形式：一种是30天免息延后付款，另一种是3~12个月分期付款。分期付款的手续费率为每期0.5%。即3期手续费率为1.5%（0.5%×3），6期为3%，12期手续费为6%。而对比银行方面，以与京东合作的招商银行为例，分期付款其3期、6期、12期的手续费分别是3%、4.2%和6%。同时，京东白条在推广期间手续费打6折为0.3%。逾期未还的用户将向京东支付违约金，费率为每日0.3%。据专业人士称，京东很可能是用垫付资金的方式实现白条功能，相当于一家商店给自家顾客赊账一样，是一个相对封闭的系统。由于目前对电商信用贷款业务没有明确规定，京东此举是否可以稳定存续还不好判断。

7.4.2 基于 P2P 的网贷平台

7.4.2.1 P2P 网贷的基本知识

P2P 是指个人与个人间（Peer-to-Peer 或 Person-to-Person）的小额借贷交易，起源于英国，但是一开始的发展并不是在英国。孟加拉经济学家尤努斯博士于 1983 年创建了格莱珉银行，通过开展无抵押的小额信贷业务和一系列的金融创新机制，不仅创造了利润，而且还使成千上万的穷人尤其是妇女摆脱了贫困，使扶贫者与被扶贫者达到双赢，形成了 P2P 金融概念的雏形。但此运营模式是在传统银行下开展的无抵押小额信贷业务和金融创新业务，而现在 P2P 金融则更多依托电子商务网络和传统的 P2P 金融发展。

"P2P 网络融资"一般需要借助电子商务专业网络平台帮助借贷双方确立借贷关系并完成相关交易手续。借款者可自行发布借款信息，包括金额、利息、还款方式和时间，实现自助式借款；借出者根据借款人发布的信息，自行决定借出金额，实现自助式借贷。

P2P 网络融资具有无须担保、无须抵押、审批快、门槛低、手续简便、额度高、期限灵活等优势。随着网络投资规模的增大，这种网络融资方式正成为一股新兴融资力量迅速壮大。2005 年 2 月针对个人小额融资的贷款网站 Zopa.com 在伦敦正式营运。拍拍贷和人人贷则是我国 P2P 行业的佼佼者，拍拍贷选择坚持纯粹的线上平台模式，而人人贷则建立起了自己的线下审核、搜寻、风险防控团队。

P2P 网贷平台还引入社交网络的概念，让用户能在网络社交圈的朋友中"借钱"和"还钱"。作为中介，电商平台既不吸储，也不放贷，其主要目标是建立个人对个人的小额贷款借贷平台。网站收入来源包括向放贷人收取借款本金额一定比例的转入费，向借款人收取还款额一定比例的转入费以及借款本金额一定比例的成交服务费用。

这种 P2P 网络融资模式风险相对比较高。如果借款人恶意赖账，最终所放贷资金安全无法得到保证。目前已经出现一些违约的情况，虽然网站协助催收，但是由于相关程序较为烦琐，违约成本居高不下。在欠款追讨方面，由于对方借款数额较小，运用法律等手段寻求救济成本太高，有可能得不偿失。有的网站只好将用户提交的审核资料包括个人姓名、身份证、劳动合同、工作证、个人信用报告、手机话费清单等全部进行网络曝光。因此，应引入银行对借款人的信用评估，使拟放款人对于该项贷款的风险有比较准确的认识，强化对恶意赖账的追款，才能使得 P2P 网络融资模式健康发展。

7.4.2.2 P2P 网贷的基本发展模式

综合国内 P2P 金融的发展现状，归纳出 4 类主要的 P2P 发展模式。

1）担保机构担保交易模式，这也是最安全的 P2P 模式。此类平台作为中介，平台不吸储，不放贷，只提供金融信息服务，由合作的小贷公司和担保机构提供双重担保。其交易模式多为"一对多"，即一笔借款需求由多个投资人投资。这种模式的主要优势是可以保证投资人的资金安全。

2）P2P 平台下的债权合同转让模式，为"多对多"模式。借款需求和投资都是打散组合的，获取债权后对其分割，通过债权转让形式将债权转移给其他投资人，获得借贷资金。但是根据我国《关于进一步打击非法集资等活动的通知》，这种模式有可能被认定为"非法集资"，因此发展受到一些影响。

3）以大型金融集团推出的互联网服务平台。此类平台有大集团的背景，依托传统金融行业的大数据进行发展，而且是由传统金融行业向互联网布局，因此在业务模式上金融色彩更浓，但采用线下审核、全额担保等手段使得该种模式风险性得以控制。

4）以交易参数为基点，结合 O2O 的综合交易模式。这种小贷模式创建的 P2P 小额贷款业务凭借其客户资源、电商交易数据及产品结构占得优势，为电商加入授信审核体系，对贷款信息进行整合处理。同时，线下成立小额贷款公司对其平台客户进行服务。

7.4.3 基于网络众筹的方式

7.4.3.1 众筹的基本知识

众筹（Crowd Funding）即大众筹资。相对于传统的融资方式，众筹更为开放，能否获得资金也不再以项目的商业价值作为唯一标准。只要是公众喜欢的项目，都可以通过众筹方式获得项目启动的第一笔资金，且一般首次筹资的规模都不会很大，为更多小本经营或创作者提供了无限的可能。

众筹的构成主体主要有：① 发起人——有创造能力但缺乏资金的人；② 支持者——对筹资者的创意和回报感兴趣的，有能力支持的人；③ 平台——连接发起人和支持者的互联网系统。

众筹有以下几个趋势：① 平台专业化，由于众筹平台希望借力于市场分工，专业的、按产业与项目分类的平台正随着市场分工呈现出来。② 投资本土化，推动融资项目成功的关键因素之一是本地客户群的全面支持。③ 众筹企业化，大型公司、协会等开始把目光投向众筹集资，探索这一融资方式如何帮助团体提高社会知名度、检验市场，使得创业公司融入市场。④ 众筹经济发展，希望通过支持众筹以推动经济发展。⑤ 现场众筹，在网络众筹的同时，开展现场众筹，吸引媒体注意，创造更大的市场机会与广告效应。

7.4.3.2 众筹的 4 种商业模式

债权模式、股权模式属于投资模式；而奖励模式、捐赠模式属于购买模式。通过这些模式，能够把有助于项目、产品、服务或商业创新形式的整个生命周期筹资的各种方法结合起来。① 债权众筹（Lending based）：投资者对项目或公司进行投资，获得其一定比例的债权，未来获取利息收益并收回本金。② 股权众筹（Equity based）：投资者对项目或公司进行投资，获得其一定比例的股权。③ 奖励众筹（Reward based）：投资者对项目或公司进行投资，获得产品或服务，团购包含在其中。这种商业模式被项目所有者用于为特定的项目筹集捐款，并能以某种非金钱的奖励作为回报。④ 捐赠众筹（Donate based），投资者对项目或公司进行无偿捐赠，非政府组织一直用这个模式来为一些特定的项目吸引捐赠资金。

2009 年成立于美国的 Kickstarter（www.kickstarter.com）是最具知名度的众筹平台。Indiegogo（www.indiegogo.com）是接受各类创新项目的众筹平台，但对其网站上所发布的项目并不进行审查，所筹集资金直接分配给创始人。国内众筹网站按以上 4 种模式，代表性的分别有：人人贷、拍拍贷；天使汇、大家投；点名时间、追梦网、众筹网；微公益。

7.4.3.3 众筹与 P2P 的区别

相较于传统融资方式，P2P 和众筹更加灵活、开放、快速，因此在全球大范围兴起，成为互联网金融颠覆性的创新模式。两者看似相似，实则存在很大区别，需要加以区分：

1）P2P 与众筹最明显的区别是投资者的回报方式不同，前者回报的是利息收益；后者回报的是一个创意产品，可能是一本书、一张唱片或者一张会员卡等，如果是项目发起人自身所推出的产品，那么这将是一个扩大推广、促进销售的机会。

2）众筹更多的是服务于融资方，运用这种新型的融资模式更快更透明地筹到资金，用产品来回报投资者；而 P2P 则服务于投资者，让投资者的手头闲散资金通过理财获得增值。

3）P2P 网贷平台审核借款人资质尤为看重其还款能力，深入了解其信用等级、经济状况的同时又注重保护对方隐私。而众筹项目发起人必须先将自己的创意达到可展示的程度，才能通过审核，这就涉及知识产权保护问题，导致不少好项目因担心创意被抄袭，而不敢在众筹平台上募资。具体的区别如表 7.2 所示。

表 7.2 众筹与 P2P 的区别

区分维度	P2P	众筹
回报方式	利息收益	产品和媒体内容
服务对象	投资方	融资方
项目信息公开	有限	细致
本金担保	提供本金担保	无担保
虚假标的物	容易存在	虚假标的物难以存在
项目标的	无	清晰
投资人的性质	出借人	股权、债权、捐赠、奖励性质
收益周期	出效益快	时间长
收益特点	投入小，出效益快	不保本不保收益
运营难度	小	大
我国代表性平台	人人贷	众筹网

作为互联网金融的两个分支，P2P 与众筹都为小额融资创造了便利条件，但两者都是通过民间建立完善的交易平台来完成的，存在一定的法律风险和信用风险，因此众筹与 P2P 使用时需要投资者和融资者根据自身实际需求加以选择。

7.5 案例：电子商务企业融资

7.5.1 盘点京东融资历程

一直以来，京东商城在资本市场上表现活跃。

2007年亚马逊股价的一路飙升拉开了中国电商大时代的帷幕。中国的互联网精英对国外的新兴经济形态迅速响应，国内膨胀的资本势力也开始寻找发力点。同年下半年京东商城宣布了第一笔融资，"今日资本"成为京东商城的第一个投资方。

随后爆发的经济危机让电商企业的股价开始回落，但这看起来仅仅是电商行业的小小挫折。京东商城随之宣布了第二笔融资，金额是2100万美元。投资方是今日资本、雄牛资本及亚洲著名投资银行家梁伯韬的私人公司。

随着美国经济复苏及国内多个利好政策的颁布，大量热钱开始出现在资本市场中。骤然而至的资本让电商企业开始面临选择。绝大多数电商把这笔资金用于广告投放、关键字购买，而京东商城再次选择了另一条完全不同的路——京东商城要打造"全在线生活平台"。2011年年初京东商城又获得俄罗斯投资者数字天空技术、老虎基金等共6家基金和社会知名人士融资共计15亿美元。之后，加上2013年所获得的7亿美元，京东融资总金额接近23亿美元，刷新了中国电商企业融资的新纪录。

京东CEO刘强东强调："融资不是一个技术，没什么值得高兴的。有了钱未必行，但是没有钱万万不行！本轮融资已经到账，迄今我们的账户上最多已经拥有超过150亿元的现金储备。这些钱将会保证我们不必顾忌短期财务表现，立足未来进行长期投资。"作为中国最大的自营式电商，公开信息显示，自2009年起，京东商城花费大量融资得到的资金开始在全国密集购买仓储用地。正在全力打造全国性的物流项目"亚洲一号"，陆续建设完成并可以开始使用，这将有力支撑京东销售额大幅提升。虽然物流的投入并不能给京东带来盈利，但为京东快速发展、差异化发展奠定了基石。

2013年蛇年刚开年，京东商城融资7亿美元的消息就在电商圈引起了一场轰动。这7亿美元中，加拿大安大略教师退休基金投资约3亿美元，持股4.1%；Kingdom Holdings Company[1]投资约4亿美元，持股5.6%。对于京东而言，这笔数额巨大的投资意义重大。它粉碎了竞争对手的唱衰预言。更为实质的是，新一轮的融资使京东能够保障其在未来几年内正常运营，以及全面推进其平台战略。另外，在电商大量烧钱换取销售额，普遍被认为泡沫化的大背景下，此次融资更能说明投资者对京东内在价值的认可，有望使京东在未来获得更多投资者的垂青，也为

---

[1] Kingdom Holdings Company 是沙特亿万富翁、沙特国王阿卜杜拉的侄子阿尔瓦利德王子名下的国际投资公司，中文名为沙特王国控股公司，董事会主席为瓦利德亲王，公司在历年沙特最大100名公司中排名一直位列前两位，同时该公司还曾投资亚马逊、AOL/Time Warner（目前已分拆）、苹果、eBay、Twitter、花旗集团、可口可乐、福特、麦当劳等诸多全球知名公司。

京东 IPO 赢得重要砝码。

2014 年 5 月 22 日，京东在美国纳斯达克证券交易所上市。继腾讯、百度之后，京东也一跃成为中国第三大互联网上市公司。本次公开发行共募集 17.8 亿美元，刘强东的身价也将超过 60 亿美元。

但截至 2014 年 6 月，京东仍然未能实现盈利。一些资深分析师说"预计京东难以在 2016 年之前实现盈利"。京东此前公布 2013 年亏损人民币 5 000 万元（约合 800 万美元），2012 年则亏损了 17 亿元人民币。据消息透露，京东人士将盈利时间点已推延至 2018 年。

而在刘强东看来，盈利对京东而言并非难事，他在内部邮件中曾坦言："如果我们 2007 年不开始投资物流和信息系统，我们 2007 年前都是盈利的，那最多是个赚钱的成功个体电商而已；如果我们不进行品类扩张，我们 2010 年就可以实现盈利，那只是一个成功的 3C[①]（Computer, Communication, Comsumer Electronic）垂直电商而已；如果我们不在 2010 年就开始筹备 POP 开放平台业务，去年就可以实现季度盈利，那只是一个成功的电子商务公司而已。而我们真正做的是平台。"刘强东的这番话，不但解释了京东迟迟不能盈利的原因，同时也暗示了京东全面盈利的时点——平台战略顺利实施之际。和阿里巴巴旗下的淘宝网、天猫网相比，刘强东口中的"平台"更具野心。刘强东需要建设的不仅仅是一家单纯的电商公司，而是一个与其巨大销售量相匹配的零售系统。移动和大数据、金融业务、O2O 业务、渠道下沉、国际化等，也是刘强东定调的京东未来工作重点。

7.5.2 阿里巴巴融资史

阿里巴巴集团建立了领先的消费者电子商务、网上支付、B2B 网上交易市场及云计算业务，近几年更积极开拓无线应用、手机操作系统和互联网电视等领域。以促进一个开放、协同、繁荣的电子商务生态系统为目标。阿里巴巴旗下业务主要包括：阿里巴巴国际交易市场（www.alibaba.com）、1688（www.1688.com）、全球速卖通（www.aliexpress.com）、淘宝网（www.taobao.com）、天猫（www.tmall.com）、聚划算（www.juhuasuan.com）、一淘（www.etao.com）、阿里云计算（www.aliyun.com）、支付宝（www.alipay.com）、菜鸟网络（中国智能物流骨干网物流信息平台运营商）。

中国电子商务的蓬勃发展，可以从阿里巴巴的高速发展中体现出来：每年保持 50%以上的增长。借助于平台模式，随着平台交易额的放大，阿里巴巴的收入规模也在水涨船高，相应的成本和费用占比则快速下降，运营利润率和净利润率迅速攀升。2013 年，阿里巴巴集团的运营利润率为 51.2%，净利润率为 43.8%，零售集市业务为 2.31 亿名活跃买家处理了 113 亿个订单，总额为 1.542 万亿元（约 2 480 亿美元），这一规模，超过 eBay 和亚马逊的交易量之和，成为全球第一。目前，阿里巴巴已经超越其他现有互联网电商，成为谷歌之后最有投资价值的公司之一。

[①] 3C 为计算机（Computer）、通信（Communication）和消费电子产品（Consumer Electronic）三类电子产品的网上购物的简称。京东商城是开始于 3C 网购的垂直电商。

第 7 章 电子商务融资

盘点一些对阿里巴巴比较重要的融资经历：

1）1999 年 10 月，获得高盛、富达投资和新加坡政府科技发展基金、Invest AB 等 500 万美元风险投资。

2）2004 年 2 月，获得软银、富达、汇亚、TDF 的 2 500 万美元投资。

3）2004 年 2 月，获得软银、富达投资和 GGV 的 8 200 万美元投资。

4）2005 年 8 月，获得雅虎 10 亿美元投资。

5）2007 年 11 月，阿里巴巴 B2B 业务在香港上市，融资近 17 亿美元。

6）2011 年 9 月，以 350 亿美元的估值向包括云锋基金、俄罗斯风险投资公司 DST、银湖等基金公司出售了大约 5%的管理层及员工持股，获得了大约 17 亿美元的融资。

7）2012 年 2 月，从银团获得 30 亿美元、贷款利率在 4%左右的 3 年期贷款，参加银行和机构共 6 家，包括澳新银行、瑞士信贷集团、星展银行、德意志银行、汇丰控股有限公司及瑞穗金融集团。

8）2012 年 9 月，中投联合中信资本、国开金融等投资公司向阿里巴巴投资 20 亿美元。

9）2014 年 9 月 19 日，阿里巴巴正式在纽交所挂牌交易，价格确定为每股 68 美元，其股票当天开盘价为 92.7 美元，较发行价大涨 36.32%。阿里在交易中总共筹集到了 250 亿美元资金，创下了有史以来规模最大的一桩美国上市 IPO 交易，也造就了中国首富马云和日本首富孙正义。

▶▶ 本章小结

电子商务融资是互联网金融的重要组成部分和发展趋势，电子商务的融资方式主要包括 4 类：以银行为代表的信贷方式，创业板市场以及海外上市融资，风险投资，网络融资。

本章根据电子商务融资的主体不同，分为 3 小节分别阐述：电子商务平台建设和经营者的融资必要性与融资渠道；使用电子商务平台的企业融资必要性与融资渠道；使用电子商务平台的个人融资。

▶▶ 关键术语

电子商务企业融资　风险投资　创业板上市　海外上市　仓单杠杆　信用贷款　P2P 网贷　网络众筹

▶▶ 基本训练

1．填空题

（1）目前投资中国电子商务市场的风险投资公司主要有_____、_____、_____等。

（2）初创期的电子商务企业其融资渠道可为_____、_____、_____、_____等。
（3）列举老虎基金投资的中国电子商务企业包括_____、_____、_____、_____等。
（4）风险投资泛指一切具有_____、_____的投资。
（5）银行针对电子商务企业的贷款方式主要是_____和_____。

2．选择题
（1）属于直接授信模式的网络融资产品是（　　）。
  A．一达通 B．阿里贷款 C．贷款通 D．e单通
（2）以下不属于阿里巴巴集团的融资产品为（　　）。
  A．淘宝微贷 B．网络联保 C．贷款通 D．一达通
（3）以下不属于P2P网络金融特点的是（　　）。
  A．无须担保 B．期限短 C．审批快 D．手续简便
（4）天猫订单贷款产品属于（　　）的网络融资模式。
  A．直接授信 B．信用授信 C．仓单保证金 D．P2P网贷
（5）老虎基金与红杉资本两家风投基金均投资了（　　）。
  A．当当网 B．阿里巴巴 C．大众点评网 D．京东商城

3．判断题
（1）针对网络消费者推出的京东白条是一种个人理财产品。（　　）
（2）社交网络平台可以成为P2P网贷的网站。（　　）
（3）P2P网络融资具有无须担保、无须抵押的特性。（　　）
（4）经营C2C电子商务平台的企业适合提供网络融资服务。（　　）
（5）在电子商务企业初创期应该采用债权融资的方式。（　　）

4．简答题
（1）电子商务企业应如何应用风险投资实现发展和提升？
（2）什么是基于网上行为的综合授信？
（3）电子商务平台经营者生命周期的融资策略是什么？

5．论述题
请论述电子商务平台在网络融资方面的作用。

第8章

电子商务与宏观政策

学习目标
- ◆ 重点掌握电子商务的税收政策、电子商务涉及的知识产权保护。
- ◆ 掌握政府对电子商务发展的政策，网络隐私安全保护。
- ◆ 了解如何分析电子商务对经济增长的贡献，大数据与电子商务。

▶▶ 8.1 电子商务经济与经济增长

电子商务作为一种新兴产业对经济增长的推动作用不可忽视。根据我国国家统计局资料显示，我国2013年国内生产总值（GDP）为56.88万亿元，而我国2013年电子商务市场交易规模就达到了10.2万亿元，电子商务与国民经济深度融合，涉及制造业、零售业、服务业、金融业等各个领域，对经济增长起到了巨大的促进作用。

8.1.1 经济增长概述

1. 经济增长的概念

经济增长是指在一个较长的时间跨度上，一个国家人均产出（或人均收入）水平的持续增加。用统计术语说，经济增长是指国内生产总值（GDP）或国民生产总值（GNP）、国民总收入（GNI）的增长。目前我国用国内生产总值的增长率来衡量经济增长。

国内生产总值是指在一定时期内（一个季度或一年），一个国家或地区的经济中所生产出的全部最终产品和劳务的价值。常用的GDP核算方法有3种：生产法、收入法和支出法。

常见的是采用支出法核算 GDP。支出法是指从产品的使用出发，把一年内购买的各项最终产品的支出加总而计算出的该年生产的最终产品的市场价值，具体可以分为消费支出（C）、投资支出（I）、政府购买（G）、净出口（X-M）。从而得出国内生产总值的计算公式为：GDP = $C + I + G + (X-M)$。

2. 经济增长的特征

库兹涅茨根据英、法、美等 14 个国家近百年的经济增长统计分析，总结出现代经济增长的六大特征：① 人均 GNP 和人口表现出加速增长的趋势，但人均 GNP 的增长率要高于人口增长率。② 由于技术进步，生产率不断提高。③ 经济增长过程中经济结构的转变率很高。经济增长不断改变着产业结构、产品结构、消费结构、收入分配结构和就业结构。经济增长使农业过剩人口转向城市和工业，小业主转向大企业，结果促成了农业向非农业、工业向服务业的转变，同时经济结构的转变反过来又推动经济增长。④ 经济增长伴随而来的是社会结构和意识形态的迅速改变。经济增长使僵化的社会结构变得灵活，使传统的思想观念转变为增长、工业化、城市化、国际化等新意识。⑤ 经济增长不是一国的独特现象，而是在世界范围内迅速扩大，成为各国追求的目标。⑥ 经济增长在世界范围内是不平衡的，因而世界经济增长受到限制。库兹涅茨在研究分析中还得出一个重要结论：人均 GNP 的增长，25%归因于投入要素数量的增长，75%归因于投入要素的效率，即生产率的提高，而投入要素生产率的提高主要是由技术进步所引起的。而电子商务作为一种技术进步也对经济增长产生了不可忽视的促进作用。

8.1.2 电子商务对经济增长的作用机理

8.1.2.1 柯布-道格拉斯生产函数

电子商务是网络信息技术发展和普及到一定阶段后的产物。发达国家的电子商务发展是在工业社会后期出现的，而发展中国家的电子商务是工业化与信息化日益融合的产物。因此电子商务既是技术，也是知识。

柯布-道格拉斯生产函数（简称 C-D 函数）最初是美国数学家柯布（Cobb）和经济学家道格拉斯（Douglas）共同探讨投入和产出的关系时创造的生产函数，是在生产函数的一般形式上做出的改进，引入了技术资源这一因素。

工业社会一般用柯布-道格拉斯生产函数表示，如公式所示。

$$Y = A \times L^\alpha K^\beta \mu$$

式中，Y 表示社会总产品产量或国内生产总值（GDP）；A 表示综合技术水平；L 表示投入的劳动力数（单位是万人或人）；K 表示投入的资本。

为了考查新兴技术对产出的影响，修改该函数技术进步因子可以表示为：

$$A = A_0 I^t$$

式中，I 表示社会的网络化信息量水平；A_0 表示除信息产业发展水平之外的其他技术进步因素，仍然假设为一个常数，得到修正后的 C-D 生产函数模型为：

$$Y = A \times L^\alpha K^\beta I^\gamma \mu$$

对等式两边取自然对数，得到修正后的估计模型为：

$$\ln Y = \ln A + \alpha \ln L + \beta \ln K + \gamma \ln I + \ln \mu$$

式中，$\ln A$ 为常数项；$\ln L$、$\ln K$、$\ln I$ 为自变量；$\ln Y$ 为因变量，利用多元线性回归的方法求解系数 α，β，γ。

公式的基本含义是，产出的增长率=广义技术进步增长率+资本要素投入的增长率+劳动力投入的增长率+网络化信息量水平的增长率。

电子商务作为互联网网络化应用的主要部分，从 C-D 函数中可以看出电子商务作为技术要素对增长率的贡献。近年来我国网络消费呈现出迅猛增长态势，2013 年全年网络零售交易额将达到 1.8 万亿元，2015 年将超过 3 万亿元，占到社会消费品零售总额的 10%以上，逐步进入成熟平稳增长期。将为经济增长带来持续性的动力。

8.1.2.2　供需分析

对于一个不存在电子商务的实物市场，原始的供给和需求已经达成了某种均衡状态，如图 8.1 中点 E 所示。需求曲线 D 代表市场对这种实物产品的需求，供给曲线 S 代表市场对这种实物产品的供给，P_E 为初始均衡价格，Q_E 为初始均衡数量。

电子商务介入市场后，通过降低企业的生产、流通成本使得供给曲线 S 向右下方移动到 S'，与需求曲线 D 相交于新的均衡点 E'，对应到新的均衡数量 $Q_{E'}$。相比较而言，均衡价格下降，均衡数量上升，整个社会的产出增加，带来了经济增长。

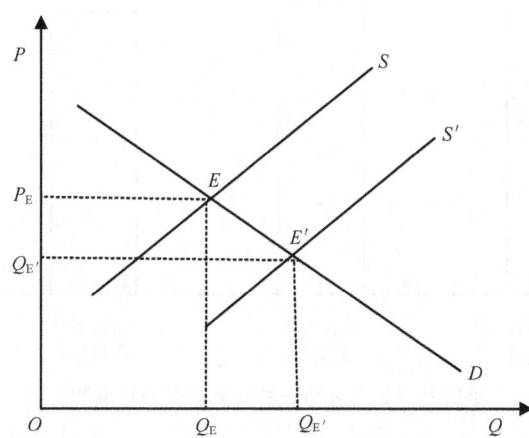

图 8.1　电子商务介入实物市场前后的静态均衡比较

8.1.3 电子商务带来消费与投资增长

由宏观经济的国民生产总值核算可以知道,一国的 GDP 总量=最终产品消费+投资+政府支出+净出口。电子商务通过促进消费和投资支出的增长将有效推动经济增长。

8.1.3.1 电子商务带来消费增长

电子商务为人们提供了种类丰富的产品,很大程度上满足了人们对物质和文化的需求,因此越来越多的消费者热衷于网上购物,增加消费支出。电子商务的发展为计算机、互联网、物流等产业提供了更多的就业岗位,进而刺激消费。电子商务高效便捷、能突破时间和空间限制的特性,极大地吸引了商家与消费者,双方共同促进经济发展。网店规模将逐渐增大,消费者也更多地由传统面对面的直接交易转向网上交易,从而促进了消费和流通。电子商务的快速发展势必会引起相关数字产品的消费大大增加,促进整体消费水平的增加。

在微观层面上,电子商务通过多种信息渠道对消费者产生视觉和听觉上的直接刺激,不断提高消费者关注度、满意度、保持率和忠诚度来促进国民消费。如图 8.2 所示,美国企业认为电子商务对消费者行为有影响的特征值分别为:57%和 54%的受访企业分别认为电子商务对消费者的关注度和满意度有影响,37%和 32%的企业分别认为电子商务对消费者的保持率和忠诚度有影响。

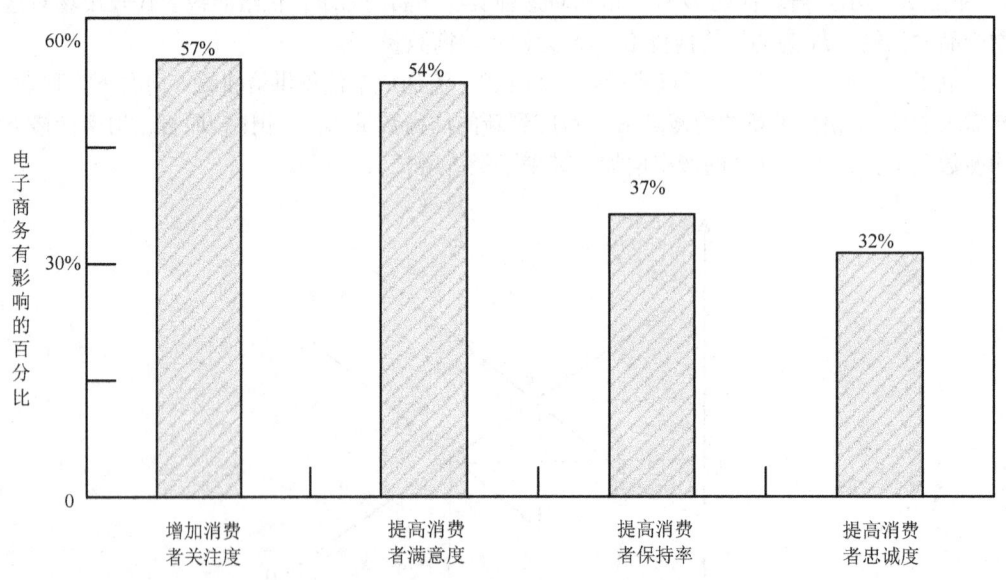

图 8.2 美国电子商务对消费者的影响调查

美国电子商务销售额占美国零售业销售总额百分比的增长,也进一步表明电子商务在消费中具有重要影响作用。Forrester 预测,到 2017 年,这一数字将变为 3 700 亿美元,如图 8.3 所示。届时,美国电商的销售额将达到全部零售行业销售额的 10%。

第8章 电子商务与宏观政策

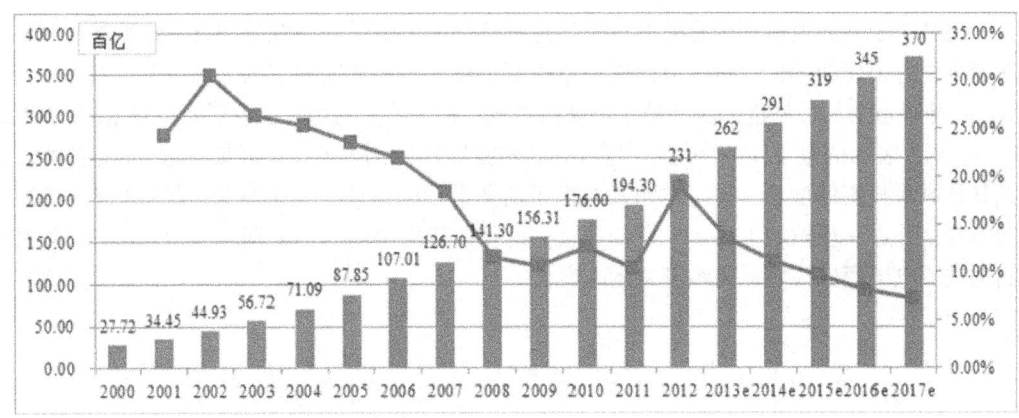

图 8.3　2000—2017 年美国电子商务销售额增长情况

数据来源：Forrester Research，Inc.

微观层面的消费增长又是如何影响宏观 GDP 的增长的？由宏观理论分析可知，当期通过电子商务便利的交易产生的多样化消费和需求，会影响人们对下一期市场的估计，在电子商务有效地满足当期需求的情况下，生产商也会预计在下一期的市场中发生类似的交易，由此形成了厂商的投资动力，进而提高了下一期的投资。从消费投资角度，电子商务为整个市场带来了市场的循环增长机制，如图 8.4 所示。在假设的时间段中，第 $t-1$ 期电子商务对多样化需求的满足，带动了下一期即 t 期的投资，进而拉动了第 $t+1$ 期的消费，这种循环增长机制称为电子商务环境下的消费拉动型经济增长。

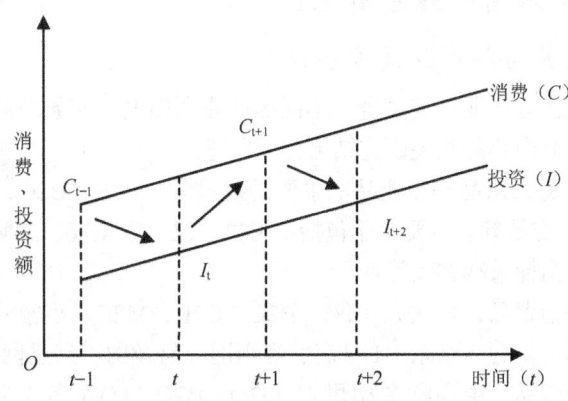

图 8.4　电子商务的消费拉动型增长机制

8.1.3.2　电子商务带来投资增长

由于电子商务加速了全球化进程，资本在不同国别、一国内不同地域之间的流动更为迅速，不同渠道的投资信息更为丰富，投资方的投资嗅觉更为灵敏，这些综合效应直接表现为投资的增长，通过电子商务渠道获得有效的投资信息直接增加了电子商务领域的投资，这些投资一方面加速了原有市场的增长，另一方面进一步拓宽了原有市场的覆盖范围，加深电子商务的影响领域。这种双重增长机制进一步加速了消费的增长，并由消费的增长循环带动经济总量的增长。

在图 8.5 表示的电子商务环境下投资拉动型的经济增长中，在 $t-1$ 时期，电子商务带来了投资尤其是风险投资的增长，投资的增长对电子商务平台的扩展、电子商务市场的扩充带动了 t 期的消费，并进一步拉动了第 $t+1$ 期的投资，这些投资再影响到 $t+2$ 期的消费，这种循环往复机制促进了电子商务环境下的经济总量的增长。

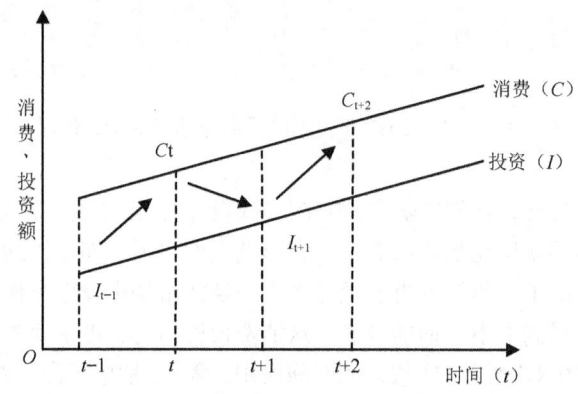

图 8.5　电子商务的投资拉动型增长机制

8.1.4　电子商务带来各产业经济增长

8.1.4.1　电子商务与各产业高度融合

电子商务和国民经济各产业高度融合，不同的产业利用电子商务的形式也不尽相同，各有侧重，中国电子商务研究中心的相关研究结果如下所述。

制造业中产品一般为大宗品和工业品。主要的模式为：B2B、B2C、B2B2C、网络批发、B2G、B2R、B2S、电子交易等。主要企业包括：阿里巴巴、生意宝、慧聪网、中国服装网、敦煌网、思佳捷、合众、招标采购在线等。

零售业中，主要是消费品，模式为 C2C、B2C、C2B、M2C、小额外贸、移动电商等。主要企业包括淘宝网、苏宁易购、京东、1 号店、当当网、易趣网、易迅网、天猫、微品聚等。

服务业中，是服务商品，主要模式为团购、O2O、B2C、OTA 等。主要企业包括拉手网、美团网、大众点评、58 同城、同程网、携程网、蚂蚁短租、一嗨租车、去哪儿等。

金融业中，是金融产品，主要模式为 P2P、网络支付、金融网销、银行电商、虚拟货币、电商金融等。主要企业包括财付通、人人贷、支付宝、汇付天下、快钱、拍拍贷、天使汇、陆金所等。

8.1.4.2 电子商务推动制造业经济增长原理

制造业是指对初始资源（物料、能源、设备、工具、资金、技术、信息和人力等）按照市场要求，通过制造过程，转化为可供人们使用的工业品与生活消费品的行业，主要包括农副食品加工业、食品制造业、饮料制造业、烟草制品业、纺织业、家具制造业、电子业等。

现代信息技术在制造业生产过程中的应用，带来了制造业生产效率的改进。信息技术革命、管理思想与方法的变化导致电子商务技术及商务模式出现，促使企业组织形式发生变化，这些变化在制造业大型跨国公司中得到了很好的发展。基于电子商务的建立与应用，改变了制造业跨国公司主要在其母公司总部进行研究与开发活动的状况，因为这些信息技术的应用使得对各地研究与开发活动进行协调更加方便、及时。跨国公司可以在各国分支机构建立研究与开发机构，结合当地特点，利用当地的技术力量与优势进行联合攻关，使研究与开发活动与当地市场紧密结合，从而提高其研究与开发的竞争力。这种由电子商务发展所带来的产品分工的新局面，为我国制造业发展提供了借鉴模式。

与农业产品相比，制造业产品大多数属于富有弹性的。因此，制造业产品的需求曲线 D 比较平缓，如图 8.6 所示。电子商务介入制造业市场，导致制造业产品交易成本降低，供给曲线右移，制造业产品价格下降，销售量增加。由于制造业产品普遍富有弹性，即需求价格弹性大于 1，均衡价格下降 1%，均衡数量增加幅度大于 1%。总体来说，电子商务在制造业领域将带来 GDP 的增长。

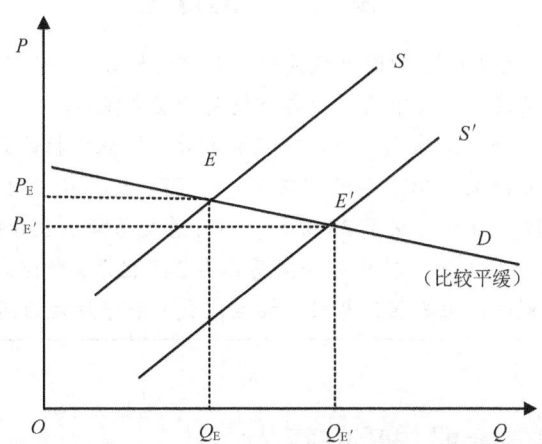

图 8.6　电子商务介入制造业产品的静态均衡比较

8.1.5　电子商务带来就业增长

电子商务能创造新的经济增长点与新市场，进而创造出新的就业岗位，有助于增加劳动力需求。主要表现在：一方面，电子商务的广泛应用，带动了新兴产业的发展，深化了社会分工，从而增加了对劳动力的需求；另一方面，电子商务促进了国际贸易的发展，而货物进出口量的增加会引发企业扩大生产规模，增加就业岗位，如图 8.7 所示。中国电子商务研究中心监测数据显示，截至 2013 年 12 月，电子商务服务企业直接从业人员超过 235 万人，由电子商务间接带动的就业人数超过 1 600 万人。由此可以看出电子商务对就业增长的极大贡献。

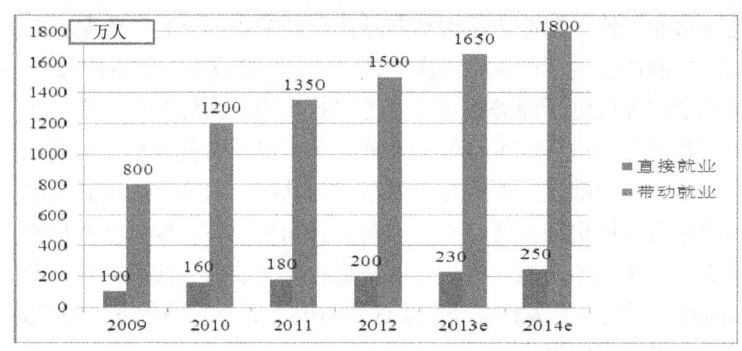

图 8.7　2009—2014 年中国电子商务服务企业从业规模与带动就业规模

数据来源：中国电子商务研究中心

 小案例

"双十一"的奇迹

11 月 11 日被称为"光棍节"，同时也成为商家炒作的节日——"双十一购物狂欢节"，所有商场、超市及网购电商都在这一天前后推出各种抢购活动来促销。

2012 年 11 月 11 日零点，淘宝网"11·11 购物狂欢节"正式拉开大幕。截止到 12 日零点，以全网总销售额 191 亿元结束。2013 年的"双十一"，阿里交易额突破 1 亿元只用了 55 秒，达到 10 亿元用了 6 分 7 秒，50 亿元用了 38 分钟，当日总交易额达 350.19 亿元。2014 年"双十一"，淘宝销售额达到了 571 亿元，其中移动交易额占 243 亿元，物流订单 2.78 亿元，共有 217 个国家和地区被点亮，新的网上零售交易记录诞生，成为全球最大的网络购物节。

▶▶ 8.2　电子商务发展与政府行为

电子商务应用从一开始就受到各国政府的高度重视。电子商务应用中的政府行为是影响电子商务发展的重要因素。电子商务应用中的政府行为，既包括对电子商务发展的促进，也包括对电子商务环境的监管，主要体现在电子商务应用发展的政策与法规上。

8.2.1 政府行为

8.2.1.1 美国政府的电子商务政策

1. 美国政府对待电子商务的基本原则

美国政府对待电子商务的做法是政府把权力分散给私有机构、企业及国际组织，让它们去行动。当需要对知识产权保护和税收等问题采取行动时，政府的行动应该是适度的、可预测的、简单而一致的。美国政府支持市场自由发展，只有在有必要时才进行适度的干涉。具体包含以下5项原则：① 私营企业应当在电子商务的发展中起领导作用；② 政府应当避免对电子商务做不恰当的干预；③ 政府需要参与时，其目的也应当是以预定的最低限度支持和加强一个可预测的、简单的和前后一致的商业法制环境；④ 政府应当认识互联网的特殊之处，相应调整政策，鼓励行业自律；⑤ 应当在国际范围内促进电子商务的法律制度与原则。

2. 美国政府针对电子商务的信息网络规划与建设

美国政府在信息化、数字化的进程中起到了重要的推进作用。1991年9月1日，美国参议院通过了《高性能计算法规网络案》，该法案提出建设"信息高速公路"计划。这条"公路"为美国电子商务的发展奠定了关键性的基础。1993年9月15日，克林顿总统制定了题为《国家信息基础结构的行动纲领》的重要文件。文件全面地阐述了建设国家信息基础结构的重大意义，政府在推行这项计划时所起的作用和应遵循的原则，政府应当采取的行动及实现这一计划给美国和美国人民带来的效益。1996年年底，克林顿亲自倡导成立了跨部门的电子商务管理协调机构——美国政府电子商务工作组，工作组负责制定有关发展电子商务的政策措施，并协调督促相关部门实施。1997年7月1日，美国发布《全球电子商务纲要》，在这份纲要中，克林顿将互联网的影响与200年前的工业革命相提并论。2009年，奥巴马政府宣布支持"智慧地球"的建设。

3. 美国政府针对电子商务的法律保障

1996年美国财政部发表了《全球电子商务选择性的税收政策》，指出对电子商务征税要做到中性，不对电子商务产生扭曲，不对电子商务开征新消费税或增值税。

1997年12月11日美国政府发表了《全球电子商务纲要》、《全球电子商务框架白皮书》，指出政府有必要修改和制定法律，尽快建立规范的电子商务法律体系。

1998年美国参众两院分别通过了《因特网免税法案》，规定在3年内禁止征收新的因特网访问和服务税。

2000年美国国会通过了《全球和全国商务电子签名法案》，使电子签名与手写签名具有同样的法律效力。

2013年《2013市场公平法案》经美国参议院通过，这是美国第一个全国性互联网消费税提案，它将使美国各州政府对远程销售的电商进行跨区征税成为可能。

8.2.1.2 新加坡政府对待电子商务的政策

1. 新加坡政府对待电子商务的基本原则

新加坡政府认为，没有一定程度上的政府管理，电子商务不可能发展这么快，没有规则的贸易是危险的。政府的职能应从垄断式的管理转向提供服务，在未来的网络世界，各国政府之间是竞争的关系，看谁以最好的价格提供服务，以吸引智力和投资促进当地的经济发展。网络空间中的政府不再是一个固定的实体，它们是竞争中的服务提供实体。新加坡的所有电子商务活动都由政府控制，商业机构签约开展电子商务活动，可得到研究和发展应用的资金支持。

2. 新加坡政府的网络建设与规划

新加坡电子商务的发展与其信息产业的快速发展密切相关。大力开发电子数据交换系统（Electronic Data Interchange，EDI），并于1989年推出全国性EDI贸易网TradeNet，这是世界上第一个用于贸易文件综合处理的全国性EDI网络。1996年8月，新加坡政府推出了"电子商务温床计划"（The Electronic Commerce Hotbed Program），目的是发展电子商务法律和技术基础设施及电子商务服务。之后，新加坡推行了一系列措施，如成立了东南亚第一个认证机构Netrust。此外，新加坡于1997年专门成立"电子商务政策委员会"（Electronic Commerce Policy Committee），负责讨论与规划所有跟电子商务有关的法律与政策。1998年新加坡推出了更加综合的"电子商务总规划"（Electronic Commerce Master Plan），目标是在国际贸易、国际金融服务、通信及资讯等传统优势基础上，进一步将新加坡打造成一个国际性的电子商务中心。2000年提出"信息通信21世纪计划"，要将新加坡由一个智慧岛提升为全球性的信息通信资本市场。2006年6月，提出"智慧国2015计划（iN2015）"。随着国家信息化规划的不断实施，新加坡信息通信基础设施也在不断发展和完善。继iN2015推出之后，新加坡又实施了"下一代全国宽带网络计划"（Next Generation National Broadband Network），提高全国范围覆盖率。

3. 新加坡政府对电子商务的立法保障

新加坡政府非常重视电子商务方面的立法，在联合国贸易法委员会于1996年颁布《电子商务示范法》之后，新加坡即开始相关电子商务的立法研究与立法起草工作。自1998年开始，新加坡推出了一系列关于规范网络信息和电子商务的法律法规，主要包括《电子交易法》（Electronic Transactions Act）及《电子交易执法指南》、《电子证书指南》、《新加坡电子交易（认证机构）规则》等与《电子交易法》配套的法律法规。《滥用计算机法修正案》（Computer Misuse Act）修订了知识产权法，明确了网络内容规范和电子商务税务处理等方面的法律法规。

8.2.1.3 中国政府支持电子商务的发展

2003年至今，我国互联网产业应用的多元化阶段到来，互联网逐步走向繁荣。根据中国互联网网络信息中心统计，截至2013年12月，中国网民规模达6.18亿人，互联网普及率为45.8%；我国网络购物用户规模达到3.02亿人，使用率达到48.9%；中国即时通信网民规模达5.32亿人，使用率为 86.2%，位居各类互联网应用的首位。中国互联网迈入了繁荣阶段，同时显示出巨大的增长空间。

1. 我国关于电子商务的促进手段

1）积极制订开发电子商务的发展规划、行动计划和实施方案，同时还要制定法律、法规，为全社会开展电子商务创造良好的法律环境。在电子商务发展过程中，政府的主要作用是为电子商务发展创造良好的外部环境，确保竞争、合同履行、保护知识产权和私有权利、防假冒、增强透明度、增进商业贸易、促进争端的解决等。

2）率先垂范，即积极推动政府上网，开展 G2B 和设立咨询网站，特别是要以 G2B 带动 B2B 作为发展电子商务的切入点，实现政府信息化，政府公开上网采购，推动企业信息化和 B2B 电子商务的发展。

3）制定电子商务技术标准与标准化模式，使网上交易规范化、标准化，同时加强基础设施建设，构筑社会电子商务平台。

4）制定优惠政策，积极引导和推进企业信息化，鼓励企业开展电子商务。企业信息化是 B2B 电子商务的基础，但传统企业开展电子商务的速度十分缓慢。因此，必须提高传统企业对电子商务的认识，加快其信息化进程，以促进电子商务的发展。

5）支持电子商务相关技术研究和开发，积极发展信息产业。信息基础设施是电子商务发展的物质基础和载体。发展信息基础设施需要政府和业界的共同努力，尤其需要政府的大力投资和宏观调控。同时，为了维护国家的利益和经济安全，在电子商务相关技术方面一定要注重自主知识产权技术的开发，不能全部依赖进口。因此，必须大力支持电子商务技术的研究开发工作。

6）鼓励发展电子商务教育与培训，积极培养 IT 人才和电子商务应用人才，吸引国际一流人才。人才是电子商务应用发展的关键。

7）鼓励全民上网，普及计算机应用，形成社会发展基础。提高网络技术水平，加强电子商务的安全性，切实保护用户的利益和隐私，增强企业和消费者的信心。

8）加强电子商务领域的国际合作，谋求建立全球电子商务体系。互联网全球性开放的特点，使建立网上国际贸易自由区的理想成为可能。

2. 我国关于电子商务的监管

（1）制定相应的法律法规

电子商务的市场监管主要是针对商务活动的法人参与方而言的，主要包括各类商家（含交易活动中的卖售方与买受方）、中介方（NSP、ICP）、服务机构（密钥管理中心、数字证书认证中心、结算金融机构、物流机构）等。

传统商务主体法律规范仍然对电子商务主体有着基础的规范作用。如《公司法》、《合伙企业法》、《个人独资企业法》、《消费者权益保护法》、《反不正当竞争法》、《广告法》、《产品质量法》、《合同法》等现行立法中的多数法律规范适用于电子商务主体，因为电子商务主体的设立条件和市场准入条件依然要合乎法律保护的消费者利益与社会公共利益。

除此之外，我国政府还专门针对电子商务主体及其市场准入制定了相关的政策法规，如2000年颁布的《互联网信息服务管理办法》规定，经营性网站必须办理中华人民共和国增值电信业务经营许可证，否则就属于非法经营；2001年，《中华人民共和国电子商务法》（示范法）正式成型，面向全国专家学者征求意见；2005年，实施《中华人民共和国电子签名法》首次赋予可靠电子签名与手写签名或盖章具有同等的法律效力，并明确了电子认证服务的市场准入制度；2005年，国务院办公厅发布文件《关于加快电子商务发展的若干意见》（国办发［2005］2号）；2007年颁布的《关于网上交易的指导意见（暂行）》明确了网上交易参与方的主体资格要求，并对网上交易服务者进行了解释说明；2009年，商务部商贸服务司发布文件：《促进加快流通领域电子商务发展》（商贸发［2009］540号）；2010年，国家工商总局发布了《网络商品交易及有关服务行为管理暂行办法》（国家工商行政管理总局令，第49号）；2011年，商务部发布了《第三方电子商务交易平台服务规范》（公告2011年第18号），发改委、商务部等5部委联合下发《关于开展国家电子商务示范城市创建工作的指导意见》，地方政府纷纷出台政策支持电子商务发展，创办电子商务产业园区；国家工商总局公布《网络交易管理办法》自2014年3月15日起施行。

（2）政策法规不足之处

我国在电子商务政策法规方面的不完善之处，概括起来表现为以下几个方面。

1）电子商务主体在进入市场方面，既面临着现行政策法规不适应电子商务市场新形势所导致的阻挠与限制，也面临着现行政策法规的真空问题。就前者而言，现行的有些关于进入电子商务市场的政策法规由于规定的要求太高或条件太苛刻，因而把不该排除在电子商务市场外的企业排除在外；就后者而言，由于缺乏市场准入条件与程序方面的相关规定，一些不合格的主体纷纷混入了电子商务市场。因此，如何弥补现行政策法规的漏洞，使其更好地适应电子商务的发展，是政策部门应当认真考虑的问题。

2）电子商务企业的违约行为，侵权行为，不正当竞争行为，侵害债权人、消费者与诚实竞争者的不法和不道德行为愈演愈烈。交易当事人的信用问题也成为广大市场主体和市场监管者深切关注的法律问题，也是制约我国电子商务发展的瓶颈。

3）工商行政管理机关的市场监管职责面临严峻挑战。由于网上交易行为已打破了传统的行政区域分界线，甚至突破了国界，这就使工商行政管理部门的监管出现了种种困难，监管职权扩大，执法领域扩大，但执法难度尤其是取证难度也相应加大。

8.2.2　政府推动电子商务发展的战略

电子商务的发展是一项复杂的社会系统工程，它涉及信息基础结构建设（如网络技术应用、互联网及企业内部信息系统建设等），以及商业信用、网上支付、认证、标准、物流配送、税收、相关法律制定与修改等环境与制度建设。政府推动电子商务发展的着眼点或切入点，就是促进市场环境与制度建设。

8.2.2.1 市场环境

在市场环境方面,应着重做好以下几个方面工作:

(1) 重塑市场的商业信誉

政府必须进一步完善市场经济体系的相关法律法规,并采取强硬的措施与手段,来严厉打击各种扰乱市场经济秩序的违法行为,如假冒伪劣、诈骗、盗版等,为企业和消费者创造一个公开、公平、公正且相互信任的市场环境。

(2) 提高网上交易安全性

网上交易安全问题一方面源自技术层面,另一方面源自商务层面。对于前者可以通过加密、认证等技术措施,并辅以立法保障加以解决;对后者需要强化商业信用,促进服务意识与服务质量的提高。调查表明:目前我国网上购物的最大问题是安全性得不到保障,另外是产品质量、售后服务及厂商信用得不到保障。为此,政府应尽快从技术与法律两方面,促进网上交易安全问题的解决。

(3) 完善网上支付手段

发展电子商务必须辅以完善的网上支付手段,否则就会降低交易的效率。网上支付限制过多,银行对支付数额、支付地点等都具体限制。如果不解决这些限制因素,完善网上支付手段,电子商务的发展将会受到严重阻碍。

(4) 改善上网条件

电子商务的发展依赖于一个具有一定规模的消费者群体,其约束条件是网上购物更方便和更廉价。改善上网条件就是要提升上网速度和降低收费标准。近年来,中国网络通信整体资费呈下降的趋势。但是,许多电子商务公司认为带宽租用价格还是较高,不得不尽量用很窄的带宽,以牺牲用户访问速度的方式降低运营成本。因此,如何协调电信行业发展与电子商务发展,成为相关政策制定的主要基点之一。

(5) 健全物流配送系统

缺乏良好的物流配送系统,将导致电子商务的流通成本居高不下,这一点正是目前影响我国电子商务发展的重要障碍。国家有关部门应鼓励组建大型流通企业,推进电子商务与已有配送系统(如邮政投递网络)的结合,协调相关部门并配合优惠政策,健全物流配送系统。

8.2.2.2 制度建设

在制度建设方面,应着重做好以下几个方面的工作。

(1) 发挥政府的宏观规划与指导作用

电子商务是企业信息化实施的重要目标之一,同时也是国民经济信息化的重要组成部分,这使得它具有全局性、综合性、整体性与复杂性等特点。为此,必须发挥政府的宏观规划与指导作用:

1) 加强政府有关部门间的相互协调,制定有利于电子商务发展的优惠政策,引导电子商务的发展,推动电子商务的应用。

2）重视企业在电子商务中的作用。要鼓励企业发挥积极性，积极参与电子商务的应用，并加强行业自律。

3）从规范工程入手引导电子商务的开展。稳妥地开展电子商务，抓好重点领域、行业、地区、企业的电子商务试点，通过电子商务示范工程，重点在法律法规、标准规范、支付认证、安全可靠性和信息基础设施方面总结经验，逐步推广。

（2）健全法律法规体系

电子商务的发展是新技术革命的结果，生产力的迅速发展势必引发生产关系的相应调整，这种调整的重要体现之一就是建立和完善法律法规。电子商务的发展需要一个良好的法制氛围，因此必须有一个健全的法律法规体系。健全法律法规体系体现在两个方面，一是要完善原有的法律体系并进行必要的调整，二是为适应发展的需要制定新的法律法规，这些法律法规涉及关税、税收、支付、版权、专利、网络加密、消费者权益等多个方面。

（3）积极参与国际合作

积极参与由各国政府、国际组织举行的双边及多边谈判，以及有关法规、标准的制定工作，努力建立一个国际社会普遍接受的电子商务国际框架，以便建立协调一致的全球电子商务环境。努力创建一个既适合我国国情，体现我国发展特色，又与国际接轨的市场环境与国家电子商务发展总体框架。

（4）推进企业信息化进程，鼓励更多行业积极介入

开展电子商务的主体是企业，企业信息化的程度必将影响电子商务的发展。必须采取措施，促进企业利用网络参与竞争、开拓市场。同时，对适合电子商务发展的行业，如外贸、银行、证券、民航、出版发行等，积极鼓励发展并在资金、税收等方面给予大力支持。

延伸阅读

物联网带来电子商务新契机

物联网技术在提升自动化处理方面具有天然的优势，因此，可通过物联网技术有效地改善电子商务运营管理中存在的一些问题。

首先，在货物仓储环节，可以通过对库存物品信息的实时感知与传输，形成自动化库存。接着，通过对自身仓储管理系统进行动态同步数据处理，达到整个网上零售营销体系实现共享的目的。这样既可以降低管理成本、提高营销效率，还可以减少用户订单的确认时间，改善消费体验。

其次，在支付环节，网上零售商可以加强与电信运营商之间的合作，探索比较合理的新商业模式，发展多样化的手机支付业务，借助电信运营商分布极广的充值渠道，提高支付操作的便捷性，降低用户的使用门槛。

再次，在物流配送环节，可借助物联网和GPS技术结合的方式，将配送包裹模块化，消费

者、网上零售商户和物流公司三方实时获悉货物的路线,实现物流信息的实时跟踪,甚至还可以看到货物运输车辆的现场状态。

最后,在产品监管方面,可建立产品溯源系统。通过产品唯一的识别标识,不仅可以使用户有效地辨别商品,更加清楚地了解商品的具体来源,还可以降低用户被骗的风险,进一步提高用户消费的积极性。

对于电子商务市场来讲,物联网技术可以有效提高其管理运营水平,但在系统稳定、数据处理和信息安全等方面的潜在风险也必须引起充分重视。电子商务产业链上的相关厂商需要密切关注物联网技术和自身行业解决方案的发展状况,通过引进基于物联网的先进管理及运营模式来提高工作效率,降低管理成本,提升用户的消费体验。

8.3 电子商务发展与税收政策

中国电子商务发展已经取得了引人注目的成就,它使传统的交易方式发生了巨大的变化,给企业带来了无限新商机,且日益成为全球信息经济发展的动力,但同时由于它自身的特点,也带来一系列的问题,特别是给现行的税收体系和理论造成了巨大的冲击。因此,加紧研究和解决我国的电子商务税收问题任重而道远。

8.3.1 电子商务税收

8.3.1.1 电子商务征税的必要性

1. 有利于维护税收公平,维持市场秩序

税收公平原则是指国家征税应使各个纳税人的税负与其负担能力相适应,并使纳税人之间的负担水平保持平衡。税收公平包括横向公平和纵向公平两个方面。从横向公平考虑,电子商务虽然是一种数字化或信息化的商品或服务的贸易方式,但它仍然具备传统商品交易的基本特征,即都发生了货物交换,只不过电子商务的交易是在虚拟环境下进行的,因此应该纳税。从纵向公平考虑,我国的电子商务起步晚,发展还不够完善,需要政府在政策和资源上进行扶持与引导。

2. 可以提高税收效率,促进资源的合理配置

税收效率指政府征税有利于资源的有效配置和经济机制的有效运行,提高税务行政的管理效率。它可以分为税收的经济效率和税收的政府效率两方面。从经济效率考虑,电子商务交易建立在一种虚拟的环境中,容易产生欺骗,甚至存在一些非法交易。通过对电子商务征税,将税收收入用于加强与网络安全部门、工商部门、电子商务监管部门等有关部门的合作,提升电子商务的安全性,从而创造一个安全有序、公平竞争、自由竞争的市场交易环境,使电子商务走上更加规范和健康的发展道路。从政府效率角度考虑,电子商务可以采取网上税务登记、申报和缴税。用票单位使用计算机开具发票,并逐步实现税收征管的电子化;税务机关与纳税人、第三方支付平台、银行等部门实现票据和资金流的网络互联;纳税人通过网络纳税,并得到相关电子票据,从而大大提高税收征管效率,使复杂的申报、检查、稽核迅速完成,节省了征税成本。

8.3.1.2 电子商务征税难点

1. 无形产品带来的征税困难

多数国家的税法都对有形商品的销售、劳务的提供和无形资产的使用做了区分,且存在不同的课税规定。如销售商品的课税取决于商品所有权在何地转移或销售合同在何地商议并签订;劳务课税取决于劳务的实际提供地;特许权使用费则适用预提所得税的规定。但是,商品、劳务、特许权在电子网络上传递时都是以数字化信息形式存在的,税务部门很难在其传递中确定它是销售所得、劳务所得,还是特许权使用费所得。同时数字化信息易于传递、复制、修改和变更的特征又使得电子商务所得的性质的划分困难重重。例如,一个软件公司在一个月内卖出100套软件,税务机关可以根据100套软件的销售额对该公司进行征税,但该公司搬到网上,读者可通过上网下载其需要的软件,这时,可以将其视为有形商品销售征收增值税,也可以将其视为无形的特许权使用转让征收营业税,但是这个网上软件公司一个月销售了多少套软件或多少节电子信息,很难确定。

2. 纳税主体难以确认

网络交易有其虚拟性,是通过交易主体的网址进行交易的,却无法通过网址来判断纳税主体是谁。纳税主体可以通过虚假名称来进行交易,也可以经常性改变其网址,于是网址并不能成为确定纳税主体的依据,也就是说,纳税主体与其从事交易的网址之间并不存在直接的关联,难以确定纳税主体。

3. 税收管辖权冲突

税收管辖权是指国家在主权范围内对一定的人和一定的对象行使的征税权力。税收管辖权有来源地税收管辖权和居民税收管辖权之分。所谓来源地税收管辖权,是指征税国基于有关的收益来源于境内的法律事实,针对非居民行使的征税权力,它是一种属地管辖权。而居民税收管辖权,是指国家根据纳税人在本国境内存在着税收居所这一连接因素而行使的征税权力,它是一种属人管辖权。

对于电子商务税收,无论是哪种管辖权都受到重大冲击,都难以执行。电子商务的虚拟化、匿名化、无国界和支付方式的电子化等特点,其交易情况大多被转换为"数据流"在网络中传送,使税务机关难以根据传统的税收原则来判断交易对象、交易场所、交货地点、服务提供地、使用地等。公司可以在全球任何地点、任何时间进行交易。一项交易可能涉及多个国家,到底哪个国家能行使税收管辖权已经很难界定,同时由于税收管辖权不明确,必然会引起各国对税

第8章 电子商务与宏观政策

收管辖权的争议,由此也可能引发国与国之间不必要的矛盾。

4. 常设机构概念难以界定

传统的税收以常设机构来确认经营所得来源地。在电子商务中,交易进行的环境是虚拟的数字空间,没有实体的机构,交易的主体既可以在客户所在国租赁或拥有服务器进行交易,也可以在客户所在国以外的国家租赁或拥有服务器进行交易。交易双方中的外国主体在客户所在国没有固定的常设机构,从而客户所在国的税务机关根据目前税收原则无法认定交易在什么地方进行,失去了税收依据,更谈不上征税。此外,当外国销售商与网络服务提供商达成协议,使用或者租用网络服务提供商的服务器网址而开展销售活动时,很难就此认定后者为前者的营业代理人,因此不能构成销售商的常设机构。由此可见,在电子商务中确认常设机构有较大难度。

5. 税收征管和稽查难度加大

现行的税收征管基础是建立在有形的凭证、账簿、合同、发票基础上的,通过对其真实性、合法性、完整性的审核,达到管理和稽查的目的。在电子商务中,纳税人交易的各种账簿和凭证都是以电子形式存在的,而这些电子信息可以轻易修改且不留痕迹,这样就使得传统的税收征管和稽查失去了直接的证据,企业如果不主动申报,税务机关一般不易察觉其贸易运作情况,从而助长了偷逃骗税行为。另外,随着计算机加密技术的发展,纳税人可以用超级密码和用户名双重保护来隐藏有关信息,税务机关收集信息十分困难。

总之,电子商务的出现不仅对税收理论产生了冲击,而且对税收征管实践也带来了挑战,如果政府相关部门不及时跟进电子商务的发展,制定相应的税收政策,势必造成网上贸易的征税盲区,从而造成政府收益的流失,也不利于电子商务的良性发展。

8.3.2 国际上电子商务征税政策

8.3.2.1 免税或宽税派

美国作为电子商务的发源地,是世界上电子商务发展最快、应用范围最广、普及程度最高的国家,每天发生在全球的电子商务贸易有将近一半都发生在美国。所以,美国对电子商务发展的态度和电子商务税收政策最能反映国际社会对电子商务及税收的研究现状,对其他地区和国家的电子商务发展战略和电子商务税收征管有积极的借鉴意义。

美国是最早讨论互联网贸易税收问题的国家,各州和国家的税收政策一直无法形成统一。1996年11月,美国公布了《全球电子商务选择性的税收政策》白皮书,提出了关于电子商务征税的税收中性原则、按居民税收管辖权征税、避免双重征税和改进税收征收管理技术几项原则。根据税收中性原则,在制定电子商务相关的税收政策时,不开征新的税种或附加税。次年7月,克林顿发表了《全球电子商务框架》,这份被誉为美国全面进入信息化时代的"独立宣言",提议将互联网变成关税免税区,即对互联网上的进出口贸易征收零关税。1998年2月,为了保护美国在网络科技和贸易上的优势不被别国的税收政策破坏,克林顿宣布3个互联网贸易关税政策草案，并呼吁全球范围内电子商务免税，以保持美国的电子商务影响力。1998年10月，美国签署通过《互联网免税法案》，倡导美国国民尝试电子商务消费方式，短期内不会给予电子商务较大的税赋。2000年5月，美国将《互联网免税法案》延长至2006年，使美国网上免税制度再延长5年，为美国的电子商务发展和全球化战略提供了更加广阔的发展空间。2006年，美国国会又对《互联网免税法案》做了第二次延期，将网上交易免税制度延长至2014年11月1日。由此可见，总体上美国是不主张对电子商务行为征收税赋的。

但因电子商务税是目前美国各州的重要税源，因此许多地方政府通过种种渠道提出对电子商务征税的建议，要求国会立法对传统交易与网络交易等同征税。在第111届国会上，一些电子商务较发达的州已经通过协商共同制定了一个关于网上交易税收的最新协定SSUTA。目的是要说服国会通过立法，制定符合当地市场的公平竞争制度，使得网上交易与实体交易一样，承担相应的税收义务。目前，SSUTA协定的23个州已经获得了统一立法。

2013美国参议院以69:27的票数比通过了《2013市场公平法案》，根据法案内容，无论网络零售商是否拥有线下实体店，州政府都有权利对其进行征税。更具体地讲，网购者被要求将网购税收计算并累计到年度申报中，但由于这样实施难度较大，所以政府将参照亚马逊等其他网络零售商的未缴税收入进行统计并征收税收。这也意味着美国50个州政府都拥有了对互联网零售商进行征税的权利。由于此项法案的推行，互联网零售免税的时代似乎在走向终结。

8.3.2.2 征税派

1. 欧盟

欧盟认为对电子商务征税应使纳税义务公开、明确和可预见。电子商务作为一种新的潜在税源，其交易活动必须履行纳税义务，否则将会导致不公平竞争。1998年年底，欧盟委员会提出了对电子商务采取的税收原则：① 以商品和服务为主的电子商务显然属于增值税征收范畴，电子传输属于提供服务范畴也适用增值税；② 不开征新税，修改现行各税种（主要是增值税），使之适应电子商务；③ 明确电子商务税收的征收效率，推行电子发票、记账和申报。欧盟成员国还着重分析如何在欧盟范围内使用综合税收政策来解决问题。1998年6月，欧盟成员国发表了《关于保护增值税收入和促进电子商务发展的报告》，欧盟与美国就免征电子商务关税问题达成一致，同时也迫使美国同意把"通过网络销售的数字化产品"视为劳务征收间接税。

2. 经济合作发展组织主张使用现行税制

经济合作发展组织（Organisation for Economic Co-operation and Development，OECD）认为基于互联网的电子商务与传统的一般商业贸易没有任何质的区别，只是介质不同。为了不妨碍电子商务的发展，不加重电子商务的运行成本，也不侵蚀电子商务的税基，电子商务应按相同的税率征收税款。

3. 联合国提出征收新税

联合国提出电子商务需要开征新税，如比特税。主要鉴于网络征税的诸多困难而采取的按信息流量来征税的一种比较极端的做法。提出这一主张的原因有二：第一，网络是可以给政府带来额外收入的新资源，因此除了对提供交易平台的网络公司征收营业税外，还应该专门设立针对网络的新税种；第二，由于电子商务使用电子货币，经常性的逃税事件容易发生，所以需要对电子商务征收额外税款。但由于征收新税可能造成对电子商务发展的限制，因此存在较大争议，世界上很多国家都反对开征比特税。

8.3.3 我国电子商务征税政策

8.3.3.1 我国针对电子商务的税收政策

面对电子商务的冲击，我国政府也制定了一些相关的税收政策。

1. 以电子形式签订的应税凭证的印花税缴纳问题

根据 2006 年 11 月 27 日发布的《财政部、国家税务总局关于印花税若干政策的通知》，对纳税人以电子形式签订的各类应税凭证按规定征收印花税。但具体征收的方法目前尚未有统一的规定。北京市的规定如下：对于以电子形式签订的各类印花税应税凭证，纳税人应自行编制明细汇总表。明细汇总表的内容应包括：合同编号、合同名称、签订日期、适用税目、合同所载计税金额、应纳税额。纳税人依据汇总明细表的汇总应纳税额，按月以税收缴款书的方式缴纳印花税，不再贴花完税。缴纳期限为次月的 10 日内，税收缴款书的复印件应与明细汇总表一同保存，以备税务机关检查。

2. 网络游戏的营业税问题

2008 年 1 月 28 日，北京市地方税务局下发了《关于网络游戏业务有关营业税问题的通知》。规定如下：① 单位和个人将网络游戏软件著作权转让他人的，无论与对方如何结算，均应按照《北京市地方税务局关于计算机软件转让收入认定为技术转让收入暂免征收营业税问题的通知》免征营业税。② 对通过搭建支持网络游戏运行的服务器，完成游戏运行的单位和个人取得的游戏消费卡（目前暂分"时限卡"和"游戏点卡"）销售收入，应按"娱乐业—其他游艺"税目征收营业税。③ 对单位和个人代售游戏消费卡所取得的代售卡收入，可就其全部收入额减除实际支付给消费卡标的经营业户对应结算金额，仅就其余额部分照章征收营业税。同类销售单位，凡在消费卡销售收入之外向相关业务合作方另行收取手续费的，对其手续费收入应照章征收营业税。

3. 互联网广告代理业务的营业税问题

2008 年 7 月 6 日，国家税务总局发布了《关于互联网广告代理业务经营问题的批复的通知》。根据该规范性文件，委托广告发布单位制作并发布其承接的广告，纳税人从事广告代理业务，无论该广告是通过何种媒体或载体（包括互联网）发布，无论委托广告发布单位是否具有工商行政管理部门颁发的《广告经营许可证》的，纳税人都应该按照《财政部、国家税务总局关于营业税若干政策问题的通知》第 3 条第 18 款的规定，以其从事广告代理业务实际取得的收入为计税营业额计算缴纳营业税,其向广告发布单位支付的全部广告发布费可以从其从事广告代理业务取得的全部收入中减除。

4. 关于个人通过网络买卖虚拟货币取得收入的个人所得税问题

国家税务总局针对北京市地方税务局《关于个人通过网络销售虚拟货币取得收入计征个人所得税问题的请示》下发了《关于个人通过网络买卖虚拟货币取得收入征收个人所得税问题的批复》,对个人通过网络买卖虚拟货币的征税问题给出3点意见:① 个人通过网络收购玩家的虚拟货币,加价后向他人出售取得的收入,属于个人所得税应税所得,应按照"财产转让所得"项目计算缴纳个人所得税;② 个人销售虚拟货币的财产原值为其收购网络虚拟货币所支付的价款和相关税费;③ 对于个人不能提供有关财产原值凭证的财产由主管税务机关核定其财产原值。

5. 关于电子商务出口贸易的征税政策

1)电子商务出口企业出口货物[财政部、国家税务总局明确不予出口退(免)税的货物除外,下同],同时符合下列条件的,适用增值税、消费税退(免)税政策:① 电子商务出口企业属于增值税一般纳税人并已向主管税务机关办理出口退(免)税资格认定;② 出口货物取得海关出口货物报关单(出口退税专用),且与海关出口货物报关单电子信息一致;③ 出口货物在退(免)税申报期截止之日内收汇;④ 电子商务出口企业属于外贸企业的,购进出口货物取得相应的增值税专用发票、消费税专用缴款书(分割单)或海关进口增值税、消费税专用缴款书,且上述凭证有关内容与出口货物报关单(出口退税专用)有关内容相匹配。

2)电子商务出口企业出口货物,不符合上述第一条规定条件,但同时符合下列条件的,适用增值税、消费税免税政策:① 电子商务出口企业已办理税务登记;② 出口货物取得海关签发的出口货物报关单;③ 购进出口货物取得合法有效的进货凭证。

3)电子商务出口货物适用退(免)税、免税政策的,由电子商务出口企业按现行规定办理退(免)税、免税申报。

4)适用本通知退(免)税、免税政策的电子商务出口企业,是指自建跨境电子商务销售平台的电子商务出口企业和利用第三方跨境电子商务平台开展电子商务出口的企业。

5)为电子商务出口企业提供交易服务的跨境电子商务第三方平台,不适用本通知规定的退(免)税、免税政策,可按现行有关规定执行。

8.3.3.2 我国电子商务征税应坚持的原则

1. 以现行税制为基础的原则

应该以现行税收制度为基础。按照电子商务的发展特点和要求,对现行的制度做一些必要的修改、补充和完善,增加有关电子商务征税的特定条款。这样做既不会对现行税制有很大影响,又不会导致税收负担的不公平,维护良好的经济秩序,避免较大的财政风险。

2. 居民管辖权与地域管辖权并重原则

应坚持居民管辖权与地域管辖权并重的原则，即维护国家税收利益原则。发达国家提出以居民管辖权取代地域管辖权的目的是保护其先进技术输出国的利益，而中国仍属于发展中国家，若放弃地域管辖权将失去大量的税收收入。为了维护国家经济利益，在电子商务征税上，应联合其他发展中国家，在互利互惠的基础上，坚持居民管辖权与地域管辖权并重的原则。

3. 公平税负与适当鼓励原则

应以税负公平为前提，电子商务与传统贸易的税负一致，同时还要尽量避免国际间双重征税。在税收管辖权的范围之内，要对所有纳税主体进行征税。另外，电子商务在中国的发展还处于初级阶段，考虑到保护电子商务发展的因素，可以对不同规模的网络交易进行适当鼓励，对网络交易初期不征税，当资产收益超过某一标准时才征收税款，以促进电子商务的发展。

4. 便于征收、便于缴纳的原则

中国电子商务税收政策的制定应考虑便于纳税人申报、便于税务机关征收，以节约征收成本，如全面推行电子申报、电子缴纳、电子稽查等方式。另外从税收简便性来说，电子商务更适合制定一档优惠税率，实行单独核算征收。当然，前提是要求从事电子商务的企业能合理划分，对通过网络提供的劳务、服务及产品销售等业务单独核算，若无法单独核算，则不能享受税收优惠。

5. 协调性原则

中国电子商务的征税问题要考虑国际税收协调问题。网络交易的开放性、无国界性及货币的电子化会使中国税务机关根本不能全面掌握跨国交易的情况，为此，我们要在与各国税务机关互利互惠的原则下，相互协作、密切配合，如可以采取国际情报交换、国际税收协调和协助征管等方式。

6. 前瞻性原则

中国电子商务征税的设计，要结合电子商务和科学技术的发展前景，在税收政策的制定上要有一定的前瞻性，要尽量做到与电子商务的发展同步或可以超前考虑，保证电子商务税收政策的长期有效适用。

8.3.3.3 我国目前电子商务征税领域的主要问题及对策分析

1. C2C 征税问题

提出以下 3 个方面的建议以改善 C2C 征税困难的问题。

1) 实行个人网店税务登记制度。目前对于个人开设网店只要求个人进行实名认证，并没有要求工商登记和税务登记。只有北京等部分地区实行了个人网店工商登记制度。要完善征管，个人网店工商登记制度应该在全国实行，但要与实体店的工商登记制度区别开来。在完善 C2C

网店的工商登记制度后再完善税务登记制度。在现有的税务登记制度中，应增加关于个人网店的税务登记管理条款。税务登记制度要适应个人网店的特点。税务登记文书增设域名、网址、识别码、交易服务器所在地理位置等内容。

2）加强与第三方的合作。税务部门要主动加强与C2C电子商务平台运营商的合作，建立网络交易平台代扣代缴制度。在现实中，淘宝就是这样的电子商务平台经营商，而且淘宝有自己的货物交易系统，即支付宝。按照支付流程，在消费者确认收货之前，货款都停留在电子平台运营商那里。所有交易过程中产生的资金流是通过支付平台进行控制的，这也就为通过开发"个人网店征税系统"实现个人网店税收的代扣代缴提供了可能。

3）加强与当地物流公司的合作。个人网店通常把其物流业务以一定的方式委托给物流运营企业，同时对物流企业的全程服务进行跟踪。税务机关可以从物流着手，大型的物流企业一般都有物流管理系统，记载着网店交易的信息。税务机关可以与大型物流企业实现联网，根据物流企业财务会计系统和签订的电子合同追踪调查物流业务，实施税源监控。物流企业应加强对运单等非发票凭证的审核和管理，确保物流企业财务核算的真实性，减少国家税收的流失。

2. 数字产品征税问题

数字产品以其特有的非物质性、可复制性及便捷传播等特点导致其与传统商业活动有较大的差别，同时在征税问题上也应当慎重处理。应实行的具体对策是：本着"简税制、宽税基、低税负、易征管"的思路，设置新税种，实行单一比例税率，以在线电子商务交易额为计税依据，以购买方为纳税人，以资金支付环节为纳税环节，以购买地为纳税地点。

在税收征管上，由现行控制信息流变为控制资金流。因为在数字产品的电子商务交易中，物流消失了，而资金流的控制节点少于信息流，实践可操作性更强。为此，要在买方通过金融机构或第三方支付进行电子商务交易付款环节，植入计算机程序，自动扣缴税款入库。通过在资金支付环节自动扣税，可以形成一个税制简单、征管效率高、征收成本低、完全自动化的新型电子商务课税模式。

3. 海外代购的问题

（1）海外代购的现状

当国内的商品已经不能满足需要，而在国外又有喜欢的商品的时候，消费者难免会想方设法从国外购买需要的商品。可是现实是，一般消费者不可能经常往来于世界各国，于是海外代购应运而生。"代购"就是由代购商帮消费者买到商品。海外代购就是代购商或者某些个人从国外帮消费者买到商品。在全球化的背景下，海外代购本无可厚非，可前提是不能影响中国的民族产业的发展，更不能违反国家法律。

如今，海外代购商品种类多样，从美容化妆品、营养保健品、服饰、鞋类箱包，到电子消费品、珠宝手表、书籍乐器等，只要能想到看到的，都可以代购。因为有的世界名牌产品，从国外代购能获得比国内更加优惠的价格。海外代购市场相当活跃，发展也相当迅速，仅在淘宝网上就有超过10万家店铺可"代购"境外商品，涉及各种门类。中国电子商务研究中心数据显示,中国海外代购市场2013年的交易规模超过700亿元。2013年国内消费者支付宝"海淘"消费规模同比增长117%,远高于国内网购64.7%的增长速度。而海外代购总的交易规模增速超过30%。

(2)海外代购的优缺点

海外代购的优点:海外代购市场为中国消费者提供了种类繁多的商品,买到更喜欢的或者更适合自己的商品,并与国外流行趋势及发展动态同步。通过海外代购的方式可以节省很多钱。而且除有规定的商品外,很多商品只要不超过500元就不需要缴税。

海外代购的缺点:海外代购的商品只能在收到后才能知道买到的商品到底是什么样的,当出现货损货差时,退货相对比较麻烦。海外代购商品的商家在国外,因此售后服务方面也很难有保障。从国外买东西很有可能会对我国的民族产业造成冲击,阻碍我国经济发展。我国对海外代购的立法尚不明确,海外代购时可能一不小心就会触犯国家法律。

(3)防止海外代购变成走私的对策

在海外代购市场发展迅猛的今天,如何防止海外代购变成走私是亟待解决的问题。"海外代购"进货渠道有三:第一,通过正常的渠道运输,此途径需要缴纳各种税费,属于合法贸易;第二,通过私人包裹邮寄;第三,个人通关带货,即"以客代买",后两种形式就可能涉及违法。

发生过一件空姐做代购后被判走私罪而获刑的案件。2010年8月至2011年8月,离职空姐李某去韩国代购化妆品达29次,男友石某17次。以客带货方式从无申报通道携带进境,均未向海关申报,共计偷逃海关进口环节税113万余元(后认定为109万余元)。

对于海外代购加强立法控制,表面上会损害一部分消费者的利益,但实际上加强监管一方面可以增加税收,调节国民收入,另一方面也可以保护我国民族产业,保护国家和人民的利益。国家可以从以下几个方面入手。

1)重视网店走私问题。上文提到的空姐就是通过网店来销售从韩国带回的没有缴税的化妆品的。这些店主多以顾客的身份从国外购买商品,然后带回国内放到网店销售。他们这种蚂蚁搬家的方式次数越多偷逃的税款自然也就越多。因此国家应抓紧立法,规范海外代购、购买国外消费品自用,以及网店销售等问题。

2)强化对以客代买的控制,并对其他海外代购方式加强监管。随着经济全球化和市场一体化的推进,为满足各种消费需求,网上代购已经越来越普遍。对于从国外入境的人员,带入我国境内的物品都应该严格检查,超过一定标准就应该征收相应的税款,即使自用也是应该缴税的。如果是准备出售的,就更要严格检查并征收相应税款。

8.4 电子商务中的法律问题

8.4.1 电子商务与知识产权保护

知识产权指权利人对其所创作的智力劳动成果所享有的专有权利,一般只在有限时间期内有效。从智力活动成果的内容上看，知识产权可以分为著作权、商标权、专利权、发明权、发现权。

8.4.1.1 电子商务环境下的著作权保护

1. 电子商务环境下著作权保护的主要类型

（1）数字化作品著作权保护

著作权的保护对象是作品。根据著作权法的规定，受其保护的作品应具备4个条件：第一，必须是作者自己创作的，即具有独创性的作品；第二，必须是属于文学、艺术或科学领域的作品；第三，必须是以一定的形式或载体表现出来或固定下来的作品；第四，作品的内容不得违反宪法和法律，不得损害社会公共利益。可以看出，只要是在计算机网络上出现或传播的作品符合上述4个条件，就可以称为数字化作品。

数字化作品与传统作品的区别仅在于作品存在形式和载体不同，作品的表现形式不会因数字化而有丝毫改变。因此，以数字化形式存在于磁盘等介质上的网络信息，如具备作品实质要件的，应当构成作品，受著作权法保护；对于著作权法所列举的具体形式的作品，应当理解为已经涵盖了其数字化形式，既包括已有作品之后被数字化的，也包括直接以数字化形式创作的作品。

当前在网络上传播的主要为文字表现形式的作品，也有计算机程序，以及较为特殊的声、图、文并茂的多媒体作品。根据《著作权法》第3条规定：文字作品、计算机软件本身就属于法律保护的作品范围；多媒体作品涉及文字、美术、摄影、音乐等表现形式，故多媒体作品也应当在受保护范围之内。

以作为典型的数字产品之一的数字化音乐的大量免费下载为例引发的著作权侵权问题引起越来越广泛的关注。随着网络的发展，对喜欢听的音乐已经不用再花钱购买昂贵的磁带和CD，转而去相应的网站上下载免费的MP3。以我国为例，许多网站为了增加点击率和知名度，提供了大量的MP3或其他网站的MP3链接来进行下载。同时，许多国内的MP3音乐共享软件也应运而生，如酷狗科技开发的"酷狗音乐盒"软件，以及由前百度首席架构师雷鸣先生和他在斯坦福大学MBA同学怀奇女士联合创立的"酷我音乐盒"软件。如此发达的MP3下载市场可能会引发相应的侵权现象。

中国反MP3侵权案的先河是1999年的国际唱片业协会所辖会员华纳唱片公司诉迈威宝网络系统（北京）有限公司网络侵权案。此案的大体案情是，因为原告发现被告在其开设的中文网站（www.Myweb.com.cn）上开设了一个名为"音乐天堂"的栏目。该栏目不仅收集了一些上载有MP3歌曲的网站，而且在对这些MP3歌曲整合后，列出了排版好的有关MP3歌曲的链接，同时通过搜索引擎，用户能无偿聆听或下载这些MP3歌曲。这一链接服务行为对原告享有的录音制品邻接权带来不利影响，原告要求被告迈威宝网络系统有限公司停止上述链接服务行为（已停止），并且按要求赔礼道歉并保证以后不再进行此侵权行为。在北京市第二中级人民法院的调解下，双方达成协议，被告已经停止侵权，并且向原告支付各种赔偿费合计87 500元人民币，并且承诺不得再以上述及其他任何方式（包含以链接方式），未经原告授权，使用原告拥有著作权邻接权的歌曲。如有类似非法使用，以每首歌 10 万元（人民币）作为赔偿。

因此，应该以平衡社会利益和发展著作权为目的，与时俱进，从立法和技术层面应对此类侵权问题，既要保护著作权人的利益，又要使社会大众能够享受电子商务带来的便利。

 小案例

陈兴良诉中国数字图书馆有限责任公司著作权侵权纠纷案

原告：陈兴良

被告：中国数字图书馆有限责任公司

原告陈兴良系北京大学教授，著有《当代中国刑法新视界》、《刑法适用总论》、《正当防卫论》。被告所设"中国数字图书馆"网站（www.dlibrary.com.cn）以收集、整理和发布他人作品为主，在没有征得原告的同意、授权或许可的情况下，被告将上述 3 部著作全部上传至"中国数字图书馆"网站，读者只有付费后才可以成为被告的会员，阅读并下载网上作品。原告以著作权受到侵犯为由向北京市海淀区人民法院提起诉讼，请求判令被告立即停止侵权并赔偿经济损失 40 万元，以及为制止侵权行为而支出的合理费用 8 000 元。2002 年 6 月 27 日北京市海淀区人民法院公开审理此案。

被告中国数字图书馆有限责任公司称，建立数字图书馆的目的是适应信息时代广大公众的需求，公司基本上属于公益型事业，也一直对版权保护十分重视，正在投入资金开发版权保护系统，一方面保护著作权人的利益不受侵犯，另一方面又能发挥中国数字图书馆的作用，使数字图书馆更好地为公众服务，故请求法院依据中国数字图书馆的实际情况，结合我国国情，做出裁判。

海淀区人民法院经审理认为，中国数字图书馆未经许可将此作品列入其数据库中，对陈兴良在网络空间行使权利产生了影响。虽以数字图书馆的形式出现，却扩大了作品传播的时间和空间、接触作品的人数，改变了接触作品的方式，同时在该过程中被告并没有采取有效的手段保证作者获得合理的报酬。因此，被告的行为阻碍了陈兴良以其所认可的方式使社会公众接触其作品，侵犯了其信息网络传播权，故被告应立即停止侵权并依法承担侵权责任。

据此，法院依据《中华人民共和国著作权法》第十条第一款第（十二）项、第十一条第一款、第二款、第四十七条第（一）项和第四十八条第二款的规定，做出判决：中国数字图书馆有限责任公司停止在其网站上使用原告陈兴良的上述 3 部作品并赔偿原告陈兴良经济损失 8 万元及因诉讼支出的合理费用 4 800 元。

(2) 计算机软件的法律保护

计算机软件是指计算机程序及其有关文档。计算机程序是指为了得到某种结果而可以由计算机等具有信息处理能力的装置执行的代码化指令序列，以及可被自动转换成代码化指令序列的符号化指令序列与符号化语句序列。有关文档则是指用自然语言或者形式化语言所编写的文字资料和图表，用来表述程序的内容、组成、设计、功能规格、开发情况、测试结果及使用方法的资料，如程序设计说明书、流程图、用户手册等。

对计算机软件这样的智力成果，在知识产权理论界通常认为应当以著作权法保护为主，结合专利法、商标法、反不正当竞争法等相关法律，真正和充分保护计算机软件。计算机软件开发者在用著作权法保护其方法的表现形式的同时，也可以就其具有的创造性方法申请专利保护。此外，计算机软件开发者还可以将其软件的名称通过申请商标注册，获得商标专用权来保护自己的软件，防止不正当竞争。对于不能获得专利权保护的计算机软件，可以通过技术秘密法或经济合同法的有关规定对其创造发明予以垄断或保护其商业秘密，以防止被他人擅自复制或改编。

 小案例

软件著作权保护涉外第一案

2004年在北京二中院一审、北京高院二审裁定撤诉的美国Autodesk股份有限公司诉北京龙发建筑装饰工程公司软件著作权侵权纠纷案中，北京市版权局和北京二中院应原告申请对被告进行诉前证据保全时，分别发现被告的9个和4个经营网点未经许可而擅自复制、安装原告的3dsMax 3.0、3ds Max 4.0、3ds Max5.0、AutoCAD4.0、AutoCAD2000 5种计算机软件，用于其经营并获取商业利益。在被告受到行政处罚后，法院在民事赔偿诉讼中又认定，被告作为一家专业从事住宅及公用建筑装饰设计及施工的企业，未经著作权人许可而擅自复制、安装涉案5种软件用于其经营并获取商业利益，属于商业性使用行为，已构成对于原告计算机软件著作权的侵犯。判决被告立即停止侵权、公开赔礼道歉、消除不良影响、赔偿损失149万元及诉讼支出3.225万元。该案是第一起判决计算机软件最终用户承担侵权责任的涉外案件，受到了软件开发制造行业、知识产权学术界的广泛好评。

(3) 数据库的法律保护

在现在的网络时代，数据库更多表现为大型的信息集合体。由于信息时代的便捷性，使下载、复制、交换数据变得很便利，各种数据库的出现也使电子商务的经营者自身实力有所提高，管理方式更为便捷，但同时出现的则是数据库所有者被侵犯的种种行为。在我国，数据库侵权多见于各种版权之争。

由于数据库涉及利益范围比较广，影响范围比较大，因而在电子商务发达的国外已经引起

了重视。国际上早有《伯尔尼公约》和 TRIPS 协议第 10 条等法规对其进行规制,在这些条文中认定数据库的性质相当于我国著作权法中规定的"汇编作品",我国作为《伯尔尼公约》和 TRIPS 协议成员国(协议方),对数据库有保护义务。但要加以注意的是,现今的电子商务中的数据库并不只包含原创性作品,随着网络技术的发展,越来越多的非原创性数据库出现在我们的视野之中,其中也凝结了编程人员的大量心血和劳动,如何保护此类数据库将是一个任重而道远的问题。

2008 年,480 名硕博研究生因自己的学位论文未经授权,即被收入"万方数据资源系统"的"中国学位论文全文数据库",起诉北京万方数据股份有限公司。在诉状中称,学位论文为他们独立创作完成,至今未公开发表。万方数据公司未经许可,擅自将其学位论文以扫描录入的方式制作成电子版本,收录在其制作的"万方数据资源系统"中的"中国学位论文全文数据库"内,通过向全国各高等院校图书馆及其他图书馆出售系统的方式,在网站上提供浏览、下载服务,谋取高额利润。原告认为,万方数据公司侵犯了他们享有的著作权,因此起诉要求万方数据公司在媒体及网站上公开致歉,并赔偿经济损失、精神损害抚慰金等。法院的判决结果支持大多数硕士和博士捍卫自己的权利,并根据论文原作者的和学校对万方网的授权情况分别责令万方网站做出不同赔偿。

2. 完善电子商务中著作权保护体系的建议

(1)通过法律手段来保护电子商务中的著作权

首先,制定一部能够经受住现代新科技冲击的电子商务版权法律。这一法律不仅要保证基本法律框架和准则不被扭曲,还要适应电子商务中新兴的高新技术这一新鲜血液的融入,还要保证在融入新的科技元素之后依然使制定出的法律体系化、科学化,更重要的是还要兼顾著作权鼓励创新的目标,以及满足电子商务交易市场开放性的需要。

其次,要制定一部能够对未来可能发生在电子商务著作权中的侵权行为有一定预见性的电子商务著作权法律。这一法律的制定还要肩负起保障社会公平、促进电子商务著作权交易市场的发展、调和电子商务交易中多方矛盾的使命。依照这样的标准制定出的法律才会具有可执行性和推广性,才能完成保护电子商务著作权权益的任务。

最后,要完善电子商务著作权法律保护体系,除了在立法方面有所改进之外,还应在司法方面与行政保护相结合,建立对电子商务著作权的"双轨制保护"机制,利用司法保护的同时联合国家版权局和海关等政治部门,对侵犯电子商务著作权的行为进行双重打击,这不但是司法效率提高的途径,也是节约法律资源、拓宽权利保护通道的一个有效方法。

(2)通过技术措施来完善和保护电子商务中的著作权

为了更好地保护我国电子商务中的著作权,在当前法律体系并不完善的情况下,我们完全可以先从电子商务行业内部行动起来,通过行业自律来规范相关行为人的行为。对于电子商务中著作权发表、使用、上载、限制、管理、补偿金等相关制度做一个比较符合本行业情况的标准并加以推行,从而规范从业者的行为,为我国网络版权业的发展提供良性循环的技术环境。

同时，相关的计算机、网络支持商也应该在技术开发和网络安全上进行改进，对于已经暴露的版权"盲区"要尽量开发出填补漏洞的技术措施进行补救；对于还在研发中的新产品，则要吸收以往侵权案例的教训，同时结合先进国家和地区的经验加入更加安全的防范技术，使电子商务著作权作品在出厂时就穿上一层"保护衣"，这样会使侵权者无机可乘，从而大大激发原创优秀作品的产生。

（3）通过加强大众著作权保护意识来完善和保护电子商务中的著作权

由于经济发展水平的限制和传统观念的束缚，我国大众对著作权的保护意识不甚强烈，许多人甚至认为"读书人的事情不能叫作偷"，这与著作权保护作者精神权利的初衷大相径庭。电子商务的便捷性更使许多人在享受便捷的同时忽略了对他人权利的保护。只有加强国民的版权保护观念，普及知识产权保护相关知识，一方面使权利人明白自己权利所在，从而在著作权人权利受到侵害之前能够自我防御或者是在权利被侵害时能够迅速拿起武器捍卫自己的权利，及时遏制侵权行为，为法律制裁不法分子抢占先机；另一方面使广大民众具有尊重版权、保护版权的意识，加强网络道德建设。并且逐步推进电子商务著作权合法收费的进程。从而为我国电子商务著作权维权体系的发展营造一个温馨健康的环境，进而促进电子商务经济发展，达到社会各方利益平衡。

8.4.1.2 电子商务环境下的商标权保护

公司通过利用商标（包含文字、符号和图案），区别自己与竞争对手的产品和服务。因为消费者会把商标与其表示的产品联系起来，所以公司都将商标权视为自己珍贵的私有财产。

域名是互联网上识别和定位计算机的层次结构式的字符标识，与该计算机的互联网协议（IP）地址相对应。域名作为在互联网上识别网站的工具，网络用户通过在网络浏览器的地址框中输入域名来获得和进入该域名所代表的网站，尽管今天大多数网络用户都通过搜索引擎来查找和获得网站，直接通过域名输入来使用网站的情形越来越少了，但是，作为识别网站的重要工具，域名在互联网上仍然具有重要的作用和价值。

由于商标和域名都具有区别经营者信息和商誉的作用，而消费者既可以是现实交易中的消费者，也可以是网络用户，即他们的身份在大多数情况下是一致的，那么当商标持有人与该商标相同或者相似的域名持有人是不同的主体时，消费者就有可能产生误解或者混淆。这一方面损害了商标持有人的利益，因为其商标的标识功能受到了损害，其通过商标将其商誉通过网络向公众表达的能力受到了限制；另一方面消费者也受到了损害，因为商标和域名的不一致性增加了消费者的搜索成本，甚至可能影响其消费判断，尤其当所涉及的商标是驰名商标时，这种损害可能更为明显。

1. 电子商务条件下网络商标权纠纷的主要类型及危害

互联网上侵犯商标权的情形可分为两大类：一类是域名在注册与使用中与商标权、商号发生冲突的纠纷。比如，恶意抢注域名引发的纠纷，行为人故意将他人的商标包含于域名之中，再转让给商标权人；网络域名包括他人注册商标的英文单词或字母引发的纠纷。这些纠纷主要发生于域名可以识别商品或服务的情形下。另一类是经营者在互联网页面上未经许可，使用他人文字、图形商标推销自己的产品，构成商标侵权。此类纠纷常见的有：行为人选取、使用他人注册商标中的图形归入其网页或设计为网页图标的纠纷；网上进入链接使用他人注册商标的或网页关键词中含有商标的关键词等隐形商标权侵权纠纷。在这两大类纠纷中，又以域名与商标之间的法律冲突最为突出。

2. 域名侵犯商标权行为的法律保护

为解决域名与商标权纠纷，国内外都做出了相应的规定。其中，国际互联网络机构 ICANN（Internet Corporation for Assigned Names and Numbers）于 1999 年 10 月通过了《统一域名争议解决政策》，美国国会于 1999 年 11 月通过了《反域名抢注消费者保护法》。中国互联网信息中心（CNNIC）发布了《中文域名争议解决办法（试行）》。我国最高人民法院于 2001 年 6 月公布了《最高人民法院关于审理涉及计算机网络域名民事纠纷案件适用法律若干问题的解释》（以下简称《解释》），根据《解释》，认定行为人注册、使用域名行为构成侵权或不正当竞争的条件有 4 项：① 原告请求保护的民事权益合法有效；② 被告域名同原告要求保护的权利客体之间具有相似性；③ 被告无注册、使用的正当理由；④ 被告具有恶意。要求被告具有恶意，说明我国法律在域名领域对民事权益提供保护是谨慎的，即只有在被告具有侵权或不正当故意竞争的情况下，商标等权利人才可能将其专有权利延伸至域名领域。

从国内已发生的域名案件看，几乎都是以侵犯商标权或不正当竞争为由起诉的。我国《解释》第 4 条明确规定，域名案件为侵权或不正当竞争案件。与此同时，我国《反不正当竞争法》明确规定，经营者应当遵循诚实信用的原则，遵守公认的商业道德。从抢注域名等行为的性质来看，这种行为一方面旨在攀附他人商标等合法民事权益在市场上已经获得的商誉，搭他人的便车，另一方面也会淡化他人商标等商业标志的显著性区别特征，因此将这种行为作为不正当竞争行为加以认定，是完全正确的。

总之，随着电子商务时代的到来，在知识产权领域出现的新的权利纠纷客观上要求我们的企业、公民应树立强烈的知识产权法律意识，加强自我保护，做遵纪守法者。同时，对我国现有的法律制度也提出了更高的要求，如何克服法律的滞后性，适应网络时代新的发展要求，进一步规范知识产权市场，形成一种规范的市场竞争秩序，无疑是目前我国法学界亟待解决的问题。

8.4.1.3 电子商务专利保护

电子商务发展催生了新的商业方法，专利保护也由过去仅针对有形商品的创新发明扩大到无形商品的创新发明。电子商务专利权涉及很多新型主体，包括电子商务软件，以及电子商务商业方法和模式。而由于网络的公开性，这些无形产品专利保护难以实施。关于在网上公开是否构成先进技术，是否影响专利的新颖性，是否影响专利的申请，应有明确的法律规范。

美国就对商业模式专利的申请规定了以下 4 个条件：① 申请专利的软件和（或）方法不能是自然规律、自然现象和抽象概念；② 软件和（或）方法必须实用，它必须能够产生"有形"成果。③ 软件和（或）方法必须新颖，它必须具备一些特点以使其在某些地方与先前的知识和创新区别开来。④ 软件和（或）方法不能是显而易见的，即具有一般技术的人员不会轻易想到，它必须是一项具体的发明，而不仅仅是思维程序的创新。

鉴于电子商务发展迅速，可复制性等特点导致电子商务方面的创新很容易被模仿，因此我国应制定相关法律法规政策对电子商务专利进行特殊保护。

8.4.2 电子商务与网络隐私安全保护

8.4.2.1 电子商务环境下隐私权的新特点

1）隐私权范围发生变化。传统隐私权是指"个人秘密，个人生活中不愿为他人所知的秘密，包括私生活、日记、储蓄、通信等"。在电子商务下，隐私权更多表现为个人数据，如姓名、性别、身高、家庭住址、职业、财产、婚姻等。

2）隐私权性质发生变化。传统隐私权是一种独立人格权。在电子商务环境下，隐私权具有新特性，具有财产权的属性。因为个人数据之所以会受到侵犯，是由于它具有经济价值，具有了财产属性。

3）隐私权保护心态发生变化。传统隐私权主要表现为一种"禁"权利，是一种消极权利。而在电子商务环境下，保护隐私权的目的更多在于防止个人数据滥用，是一种积极权利。

8.4.2.2 电子商务中侵犯隐私权的主要形式

1. 任意收集个人数据

通过病毒程序或者窃听程序等在消费者不知情的情况下收集个人信息很明显侵害了消费者的隐私权。

电子商务经营者为自身经营目的或其他特定目的，经常任意收集和使用消费者个人信息。采用的主要方式是 IP 跟踪。在互联网上，每个用户都会被分配一个唯一的 IP 地址。每个被访问的站点都会得到该用户的 IP 地址。这些地址可被用来产生一份该用户的记录，服务商可以根据该记录，清楚地了解用户网上的行踪。

网络服务商还可以通过"网络小甜饼"（Cookies）之类追踪软件来追踪用户在网上的行为，收集其兴趣或者其他个人可识别信息，然后根据这些信息，向消费者有针对性地发送广告，或者把这些信息出售给他人。

即使在消费者个人知情的情况下收集其个人信息也可能构成侵权，是否构成侵权关键取决于网络服务商使用所收集的个人数据是否超过必要的范围，是否经过消费者本人的授权。

2. 深层次开发利用个人数据

消费者享有个人信息控制权，除非经消费者特别授权或公共机关为公共管理需要而使用个人信息以外，均构成侵权。当前，许多网络服务商都不公布其所收集的个人信息的使用政策，也未承诺不将这些信息用于规定目的、范围之外的活动，经常将收集到的个人数据进行再次开发利用，建立各种类型的资料库。实际上，电子商务中的个人数据不但具有价值，更有成为商品的可能。现实中,个人数据已经成为商品在网络上买卖,甚至出现了专门的公司公开在网站上推销个人数据。

3. 非法转让个人数据

个人数据被不当利用还表现为个人数据被擅自非法转让。个人数据在电子商务中的流转主要有两种形式,一种是商家之间相互交换各自收集的信息,或者与合作伙伴共享信息。这种共享使个人数据用于交易以外的目的,使个人数据有可能被更多的商家知晓和利用,无异于变相侵害个人隐私。另一种是将个人数据作为"信息产品"销售给第三人或转让给他人使用。由于这种方式将个人资料商品化却没有向消费者个人支付任何报酬,所以这是对个人隐私侵犯最为严重的一种侵权行为。

8.4.2.3 电子商务环境中隐私权保护方式建议

1. 自我保护手段

法律规定、行业自律总不免滞后于技术发展,因此消费者个人信息主体应增强自我保护意识。积极使用有效的技术保护手段。保护自己的个人信息隐私权免遭他人侵犯。注意商家的隐私政策,了解商家对个人信息资料收集、使用的声明,并尽可能选择使用安全、加密的软件,小心应对垃圾邮件等。

北京市工商局下发的《关于在网络经济活动中保护消费者合法权益的通告》中第 16 条规定:"消费者在利用因特网购买商品或接受服务时,应当注意识别网站合法备案标识,并注意识别网上经营者的真实身份,加强自我保护意识。"

2. 技术手段

消费者通过自身的学习,提高电脑及网络技术水平,通过技术办法减少电子商务消费者个人信息在不知情时被收集的情况,如运用一些安全的、专业的软件。及时删除访问记录、清除访问痕迹;使用反 Cookies 工具,拒绝接受 Cookies;用防火墙技术和加密技术保护个人信息。

尽管技术手段可以起到一定的保护作用,但破解技术屏障的手段也日新月异,还需要消费者付出一定成本,需要消费者有一定的计算机网络知识。所以,技术手段对电子商务消费者个人信息的保护只可保护一时,并不能彻底保护。

3. 法律法规手段

在电子商务消费者隐私权保护方面的法律法规中,必须首先确立隐私权地位。其次应包含对因合法获得电子商务消费者隐私预先告知责任和信息保密责任的规定,不得随意泄露或与第三方交易。使用消费者隐私信息时,应取得消费者的许可或法定授权,不得随意篡改、增删个人信息,保证个人信息的完整、真实,正当使用消费者个人信息。

4. 行业自律手段

单纯依靠政府通过立法或司法监督来切实保护电子商务消费者个人信息隐私权具有一定的

局限性。因此,行业自律成为不可或缺的手段,依照行业惯例制定个人信息资料使用政策和隐私权保护政策。

中国互联网协会于2002年公布了《中国互联网行业自律公约》,公约第8条规定:自觉维护消费者的合法权益,保守用户信息秘密,不利用用户提供的信息从事任何与向用户做出的承诺无关的活动,不利用技术或其他优势侵犯消费者或用户的合法权益。这说明业界已经认识到行业自律的重要性和必要性,并已经开始了积极的行动。

综上所述,只有将消费者个人自我保护、技术手段、国家法律法规保护手段及行业自律手段有机融合,才能发挥电子商务中对消费者隐私权保护的效果。

8.5 案例:电子商务与大数据

1. 大数据的概念

大数据(Big Data)指所涉及的资料量规模巨大到无法通过目前主流软件工具,在合理时间内达到撷取、管理、处理并整理成为帮助企业经营决策的资讯。简而言之就是海量数据的存储、处理、分析等。大数据技术涵盖多方面的技术,从数据的海量存储、处理,到应用,包括海量分布式文件系统、并行计算框架、NoSQL数据库、实时流数据处理等。

2. 大数据将为电子商务企业带来的机遇和挑战

(1)机遇

1)有效满足客户的个性化需求。在大数据背景下,电子商务企业可以对顾客需求进行预测并推送产品,提供定制化的服务,将消费者从大众分离出来进行定制化的营销。全球零售业巨头沃尔玛公司通过大数据获益,公司在对消费者购物行为进行分析时发现,某些男性顾客在购买婴儿尿片时,常常会顺便搭配几瓶啤酒来犒劳自己,于是推出了将啤酒和尿布捆绑销售的促销手段。如今,"啤酒+尿布"的数据分析成果成为大数据技术应用的经典案例之一。

2)优化电子商务企业管理流程。传统的企业管理流程是出现问题、逻辑分析、找出因果关系、提出解决方案,使问题企业成为优秀企业,这是逆向思维模式。大数据竞争战略流程是收集数据、量化分析、找出相互关系、提出优化方案,使企业从优秀到卓越,是正向的思维模式。

3)可得性的提升将降低企业搜寻信息的成本,云计算技术的出现提高了运营效率,小规模的电子商务企业将得到极大的发展。

(2)挑战

1)信息化投资将规模化发展,小规模电子商务企业容易做但不容易做大。电商企业内部的经营交易信息,包括商品、物流信息,以及用户的社交信息、位置信息等将构成企业大数据的主要来源。其信息量将远远超越现有企业IT架构和基础设施的承载能力,实时性要求大大超越现有的计算能力。此外,电商企业还将面临数据孤岛、数据质量、数据格局等数据治理问题。要想依靠大数据获益,电商企业必将进行新一轮的信息化投资和建设。

2）大数据时代下，云计算必将成为电商企业选择的业务模式。数据是资产，云为数据资产提供了保管、访问的场所和渠道。云计算所提供的服务，既包括软件服务和应用平台服务，又包括基础设施服务，但目前我国针对云计算服务的管理政策和技术标准尚未明确。

3）数据安全与隐私问题突出。一方面，大量数据汇集，包括大量的企业运营数据、客户信息、个人的隐私和各种行为的细节记录，面临的数据泄露风险将会增大。电商企业既要防止数据在云上丢掉，也要防止数据在云端被窃取和篡改。另一方面，一些敏感数据的所有权和使用权还没有明确的界定，很多基于大数据的分析应进一步考虑到其中涉及的个体隐私问题。

▶▶ 本章小结

本章是电子商务经济学在宏观经济学方面的主要内容。电子商务经济对促进国民经济增长、拉动其他产业经济发展、提高消费与投资水平、带动就业都具有重要作用。

政府应制定行之有效的战略，推动电子商务的可持续发展。不断健全电子商务税收政策，形成符合我国国情的电子商务征税政策。制定更具针对性的电子商务知识产权保护、网络隐私安全保护等法律法规。

▶▶ 关键术语

电子商务对经济增长的贡献　电子商务发展的政府行为　电子商务税收
电子商务法律保护　知识产权　著作权　商标权　专利权　隐私权　大数据　云计算

▶▶ 基本训练

1. 填空题

（1）电子商务在促进经济增长方面属于_____要素。
（2）世界上第一个用于贸易文件综合处理的全国性 EDI 网络是_____。
（3）各国政府对电子商务的税收政策，基本可划分为两类，包括_____和_____。
（4）美国的_____文件提议将互联网变成关税免税区。
（5）在电子商务环境下的商标权保护中，_____与_____之间的法律冲突最为突出。

2. 选择题

（1）电子商务对（　　）增长具有贡献作用。
　　A. 消费　　　B. 投资　　　C. 就业　　　D. 第三产业
（2）电子商务征税难点包括（　　）。

A．有形产品带来的征税困难　　B．常设机构概念难以界定
　　　C．纳税主体难以确认　　　　　D．税收管辖权冲突
（3）知识产权特性包括（　　）。
　　　A．双重性　B．地域性　　C．无形性　D．共享性
（4）可以从以下（　　）方面加强对电子商务中著作权的保护。
　　　A．法律手段　B．技术手段　　C．道德约束　D．对大众进行知识产权教育
（5）电子商务环境为隐私权带来的变化包括（　　）。
　　　A．隐私范围变小　　　　　　　B．隐私权具有了财产权的属性
　　　C．隐私权保护心态变得积极　　D．隐私权保护心态变得更为消极

3．判断题
（1）美国政府在对待电子商务的基本原则中，政府起领导作用。（　　）
（2）美国政府在电子商务征税方面提倡宽税政策。（　　）
（3）外观设计也可以申请专利。（　　）
（4）在互联网上免费下载 MP3 已经构成侵权。（　　）
（5）在电子商务环境下，婚姻状况也属于隐私权保护对象。（　　）
（6）普通民众面对电子商务中的网络隐私侵权毫无办法。（　　）
（7）大数据时代可以极大程度满足消费者的个性化需求。（　　）

4．简答题
（1）分析电子商务对经济增长的贡献。
（2）电子商务征税的必要性和与征税的难点。
（3）电子商务环境中隐私保护的方式。

5．论述题
请论述应如何解决中国的电子商务税收问题。

参考文献

[1] 胡松筠, 屈莉莉. 电子商务[M]. 大连: 东北财经大学出版社, 2013.
[2] 张丽芳. 网络经济学[M]. 北京: 中国人民大学出版社, 2013.
[3] 王晓晶, 等. 电子商务与网络经济学[M]. 北京: 清华大学出版社, 2011.
[4] 谢康. 电子商务经济学[M]. 北京: 高等教育出版社, 2010.
[5] 唐圣平. 教材相关的数字产品形态及其盈利模式分析[J]. 科技与出版, 2014.
[6] 常剑锋. 电子商务企业物流运营模式选择研究[M]. 北京: 北京交通大学出版社, 2011.
[7] 刘玲, 张军. 电子商务的成本与效益分析及其对企业的启示[J]. 商. 2013(12).
[8] 岳正华. 关于电子商务成本效益的理论分析[J]. 成都气象学院学报, 2000(12).
[9] 何兴贵, 黄宗捷. 试论企业组织结构——电子商务企业与传统企业的比较[J]. 成都信息工程学院学报, 2002(8).
[10] 谢婉娥. 电子商务企业的组织结构分析[J]. 消费导刊, 2008.
[11] 林鲁生. 电子商务企业组织结构模式与发展趋势[J]. 中国管理信息化, 2009, 04:100- 101.
[12] Ravi S. Achrol and Philip Kotler. Marketing in the Network Economy[J]. The Journal of Marketing, 1999.
[13] 曹高辉, 王鑫鑫. 网络经济下的企业组织结构变革[J]. 情报杂志, 2004(10).
[14] 胡代光, 高鸿业. 西方经济学大辞典[M]. 北京: 经济科学出版社, 2000.
[15] Joel Bleeke, David Ernstn. Collaborating to Compete: Using Strategic Alliances and Acquisitions in the Global -Market place[M]. John Wiley, Mc Kinsey Company,1993.
[16] A.M.Brandenburger, B.J.Nalebuff. Co-opetition[M]. New York: Doubleday business, 1996.
[17] James F. Moore. The Death of Competition: Leadership and Strategy in the Age of Business[M]. New York: HarperCollins, 1996.
[18] 刘敏. 竞争与合作: 电子商务企业未来发展趋势[J]. 合作经济与科技, 2009(02):88-89.

[19] 王艳. 电子商务商业模式研究[J]. 广西财经学院学报, 2013, 02:98-99.

[20] 陈轶, 隋丹. 电子商务商业模式的分类与比较[J]. 上海管理科学, 2004, 06:59-60.

[21] 余世英. 电子商务经济学[M]. 武汉: 武汉大学出版社, 2011.

[22] 长江商学院全球化研究中心. 中国在线零售业报告. 2014 年 1 月发布.

[23] 中国经济网. 长江商学院分析电商模式: 京东 VS 阿里巴巴. 2014.

[24] 谢康, 肖静华, 赵刚. 电子商务经济学[M]. 北京: 电子工业出版社, 2003.

[25] 陈燕, 屈莉莉. 信息经济学[M]. 大连: 大连海事大学出版社, 2013.

[26] W.J.Adams, J.L.Yellen. Commodity bundling and the burden of monopoly[J]. Quarterly Journal of Economics, 1976, 90(3): 475–498.

[27] 于惠川, 林莉. 消费者心理与行为[M]. 北京: 清华大学出版社, 2012.

[28] 陈志浩. 网络营销[M]. 武汉: 华中科技大学出版社, 2010.

[29] 夏明学, 王丽萍. 网络营销: 管理与实践[M]. 北京: 北京大学出版社, 2013.

[30] 中国消费者协会. 2013 年全国消协组织受理投诉热点分析. 2013.

[31] 宫晓林. 互联网金融模式及对传统银行业的影响[J]. 南方金融, 2013.

[32] 谭天文, 陆楠. 互联网金融模式与传统金融模式的对比分析[J]. 中国市场, 2013.

[33] 刘辉, 谷晓斌. 第三方互联网支付发展现状及监管分析[J]. 金融科技时代, 2014.

[34] 陶婷. 电子货币的发展及在电子商务中的应用[J]. 科技视界, 2013.

[35] 王帅佳. 电子货币发展及风险防范[J]. 金融时报, 2014.

[36] 邢力. 你所不知道的余额宝风险[J]. 理财周刊, 2014.2.

[37] 罗雯. 电子商务企业融资方式选择[J]. 中国商贸, 2011.

[38] 王小娟. 电子商务企业融资渠道分析[J]. 时代金融, 2011.

[39] 林竹. 电子商务企业融资模式的分析[J]. 电子商务, 2012.

[40] 李安朋. 微小企业融资新出路[J]. 知识经济, 2011.

[41] 陈初. 对中国"P2P"网络融资的思考[J]. 人民论坛, 2010.

[42] 钟国斌. 阿里巴巴最终融资额或达 200 亿美元[N]. 深圳商报, 2014.

[43] 谭崇台. 发展经济学概论[M]. 武汉: 武汉大学出版社, 2001.

[44] 朱国英. 中国电子商务征税问题研究[D]. 苏州大学, 2011.

[45] 黄璧榕, 王善平, 等. 个人网店的税收征管问题——基于淘宝网的研究[J]. 现代经济信息, 2013.

[46] 王向东. 数字产品的特点及课税政策[J]. 中国市场, 2010.

[47] 刘贝蒂. 我国电子商务著作权侵权行为研究[D]. 河南大学, 2011.

[48] 中华人民共和国信息产业部令[第 30 号]. 中国互联网络域名管理办法[S]. 2004.

[49] 刘娜. 浅议电子商务条件下商标权的法律保护[D]. 金卡工程, 2010.

反侵权盗版声明

电子工业出版社依法对本作品享有专有出版权。任何未经权利人书面许可，复制、销售或通过信息网络传播本作品的行为；歪曲、篡改、剽窃本作品的行为，均违反《中华人民共和国著作权法》，其行为人应承担相应的民事责任和行政责任，构成犯罪的，将被依法追究刑事责任。

为了维护市场秩序，保护权利人的合法权益，我社将依法查处和打击侵权盗版的单位和个人。欢迎社会各界人士积极举报侵权盗版行为，本社将奖励举报有功人员，并保证举报人的信息不被泄露。

举报电话：（010）88254396；（010）88258888
传　　真：（010）88254397
E-mail：　dbqq@phei.com.cn
通信地址：北京市万寿路 173 信箱
　　　　　电子工业出版社总编办公室
邮　　编：100036